JN171833

法律学の森

韓国法

〔第3版〕

高 翔龍
著

第 3 版　はしがき

　私は 2004 年から日本のロースクール（大東文化大学教授，早稲田大学，東京大学非常勤講師）で韓国法を担当し，6 年間講義をした後，2010 年 3 月に定年退職し帰国した。日本の滞在中，そしてもちろん帰国した後にも，日・韓関係の論文，または韓国法と関連する書物を通じて韓国の法文化を日本の人々に伝えてきた。同時に日・韓関係を政治的レベルではなく，文化のレベルで互に交流・理解し合い，最も厚い親善関係へ導きたい，という希望を込めた作業を続け，今日に至っている。

　2010 年 2 月に本書の第 2 版を刊行し，今年で 6 年経つが，その間に韓国社会では種々な出来が生じ，それらの問題に対処するために判決，法律の改正・立法が行われた。憲法裁判所は，2014 年 12 月に，X 政党は政党の目的または活動が民主的基本秩序に違背しており，憲法 8 条 4 項に定めている政党解散審判の事由に当たるとして，政党解散を決定した事件があった。また司法改革の一環として上告法院の導入をめぐる議論が現在活発に行われており，動産・債権・知的財産権を目的とする担保制度を創設した「動産・債権等の担保に関する法律」がようやく制定され，2012 年 6 月から施行されている。最近に国内外の旅行は，生活上の大衆化，普遍化されて継続的に増加するにつれて旅行関係をめぐる様々な紛争も頻繁に生じている。これらの紛争に対処するために民法の典型契約の一つとして「旅行契約」が新設され，2016 年 2 月から施行されている。建物賃貸借法であるが，韓国では住居用建物賃貸借法と営業用建物賃貸借法が別々に制定・施行されている。最近，営業用建物の賃貸借契約を締結する際に慣行上行われてきた，いわゆる「権利金」（営業上の有形・無形の財産的価値）の授受をめぐる賃貸人，賃借人，新規賃借人との間に紛争が相次いで生じている。かかる問題を解消するために，権利金制度の新設など営業用建物賃貸借法の一部改正が行われ，2015 年 11 月から施行されている。親族法の分野であるが，韓国社会は高齢化社会に接するにつれて，高齢者の判断能力の衰退といった現象について，何人にとっても起こりうる自然現状である

こととして冷静に受け止めるようになった。このような現象から生じる様々な問題、すなわち、高齢者を含めた精神的障害者に対する財産管理のことだけではなく、介護まで含めた新たな法律制度が必要になってくる。さらに、現在は必要な判断能力を有している者も、将来を考えて後見事務の内容と後見する人を、自ら事前の契約によって決めておくということも必要となった。このような事態に対処するために、欧米や日本では、1990年前後に成年後見制度が立法・施行されているが、韓国では2011年になってようやく民法一部改正により、限定治産・禁治産制度の廃止とともに「成年後見制度」が新設され、2013年7月から施行されている。

　以上のような様々な出来事は、本書第2版を刊行した以降に生じた主な社会現象の一面であるが、これらの問題に対処した種々の法律を本書に追加・補完することも、韓国法や韓国文化を理解するには役に立つと思い、第3版を刊行することにした。

　刊行にあたり、本書の初版と第2版、また『韓国社会と法』（信山社、2012年）を刊行した際と同様に、ご尽力いただいた信山社の皆様に心より厚く御礼申し上げたい。

　　　2016年5月　ソウル・瑞草ポレスタ書斎にて

　　　　　　　　　　　　　　　　　　　　　　　　高　　翔　龍

第 2 版　はしがき

　私が日本のロースクールで韓国法の講義をはじめて 5 年が経った。その間，多くの学生らがはじめて韓国法に接し，一見日本法と似ていても，韓国法においては，如何に異なる分野が多いかに気が付いたように思う。それは，講義する私にとっても，同じく感じることである。本書初版「はしがき」で若干述べたが，外観上同じ法律制度でありながらも，異なった意識や法解釈があることは，韓日両国のそれぞれの歴史や両国民の法意識といった法文化の違いというより，もっと広い意味の文化の違いから生じた結果でもあろう。日本での授業の中で，学生との討論やレポートからもこのような点を気付かされたが，これらは，日本の歴史や文化についてよく分からなかった私にとっては，非常に有益な示唆であった。

　2007 年 8 月に本書の初版を刊行して以降，韓国ではこの 3 年間に新たな展開があった。まず，裁判制度として「国民参与裁判制度」（日本での「裁判員制度」に該当）が 2008 年 1 月 1 日から実施され，また，家族法の部分的改正として，2008 年 6 月から，離婚意思確認だけでなく，子供の養育や親権の問題も含めた制度として「離婚意思確認制度」が実施されている。さらに，1994 年の「韓国人の法意識」調査以降，特に，韓国は 1997 年末に外貨保有不足といった非常事態の危機に直面したが，実際上，韓国の金融と経済は IMF（国際通貨基金）の支援の下で，急速な経済体制の改革や構造調整が強いられた結果，社会階層間の所得格差や所得不均衡の拡大など，多様な社会的変化が生じた。そして，そのような過程で韓国人の法意識はどのように変化したかにつき，2008 年 4 月に再び法意識調査が行われた。

　以上のような新しい動向を追加・補完することは，韓国法や韓国文化の一面を理解するためにも役立つと思い，第 2 版の刊行を決心した。

　刊行にあたり，信山社の皆様には，初版同様にお世話になり，心より御礼申し上げる。

　2010 年 1 月　研究室にて神宮外苑の森をながめながら

高　翔　龍

は し が き

　本書の元になった『現代韓国法入門』(信山社・1998年) を世に出してから既に9年が経過した。その間，韓日両国間では多様な文化交流が活発に行われてきたが，たがいに「近くて遠い国」と言われていることには，あまり変わりがないような気がする。その理由として，韓日両国間での歴史認識の差，二つの国の類似性と異質性の混同といったことを挙げたことがあるが (上掲書「はしがき」)，これらのことは今日においても同じであると言えよう。韓国には「10年経つと江山が変わる」という諺がある。それは，10年過ぎれば大自然も変化し，人間万事も当然に変わりゆくものであるという意味であるが，韓日関係について見れば，終戦後50年が過ぎた現在でもなお「近くて遠い国」のままであるという感じがする。

　法は，単に技術的なものではなく，その社会が生み出した固有の文化のひとつである。比較法学的側面から考察する場合に，二つの国の間に，はじめから全く違った法制度を発見することもあれば，全く同じ法制度を発見することもある。しかし，外見上は同じ法制度であっても，その中身が異なる場合があるということに注意を払わなければならない。すなわち，韓国法や日本法その他の外国法を理解しようとするにあたっては，その国の歴史や文化，人々の法意識といった法文化を全般にわたって理解し，相互の違いを正確に認識するという作業を最初に行うことが極めて重要なのである。

　韓国の家族法文化をひとつの例として見てみよう。嫡出否認の訴えの出訴期間について，韓国民法の847条と日本民法777条は，共に「…子の出生を知った時 (韓国民法では「日」(筆者)) から1年以内に提起しなければならない」と規定しており，外見上は全く同じであった。しかし，韓国の憲法裁判所はこの規定を憲法に違反すると決定し (憲裁1997・3・27，95憲가 (ガ) 14)，これを受けて，2005年の民法改正で同規定は「…その事由 (嫡出でないこと—筆者) を知った日から2年以内にその訴えを提起しなければならない」と改められた。ここで，日本では問題とされていない同じ規

定が，何故に韓国では違憲と判断されたのかを探ってみる必要がある。すると，韓国には儒教的な伝統慣習により真実の血縁関係を極めて重視する「絶対的血統継承主義」とも言うべき法文化が根付いているという背景があることを発見するのである。

このように，家族法文化に限って見ても，韓国において一般人の法意識としてある血統継承思想を知らずして，条文を外見的・形式的に解釈するだけで正しく理解できるとは言えないことが分かる。

異なる文化を発見することは，その社会やその国の法を理解する上で不可欠な要素である。国際関係において，しばしば他国の文化を誤解することにより国家間で様々な紛争が生じることがあるが，それは私人間においても同様であろう。

筆者は若いときに長期間の日本留学を経験し，帰国後も数回にわたって日本の法文化に接する機会があり，自分なりに日本の法文化を理解しているつもりであったが，今でも韓国と日本の異なる法文化に気がつくことがある。現在，大東文化大学法科大学院と早稲田大学法科大学院で，広い意味での「アジア法」の中における韓国法と（日本法との）比較法の講義を担当しており，今年で3年目になるが，将来の法曹を志す若い人達に対して韓国の法文化を知らせたい，正確に理解してもらいたい，そしてアジア法を専門分野とする法律家になって，これからの韓日両国間にかかる"友情の橋"としての役割を担ってほしいという希望をもって講義に臨んでいる。

本書は，このような趣旨をもって作成した上記法科大学院（ロースクール）での講義案を修正・補完したものである。「韓国法」と題するならば，本来は韓国の法文化を全体にわたって正確に理解した上で，それを一冊の書物に纏め上げるのが筋であるが，そのような作業は今まで民法だけを勉強してきた筆者の能力の限界を遥かに越えてしまう。こうした事情から，本書の内容は広汎な韓国法の中でも限られた範囲に留まり，韓国法文化の一面を紹介するものに過ぎないが，この点，予めお詫び申し上げたい。

また，本書が韓国法への関心を惹き起こし，韓国法を理解していただくための糸口になるならば幸いである。

最後になるが，是非ともここで記しておきたいことが幾つかある。ひと

つは，2005 年の暮れに『21 世紀の日韓民事法学』（信山社・2005 年）と銘打った論文集を筆者の‘日韓法学交流記念’として恩師と友人達から賜わったことである。実のところ，筆者が韓日の法学交流のために尽くしてきたことはなく，むしろ，ご迷惑をおかけしながら今日まで参ってきた次第である。このような筆者にとって身に余るほどの記念論文集をいただいたことは一生の光栄と感激している。この場をお借りして，「序文」を書いて下さった我が恩師であられる星野英一先生，ご執筆なさった下森定先生，内田貴教授，大村敦志教授，高橋宏志教授，北村一郎教授，野村豊弘教授，滝沢聿代教授，瀬川信久教授，そして編集の労をとって下さった加藤雅信教授，能見善久教授（以上，無順）に心から感謝の意を表したい。このように，敬愛する先生方と友人達のご指導とご鞭撻，激励がなければ，本書を上梓することは不可能であった。もうひとつは，日本の学生達に韓国法と比較法を授業する機会を与えていただいたことである。筆者を大東文化大学法科大学院にお招き下さった小野幸二先生（現名誉教授）と麻生利勝教授，早稲田大学法科大学院の浦川道太郎教授と浅古弘教授，そして一人一人記すことができず恐縮の至りであるが，常日頃から筆者を励まして下さっているロースクールの多くの先生方に深く感謝の意を表したい。

　刊行にあたり，新司法試験を控えながら，惜しみなく時間を割いて日本語の校正をしてくれた大東文化大学法科大学院の宇高敏弘君，研究論文の作成にとり込んでいる東京大学公共政策大学院の松尾和彦君に感謝の意を表したい。さらに，旧著『現代韓国法入門』に引き続いて，本書の出刊でもご尽力いただいた信山社の袖山貴氏、編集作業をご担当の今井守氏に厚く御礼申し上げたい。

　　2007 年 3 月，東京，信濃町キャンパスの研究室にて

高　　翔　龍

韓国法〔第3版〕

目　次

第一章　韓国法の歴史 ——————————————— 3

第一節　朝鮮時代以前の法 …………………………………… 3

一　古代時代の法および三国時代の法 ……………………… 3
1　古代時代（〜B.C.58年）の法（3）／2　三国時代（B.C.18〜A.D.668年）の法（4）

二　統一新羅時代（668〜935年）の法 ………………………… 4

三　高麗時代（918〜1392年）の法 …………………………… 5

第二節　朝鮮時代（1392〜1897年）の法 ………………… 6

一　基本法としての経国大典 …………………………………… 6

二　刑罰に関する法 ……………………………………………… 8

三　土地所有および売買に関する法 …………………………… 9

第三節　大韓帝国時代（1897〜1910年）の法 ………… 10

一　第1期：甲午改革時代（1894〜1896年）………………… 10

二　第2期：復古時代（1897〜1904年）……………………… 12
1　大韓帝国と洪範14条（12）／2　法律起草委員会（12）

三　第3期：統監府時代（1905〜1910年）…………………… 14
1　韓日協約（14）／2　統監府時代の法（16）

第四節　日本植民地時代（1910〜1945年）の法 ……… 17

一　植民地統治方式 ……………………………………………… 18
1　第1期：総督政治と武断政治（1910〜1919年）（18）／2　第2期：植民地政策の変化（1919〜1931年）（18）／3　第3期：兵站基地化と皇民化政策（1931〜1945年）（19）

二　植民地統治法令 ……………………………………………… 20

目　次

　　　　1　統監府時代の植民地統治法令 *(20)*／2　総督府時代の植民
　　　地統治法令 *(22)*

　　三　司 法 機 関 ………………………………………………………… *27*

第五節　1945 年以後の韓国法 ……………………………………… *27*

　　一　法典起草委員会 …………………………………………………… *28*
　　二　法典編纂委員会 …………………………………………………… *28*

第二章　韓国人の法意識 ——————————————— *31*

第一節　は じ め に ……………………………………………………… *31*

第二節　韓国人の伝統的法意識 …………………………………………… *32*

　　一　法に対する一般的認識 …………………………………………… *32*
　　二　法的権利と市民の権利 …………………………………………… *32*
　　三　遵法精神と告発精神 ……………………………………………… *33*
　　四　紛争解決方法 ……………………………………………………… *34*

第三節　今日における韓国人の法意識 ………………………………… *34*

　　一　社会変動と価値観の変化 ………………………………………… *35*
　　　　1　社会変動 *(35)*／2　価値観の変化 *(36)*／3　多文化社会
　　　化における社会構成員（外国人）*(41)*
　　二　法に対する認識と情緒 …………………………………………… *42*
　　　　1　法の機能 *(42)*／2　紛争解決方法 *(42)*／3　脱法行為に
　　　対する評価 *(52)*
　　三　遵法精神 …………………………………………………………… *52*
　　　　1　韓国人の遵法精神 *(56)*／2　日本人の遵法精神との比較 *(59)*
　　四　権利意識 …………………………………………………………… *63*
　　　　1　韓国人の権利意識 *(63)*／2　日本人の権利意識との比較 *(65)*
　　五　韓国人の法定立および法執行機関に対する態度 ……………… *69*
　　　　1　法定立および法執行機関に対する態度 *(69)*／2　司法権の
　　　独立に対する態度 *(72)*

第四節　ま と め ………………………………………………………… *74*

目　次　　xi

第三章　憲法上の統治構造と憲法裁判所 ——————————77

第一節　憲法と統治構造 ……………………………………………77

一　憲法制定と統治構造 ………………………………………77

二　憲法改正と統治構造の変遷………………………………78

1　第1次憲法改正(1952年7月：抜萃改憲)(78)／2　第2次憲法改正（1954年11月：四捨五入改憲）(79)／3　第3次憲法改正（1960年6月：議院内閣制改憲・第2共和国）(79)／4　第4次憲法改正（1960年11月：不正選挙処罰改憲）(79)／5　第5次憲法改正（1962年12月：軍事政権・第3共和国）(80)／6　第6次憲法改正（1969年10月：三選改憲）(80)／7　第7次憲法改正（1972年12月：維新憲法）(80)／8　第8次憲法改正（1980年10月：新軍部政権・第5共和国）(81)／9　第9次憲法改正（1987年10月：民主化宣言・第6共和国）(82)

三　現行憲法と統治構造 ………………………………………82

1　概要 (82)／2　統治構造 (84)／3　地方自治制 (87)

第二節　憲法裁判所 ………………………………………………89

一　は じ め に ………………………………………………89

二　憲法裁判所の構成と組織および審判手続 ………………90

1　構成 (90)／2　組織 (90)／3　審判手続 (91)

三　憲法裁判所の権限 …………………………………………92

1　違憲法律審判権 (92)／2　弾劾審判権 (98)／3　政党解散審判権 (99)／4　機関間の権限争議審判権 (100)／5　憲法訴願審判権 (101)

四　憲法裁判所と大法院との関係 ……………………………102

五　主要決定事例 ………………………………………………103

1　違憲法律審判事件 (103)／2　弾劾審判事件 (107)／3　権限争議事件 (113)／4　憲法訴願事件 (114)

第四章　韓国の司法制度 ——————————————————119

第一節　大韓民国政府樹立以前の司法制度 ………………………119

一　近代司法制度導入 …………………………………………119

1 裁判所構成法公布と各級裁判所の創設 (*119*) ／ 2 大韓帝国の樹立と司法制度 (*121*) ／ 3 大韓帝国の裁判所の廃止と統監府裁判所の開設 (*121*)

二 日本植民地時代の司法制度 ………………………………… *122*

三 1945 年 8 月 15 日の光復と米軍政期の司法制度 …………… *122*

1 米軍政期の司法制度 (*122*) ／ 2 裁判制度 (*124*)

第二節 現行司法制度 ……………………………………… *126*

一 は じ め に ……………………………………………… *126*

二 各級法院の構成と管轄事件 …………………………… *127*

1 大法院の構成と管轄事件 (*127*) ／ 2 高等法院の構成と管轄事件 (*129*) ／ 3 特許法院・行政法院の構成と管轄事件 (*129*) ／ 4 地方法院・地方法院支院の構成と管轄事件 (*130*) ／ 5 家庭法院の構成と管轄事件 (*131*) ／ 6 市・郡法院の組織 (*132*)

三 国民参与裁判制度(裁判員制度) ……………………… *133*

1 立法趣旨及びその特徴 (*134*) ／ 2 国民参与裁判法の構成 (*136*) ／ 3 主要内容 (*137*) ／ 4 国民参与裁判の状況 (*143*)

四 法院の行政 ……………………………………………… *148*

1 法官の任用資格 (*148*) ／ 2 任用 (*149*) ／ 3 法官の任期と停年 (*149*) ／ 4 法官の定員と法官 1 人当り負担件数 (*150*) ／ 5 「上告法院」の導入法案 (*151*)

第五章 民法 (財産編) ———————————————— *153*

第一節 韓国民法の沿革 ………………………………… *153*

一 朝鮮時代(1392 ～ 1897 年)の民事関係法 ………………… *153*

二 大韓帝国時代(朝鮮末期)(1897 ～ 1910 年)の近代民事関係立法の試み ………………………………………………… *154*

三 統監府時代(1905 ～ 1910 年)の「土地家屋証明規則」 ……… *154*

四 日本植民地時代 (1910 ～ 1945 年) の「土地調査令」と「朝鮮民事令」 …………………………………………… *157*

1 土地調査令(1912 年) (*157*) ／ 2 朝鮮民事令(1912 年) と朝鮮不動産登記令(1912 年) (*158*)

五 米軍政時代(1945 ～ 1948 年)の民法典 ………………… *160*

六 大韓民国の樹立(1948. 7. 17)と現行民法の制定 ………… *160*

目　次　　xiii

　　　1　民法制定過程（*160*）／2　民法の改正過程（*162*）／3　民法
　　改正案（2004 年）の廃止と新たな「民法改正委員会」の発足（*163*）
　七　民事特別法 ……………………………………………………………*164*
　　　1　民事に関する主要な特別法（*164*）／2　民事に関する特別法
　　が多く立法された理由（*165*）

第二節　民法典の体系および構成 …………………………………*166*

　一　民法典の体系 …………………………………………………………*166*
　二　民法典の構成 …………………………………………………………*166*

第三節　民法財産編の概観 …………………………………………*167*

　一　総　則　編 ……………………………………………………………*168*
　　　1　通則（*168*）／2　自然人（*168*）／3　法人（*168*）／4　法律
　　行為（*170*）／5　消滅時効（*171*）
　二　物　権　編 ……………………………………………………………*172*
　　　1　総則（*172*）／2　物権の種類（*177*）／3　非典型担保（*179*）
　三　債　権　編 ……………………………………………………………*186*
　　　1　債権総則（*186*）／2　契約法（*191*）／3　事務管理・不当利
　　得・不法行為（*197*）

第四節　不動産登記制度 ……………………………………………*199*

　一　立法当時の「不動産登記法」 ………………………………………*200*
　　　1　不動産登記法の主な内容（*200*）／2　不動産登記法の構成
　　（*201*）
　二　不動産登記法の改正とその主な内容 ………………………………*202*
　　　1　1978 年 改 正（一 部 改 正 1978. 12. 6 法 律 3158 号 ）（*202*）／2
　　1983 年改正（一部改正 1983. 12. 31 法律 3692 号）（*203*）／3　1984
　　年改正（一部改正 1984. 4. 10 法律 3726 号）（*203*）／4　1985 年改正
　　（一部改正 1985. 9. 14 法律 3789 号）（*204*）／5　1986 年改正（一部改
　　正 1986. 12. 23 法律 3859 号）（*204*）／6　1990 年 改 正（一 部 改 正
　　1990. 8. 1 法律 4244 号）（*205*）／7　1991 年改正（一部改正 1991. 12.
　　14 法律 4422 号）（*205*）／8　1996 年改正（一部改正 1996. 12. 30 法
　　律 5205 号 ）（*206*）／9　1998 年 改 正（一 部 改 正 1998. 12. 28 法 律
　　5592 号）（*206*）／10　2002 年改正（一部改正 2002. 1. 26 法律 6631 号）
　　（*207*）／11　2003 年改正（一部改正 2003. 7. 18 法律 6926 号）（*207*）

／12 2005年改正（一部改正 2005.12.29 法律 7764 号）(*207*)／13 2006年改正（一部改正 2006.5.10 法律 7954 号）(*207*)／14 2011年改正（全面改正 2011.4.1 法律 10580 号，2012.6.11. 施行）(*208*)

三 不動産登記の特別法 ………………………………………………………209

   1 不動産所有権移転登記特別措置法 (*209*)／2 不動産登記特別措置法 (*211*)／3 不動産実名制法 (*213*)

第六章 家族法（民法親族・相続編）————————229

第一節 家族法の法源 ……………………………………………………229

一 民法典の制定・施行以前までの家族法の法源 …………………………229

   1 朝鮮時代 (*229*)／2 日本植民地時代 (*229*)／3 米軍政時代 (*232*)／4 政府樹立後民法典の施行前 (*233*)

第二節 民法典の家族編制定とその改正 ……………………………233

一 家族編の制定 ………………………………………………………233

二 家族法の改正 ………………………………………………………234

   1 法定分家制度の新設による一部改正（1962.12.29 法律第 1237 号）(*234*)／2 離婚意思確認制の新設などによる一部改正（1977.12.31 法律第 3051 号）(*234*)／3 親族編の大改正（1990.1.13 法律 4199 号）(*234*)／4 国籍法上父系血統主義条項の改正（1997.12.13 法律 5431 号）(*245*)／5 相続回復請求権の出訴期間、限定承認規定の改正（2002.1.14 法律 6591 号）(*247*)／6 戸主制の廃止、子の姓と本の変更、同姓同本禁婚制の修正、特別養子縁組制の導入などによる大改正（2005.3.31 法律 7427 号）(*248*)／7 離婚熟慮期間制の新設による改正（2007.12.21 法律 8720 号）(*251*)／8 成年後見制の導入による改正（2011.3.7 法律 10429 号）(*251*)

第三節 親族法の特色 ……………………………………………………251

一 姓不変原則とその修正 ………………………………………………252

   1 民法上の姓不変の原則 (*252*)／2 改正民法上の姓不変原則の修正 (*256*)

二 同姓同本不婚の原則とその修正 ……………………………………259

   1 2005年改正民法前の同姓同本不婚の原則 (*259*)／2 改正法における同姓同本不婚制の修正（近親婚等の禁止）(*260*)

目　次　　　xv

　　三　離婚意思確認制度 ……………………………………………… 261
　　　　1　趣旨（261）／2　主要内容（262）／3　離婚意思確認及び離
　　　婚熟慮期間制度実施後の状況（263）
　　四　成年後見制度 …………………………………………………… 264
　　　　1　成年後見制度の新設（264）／2　成年後見制度の主な内容
　　　（265）／3　成年後見の実態と残された問題点（268）

第四節　相続法の特色 …………………………………………………… 269

　　一　相続人の順位と範囲 …………………………………………… 270
　　　　1　相続人の順位（270）／2　相続人の範囲（270）
　　二　相　続　分 ……………………………………………………… 272
　　　　1　均分の原則（272）／2　寄与分（272）
　　三　代襲相続（特に，配偶者の代襲相続）………………………… 272

第五節　主な判例 ………………………………………………………… 274

第七章　不動産賃貸借制度 ——————————————285

第一節　は じ め に ……………………………………………………… 285

第二節　賃貸借制度の沿革 ……………………………………………… 287

　　一　慣行上の伝貰および月貰（1945 年以前）…………………… 287
　　　　1　慣行上の伝貰（チョンセ）（287）／2　慣行上の月貰（ウォル
　　　セ）（288）
　　二　旧民法時代（1945 〜 1959 年）の伝貰および月貰 ………… 289
　　　　1　判例（289）／2　学説（290）

第三節　民法上の賃貸借制度 …………………………………………… 291

　　一　伝貰権制度 ……………………………………………………… 291
　　　　1　伝貰権制度の概要（291）／2　伝貰権の法的性質（293）／3
　　　伝貰金の法的性質（294）／4　伝貰権者の競売請求権と伝貰金の
　　　優先弁済（294）／5　伝貰権といわゆる「債権的伝貰」（296）／
　　　6　今日における伝貰制度の社会的機能（297）
　　二　賃貸借制度 ……………………………………………………… 298
　　　　1　賃貸借の意義（298）／2　賃借権の対抗力（298）／3　賃借
　　　権の存続保護（299）／4　賃借権の譲渡および転貸（300）／5

賃借人の賃料減額請求権 (*300*) ／6　賃借人の費用償還請求権および付属物買受（造作買取）請求権 (*301*)

第四節　住宅賃貸借保護制度 ……………………………………………… *302*

一　住宅賃貸借保護法の制定 ……………………………………………… *302*

二　住宅賃貸借保護法の基本構成 ………………………………………… *303*

三　賃借権の対抗力 ………………………………………………………… *304*

　　1　2つの対抗要件 (*304*) ／2　立法趣旨 (*304*) ／3　判例の立場 (*305*) ／4　残された問題 (*306*)

四　保証金（伝貰金を含む）の返還確保 ………………………………… *307*

　　1　保証金の優先弁済 (*307*) ／2　少額保証金（「一定金額」）の最優先弁済 (*308*)

五　賃借権登記命令制 ……………………………………………………… *312*

六　賃借権の存続保護 ……………………………………………………… *312*

七　賃借権の承継 …………………………………………………………… *313*

第五節　商街(営業用)建物賃貸借保護制度 ……………………………… *314*

一　商街建物賃貸借保護法の制定 ………………………………………… *314*

二　適　用　範　囲 ………………………………………………………… *315*

三　賃借権の対抗力 ………………………………………………………… *317*

四　保証金の返還確保 ……………………………………………………… *318*

　　1　賃借人の優先弁済権 (*318*) ／2　少額保証金（「一定金額」）の最優先弁済 (*318*)

五　「権利金」の回収確保 ………………………………………………… *320*

六　賃借権登記命令権 ……………………………………………………… *322*

七　賃借権の存続保護 ……………………………………………………… *322*

第八章　消費者法 ——————————————————————— *325*

第一節　は じ め に ……………………………………………………… *325*

第二節　約款規制法 ……………………………………………………… *327*

一　約款規制法の立法および改正過程 …………………………………… *327*

　　1　立法過程 (*327*) ／2　約款規制法の改正 (*329*) ／3　約款規制法の構成 (*331*)

目　次　　　xvii

　　二　主 要 内 容 ……………………………………………………… *331*
　　　1　約款の内容統制（*332*）／2　不公正な約款に対する行政的統
　　制（*339*）／3　補則（*341*）／4　罰則（*342*）
　　三　公正取引委員会の組織 ……………………………………… *342*
　　四　不公正約款の是正措置状況 ………………………………… *343*
　　　1　約款審査請求（*343*）／2　是正実績（*343*）

第三節　消費者基本法 ……………………………………………… *345*
　　一　消費者基本法の制定および改正 …………………………… *345*
　　二　消費者基本法の構成 ………………………………………… *347*
　　三　主 要 内 容 ……………………………………………………… *348*
　　　1　消費者の基本的権利と責務，消費者個人情報の保護（*348*）／
　　　2　財政経済部の資料提出要請権（*348*）／3　韓国消費者院の管
　　轄権および消費者団体の登録審査・取消権限の公正取引委員会へ
　　の移管（*349*）／4　消費者安全の強化（*349*）／5　事業者の消費
　　者相談機構の設置と奨励（*349*）／6　消費者紛争調停委員会の一
　　括的紛争調停（集団紛争調停）実施（*350*）／7　消費者団体訴訟
　　制度の導入（*350*）

第四節　割賦取引法 ………………………………………………… *352*
　　一　割賦取引法の制定および改正 ……………………………… *352*
　　二　割賦取引法の構成 …………………………………………… *354*
　　三　主 要 内 容 ……………………………………………………… *355*
　　　1　適用範囲（*355*）／2　割賦取引の表示および割賦契約の書面
　　主義（*355*）／3　割賦取引の法律関係（*356*）／4　その他（*360*）

第五節　訪問販売法 ………………………………………………… *361*
　　一　訪問販売法の制定および改正 ……………………………… *361*
　　二　訪問販売法の構成 …………………………………………… *362*
　　三　主 要 内 容 ……………………………………………………… *363*
　　　1　訪問販売および電話勧誘販売（*363*）／2　多段階販売（*365*）
　　／3　継続取引等（*368*）／4　消費者権益の保護（*368*）／5　調
　　査および制裁（*368*）／6　その他（*369*）
　　四　訪問販売法違反行為の是正措置状況 ……………………… *369*

xviii 目 次

第六節　製造物責任法 ……………………………………… *370*

一　製造物責任法の制定 ………………………………… *370*

二　製造物責任法の構成 ………………………………… *371*

三　主 要 内 容 ………………………………………… *371*

1　製造物の範囲 (*371*) ／ 2　欠陥の概念 (*373*) ／ 3　責任主体 (*374*) ／ 4　製造物責任 (*374*) ／ 5　免責事由およびその制限 (*375*) ／ 6　連帯責任 (*377*) ／ 7　免責特約の制限 (*377*) ／ 8 消滅時効と除斥期間 (*377*) ／ 9　民法の適用 (*378*)

補 章　インターネットによる韓国法の調べ方 ──────*379*

第一節　は じ め に ……………………………………… *379*

第二節　国家・公共機関サイト ………………………… *380*

一　法令の検索 …………………………………………… *380*

二　判例の検索 …………………………………………… *382*

三　立法関連資料の検索 ………………………………… *384*

四　学術関連資料の検索 ………………………………… *387*

第三節　商用サイト ……………………………………… *389*

第四節　個人提供サイト(韓国ウェブ六法) ……………… *391*

事項・人名索引 (巻末)

判 例 索 引 (巻末)

法 令 索 引 (巻末)

〈判例の凡例〉

大判……………………大法院判決
大決……………………大法院決定
大判集…………………大法院判例（判決）集
朝高判…………………朝鮮高等法院判決
憲裁……………………憲法裁判所決定（＝判決）
憲裁集…………………憲法裁判所判例集

〈判例の引用例〉

（例）大判 2006. 10. 13, 2006 다（ダ）56299

　　大判 2006. 10. 13…………大法院判決の宣告年月日

　　2006 다（ダ）56299 ………事件番号

（例）憲裁 2004. 10. 21, 2004 헌마（マ）554

　　憲裁 2004. 10. 21…………憲法裁判所決定の宣告年月日

　　2004 헌마（マ）554 ………事件番号

韓　国　法

〔第 3 版〕

第一章　韓国法の歴史

　歴史的発展過程に関する外国法研究は，単に過去の歴史的事実を知るという次元の問題だけではなく，今日におけるその国の法制度や一般人の法意識を正しく理解するためにも重要な意味を有する。法は単なる技術ではなく，法を生み出した社会の固有文化の一環であるがゆえに，法は歴史的に生成されるものであり，歴史から離れて生ずるものではない。したがって，外国法を理解するに際し，その国の歴史的発展過程を考察せずにその法の形態や内容を正しく把握することはできないといっても過言ではない。そのため，本書では韓国法の歴史を概観することから始める。

　以下，朝鮮時代（1392～1897年）以前の法についてはごく簡単に紹介し，それ以後の朝鮮時代の法を中心に若干立ち入って考察する。

第一節　朝鮮時代以前の法

一　古代時代の法および三国時代の法

1　古代時代(～B.C.58年)の法

　古代時代の法とは，原始的な氏族共同体の新石器時代から古朝鮮，扶余，高句麗，沃沮，東薉，三韓など，部族国家時代の法をいう。古代時代法制の特徴は，単純・厳格な慣習法として宗教的に悪の除去という意味で，裁判は宗教意識とともに行われる場合が多かった。北方の古朝鮮や扶余では，殺人，傷害，窃盗，姦淫，嫉妬を共通的に禁じ，生命と労働力を尊重かつ私有財産を擁護，一夫多妻制の家父長制の保障といった特徴があった。他方，南方の三韓（馬韓，辰韓，弁韓をいう）では，犯罪人が外に逃亡すれば処

罰することができないという記録があるだけで具体的な法規がないが，処罰するにも北方より寛大であったといわれている。

2　三国時代（B.C.18〜A.D.668年）の法

三国時代とは，高句麗（コグリョ）（B.C.37〜A.D.668年），百済（ペクチェ）（B.C.18〜A.D.660年），新羅（シルラ）時代（B.C.37〜A.D.667年）をいうが，この時代は日本の弥生時代中期から古墳時代後期に当る時期になる。

① 三国時代の身分制度は貴族たちによって厳格に区別され，高句麗では部族の族長からなる五族があり，百済では八大姓の有力者の支配，新羅では聖，六頭品などの区別による骨品制が設けられていた。② 土地制度はまだ本格的に国家財政の枠のなかには入らず，王室や貴族，寺院，農民が所有していた。そして，一部貴族や功臣に対しては，食邑（シグプ）といって，一定の村に赴任させ，その村で国家に納付する租税をもらうようにするか，または国家が特別に与えた私田制度があっただけである。したがって，国家はかかる私有地より租税を徴収し，必要によっては租を官僚貴族に徴収させるようにしたこともあった。かかる租を徴収しうる収租権は土地所有権ではないが租を納入する者は弱い農民であったために，勢力のある官僚貴族は収租権を行使して土地自体を奪うか，または未墾地を開墾して大土地所有者になった。③ 三国は「律令」（ユルリョン）公布を起点に成文制定法時代に入った。律令制度が目的とするのは国家を王土王民の原理に基づいて国民に対し，専制的支配を貫徹しようとすることであった。各種の支配組織や政府組織を「令」によって規定し，これに違反する者は「律」という罰則で処される。格式とともに主権者の統治手段であり，教令懲戒を目的とする根本法であった。

二　統一新羅時代（668〜935年）の法

この時代は，日本の飛鳥，奈良時代と平安時代前期に当る時期になるが，新羅は百済を滅ぼし（660年），その後高句麗を滅して（668年），三国を統一する。このような三国統一の過程で朝鮮半島は政治的・軍事的緊張が高まったが，その時期に百済の王仁（ワンイン）（日本では，ワニ先生と呼ばれてい

る）博士・阿知使主（あちのおみ）をはじめとする多くの人が日本に漢文・仏教・儒教などの知識や新技術を伝えた時期でもある。歴史上はじめて朝鮮半島の統一の偉業を成し遂げた文武（ムンム）王は，7年（A.D.667年）に右吏方部を設置し，さらに，21年（681年）には律令格式を改正する等，中国の唐を模範にしてさまざまな制度を再編成・強化して中央執権的律令体制を完成させた。7世紀末から9世紀初にわたる時期は，律令政治がもっと盛んに行われた時期であり，律令は辺方の末端行政単位である村まで充分に実行された。このような事実は当時の村行政報告書である，いわゆる新羅帳籍がそれを立証している（日本の奈良の正倉院で発見された）。すなわち，3年ごとに自然村落単位で村税を中央政府に報告したものである。それは村の区域，戸数，人口数，牛馬数，土地の面積，桑，クルミの木等の減少状況を記録したものであった。仏教も非常に発展し，個人の祈福とともに国家の発展護持を祈願する護国仏教として認められるようになった。しかし，統一新羅の律令体制は，9世紀初から民乱の蜂起，地方豪族の自立などにより王権が弱化しじめるとともに，自然にその実効性が失われた。結局，律令国家は崩壊過程をたどることになった。

三　高麗時代(918～1392年)の法

　この時代は，日本の平安時代の後期と鎌倉時代に当る時期になるが，新羅を滅亡させて建国した高麗（コリョ）は，唐の律令をはじめとし宋・元の律令を部分的に継受した。しかし，律令は形式に過ぎず，王の命令や慣習法が律令の代りに，また律の代りに勅令が統治の基幹になった。高麗は10世紀末の第6代王である成宗（ソンジョン）時代（981～997年）に至り，中国歴代王朝の制度を参酌して儒教政治の理念に基づいた官僚体制を編成・整備した。このような儒教的執権的政治体制を維持するためには必然的に統治の基本である律令体制が確立されなければならなかった。主に唐律の必要なものを採択して高麗の事情にあうように作って施行した高麗律は，基本法典である律典の改正なしの単一王法であって，これをもって統治したのである。

　一方，民事関係法は一般的に広い範囲にわたる慣習法として存在した。

6 第一章 韓国法の歴史

他方，高麗史や刑法志には当時に行なわれた刑法条文 100 余ヵ条をはじめとした王法や上訴等が収録されている。その内容としては名例（五刑，刑杖式，辜限，禁刑），公式（相避，官吏給暇，避馬式，公牒相通式），職制，奸非，戸婚，大悪，殺傷，禁令，盗賊，軍律，恤刑，訴訟，奴婢等についての記録がのっている。その公布年月日が定められていない条文は，ほとんど中国宋の影響があったが，高麗固有なものも存在した。

第二節 朝鮮時代(1392～1897年)の法

中国の元を助け明を討つために遼東（ヨドン）攻撃を命ぜられて出陣した李成桂（イ・ソンゲ）将軍は，反元親明の立場から反転（いわゆる，威化島回軍という。1388 年）して，首都である開城を攻撃・陥落させて親元派を除き，辛昌（シンチャン）王を擁立して土地改革を断行し，その後新進士大夫（儒教を学び，科挙を通じて官僚になった者，いわゆる「両班」と称する者）勢力に推されて新王朝を建て国号を「朝鮮（チョソン）」（1392 年）とした。

この時代は，日本の室町時代から江戸時代を経て明治時代に至る時期に当るが，朝鮮王朝は，「抑仏崇儒」政策をとり，特に朱子学が国教的地位を占め，また両班官僚国家として両班（文班と武班）・仲人（郷吏，胥吏，技術官など），常民（農・手工・商），賤人（白丁，奴婢）からなる身分制度を定め，その支配体制を確立した。

朝鮮時代の法制史的特徴は，高麗時代の法が個別的である王法と慣習法を基盤としたことに対し，統一王法の制定と継続的な編纂による法治主義統治が行われたという点である。したがって，この時代は統一法典時代ともよばれている。すなわち，基本的な統一法典と刑法である大明律を統治手段にして全国土と国民を組織的統一的に支配・規律したのである。

一 基本法としての経国大典

朝鮮の初代王，太祖（テジョ。李成桂）は即位教書ですべての制度と法制を急な改革を行わず，高麗時代の法にしたがうことを明らかにし，国家の基本法としての法典にしたがい法治主義の統治を行なった。太祖 6 年（1397

第二節　朝鮮時代 (1392 〜 1897 年) の法　　　7

年) に都評議使司では「経済六典」を完成して，公布・施行した。その後，
第 4 代王の世宗 (セジョン) 11 年 (1429 年) に経済六典から漏落された部分
とその間に公布された他の法令を収集し「続六典」を編纂した。第 7 代王
の世祖 (セジョ) (1455 〜 1468 年) は数多くの新しい法令を公布したが，それ
ら法令の前後矛盾，不備，欠陥が発見される時ごとに続典編纂の方法で増
補する姑息な方法をとりやめて，経済六典・続六典その他すべての法令を
全体的に調和させ，新しく組織的・統一的法典を編纂し，万世成法を目標
として吏典，戸典，礼典，兵典，刑典，工典の六典方式をとった「経国大
典」が完成された。しかし，この「経国大典」が確定的に完成するまでに
は数回にわたる修正・補完が実施されたが，第 9 代王の成宗 (ソンジョン)
16 年 (1485 年) より施行されたものが，今日完全に伝わっている最終的に
確定・施行された「経国大典」という法典である。

　「経国大典」は各典ごとに必要な項目で分類規定されており，条文も経
済六典とは異なり，抽象化一般化されていて建国後 60 余年ぶりの名実相
伴う立派な法典としての面目を備えた。それは以下のようなものである。

　① 吏典には，統治の基本となる中央と地方の官制，官吏の種別，官吏
の任免，辞令等に関する規定，② 戸典には，財政経済とこれに関連のあ
る事項として，戸籍制度，土地制度，租税制度，俸給，通貨，負債，商業
と雑業，倉庫と還穀，漕運，漁場，塩場に関する規定が定められた。特に
土地・家屋・奴婢・牛馬の売買と売買の取消期限と，これらを売買する場
合に今日のような公証に該当する「立案」に関する規定，債務弁済と利息
率に関する規定など，民事的事項が規定された。③ 礼典には，文科と雑
科などの「科挙」(王が直接管轄する最上級行政・司法役員選抜試験制度) に関す
るもの，官吏の儀章，外交，祭礼，喪葬，墓地，官印，種々の公文に関す
る規定，喪服制度 (親族の範囲)，奉祀 (祭祀相続)，入養 (養子制度)，婚姻な
ど親族法規範が定められた。④ 兵典には，軍制と軍事に関する規定が，
⑤ 刑典には，大明律に対する特別刑法として刑罰，裁判，公奴婢，私奴
婢に関する規定が定められた。裁判に関する規定と私奴婢に関する規定の
中には財産相続法が含まれているが，その理由は当時の財産の重要な部分
を占めていた奴婢に関する紛争は主に相続に関する紛争であり，それが判
決を通して判例法を形成したからであった。このように，奴婢は不動産と

ともに重要な財産であるから，刑典に奴婢の譲渡に関する規定を設けて，不動産の売買と同様に一定の形式を要件とした（奴婢になる者は，戦争捕虜，姦通罪を犯した者，債務不履行者，生活貧困で自分自身，妻，子を売渡す場合など）。⑥工典には，道路，橋梁，度量衡，殖産に関する規定が定められた。

　永久に変わらないという祖宗聖憲である経国大典の確定と施行によって，国家の統治は人治主義から法治主義へ転換する確固たる軌道にのった。このような経国大典は，中国法とは異なった朝鮮固有の法が成文化されたという点で大きな意義がある。しかし，「経国大典」に記録された祖宗聖憲は，時代の変遷にしたがって改正せざるをえない運命を迎え，結局，新しい法典が編纂された。第21代王の英祖（ヨンジョ）(1724〜1776年）の時には，「経国大典」の施行後に公布された法令の中で永久的に施行する法令を編纂したものとして経国大典の第2法典ともいえる「続大典」(1746年）が編纂された。第22代王の正祖（ジョンジョ）(1776〜1800年）の時には，「経国大典」と「続大典」および「続大典後」の法令を一つに統合した朝鮮王朝第3次大法典として「大典通編」が編纂され（1785年），経国大典の以後，300年ぶりに新しい統一法典が成立した。この大法典は18世紀末葉より朝鮮朝末まで通用した。

二　刑罰に関する法

　朝鮮時代には大明律が原則的に適用されたが，「経国大典」や後に制定された「続大典」に特別規定がある時はそれによることになった。基本的に，刑罰には5刑体制（笞刑，杖刑，棍杖，徒刑，流刑）をとっていたが，その外に死刑等の特殊な刑罰があった。流刑の場合にその期間は有限年と無限年があったが，開国504年（1897年）流刑分等級加減例という法律により，流終身，流五十年，流十年の3種に変わった。その後，刑律名例という法律によりさらに流刑は終身，15年，10年，7年，5年，3年，2年半，2年，1年半，1年の10等級となったが，それらの流刑は日帝侵略後，朝鮮刑事令によって禁錮刑に変わった。

三 土地所有および売買に関する法

　土地の売買や賃貸借および相続は三国時代がら行なわれてきた。土地改革は土地所有権の改革ではなく国家に納める租税の改革であったために，特殊な場合を除いて一般農地の売買や相続等の処分は自由であった。したがって，土地政策は土地私有の基礎の上で行なわれた。

　①「経国大典」戸典買売条によれば，土地や家屋は自由に売買することができるが，土地や家屋を買受する者は100日以内に立案（一種の公証制度―不動産売買当事者間に契約が締結され，代金の授受，所有権移転後100日以内に官庁に立案を申請。官庁は売買の合法性の可否を審査し，合法的で虚偽がない場合に立案を発給するもので，公証力を有する。朴秉濠・韓国法制史攷（法文社，1987年）36，47頁参照）しなければならないとされている。②「経国大典」刑典私賤条には，土地や家屋の相続した者は1年内に官の立案を受けなければならないと規定されており，特に相続は子女均分相続の原則が適用されていた。③「経国大典」戸典田宅条には，国家が土地所有権を絶対的に保障する内容が規定されている。例えば，土地が不法占有された場合または小作期間の満了後土地明渡が拒絶された場合に，地主は提訴期間に拘束されず，訴訟を提起することがてきた。このように所有権の本質的な部分は絶対的に保障されていた。このような場合に自己の土地を現実的に占有していなくても絶対的に保護されるから不動産所有権の絶対性と観念性が認められた。

　また，国家が必要によって個人所有の土地を収用する場合にも土地所有者に対して補償するのが常例であった。土地や家屋を売買するときに口頭で行なう場合は稀れであって，必ず契約書を作成した。これを「明文」，「文記」または「文券」といわれた。

　売買契約を締結する時には，必ず売渡人，買受人，証人，文記を書く筆執人があった。売買文記には売渡年月日と買受人の姓名を書き，売渡人は本文に売渡しの理由と，どのようにして自分の所有になったのかという権利の内訳を記載した。それから土地と家屋の所在と方向の表示，売買代金と交換して売渡すという旨を記載し，最後に売渡人と証人，筆執人が署名したのである。かかる場合に，両班は売買当事者として契約を締結することを好まない。したがって，自分に奴婢がいる場合には彼に委任状を与え

て契約を締結した。ただし，文記上には売渡人または買受人は奴婢の名前
で表示されるが，その奴婢が当事者になるものではない。

そして，売買契約が締結され，代金の支払があれば所有権が移転される。
契約締結後，法律上一旦 15 日が過ぎれば，両当事者はその契約を解除ま
たは取消すことができない（戸典売買限条）。

第三節　大韓帝国時代(1897〜1910年)の法

19世紀末の社会経済の内部的矛盾と外勢の浸透は法制面でも渦巻き始
めた。法制史的な面で，特に実定法的には，開化期の起点が第26代王の
高宗（コジョン）1894年の「甲午更張（カボギョンジャン）」による改革から始
まる。この時より，一部思想家の開化運動を精神的基礎とする主体性は外
勢，とくに日本帝国主義により抑圧され，20余年間，他律的に驚くほど
の速度で西欧的近代法制に接するようになった。西欧の強圧の前に国家の
存立をかけ法治国としての面目を達成しなければならなかった日本帝国主
義は，西欧諸国によって日本にとられた措置を，そのまま韓国に強要した。

19世紀後半より20世紀初葉までの大韓帝国時代の韓国は，西欧法に接
する過程を時代的な特徴によって3期（甲午改革時代，復古時代，統監府時代）
に区分することができる。以下ではこのような時代的区分にしたがい，大
韓帝国時代の法を概観する。

一　第1期：甲午改革時代(1894〜1896年)

この時期は，日清戦争（1894〜1895年）の結果，日本が清を朝鮮から排
除して親日開化派（朴泳孝［パク・ヨンヒョ］など）の政権が樹立された時期で
ある。この時期に日本人法律顧問の主導の下で，過去の伝統を断絶する意
図で立法であろうと司法であろうと，その内容を問わず西欧法が継受され
た。

甲午改革とは，1894年（高宗31年）7月から1896年2月まで3回にわたっ
て推進された一連の改革運動をいう。甲午改革の推進は，合議体形式の超
政府的立法・政策決定機構である軍国機務処が政治的・経済的に，近代的

第三節　大韓帝国時代（1897〜1910年）の法　　11

絶対君主制国家という新しい統治体制の樹立を図り，この新しい統治体制の維持・発展に障碍となる，古いまたは不合理な封建的制度を撤廃することから始められた。軍国機務処は，1894年7月27日から同年11月17日まで存続したが，実際に活動したのは7月28日から10月29日までの約3ヶ月である。しかし，この期間中に，軍国機務処は40回の会議を経て189個の改革案件を含んだ約210件の議案などを議決し，法令を公布した。このことは，如何に大胆な改革が行われたかを物語っているが，改革に対する反発も強かった。

　甲午改革の主な内容は以下のようなものである。

　① 統治体制においては，宮内府（王室）と，行政府としての議政府との区別および各衙門の官制を制定し，事務分掌を明確にした。したがって，国王の専制権が制限された。

　② 対外的には，清国との従属関係を清算して開国紀年を使用し，独立国として特命全権大使を各国に派遣することによって文明開化された西方世界に接するようになった。

　③ 封建的制度を撤廃するためには，封建的身分制の撤廃と古来の陋習であった家族制度上の改革を行った。まず，両班階級においては四色党（老論，少論，南人，北人）の分派を打破するとともに，科挙制度を廃止し，門地を問わず人材を登用した。また，文武の差別を撤廃する等をはじめとして，特権の象徴であった官吏の衣服制を簡素化するとともに，宰臣の扶掖の廃止，高官の随行員の制限，連坐制を廃止した。つづいて，奴婢制度の廃止と駅人，娼妓，俳優，皮工の差別をなくして人間化を宣言し，平民であっても利国便民になる方策を軍国機務処に上程できる途を開いた。

　④ 家族制度上の改革は，嫡庶差別撤廃の一環として，まず嫡妻または妾に子がいない場合に限って縁組できることを認めた「経国大典」以来の原則を再確認し，かつ婚姻年齢も男女各20歳，16歳に定めることによって男女早婚の弊をなくした。さらに，貴賤の身分を問わず寡婦の改嫁（再婚）の自由を認めた。

　⑤ 太陽暦の採用，種痘法の実施，郵逓舎の設置，小学校設立令，断髪令，軍制改革などが行われた。

　しかし，革命的な改革であったともいわれる甲午改革の失敗は，当時の

朝鮮の大臣らの党派性と改革意志の不足であるといわれるが，実際には，その背後にあった日本に対する反発が根本的な原因であるといわれる。

二 第2期：復古時代(1897〜1904年)

1 大韓帝国と洪範14条

　この時期は日本の影響が退潮をみせた時代である。すなわち，日本が日清戦争後，ロシアと結んで政権を回復した明成皇后を暗殺した事件（「閔妃（ミンビ）事件」という。1895年10月）が起きた時代である。この皇后暗殺事件によって朝鮮の反日感情は沸騰し，衛正斥邪派（欧米諸国を排斥し，旧来の支配体制・礼俗・道徳を擁護する思想を奉ずる政治勢力）の両班層に率いられて，反日反開化派の義兵が蜂起し，結局親日政権が倒れた。1896年にロシア公使館に避身していた（この事件を「俄館播遷」という）高宗は，1897年10月に皇帝に即位し，年号を光武として，国号を「大韓帝国」と改め，自主独立国家であることを宣言した。

　高宗32年(1895年)1月7日には改革政治の基本綱領である洪範十四条（後掲〈参考資料〉参照）が発表され，1899年8月17日には専制君主制の憲法である大韓帝国制が宣布され，国家の基盤が築き上げられた。既に洪範14条の中で，民法と刑法を制定し恣意的な監禁・懲罰を禁止し，人民の生命と財産を保護するという条項が定められていた。近代的法治国家としての形式と面目を備えて当時出刊された「法規類編」(1899年)，「現行大韓法規類纂」(1907年)，「現行韓国法典」に収録された法令は実に尨大なものであった。

　しかし，これらの法令は大部分日本の法令をモデルにしたものであったため，伝統的法意識が新しい制度をたやすく受け入れず，法の運用と意識の間に深い葛藤が起り，結局，反日感情は伝統的価値観をさらに強固にすることになった。

2 法律起草委員会

　さらに，制度の上では1895年6月に法部官制として自主的立法機関である「法律起草委員会」が設立された。その後1905年2月に廃止された

第三節　大韓帝国時代（1897〜1910年）の法　　13

が，1905年7月に高宗の詔勅によって設立する形で復活した。この委員
会は刑法，民法，商法，治罪法，訴訟法などの立法・改正法案を起草する
目的で設置された。しかし，建陽2年(1897年) 2月以後，光武3年(1899年)
5月まで法律起草委員の任命もなかったために，同委員会は事実上解体さ
れ，その代りに，「校典所」が設置された。高宗はロシア公使館から還宮
した後，内政改革推進の可否を議論し，この時，議論の過程で旧制への復
帰が主張されたが，自主的な立法の必要性も提起された。しかし，結局は
守旧派の立場と徐載弼（ソ・ジェピル）を中心とした開化派の立場が異なり，
守旧派が会議に参加しなかったために校典所は機能不全状態となった。校
典所の設置は自主的近代立法機関であったという点に意義がある。

〈参考資料〉

【洪範十四条】
　第1条　清国に依存する慮念を割断し，自主独立する基礎を確建する。
　第2条　王室典範を制定することにより大位（大統）の継承及び宗戚の分義を
　　　　　明らかにする。
　第3条　国王が政殿に御し，視事し，国政を親しく各大臣に諮問裁決し，后婚
　　　　　宗戚が干与することを許さない。
　第4条　王室事務及び国政事務を須く分離し，相互に混合しない。
　第5条　議政府及び各衙門の職務権限の制定を明行する。
　第6条　人民が税を納めるは，すべて法令の定める率により，名目を妄加して
　　　　　徴収を濫行してはならない。
　第7条　租税を課徴すること及び経費を支出することは，すべて度支衙門によ
　　　　　り管轄する。
　第8条　王室費用を率先節減することにより各衙門及び地方官の模範となるよ
　　　　　うにする。
　第9条　王室費及び各官府の費用に1年額算を予定し，財政基礎を確立する。
　第10条　地方官制を速やかに改定することにより地方官吏職権を限節する。
　第11条　国中聡俊の子弟を広く派遣することにより外国学芸及び技芸を伝習す
　　　　　る。
　第12条　将官を教育し，兵を徴する法を用いて軍制の基礎を確定する。
　第13条　民法及び刑法を厳明に制定し，まさに監禁及び懲罰を濫行しないこと
　　　　　により人民の生命及び財産を保全する。

第14条　人を用い，門地に拘らず士を求め，野に遍及することにより人材の登用を広く行う。

三　第3期：統監府時代(1905 ～ 1910年)

1　韓日協約

　日露戦争直前から韓国は再び日本の影響を受けたが，1904年2月，日本は大韓帝国の自主独立宣言を無視して軍隊を送り，ロシアとの戦争を開始した。朝鮮は戦場となり，日本は「韓日議定書」(1904年2月23日)を押しつけ，朝鮮内における軍事行動の自由と内政干渉の権利を承認させた。続いて1904年9月5日，大韓帝国の財政・外交を支配する「第1次韓日協約」が調印され，この協約に基づいて日本人による顧問政治がはじまった。さらに，1905年11月17日，伊藤博文が漢城(現在のソウル)に来て日本軍を出動させ，高圧的に「第2次韓日協約」(乙巳条約ともいう。後掲〈参考資料〉参照)を調印させ，1906年2月，日本は朝鮮において統監府を設置し，初代統監に伊藤博文を任命した。統監は韓国の外交を管理し，日本人顧問を監督下に置き，皇帝に謁見する権利を与えられて，内政に強力な干渉を行った。すなわち，統監政治がはじまった。1907年7月，伊藤統監はハーグ密使事件(ハーグで開かれた第3回万国平和会議に，皇帝の全権委任状を受けた李相卨(イ・サンソル)らが参加して保護条約の無効を訴えようとした事件)を理由として，高宗に強要して譲位させ，第27代王，純宗(スンジョン)(1907 ～ 1910年。最後の皇帝になる)が即位し，年号を隆熙(ユンヒ)とした。また，1907年7月24日司法権強奪を目的とする「第3次韓日協約」(丁未7条約ともいう)が調印され，司法権は日本統監府に隷属させられた。結局，日本の勅令が統監府令として適用され，立法権も日本人顧問によって厳しく統制されて，韓国政府の立法権自体が否定され，大韓帝国は完全に日本の支配下に入った。このような状況下で各地に義兵の抗戦が起き，その中で統監となっていた伊藤博文はハルビンで安重根(アン・ジュングン)に暗殺された(1909年10月26日)。

　既述したように甲午改革期には社会全般の近代化を推進するために多くの法令が制定されており，1894年甲午改革期から1910年併合期まで16

第三節　大韓帝国時代（1897〜1910年）の法　　15

年間に公布された法令は約3,600件にのぼる。これらの法令が現行韓国法の母胎になったのは否定できない事実であり，現在の法的問題の相当部分は，韓国の伝統法とは異なる西欧法が強制的に移植されたところから生じている。

〈参考資料〉

【第2次韓日協約】（1905年11月17日）
　　日本国政府及韓国政府は，両帝国を結合する利害共通の主義を鞏固ならしめんことを欲し，韓国の富強の実を認むる時に至るまで，此の目的を以て左の条款を約定せり。
第1条　日本政府は，在東京外務省に由り今後韓国の外国に対する関係及事務を監理指揮すべく，日本国の外交代表者及領事は外国に於ける韓国臣民及利益を保護すべし。
第2条　日本国政府は，韓国と他国との間に現存する条約の実行を全うするの任に当り，韓国政府は今後，日本国政府の仲介に由らずして国際的性質を有する何等の条約若しくは約束をなさざることを約す。
第3条　日本国政府は，其の代表として韓国皇帝陛下の闕下に1名の統監を置く。統監は専ら外交に関する事項を管理する為め，京城に駐在し，親しく韓国皇帝陛下に内謁するの権利を有す。日本国政府は又，韓国の各開港場及其の他日本国政府の必要と認むる地に理事官を置くの権利を有す。理事官は統監の指揮下に，従来，在韓国日本領事に属したる一切の職権を執行し，並に本協約の条款を完全に実行する為め必要とすべき一切の事務を管掌すべし。
第4条　日本国と韓国との間に現存する条約及約束は，本協約の条款に抵触せざる限り，総て其の効力を継続するものとする。
第5条　日本国政府は，韓国皇室の安寧と尊敬を維持することを保証す。
　　右証拠として下名は各本国政府より相当の委任を受け本協約に記名調印するものなり。
　　　　　　　　明治三十八年十一月十七日
　　　　　　　　　　特命全権公使　　林　権助
　　　　　　　光武九年十一月十七日
　　　　　　　　　　外　務　大　臣　　朴　斉純

2 統監府時代の法

(1) 不動産法調査会 (1906年)

刑法大全が制定された後，最も緊急な課題は民法の編纂，特に基本的財産である土地に対する法制の確立であった。所有関係の不明確による取引秩序の混乱は多くの社会的問題を引き起こした。このような乱れた土地秩序を整備するために，光武（1906年）7月14日に統監府は不動産法調査会を設置する。

不動産法調査会（会長は伊藤博文（統監）の法律顧問である梅謙次郎）は，1906年7月より不動産法を制定するために，不動産物権に関する必要な事項を韓国の全地域にわたって不動産慣例調査を開始した。この事業は後に法典調査局に引き継がれた。不動産法調査会は不動産に関する慣例の調査結果を「韓国不動産ニ関スル調査記録」など，5巻の調査報告書にまとめて発刊した。同調査会は隆熙3年(1909年)法典調査局に吸収された。同調査会は実際上立法にも関与し，光武10年(1906年)10月26日勅令第65号「土地家屋証明規則」，1908年7月16日勅令第47号「土地家屋所有権証明規則」など，不動産に関する法律を緊急に制定した（第五章第一節三に詳述）。

(2) 法典調査局 (1907年)

法典調査局は不動産法調査会を引き受けて民法，刑法，民事訴訟法，刑事訴訟法および付属法令の起案をなすことを目的にした機関である。法典調査局の官制は隆熙元年(1907年)12月23日勅令第60号で公布された。法典調査局は，主要法典の起草を予定し，これをなすために慣習の調査に着手した。梅謙次郎は民事法起草者として，かつ法部次官である倉富勇三郎は刑事法起草者として任命された。民事法分野の起草事業は相当活発に進行し，梅謙次郎は当時の日本民・商法典の編別に充実した調査事項206問を作成して韓国の慣習を調査した。

梅謙次郎は，朝鮮の特殊性と日本人の韓国での経済活動保障を考慮して民・商二法統一法典を構想した。しかし，このような構想は梅博士の死亡により挫折したが，慣習調査の結果は1910年12月に「慣習調査報告書」に完結された。刑事法分野の起草事業は既に刑法大全が頒布されたために進まなかった。

法典調査局の主な活動は，韓国に対する日本の植民地支配の法的土台を設けるためであった。日本内部でも韓国固有法尊重派と日本法強行派に分けられて議論が重ねて起こったが，実際立法の場合も同様であった。

このような日本の法典編纂事業は，韓・日合邦で中断されたが，慣習および制度調査の事業は朝鮮総督府調査局，中枢院と参事官室に移った。1912 年に朝鮮民事令によって日本民法が朝鮮に依用（適用）された後にも，家族法と物権分野等には固有慣習の効力があった。しかし，このような朝鮮民事令の規定があるにもかかわらず，日本は裁判過程と調査過程で慣習の存在とその効力を否認し，韓国固有の慣習法を歪曲した。このように歪曲された慣習は，解放後にも法的安定性の名目で依然として韓国固有の慣習として認められ，今日まで韓国の法生活を支配している。

第四節　日本植民地時代(1910～1945年)の法

1909 年 7 月，日本は適当な時期に韓国を「併合」する方針を決めて，陸軍大臣寺内正毅を統監に任命した。彼の統監任務は韓日併合を実践するために，韓国で日本憲兵 2,000 名を増員し，警察業務を担当させ，日本軍の厳戒の中で総理李完用（イ・ワニョン。歴史上，「売国奴」といわれている人物）と併合案を作成し，調印することであった。ついに隆熙 4 年(1910 年) 8 月 22 日にはその 1 条に「韓国皇帝陛下は韓国全部に関する一切の統治権を完全且永久に日本国皇帝陛下に譲与す」と定める「韓日併合ニ関スル条約」の締結に至った。同時に，大韓帝国の国号は地域名としての「朝鮮」(チョソン) と改められ（韓国ノ国号ヲ改メ朝鮮ト称スルノ件［1910. 8. 29. 勅令 318 号］，「韓国ノ国号ハ之ヲ改メ爾今朝鮮ト称ス」)，また，漢城府とよばれていた首都も京城府と改称されて，そこに植民地統治機構として「朝鮮総督府」が設置され，朝鮮は，日本の植民地とされた。「日帝強占期」ともよばれる時期が始まることになる。

一般的に日本が韓国を強占した時期を 3 期に分けて解されている。第 1 期は，武断政治の時期をいうが 1910 年から 1919 年に 3・1 独立運動が起こるまでの時期である。第 2 期は，1919 年の 3・1 独立運動以後，1931 年の満洲事変勃発前までの時期をいうが，文化政治ともよばれている期間であ

る。というのは，この期間は1910年代の暴力的恐怖政治方式から文化的統治へ変わった時期だからである。第3期は，1931年に始まった日本の大陸侵略とともに，韓国を兵站基地化しながら，韓民族抹殺政策を強行した時期である。

　以下では，このような時代的特性を基礎として植民地時代の法令を考察してみる。

一　植民地統治方式

1　第1期：総督政治と武断政治(1910～1919年)

　既述したように，日本は1910年8月，朝鮮総督府を設置し，同年9月に総督府官制を公布すると同時に，陸軍大将寺内正毅を初代の朝鮮総督に任命した。総督は政務に関しては総理大臣を経て天皇の裁可を受けることになったが，台湾総督が総理大臣の監督を受けるのとは異なり，事実上総理大臣の監督を受けずに，行政権，軍隊統帥権，立法権，司法権を掌握した。1942年11月からは総督が内務大臣の監督の下に置かれたが，実質的には，その地位にいかなる変化もなかった。

　1919年の3・1独立運動までの日本植民地統治方式は憲兵警察制度による「武断統治」であった。すなわち，軍隊と警察が一体となって民族運動を弾圧し，多くの事件を捏造して愛国啓蒙運動を絶滅させた。その代表的な事件をあげれば，資金工作をしていた独立運動家を内乱未遂や強盗容疑で検挙した「安岳事件」や総督暗殺計略があったという噂話をもとに作り出した「百五人事件」がある。韓・日併合後にも，このような憲兵警察による抑圧体制は，3・1独立運動を峠として植民地政策がいわゆる文化政治へと転換されるまで，強圧的・武断的手法で徹底的に強行された。

2　第2期：植民地政策の変化(1919～1931年)

　武断政治の方針は，3・1独立運動の衝撃で撤回され，第3代総督となった斉藤実は「文化政治」を標榜して政策の転換を図った。しかし，憲兵警察制度は廃止されたが，実際には文官総督は任命されず，むしろ警察官の人数を増員し，かつ親日勢力の育成につとめた。また，1922年に第2次

朝鮮教育令を定め，「内鮮共学」をあげて朝鮮人の初等教育の就業年限を日本人と同じにしたが，日本人の小学校と朝鮮人の普通学校の差別は残された。「朝鮮日報」，「東亜日報」など朝鮮語の新聞・雑誌の発行も認められたが，検閲のためにしばしば発行禁止処分にあっている。

　このように，文化政治は民族主義に譲歩するポーズをとり，「一視同仁」の名目で同化を進めながらも，実際には日本人との平等は実現されなかった。

3　第3期：兵站基地化と皇民化政策(1931～1945年) ─────────

　1937年日中戦争がはじまると，朝鮮は軍需物資の生産を担う「兵站基地」となる。さらに，1938年(昭和13年)の「国家総動員法ヲ朝鮮，台湾及樺太ニ施行スルノ件」という勅令(第316号)によって朝鮮人の動員は朝鮮内にとどまらず，日本への強制連行がはじまり，日本の炭鉱，鉱山，工事現場などに送り込まれ，苛酷な労働で多くの死傷者を出した（そして，終戦後も日本に残った人々が，1920年代に農村から流出した人々とともに，今日の在日韓国人の源流となった）。また，1943年には徴兵制が公布されて，朝鮮人も日本の軍人，軍属として，日本のアジア侵略に加担させられた。さらに，女子に対しては1944年から「女子挺身勤労令」(勅令519号)が適用され，多数の女性が従軍慰安婦として犠牲になった（武田幸男・朝鮮の歴史と文化［放送大学教材，1996年］159頁）。

　精神面においでも，朝鮮人の動員を図るために，「内鮮一体」をスローガンとして皇民化政策が推進された。1937年に「皇国臣民ノ誓詞」が制定され，神社参拝が強制された。1938年には第3次「朝鮮教育令」(勅令151号)によって朝鮮人学校の名称，教科書，教育方針が日本人と同一になった。さらに，1939年には「朝鮮民事令中改正ノ件」(制令19号)によって「氏」に関する日本民法(家族法)の規定(明治民法74条)が朝鮮に適用され，「創氏改名」が始まった。結局，父系血統の表示である「性」や血統中心の家族制度が日本式に改めさせられた（詳細は，第六章家族法第一節一2(2)参照）。

二 植民地統治法令

日本は植民地統治を永続化するために朝鮮人の社会的・政治的抵抗を規制しなければならなかった。その過程で数多くの統制法令が制定された。この統制法令の中で治安維持法は日本国内と植民地に適用されたが，適用上の多くの差を見せた。以下では，1910年の韓日併合の前後に区分して，統監府時代と総督府時代の各統治法令について概観する。

1　統監府時代の植民地統治法令

(1)　植民地初期の法令

1905年の「第2次韓日協約」は日本の侵略政策が法制の側面で示される契機となった。既述したように，強制的に締結されたこの韓日協約の目的は韓国の外交権剥奪と統監府設置にあった。統監はもっぱら外交に関する事項を管掌したが，実は内政に対する事実上の統制権が掌握されていた。続いて，1907年の「第3次韓日協約」を通して，韓国政府は施政の改善に関し，統監の指揮を受けるようにする（1条）と同時に，法令の制定と重要な行政上の処分を行なう場合には，あらかじめ統監の承認を経るようにし（2条），結局，法令制定権に対する監督権が明文化された。

さらに，日本は1909年7月12日の「韓国司法及ヒ監獄事務委託ニ関スル日韓覚書」を通して，「韓国ノ司法及監獄事務ヲ完備シタルコトヲ認ムルトキマデ韓国政府ハ司法及監獄事務ヲ日本政府ニ委託スルコト」（1条）を定め，続いて警察事務に対する委託を覚書化することによって韓国内の司法権と行刑権，警察権を完全に掌握したのである。このような措置は，完全な植民地化の準備段階であり，治安確保の制度的装置を備えるためのものであった。

植民統治の基盤確立の一環として民族的抵抗を封殺するための法令が制定・実行された。当時の法令は，日本侵略に対する韓民族の主要な抵抗形態であった義兵運動と愛国啓蒙運動を主にその規制対象とした。すなわち，当時の法令は，韓国の独立性を高める各種の言論，出版，集会，結社と物理的闘争を弾圧するということに力点がある。以下，これらについて概観する。

（2）　弾　圧　法

　主要な法令には新聞紙法，保安法，出版法等がある。新聞紙法は海外密使事件の政局変化のなかで光武 11 年（1907 年）7 月法律第 1 号として公布された。同法は日本明治年間の新聞紙条例を母法とし，同年 7 月 27 日に頒布された保安法は，高宗王の譲位と軍隊解散をめぐる韓国民の反日蜂起に対備した立法措置でもあった。保安法（法律第 2 号）は日本の治安警察法を母法にして制定された法律であって，安寧秩序維持をはかるために集会・結社および不穏な言動の禁止を主要内容とした。しかし，同法は日本治安警察法より，その構成要件が拡大され，治安妨害行為を幅広く認めた。

〈参考資料〉

【保安法】
　第 1 条　内部大臣ハ安寧秩序ヲ保持ノ為メ必要ノ場合ニ結社ノ解散ヲ命スルコトヲ得
　第 2 条　警察官ハ安寧秩序ノ為メ必要ノ場合ニ集会又ハ多衆ノ運動或ハ群集ヲ制限・禁止又ハ解散スルコトヲ得

（3）　行　政　刑　法

　警察犯処罰令（1908 年，統監府令 44 号）は日本の警察犯処罰令を母法にして制定されたものであり，1912 年警察犯処罰規則（総督府令 40 号）によって施行された。警察犯処罰規則は 1 条に軽犯罪に該当する 87 カ条項を定め，完璧な法網を構築するのに一役かった。すなわち，「不穏ノ演説ヲ為シ又ハ不穏ノ文書，図画，詩歌ノ掲示，頒布，朗読若ハ放味ヲ為シタル者」（20号），「流言蜚語又ハ虚報ヲ為シタル者」（21 号），「故ナク官公署ノ召喚ニ応セサル者」（30 号）のように朝鮮人の不穏な動きに対する警察力の行使を可能にしている。

　このように，日本の対韓侵略をはかる法的・制度的装置の基本的枠組は，1910 年韓日併合前に，既に統監府の治下で確立されていたといえよう。

2　総督府時代の植民地統治法令

(1)　制令と朝鮮刑事令等

法律分野に関して，日本は，1910年(明治43年)に「朝鮮総督府ノ設置ノ際，朝鮮ニ於テ其ノ効力ヲ失フヘキ帝国法令及韓国法令ハ当分ノ内朝鮮総督府ノ発シタル命令トシテ尚其ノ効力ヲ有スル」とする制令第1号を公布し，即日（同年8月19日）実施した。つづいて，1911年(明治44年)に「朝鮮ニ施行スヘキ法令ニ関スル件」(法律30号) を公布し，植民地支配法制の基盤を築き上げる。そして，朝鮮において法律が必要な事項は，朝鮮総督の命令で規定されたが，それを「制令」と称した。制令は日本の植民地統治法制の中枢であり，重要な事項ついては制令をもって規制した。

すなわち，同法1条は「朝鮮ニ於テハ法律ヲ要スル事項ハ朝鮮総督ノ命令ヲ以テ之ヲ規定スルコトヲ得」という規定を設けて，日本法律の中でその「法律ノ全部或ハ一部ヲ朝鮮ニ施行スルヲ要スルモノハ勅令ヲ以テ之ヲ定ム」(4条) とし，総督の立法権を法制化した。このように，朝鮮総督は行政権はもちろん軍隊・立法と司法に対するすべての権限を有する，まさに「独立王国」の土皇帝のような存在であった。

植民地下で適用された刑事関係法令の根幹になっていた法律は「朝鮮刑事令」(1912年制令11号) である。朝鮮刑事令1条によれば，「刑事ニ関スル事項ハ本令其ノ他ノ法令ニ特別ノ規定アル場合ヲ除クノ外左ノ法律ニ依ル」と規定し，日本の刑法，刑法施行法，爆発物取締罰則，刑事訴訟法等12個の刑事法が依用（適用）された。しかし，人身の拘束に関して検事と司法警察官に大幅な裁量権を付与する等，刑事手続上の強制処分権の拡大を図った。このことは，朝鮮刑事令は，形式上は日本国内の刑法と刑訴法が適用されているといえるが，実際上朝鮮人に対する差別的刑事法としての機能を果たしたといえよう。もっとも，このような朝鮮刑事令は以後数回にわたって改正され，フアシズム体制に入る1930年代以後一連の刑事特別法と連繋し，人権蹂躙の色彩が極めて濃厚な刑法になっていった。

日本の差別的法適用と関連するもう一つの重要な問題は，植民地に対する日本憲法の適用可否である。すなわち，植民地は日本領土の延長であり，植民地人は大日本帝国の臣民となるという併合の趣旨によれば，当然に日本の最高法である憲法が植民地にも適用されるべきであり，朝鮮人につい

第四節　日本植民地時代（1910〜1945年）の法　　23

ても日本憲法上の国民の権利が認めなければならなかった。しかし，植民地人の参政権を否認するなど，その差別的法適用は変わらなかった。

（2）　治安維持法

　植民地において，治安維持法は，「治安維持法ヲ朝鮮・台湾及ヒ樺太ニ施行スル件」(1925年5月勅令175号）の附則によって適用された。したがって，国体変革および私有財産制度の否認が主要処罰対象になったのは当然である（同法1条）。特記すべきことは，植民地独立運動も国体変革を目的とする運動であるから処罰されるという点である。すなわち，朝鮮の独立を達成しようとすることは帝国領土の一部を僭窃し，その統治権の内容を実質的に変革することを目的とするものと解するのは当然である，ということであった。したがって，植民地の場合，治安維持法は独立運動全般に対する強力な弾圧法規として機能したのである。

　このような法が学生運動に適用された事例も多く見られる。6・10万歳運動に対する治安維持法の適用がその一例である。抗日独立運動に対する治安維持法の適用の問題は，光州学生運動(1929年）のスローガンで「治安維持法即時撤廃」，「悪法を撤廃し在監革命者即時釈放せよ」という主張のなかに示されている。もちろん，治安維持法は撤廃されず，むしろ1928年の改正で，もっと幅広く強化される結果をもたらした。すなわち，1928年改正の目的遂行行為条項は，学生たちの秘密結社に対して無差別に適用することになった。

　治安維持法は，このように抗日独立運動に，主に適用されたが，1930年代後半には不穏な嫌疑がある社会団体および宗教団体に対しても全面的に適用された。1937年の同友会事件，1938年の興業倶楽部事件等がその代表的な例である。ここで関係者の検挙および思想転向の強制は非常に大きな反響を呼び起こした。また，「内鮮一体」をスローガンとして皇民化政策が推進されたが，その一環として神社参拝が強要され，それに抵抗したキリスト教徒に対しては，不敬罪，保安法，治安維持法等が適用された。最後の段階では少数人で構成されている研究会や読書会の活動も重刑の対象になった。1942年には純粋なハングル（한글）研究団体である朝鮮語学会を学術団体を仮装した独立運動団体であるとして，治安維持法違反で処罰した事件もあった。

治安維持法の適用での政策施行上の焦点は日本への思想転向の強制ということである。日本で思想犯保護観察法が施行された6カ月後に「朝鮮思想犯保護観察令」(1936年制令16号) が制定・施行された。この法令が制定された時点で治安維持法違反で検挙された朝鮮人は，およそ16,000名に達した。このおびただしい数の思想犯に対する万全な方策を樹立し，「不良精神の流入発生を防止すると同時に，他方では凶悪な思想に染められた思想犯を善導し，完全に思想転向させて社会復帰を確保できないと，日本はこの不良運動の根絶を期待できない」ということが思想犯保護観察提議趣旨であった。そして，このような趣旨から治安維持法に触れる思想犯となった者の「思想と行動」が観察の対象になり，それは保護観察所の保護司によって管掌された。このように，治安維持法は一連の統制法令の中で所定の成果を達成することができたものと思われる。

〈参考資料〉

【治安維持法】
第1条　国体ヲ変革スルコトヲ目的トシテ結社ヲ組織シタル者又ハ結社ノ役員其ノ他指導者タル任務ニ従事シタル者ハ死刑又ハ無期若ハ5年以上ノ懲役若ハ禁錮ニ処シ…（中略―筆者）…，私有財産制度ヲ否認スルコトヲ目的トシテ結社ノ組織シタル者…（中略―筆者）…10年以下ノ懲役又ハ禁錮ニ処ス。

(3)　同化政策と朝鮮民事令

日本は，1908年に日本人で構成された法典調査局を設置して，1908年から1910年にわたって民事・商事の慣習を調査した。1912年3月18日に植民地時代における韓国の民事基本法たる「朝鮮民事令」(制令7号) がその慣習調査に基づいて制定され，4月1日から施行されたが，朝鮮民事令により日本民法の中の一部が依用され（日本民法（財産編）が朝鮮に適用され）始めた。すなわち，朝鮮民事令1条は，朝鮮の「民事ニ関スル事項ハ本令其ノ他ノ法令ニ特別ノ規定アル場合ヲ除クノ外左ノ法律ニ依ル」と規定し，依用される法律として日本民法および信託法，商法など23個の各種特別法・附属法が挙げられている。ただし，親族・相続に関しては，朝鮮民事令11条本文に「朝鮮人ノ親族及相続ニ関シテハ別段ノ規定アルモノヲ除

クノ外第1条ノ法律ニ依ラズ慣習ニ依ル」と定められていた。これをもって、朝鮮民事令の公布当時には親族・相続に関しては日本家族法の規定が適用されず、韓国の慣習法が適用されることになった。

しかし、その後、南次郎総督の下で1937年からはじまった同化（皇民化）政策が強化されるにつれて、朝鮮民事令11条は4回にわたって改正された。このような4回にわたる改正による漸次的適用は日本の制度を初めから強制すれば、民族感情と倫理感情を刺戟し、円滑な統治をはかることができなかったためであり、他方、同化の目的達成をなす手段でもあった。ところが、同化論が強調されると、伝統的な慣習の抹殺または積極的同化が1939年から本格的に進められた。すなわち、教育課程から朝鮮語が落とされた（第2次朝鮮教育令［1922年勅令19号］）ほか、1939年11月同法11条の第4回改正では、大幅に改正されて、日本家族法の氏に関する規定、裁判上離婚、裁判上罷養、婿養子縁組の無効・取消に関する規定が依用されると同時に異姓養子制度が追加された。この改正をもって韓国の固有な姓名が抹殺され、日本式の創氏改名が強制されることになる（第六章第一節に詳述）。

このように、私法領域においての内鮮一体を実現するために、氏名の共通、内鮮通婚、内鮮同祖といった政策が出された。親族・相続の同化政策は日本民法の依用による同化政策だけではなく、官制による慣習法の適用の場合にも明確にあらわれた。慣習法が適用される場合には「慣習調査報告書」が利用されたが、特に裁判する際に適用される慣習法が明らかでない場合には司法府長官や調査局長官の通牒・回答、政務総監や中枢院議長、中枢院書記官長の通牒・回答、法院長・判事の通牒・回答、司法協会民事審査会の質疑・回答、判例調査会の決議、旧慣及制度調査委員会の決議等が慣習法を宣言する役割を果たした。そして高等法院の判決は、判例法となった。

これらの決議、回答、通牒の中には政策的に同化しようとする意図でなされたものが多く、全体的には1939年の朝鮮民事令改正で積極的に推進された。実際に当時の親族相続慣習は1つの明確な法体系としての整備はできなかったが、家族国家理論に裏付けられた天皇制理念に基づく植民地統治のための温床になった。

そして，慣習を尊重するとし，特殊な韓国的儒教的家族道徳は醇風美俗であると讃揚しながら，それを強化および体系化して植民地統治体制確保に利用する一方，日本式の家制度原理を徐々に浸透させながら，1939年の朝鮮民事令改正に至ったのである。結局，日本は，総督を頂点とする官僚機構と憲兵警察制ないし警察機構を通じて「同化」を終局的目的とする植民地支配の理念のために，法治主義という仮飾の下で民族抹殺政策を強行した。

(4)　朝鮮土地調査事業

1910年代の植民地経済政策の中心は土地調査事業であった。1912年（大正元年）に「土地調査令」（制令2号）が公布されて「朝鮮土地調査事業」が本格的に実施された。この事業でもっとも重要な手続は土地所有権の調査であった。

土地調査令は「土地所有者ノ権利ハ査定又ハ裁決ニ依リテ確定ス」と規定し（15条），査定および裁決は土地所有関係に対する最終的な宣言であったが，それは裁判所の判決を圧倒するほどの強力な効力を認められた行政処分であった。土地調査局は，査定の確定または裁決に対してはその事由の如何を問わず，これを司法裁判に回附する方法はないと断言するほどであった（詳細は，第五章第一節参照）。

土地調査事業は，あまり実地調査が行われず申告名義人が所有権者に査定された点，権利関係に対する根本的な判断をせず妥協的な紛争解決方法をとった点，土地申告の過程で地主等の恣意が強く介在した点，徴税台帳整理事業以来の調査で光武量案が排除され，200余年前に作成された康熙量案が参照された点等を考えた場合に，このような申告主義は土地を掠奪するためのものであったと解されている。すなわち，申告によって土地所有者が確定され，朝鮮王朝後期から成長した朝鮮人地主や開港後に土地を集積した日本人地主の土地所有権が公認された。したがって，従来あいまいだった土地の国有・民有の区分が明確になり，地主制形成の法的裏付けが用意された。同時に朝鮮政府の所有権は日本の国有地に編入され，東洋拓殖（1908年設立）などの日本人地主に払い下げられた。土地調査事業の終了した1918年末には田の65%，畑の43%が小作地となり，また，日本人地主の所有権は耕地面積の5%，国有地は耕地面積の3%であった。

さらに，並行して進められた事業では林野調査があるが，1918年(大正7年)に「朝鮮林野調査令」(制令5号) が公布されて，土地調査の場合と同様な方法で行われた。その結果，共有林の大半が国有林に編入されることになった。その外にも，1907年(光武11年)の国有未墾地利用法により，すべての無主地は国有地に編入され，開墾が排除され，農民の生きる場をなくす結果をもたらした。

三　司法機関

裁判所，監獄および法部は，韓日併合前の1909年，「韓国司法及監獄事務委託ニ関スル覚書」(明治22年7月12日) の交換によって廃止され，日帝は統監府裁判所を設置した。統監府裁判所は3審制4階級で，高等法院・控訴院・地方裁判所および旧裁判所に区別され，統監に直属した。

韓日併合後の1912年3月には高等法院・覆審法院・地方法院の3審3階級となりその後解放まで存続した。裁判所の構成を始めとして裁判官の任用資格，身分保障，その他，司法に関しては (日本では法律で定めているが) 制令で定めており，裁判所の設立と廃止，管轄区域とその変更も総督府令で定めた。したがって，司法権は総督の掌握の下にあったために司法権は独立していなかった。また裁判所は総督府所属の行政官署に過ぎなかったために，裁判に対する政治的圧迫が可能であり，公正な裁判を受ける権利は制限されていた。

第五節　1945年以後の韓国法

韓国は1945年8月15日に光復(解放)を迎えたが，独立建国を獲得できず，はじめから南北に分断されたまま，米国による軍政と民政過渡期に，日本化された大陸法体系のなかで英米法が主に公法の分野に導入されはじめた。

1948年5月10日に韓国政治史上最初の総選挙が実施され，同年5月31日にいわゆる「制憲国会」が構成され，民主憲政がはじまった。制憲国会は大韓民国の法的基礎になる憲法の制定という歴史的任務遂行のために，

憲法起草委員会を構成し，同委員会は独立国家の組織構造体制を含む憲法草案を作成した。国民の自由権の保障，三権分立，単院制国会，大統領中心制，憲法委員会，統制経済制度を骨子とする憲法案が1948年7月12日，制憲国会で可決され，同年7月17日に公布された。この憲法が韓国における最初の憲法，すなわち制憲憲法または建国憲法といわれるものである。同年7月20日憲法の規定により国会の間接選挙で大統領と副統領が選出された。光復記念日である1948年8月15日に歴史的な「大韓民国」独立宣布式が行われた。同年12月12日には国際連合により韓国政府の承認を受けることによって内外的に名実相符した独立国となった。

そして，政府と国会は独立自主国家としての主体的な法体系の完結を急務とし，法典起草委員会と法典編纂委員会を構成して民法を始めとする基本法典編纂に着手する。

一　法典起草委員会

1945年9月11日，アーノルド（Arnold）少将が軍政長官に就任すると同時に韓国に米軍の政治が実施され，1947年6月30日，法典起草委員会が設置された。同委員会の活動は1948年9月15日に大韓民国法典編纂委員会が設置される時まで1年余り継続されたが，具体的にどのような活動をしたのかを確認する資料は残っていない。しかし，「朝鮮語で作成された法典」を制定しなければならないということで，1948年4月20日に基本法典の起草要綱は一応完了した。

二　法典編纂委員会

1948年7月17日に公布された大韓民国憲法100条には「現行法令はこの憲法に抵触しない限り，効力を有する」と規定され，日本と米軍政に由来する旧法令がそのまま適用されたが，同年9月15日に大統領令第4号で「法典編纂委員会職制」が公布された。

法典編纂委員会が新生大韓民国の法制を制定する中枢的機関であったことはいうまでもない。同委員会は刑法案および民法案を作成し，国会に上

程した。刑法案は1950年6月25日韓国戦争中の釜山避難時期である
1953年9月18日に国会で可決され，1953年10月3日より施行された。
また，1958年2月22日には民法案が可決され，1960年1月1日より施行
されて，今日に至っている。

その他にも，1954年9月に刑事訴訟法，1962年1月に商法・小切手法・
手形法，1960年4月に民事訴訟法等が制定された。これらの法律は充分
な研究検討する余裕がなく，既存の依用法律を基本としつつ部分的に英米
法とドイツ法が導入された。

1961年，5・16軍事クーデターで憲政が中断され，すべての権力が国家
再建最高会議に集中されることによって法典編纂委員会は廃止された。国
家再建最高会議の中に法制司法委員会が構成され，立法事業が推進された。
軍事政府はなによりも旧法令を「革命的に」整理するという課題をとりあ
げて，旧法令整理事業を行なった。

1970年代以後，国内外に従来の伝統的な法律では対処できない新しい
問題が相次いで生じた。したがって，それらの問題に対処するための各種
の特別法が制定された。すなわち，税法，経済法，農業法，土地法，工業
法，環境法，情報通信法等をはじめとして国際取引法の分野に至るまで，
多様であった。

1990年代に入り，その間，経済成長と国家発展のために国民に対して
苦痛と忍耐を要求していた多くの規制法規を撤廃または修正・補完し，分
配と福祉のための多くの法律が制定された。また高度経済成長の過程で生
じた各種の矛盾と不合理を剔抉するために改革立法を推進し，今日に至っ
ている。

〈参考文献〉

1　朝鮮総督府・慣習調査報告書（1912年）

2　朝鮮総督府・民事慣習回答彙集（1933年）

3　朝鮮総督府・朝鮮旧慣制度調査事業概要（1938年）

4　山口吸一・改訂朝鮮制裁法規（全）（1939年）

5　朴秉濠・韓国法制史攷（法文社，1974年）

6　朴秉濠・韓国의法（世宗大王記念事業会，1985年）

7 李基白・韓国史新論（1992 年）

8 辺太燮・韓国史通論（1993 年）

9 崔鐘庫・法学史（経世院, 1986 年）

10 元裕漢「甲午改革」韓国史(17), 大韓民国文教部国史編纂委員会編（1981 年）

11 尹大成「日帝의韓国慣習法調査事業에関한研究」財産法研究（第 9 巻 1 号）（1992 年）

12 鄭肯植「韓末法律起草機関에関한小考」朴秉濠教授還甲紀念(Ⅱ) 韓国法史学論叢（1991 年）

13 韓寅燮「治安維持法과植民地統制法令의展開」朴秉濠教授還甲紀念(Ⅱ) 韓国法史学論叢（1991 年）

14 李喆雨「土地調査事業과土地所有法制의変遷」朴秉濠教授還甲紀念(Ⅱ) 韓国法史学論叢（1991 年）

15 崔鐘庫「解放後韓国基本法制의研究」朴秉濠教授還甲紀念(Ⅱ) 韓国法史学論叢（1991 年）

16 西尾昭・韓国その法と文化（啓文社, 1993 年）

17 鄭鐘休・歴史の内の民法（教育科学社, 1994 年）

18 武田幸男・朝鮮の歴史と文化（放送大学教材）（放送大学教育振興会, 1996 年）

19 윤국일・経国大典〈新編〉（신서원, 2005 年）

20 崔潤晤・朝鮮後期土地所有権의発達과地主制（혜안, 2006 年）

21 李英美・韓国司法制度と梅謙次郎（法政大学出版局, 2005 年）

第二章　韓国人の法意識

第一節　は じ め に

　伝統的に韓国に影響を及ぼした思想や文化は多かったが，朝鮮時代の統治理念であった儒教は，社会構造と生活様式に関与し，国民の意識を支配してきた点で特に注目に値する。法に対する意識は儒教思想から決定的な影響を受けたために，法は道徳ないし「礼」の補充的な社会規範としての役割を果たしただけであると言うことができる。韓国が近代的法制度に関心を持ちはじめたのは，1890 年代に入ってからである。とりわけ，1894 年甲午更張といった開化政策が打ち出されたが，それは改革の一環として朝鮮王朝の近代的内政改革の始まりであった。これを契機として法制度の近代化作業も始まり，裁判所構成法が制定・公布され，または近代的意味の刑法大典が制定された。しかし，このような法制度の近代化過程は日本帝国主義による植民政策の一環であって，韓国に継受された西欧的法制度はたやすく土着化されなかった。

　韓国は，20 世紀初から今日にまで約 1 世紀にわたり，継受した西欧の法制度と伝統的法意識との差異を克服するためにさまざまな努力を払ってきている。したがって，現在韓国人の法意識を正確に把握し，法制度との差異を克服するためには，韓国人の固有の伝統的法意識を探ってみることが重要であろう。

　まず，韓国人の伝統的法意識につき，① 法に対する一般的認識，② 法的権利と市民の権利，③ 遵法精神と告発精神，④ 紛争解決方法等についてながめてみる。次に，そのような伝統的法意識が激しい社会変動の中でどう変化して今日に至っているかにつき，1991 年度，1994 年度，2008 年

度に韓国法制研究院が韓国人の法意識を調査した資料（「国民法意識調査研究」）および1996年度に法律専門家の法意識を調査した資料（「法専門家の法意識調査研究」）に基づいて①価値観の変化，②法に対する認識，③遵法精神，④権利意識等を通して明らかにする。特に，法律専門家の法意識は，その社会の法治主義の実現ということの関鍵になるから，一般人の法意識と比較考察することは重要なことと思われる。さらに，比較検討が可能な範囲内で韓日両国民の法意識を考えてみる。

第二節　韓国人の伝統的法意識

一　法に対する一般的認識

　韓国社会には，儒教倫理をはじめとする伝統的な秩序原理が存在し，それらは今もなお大きな力を持って韓国社会を規律している。もとより韓国人は「礼」と「徳」を崇めた関係で，人性と道理にしたがい問題を解決することがもっとも理想的な方法として受入れられた。法は，原則的に一般人の権利保護のために存在するものではなく，支配のために存在するものと思われた。このように，統治支配の手段としての法は，統治者または支配者の恣意によって，いつも悪法になりうるものと思われたから，法軽視の意識，法畏怖の意識，法に対する不信，といった意識が韓国の歴史を通して一般人の意識に根深くつけられた伝統的な考え方になった。このような意識は，法執行機関・司法裁判機関を信頼しない傾向を生み出した。

二　法的権利と市民の権利

　儒学による封建的身分論（いわゆる「両班」（ヤンバン））を自然法的に理解していた極端な権威主義の時代の下では，法を通して身分が低い者の権利と利益が保障されるということは考えられなかった。したがって，上級階層と下級階層の間に権利関係に関する意識は存在しなかった。すなわち，上級階層は，国家体制や身分関係の維持のために，厳格な法を整備したのであり，下級階層の権利を保護するために法を整備したことはなかった。

上級階層と下級階層の間の身分関係が権利関係で意識されなかったし，一般人には権利という意識も，権利を持つという意識も存在しなかった。例えば，両班は，農民に対して権力を有しているが，労働を請求する権利を有しているとは考えなかった。その反面，農民も賃金を請求する権利を有しているとは思わなかったし，働かせてくれた結果で金をもらうという考え方であった。すなわち，両者の間に権利関係に関する意識は存在しなかった。

三　遵法精神と告発精神

　韓国人は伝統的に法を忌避し，法に対する恐怖心をもっており，遵法精神も弱い。法律に規定されているものは絶対的権威のある確固たる原則である，というようなことを受け入れず，単にそのように規定されているという程度に考え，法は必ず寛容性をつくるものと期待していた。したがって，一応法は守るべきであろうが，守らなくとも必ず処罰を受けるかまたは責任を負うものとは考えていなかった。裁判官も絶対的に例外のない法律規定にしたがうということではなく，具体的な事情にしたがい加減が予定されているものとみる態度が支配的であった。したがって，法というものは，厳格なもので完全無欠と永続的な性格を有するものといっても，他方では寛容的であり，融通性があるものと期待する意識が強かった。

　告発精神も徹していないといわれる。しかし，犯罪行為によって侵害された法益が倫理，道徳のような伝統的意識に反して受け入れることができないという場合には，告発しようとする意識が強い。その反面，犯罪行為自体が法に違反しても伝統的倫理観や道徳観によって受け入れられると信ずる場合には，告発するのを急がなかった。このことは，倫理と道徳により受け入れられる犯罪行為に対しては加害者を倫理的に保護すべきであるという人情意識の反映である。かかる場合，被害者もそのような犠牲ぐらいは受け入れるという意識が支配していた。また告発という行為自体が法執行機関に犯罪行為があったということを通知することであり，これは法執行機関との個人的接触を意味するから，韓国人の伝統的法忌避意識に背馳するということも一つの理由であろう。

四 紛争解決方法

　韓国の伝統的な考え方では，紛争が存在するという事実も，極端な感情上の対立がある場合以外には稀れなことであった。そして紛争を法または裁判手続によって解決しようとすることは相当な決心をつけた後でなければとらなかった方法であり，それを一般人が嫌らってきたことは事実である。なお，韓国のように家族と同様の典型的縦的人間関係，権威主義的人間関係が支配的している集団内では，紛争解決の方法として，法または司法裁判によるという方法は，極端な場合を除いては想像することができないことであった。

　したがって，韓国の伝統によれば，紛争が発生しても家族集団内では父親のような人の一言で解決される。のみならず，他の社会集団においても権威が理性や論理より優越的に作用して紛争が解決される。法による裁判，すなわち，裁判による紛争解決は最後の方法として考えてきた。

　また，不法行為によって損害が発生した場合にも，感情的な対立が生じなければ，加害者と被害者は敵対的対立または緊張関係よりは，道徳または礼によって可能な限り好意的な方法で妥協する。かかる場合に，謙遜と譲歩の美徳で損害填補の方途を模索するという考え方が一般的であった。特に，国家に対する損害賠償を請求するということは，韓国の官尊民卑のような封建的身分論を土台にした伝統的意識構造では決して受け入れられないものと考えられていた。

第三節　今日における韓国人の法意識

　以下では，先に述べたように韓国法制研究院が1991年，1994年，1996年，2008年に行なった実態調査に基づいて，「価値観の変化」を含めた韓国人の法意識を紹介する。本節の〈表〉は同研究院の調査結果をまとめた1991年の「国民法意識調査研究」報告書（以下，「'91年度調査」とする。全国の成年2,000人を対象）と1994年の「国民法意識調査研究」報告書（以下，「'94年度調査」とする。全国の成年1,200人を対象）と1996年の「法専門家の法意識調査研究」報告書（以下，「'96年度法専門家調査」とする。全国の判・検事，

弁護士，法学部教授，法学専攻大学院生（博士課程）800人を対象），さらに，「'94年度調査」以後14年間に韓国人の法意識はどのように変化したかを'94年度調査とほぼ同様の調査項目を使用して行った2008年の「2008国民意識調査研究」報告書(以下，'08年度調査」とする。全国19歳以上の成人男女3,007人を対象) によるものである。

　日本の場合は，① 日本文化会議が1971年及び1976年の2回にわたって大規模な日本人の法意識を調査した資料（『日本人の法意識（調査分析）』(1973年) (以下,「1971年A調査」とする)），「現代日本人の法意識」(1982年) (以下,「1976年B調査」とする)，② 法意識国際比較研究会（代表，加藤雅信）が2000年度に日本全国をカバする基本調査サンプル数1050をもって調査担当者が調査地点を訪れる形で調査した資料（『日本人の法意識』調査基本報告書）(名大法政論集187号)（以下,「2000年C調査」とする）および韓日両国民における法意識を比較した資料(加藤雅信／河合隼雄『人間の心と法』)(2003年)(262頁以下)，さらに，③ 文部科学省科学研究費特定領域研究プロジエクトの大きな柱の1つとして松村良之教授らが2005年度全国成人を対象にサンプル数25,014をもって「現代日本人の法意識」の調査を行ったが（松村良之ほか「現代日本人の法意識の全体像」北大法学論集57巻3号480頁以下），特に2005年の調査結果，1971年A調査，1976年B年調査以後30年間に法に対する日本人の法意識はどのように変化したかを比較した資料（松村良之ほか「『日本人の法意識』はどのような変わったか」北大法学論集57巻4号474頁以下)（以下,「2005年D調査」とする）の中で韓国人の法意識と関連のある事項について比較してみることにする。

一　社会変動と価値観の変化

1　社会変動

　国民の法意識は多様な要因によって影響を及ぼされる家庭や学校教育はもちろん，大衆媒体，国家機関の各種制度等も法意識変化の原因となりうる。しかし，広い意味で考えれば，このような要因も，結局，その社会の価値観の形成と変化に関連するから，社会変動にしたがう価値観の変化に焦点をあわせて，国民の法意識の変化を探ってみることも重要なアプロー

チであろう。

① 朝鮮時代における伝統的な韓国社会は儒教的価値観によって支配されてきたが，開化思想の影響で揺れ始めた 1910 年以後の日本植民地時代には官僚主義，軍国主義，形式主義，権威主義等の価値観が多様な形で韓国人に強要された。その反面，自由・平等の価値観も紹介されたが，その価値観が韓国人の意識の内に現実化するには力が足らなかった。

② 1945 年 8 月 15 日の終戦による解放と 1950 年 6 月 25 日の韓国戦争の勃発，それから李承晩（リ・スンマン）大統領の独裁統治を経ながら，西欧の自由と平等を信奉する民主主義，個人主義，合理主義，実用主義等は個人意識から社会制度に至るまで幅広く適用された。

③ 1960 年 4・19 学生革命（民主化）と 1961 年朴正熙（パク・ジョンヒ）軍事クーデターによる軍事独裁統治が続く 1980 年代までは，伝統的な儒教的価値観と日本植民地の価値観の残存，それから解放後の西欧的価値観と軍事独裁政権反対闘争などが互いに衝突しながら混乱が積み重ねられ，拝金主義，権力万能主義，便宜主義等，さまざまな否定的意識がひろがった。

④ 1980 年代末から 1990 年代末までの韓国社会は，民主化への転換と文民政府（金泳三（キム・ヨンサム）大統領時代の政府名称），国民政府（金大中（キム・デジュン）大統領時代の政府名称）という新しい政治体制を迎えることになった。しかし，1997 年末に韓国は外貨保有不足の危機に直面し，実際上韓国の金融と経済は IMF（国際通貨基金）の支援の下に置かれ，その危機を克服する過程で貧富の格差が生じはじめ，2000 年代に迎えた参与政府（盧武鉉（ノ・ムヒョン）大統領時代の政府名称）の時期には，その格差が拡大しつつ，社会不安が広がった。引き続き，韓国社会は 2007 年度に李明博政府（（リ・ミョンバク）大統領時代の政府名称）を迎えて今日に至っている。

このような社会変動はなにより参与的で能動的な市民文化を形成するに大きな役割を果した。その反面，自我実現の欲求増大，階層文化の集団化，2 次産業労働力の漸進的縮小とサービス産業の拡散，余暇文化の発達，貧富の格差といった様々な問題が社会全般に広がった。

2 価値観の変化

以上のように，韓国の社会は朝鮮時代から今日に至るまで数百年間平穏

な時期を迎えたことがなく激しい社会変動が続づき，それに伴って韓国人の価値観はどのように変化したかを探ぐってみるためには，基本的に家族内の意思決定の構造，女性の法律上地位，さらには，グローバル化につれて韓国人は国際結婚女性や外国人労働者といった他人種や他民族人を社会構成員としてどう受け止めているかという最近の問題まで検討してみる必要があろう。

以下で，'91年度調査と'94年度調査および'08年度調査の〈表-1〉を通して，その価値観がどのように変化したかについて考えてみる。

(1) 家族内の意思決定構造の変化

〈表-1〉でみられるように，'91年度調査と'94年度調査では，家族共同の問題に関する意思決定は，主に家族全員の意思を総合して決定し（各42.2%，40.8%），その次に父母（夫婦），父親（夫），母親（妻）という順になっていた。しかし，'08年度の調査では，父母（夫婦）の共同意思に従って決定する家庭が多くなり（44.5%），また母親（妻）の意思に従って決定する家庭が'91年度と'94年度（各1.6%，1.5%）に比して著しく増加した（12.7%）ことがわかる。

韓国の家族共同体は，儒教的伝統を土台にした序列意識と「礼」中心の構造であった。しかし，今日における女性の法的地位は，そのような儒教的伝統の家庭または社会とは違って母親または妻として代弁される女性の社会的地位が伸張されたこと，同時に家庭内の発言権が強くなったことが'08年度調査で明らかになっている。

〈表-1〉価値観の変化　　　　　　　　　　　　　　　　　　　　　　（単位：％［名］）

区分	'91年度調査	'94年度調査	'08年度調査
家族内意思決定構造の変化	(1) あなたの家庭では，家族共同の問題に関する意思決定は最終的にはどのように行われますか。 　1）父親（夫）の意思に従って決定する 　　　　24.5(490) 　2）母親（妻）の意思に従って決定する 　　　　1.6(32)	(1) あなたの家庭では，家族共同の問題に関する意思決定は最終的にはどのように行われますか。 　1）父親（夫）の意思に従って決定する 　　　　24.3(291) 　2）母親（妻）の意思に従って決定する 　　　　1.5(18)	問(1) あなたの家庭では，家族共同の問題に関する意思決定は主に誰が決定しますか。 　1）父親（夫） 　　　　27.4(825) 　2）母親（妻） 　　　　12.7(383) 　3）父母（夫婦） 　　　　44.5(1339)

第二章　韓国人の法意識

	3）父母（夫婦）の共同意思に従って決定する　30.6(612) 4）家族全員の意思を総合して決定する　42.2(844) 5）その他 1.0(20)	3）父母（夫婦）の共同意思に従って決定する　32.3(387) 4）家族全員の意思を総合して決定する　40.8(489) 5）その他 1.3(15)	4）家族全員　14.1(424) 5）子女　0.7(21) 6）その他 0.5(15)
女性の法律上地位	(2)　女性が不利な取扱いを受けているとすると，次の中のいずれの場合がその最たるものだとお考えになりますか。 1）政治参与　11.0(219) 2）財産相続　10.2(202) 3）就職および昇進　60.3(1198) 4）家庭における役割　15.7(311) 5）この頃は概ね平等である　1.4(27) 6）その他　1.5(30)	(2)　次はわが国の社会において女性がどんな取扱いを受けているかに対する質問です。 (1)　あなたはわが国の社会において女性が不利な取扱いを受けているとお考えになりますか。 1）その通りである　61.8(740) 2）そうではない　38.2(457) (3)　次の中いずれの場合に最も不利な取扱いを受けているとお考えになりますか。 1）政治参与　8.8(65) 2）財産相続　5.6(41) 3）就業および昇進　69.3(511) 4）家庭における役割　14.0(103) 6）その他 2.3(17)	問(2)　あなたはわが国の社会において女性が法律上不利な待遇をどの程度受けているとお考えになりますか。あるいは，そうではないとお考えになりますか。 1）非常に不利な待遇を受けている　3.8(113) 2）不利な待遇を受けているほうである　45.2(1360) 3）不利な待遇を受けていないほうである　44.7(1345) 4）全く不利な待遇を受けていない　6.3(189) 問(2-1)　（上記(2)で 1），2）の回応答者のみ）では，女性が法律上不利な待遇を受ける最も大きな原因はなんだとお考えになりますか。 1）女性関連法規定自体の未備または欠陥　15.0(721) 2）女性の権利意識の不足または法生活の不徹底 16.4　(241) 3）男性中心の家父長的文化44.0　(649) 4）男性の理解不足または利己主義　11.5(170) 5）男女の社会・経済的地位の差異

			13. 1(193)
			6） 其の他 0.0（1）
職場秩序	(3) 職職場の上司が不当な指示をした場合，あなたはどうしますか。 1）無条件に聞き入れる　1.5(30) 2）可能な限り聞き入れる　33.9(676) 3）可能な限り拒絶する　49.9(997) 4）無条件に拒絶する　14.7(294)	(4) 職場の上司が不当な指示をした場合，あなたはどうしますか。 1）無条件に聞き入れる　0.8(10) 2）可能な限り聞き入れる　31.2(374) 3）可能な限り拒絶する　52.1(625) 4）無条件に拒絶する　15.8(190)	

〈表-1-1〉　　　　　　　　　　　　　　　　　　　　　　　　　　　　（単位：%［名］）

区分	'96 年度法専門家調査
女性の地位	次は，我が社会で女性が法律上いかなる待遇を受けているかについての質問です。 (1) 先生は我が社会で女性が法律上不利な待遇を受けているとお考えになりますか。 　1）そうだ　　　　　　　　　　　　　　　　　　49.3(393) 　2）そうではない　　　　　　　　　　　　　　　50.7(404) (2) 女性が法律上不利な待遇を受けるもっとも大きな原因はなんだとお考えになりますか。（女性が法律上不利な待遇を受けいるとお考えになる方だけ答えて下さい） 　1）女性関連法規定自体の未備または欠陥　　　　16.6(64) 　2）女性の権利意識の不足または法生活の不徹底　17.1(66) 　3）男性の理解不足または利己主義　　　　　　　24.4(94) 　4）男女の社会・経済的地位の差異　　　　　　　40.8(157) 　5）其の他　　　　　　　　　　　　　　　　　　1.0(4)

(2)　女性の法律上地位

　一方，韓国社会においても，日本の「男女雇用機会均等法」（1972 年）のような「男女平等雇用法」（1987 年）が制定されたが，実際上あまり働かない状況でもあって，'94 年度調査では回答者の 61.8% が女性の不平等な地位を指摘しているが，もっとも就業および昇進の差別の程度が著しいと回答した（69.3%）。これは，社会発展につれて女性の社会参加の欲求が大きく強化したためであるが，まだ，このような状況を受け入れるほどの社会

的条件や意識が成熟されていないということを反映したものといえよう。

しかし，男女平等雇用法は，2001年8月14日に「職場と家庭生活の両立を支援し得る育児休職制度を改善すると同時に職場内の性差別およびセクハラの問題を解消するために，セクハラ予防教育および救済手続を強化する。さらに，男女雇用平等をめぐる紛争の予防と調停をなすために，雇用平等相談室の設置・運営および名誉雇用平等監督官制度を導入する等，実質的な母性保護および男女雇用平等を実現するための制度的装置を備える目的」(改正理由) で大幅に改正 (法律6508号) された。また，2007年12月21日，1部改正により同法は「男女雇用平等と仕事・家庭両立支援に関する法律」(法律8781号) という名称に変更された。

その結果，'08年度調査では，回答者の51％が女性は不利な待遇を受けていないと答えたものと思われる。それは，'94年度調査以来14年間，女性の積極的な社会参与意識の高潮やそれに伴う様々な政策および法律制度の改革が打ち出されたことを意味するものと考えられる。

他方，'96年度法専門家調査では，女性は法律上不利な待遇を受けていないとう回答は，過半数以上 (50.7%) を占めている (〈表-1-1〉)。このことは，調査対象であった法専門家は大部分男性であり (95.6%)，また彼らは法専門家であるから，少くとも法的には不平等ではないという認識を有しているからであろう。しかし，不平等の原因は男女の社会的経済的差異を最も多く指摘している (40.8%)。反面，財産相続においては相対的に不平等意識が減少したのは，おそらく，1990年に改正された家族法上男女間の法定相続分が均分化されたこと (民法1009条参照) によるものと思われる。

かかるように，今日家庭および職場生活，女性問題などで，韓国人の価値観と意識は民主的でかつ合理的であり，社会参与欲求が強くなったといえよう。これは，社会変動と価値観の変化が継続的に相互作用した結果として，国民の法意識にもその影響を及ぼしていることを意味する。

(3) 職場における秩序

職場においても，過去の家父長的運営方式下では職場内の上命下達の意思伝達方式は当然のことと思われたが，1990年代に入ってから政治圏の権威主義体制の崩壊は，職場および社会生活にまで影響が及ぼされ，職場

の上司の指示が不当であると判断される場合，そのまま貫徹することが難しくなる実情になった。

3 多文化社会化における社会構成員（外国人）

韓国社会では，1990 年代の半ば以後，外国人の移住者が増加している。すなわち，外国人労働者は，2008 年 11 月現在 47 万余名（雇用許可制基準による。労働部「報道資料」2009.1.）であり，国際結婚の場合も 1990 年度には 100 組のうちに 1 組が国際結婚であったが，2006 年度現在では，10 倍以上に増加し，8 組のうち 1 組の割り合で全体結婚（33 万 2700 件）の 11.6%（3 万 9071 件）を占めている（統計庁「報道資料」2007.4.）。

〈表-2〉
(単位：% [名])

区　　分	'08 年度調査	
多文化社会の到来に伴う他人種・民族に対する包容可否	問(4)　最近，国際結婚女性，外国人労働者，脱北者等が入国し国内で生活する場合が多くなっている。あなたは，このような人を我が社会の構成員として受け入れることについてどの程度賛成ですか，または，反対ですか。	
	1）全く賛成する	15.5(465)
	2）賛成するほうである	63.9(1921)
	3）反対するほうである	18.9(567)
	4）全く反対する	1.8(54)

上記〈表-2〉が示しているように，他人種・他民族に対する包容の可否について，79.4% が彼らを我が社会の構成員として包容することに賛成している。このことは，韓国社会は多文化社会を迎える準備が整っていることを示すものと思われるが，実際上若干の疑問が残る。というのは，現実上の生活のなかで，互に文化の差を理解し合い，それを乗り越えるということは，そう簡単ではないからである。国際結婚の場合をとりあげてみよう。2006 年度の国際結婚は 3 万 9,071 件で離婚は 6,280 件であるが，2007 年度の国際結婚は 3 万 8,491 件で離婚は 8,828 件で前年度に比して 40.6% が増加している（統計庁「報道資料」2008.4.）。この数字からいえば，79.4% が外国人を韓国社会の構成員として包容すると答えた回答者の意識とは著しい差を示している。しかし，実際上この離婚増加の数字のなかには，最

近増加している外国人の国内就労のために，特に，韓国男性と外国人女性
との偽装結婚が急増する反面，そのような結婚は約３年後に離婚する事例
が91.8％を占めている。この点は，外国人の包容の問題と関連して考え
てみる必要があろう。

二　法に対する認識と情緒

ここでは，法の機能，紛争解決方法としての法の選択などについてみる。

1　法の機能 ─────────────────────────────

法の機能はどう促えられているか。

〈表-3〉でみられるように，法はなぜ必要だとお考えですか，という質
問を通して法の機能を問うものであるが，大部分が社会秩序の維持のため
に必要である（74.1％／'08年度調査），と答えた。これは，法を統治手段や
刑罰の手段として考えていた過去の伝統的法意識がほとんどなくなってお
り，真正たる法の支配が根を下しているという認識のあらわれである。

日本の場合はどうであろうか。2000年Ｃ調査で憲法行政法等を重んじ
る律令国家的法イメージと市民国的イメージが日本社会の中でどのように
機能しているか（質問(1)），という質問について，その答は，犯罪防止のた
め不可欠である，国家統治のため不可欠である，取引活動のため不可欠で
あるという順になっている。このこは，日本においても法は社会の秩序維
持や国家統治の機能を有するものと強く認識していることのあらわれであ
ろう。

以上のように，法の機能に対する認識については，少なくとも韓国と日
本の間に法意識の相違があると断定するのはやや拙速に過ぎるように思わ
れる。

2　紛争解決方法 ───────────────────────────

「紛争が生じた際に，『法的に解決しよう』という言葉を聞くと，どんな
感想をお持ちになりますか」という質問について（〈表-3〉），'92年度調査
では，合理的だが49.1％，人情がない，不快が50.8％を占めており，紛

争に際して法的手段をとることについてやや否定的である。しかし，'94年度調査では，望ましい，合理的が51.4%，人情がない，不快が48.7%を占めており，半数以上が肯定的である。さらに，'08年度調査では，「あなたは法律問題が生じた際に訴訟を通して処理するのがどの程度望ましいと考えになりますか」という質問について，非常に望しい，望しいほうだ，が69.1%を占めている。このことは，その前の調査の結果より法的手段をとることについて高く評価していることが分かる。このことは，法的に解決するという一般人の意識が90年代の評価と違って2000年代に入ってから著しく高まっていることを示すものと思われる。

　しかし，'08年度調査（問11-1，-2）で，法律サービスを利用することがどの程度容易だと考えですか，または難しいと考えですかという質問について，容易だと答えたのは18.9%，難しいと答えたのは81.1%を占めている。さらに，法律サービスを利用することが難しいと答えた大きな理由は，その内容が難しいから38.6%，費用が高いから28.5%，法曹の権威的態度のため26.2%という順になっている。この点は，非常に重要な問題である。この法律サービス問題を解決するために既に'90年代から司法改革が行われており，その一環としてロースクール（法学専門大学院）が2009年3月に開校（25個）されたことは日本のロースクールの設立趣旨と同様である。

　以上のような統計から，過去の訴訟回避文化がある程度払拭されていることを確認することができる。なお，紛争解決方法としての法などに対する法専門家の意識は，一般人の意識とやや異って，むしろ否定的な立場をとっている（〈表-4〉）。

〈表-3〉 一般人の法に対する認識と情緒　　　　　　　　（単位：%〔名〕）

区分	'91年度調査	'94年度調査	'08年度調査
法の	(1) 法はなぜ必要だとお考えになりますか 　1）国家を統治するため　　7.5(150) 　2）社会の秩序を維持するため　　76.7(1532) 　3）無念な思いの人あ	(1) 法はなぜ必要だとお考えになりますか 　1）国家を統治するため　　8.2(98) 　2）社会の秩序を維持するため　　70.9(849) 　3）社会を改革するた	問(6) あなたは，法はなぜ必要だとお考えになりますか。または，必要ではないと考えになりますか。 　1）必ず必要である　　55.0(1653) 　2）必要であるほうで

機能	るいは悔しい思いの人を救済するため　8.8(176) 4）紛争を解決するため　1.9(38) 5）犯罪人を処罰するため　3.2(64) 6）社会を改革するため　1.9(38)	め　1.2(14) 4）紛争を解決するため　2.2(26) 5）犯罪人を処罰するため　4.2(50) 6）弱者を保護するため　13.4(161)	ある　42.7(287) 3）必要ではないほうである　2.0(61) 4）全く必要ではない　0.3(8) 問（6-1）では，法が最も必要とする理由は何んだと考えになりますか 1）国家を統治するため　6.9(202) 2）社会の秩序を維持するため　74.1(2176) 3）紛争を解決するため　4.3(126) 4）弱者を保護するため　14.6(429)
法の存在価値に対する判断	(2)　もしこの世において法がすべてなくなると，どのようになるとお考えですか 1）むしろよくなる　3.3(66) 2）同じようなものである　7.5(149) 3）不便なものである　89.3(1785)	(2)　もしこの世において法がすべてなくなると，どのようになるとお考えですか 1）むしろよくなる　1.3(16) 2）同じようなものである　3.4(41) 3）不便なものである　21.7(260) 4）社会が維持できないものである　73.6(882)	問(7)　あなたは「悪法も法であるから守るべきである」という見解について賛成ですか，反対ですか。 1）全く賛成する　8.4(252) 2）賛成するほうである　48.9(1471) 3）反対するほうである　36.1(1086) 4）全く反対する　6.6(198)
紛争解決方法としての法の選択	(3)　紛争が生じた際に「法的に解決します」という言葉を聞くと，どんな感想をお持ちになりますか 1）望ましい　16.8(336) 2）合理的だ　32.3(645) 3）人情がない　23.9(478) 4）不快だ　26.9(538)	(3)　紛争が生じた際に「法的に解決します」という言葉を聞くと，どんな感想をお持ちになりますか 1）望ましい　21.0(251) 2）合理的だ　30.4(364) 3）人情がない　24.5(293) 4）不快だ　24.2(290)	問(12)　あなたは法律問題が生じた際に訴訟を通して処理するのがどの程度望ましいと考えになりますか，またはそうではないと考えになりますか。 1）非常に望ましい　7.7(232) 2）望ましいほうである　61.4(1846) 3）望ましくないほうである　29.3(880) 4）全く望ましくない　1.6(49)

第三節　今日における韓国人の法意識　　45

	(4)「法を守らないが上手に生きている人は，概して能力のある人である」という言葉があります。あなたはこの言葉に同意しますか 　1）全く同意する 　　　　9.4(187) 　2）概ね同意する 　　　22.5(450) 　3）概ね同意しない 　　　26.0(520) 　4）全く同意しない 　　　42.2(843)	(4)「法を守らないが上手に生きている人は，概して能力のある人である」という言葉があります。あなたはこの言葉に同意しますか 　1）全く同意する 　　　　9.7(116) 　2）概ね同意する 　　　20.4(245) 　3）概ね同意しない 　　　30.8(369) 　4）全く同意しない 　　　39.1(469)	問(8)　あなたは我が社会において「有銭無罪」「無銭有罪」という言葉についてどの程度同意しますか，または同意しませんか。 　1）全く同意する 　　　25.5(765) 　2）同意するほうである　39.8(1197) 　3）同意しないほうである　23.4(705) 　4）全く同意しない 　　　11.3(340)
脱法行為者に対する評価			

〈表-4〉法専門家の法に対する情緒　　　　　　　　　　（単位：％［名］）

区　分	' 96年度法専門家調査
紛争解決方法としての法の選択	紛争が生じた際に「法的に解決します」という言葉を聞くと，どんな感想をお持ちになりますか。 　1）望ましい　　　　　　　　　　　10.7(85) 　2）合理的だ　　　　　　　　　　36.2(288) 　3）人情がない　　　　　　　　　32.3(257) 　4）不快だ　　　　　　　　　　　20.8(165)
脱法行為者に対する評価	「法を守らないが上手に生きている人は，概して能力のある人である」という言葉があります。あなたはこの言葉に同意しますか。 　1）全く同意する　　　　　　　　　2.0(16) 　2）概ね同意する　　　　　　　　18.0(144) 　3）概ね同意しない　　　　　　　35.5(284) 　4）全く同意しない　　　　　　　44.4(355)

(1)　日本人の法的解決方法に対する意識

　日本では，法による紛争解決は，伝統的に不人気で義理人情の世界に適用しないと言われていた。以下の〈日・表-1〉はこの点の実際を各国との対比において調べるために，上記〈表-3〉の「紛争解決方法」の設問を修正したうえで設けられたものである（2000年Ｃ調査2頁）。

　2000年Ｃ調査によれば，紛争解決の一つの方法として「法的に解決する」という表現に対する日本人の法意識について，①合理的に思う（25.6％），どちらかといえばそう思う（35.4％），どちらともいえない

(24.8%)，どちらかといえばそう思わない（8.0%），そう思わない（6.2%）という回答があったが，この点は，韓国の場合とそれほどの差はない。さらに，同じ表現に対して，②人情がないと思う（20.0%），どちらかといえばそう思う（31.7%），どちらともいえない（31.4%），どちらかといえばそう思わない（9.5%），そう思わない（7.4%），または③不快だと思う（20.0%），どちらかといえばそう思う（25.0%），どちらともいえない（32.7%），どちらかといえばそう思わない（10.9%），そう思わない（11.2%），といったかたちでそれぞれの項目につき回答があった。いずれもそう思う，どちらかといえばそう思うという回答が多数を占めている。そう思うという回答だけをとりあげてみれば，韓国の場合とあまり差はないようにみられるが，2000年C調査の結論のように，「強引にまとめれば，合理的だと思うが，人情はないし，不快と感じられるといったところであろう」。しかし，訴訟意識の側面では，韓国人の訴訟意識がはるかに高いことが分かる（下の(3)参照）。

〈日・表-1〉　紛争解決方法としての法の選択　　　　　（単位：%［名］）

質問5．取引した相手と紛争が生じたため，交渉をはじめようとしたところ，相手から「法的に解決します」と言われました。その場合，あなたはどのように感じますか。		
(1)　合理的だ（有効回答数 1019）	1）そう思う 2）どちらかといえばそう思う 3）どちらともいえない 4）どちらかといえばそう思わない 5）そう思わない	25.6(261) 35.3(360) 24.8(253) 8.0(82) 6.2(63)
(2)　人情がない（有効回答数 991）	1）そう思う 2）どちらかといえばそう思う 3）どちらともいえない 4）どちらかといえばそう思わない 5）そう思わない	20.0(198) 31.7(315) 31.4(311) 9.5(94) 7.4(73)
(3)　不快だ（有効回答数 979）	1）そう思う 2）どちらかといえばそう思う 3）どちらともいえない 4）どちらかといえばそう思わない 5）そう思わない	20.0(198) 25.0(245) 32.7(319) 10.9(107) 11.2(110)

＊2000年C調査に基づいて作成

(2) 日本人の訴訟及び調停意識との比較

上記(1)で述べたように，日本人は紛争が生じた際に「法的に解決する」方法を合理的であると考える人が多数（どちらかといえばそう思うを含む，60.9％）を占めているが，その反面，人情がないと考える人も多数（どちらかといえばそう思うを含む，51.7％）を占めている。後者の事項に関連すると思われる日本人の「訴訟ぎらい」は，国際的に定評があるといわれている。心理的なことだけでなく，実際に訴訟を起こす件数も韓国に比べて少ないほうである。若干立ち入ってみよう（〈日・表-2〉参照）。

1）「自分の権利が侵害されたら，裁判所へ訴えることを考えますか」という質問について，①「すぐ考える」と回答したのは，24.8％（1971年A調査），11.1％（1976年B調査），5.3％（2005年D調査）であり，30年に経った2005年の調査では著しく減少している。他方，②「よほどのないかぎり考えない」という質問に対する回答数は増加し，2005年D調査では65.9％を占めている。ことことは，「訴訟ぎらい」の一面が示されているものと思われる。

2）「訴訟について，いろいろな意見がありますが，あなたは次のような意見に賛成ですか，反対ですか。『訴訟はお金もかかるし，暇もかかり，たとえ訴訟に勝っても損をすることの方が多い』」という質問について，①「そう思う」と回答したのは過半数以上で，58.8％（1971年A調査），59.6％（1976年B調査），57.8％（2005年D調査）を占めている。このことは，他方，裁判所へ訴えることについて合理的に考えていることを意味するものと思われる。

このような事実の背景は，どのようなものであろうか。これについては次のように解されている。まず，訴訟の動機となり，原動力となるものは，権利意識である。権利を主張することを「わるい」と思い，戦後になっても真の権利意識というものが身についていない，ということである。さらに，訴訟をしても，金もかかり，時間もかかり，結局は損だというイメージが浸透している。いまの日本の裁判制度は，金と暇を要するが，それにしても実際以上に，金と暇を要するものと思われているのである，ということである。結局，裁判所での「調停」や「公的な話し合い」ぐらいなら，ということであるが，それすら望まないで，「私的な話し合い」でなんと

か解決したいというのが最大多数なのである。それは，以下の如くである。

　3）「訴訟や調停などについて，あなたは次のどの意見に近いですか」
という質問について，①「『訴訟』をする方がよいと思えば，どんどん訴
訟をすべきである」と回答したのは，8.6％（1971年A調査），8.1％（1976年
B調査），6.1％（2005年D調査）を占めている。このような少ない数は，訴訟
をすることについて非常に否定的な認識をしていることを意味するものと
思われる。その反面，②「『訴訟』をするというのはあまり好ましくない
が，『調停』や裁判所での『公的な話し合い』くらいならどんどんやって
よい」と回答したのは，39.7％（1971年A調査），42.7％（1976年B調査），
40.6％（2005年D調査）を占めており，③できるだけそういうことをしない
で，「『私的な話し合い』で解決するように努力すべきである」と回答した
のは，46.6（1971年A調査），41.3％（1976年B調査），31.6％（2005年D調査）
を占めている。このことは，公的であろうと私的であろうと「話し合い」
で問題を解決するという認識が非常に強いということが伺われる（さらに，
以下の(3)(4)参照）。

〈日・表-2〉　日本人の訴訟及び調停意識　　　　　　　　　　　（単位：％）

Q37. あなたは，自分の権利が侵害されたと感じたとき，裁判所に訴えることを考えますか。			
選択肢	1971年A調査	1976年B調査	2005年D調査
1）すぐ考えます	22.8	11.1	5.3
2）たまには考えることもある	24.0	23.7	17.1
3）よほどのないかぎり考えない	49.9	60.6	65.9
4）わからない	3.3	4.5	11.7
Q38. 訴訟について，いろいろな意見がありますが，あなたは次のような意見に賛成ですか，反対ですか。「訴訟は，お金もかかりし，暇もかかり，たとえ訴訟に勝っても損をすることの方が多い」			
選択肢	1971年A調査	1976年B調査	2005年D調査
1）そう思う	58.8	59.6	57.8
2）そう思わない	27.1	21.6	14.2
3）わからない	14.2	18.7	28.0

Q39. 訴訟や調停などについて，あなたは次のどの意見に近いですか。			
選択肢	1971 年 A 調査	1976 年 B 調査	2005 年 D 調査
1）「訴訟」をする方がよいと思えば，どんどん訴訟すべきである	8.6	8.1	6.3
2）「訴訟」をするこあうのはあまり好ましくないが，「調停」や裁判所での「公的な話し合い」ぐらいならどんどんやってよい	39.7	42.7	40.6
3）「私的な話し合い」で解決するよう努力すべきである	46.6	41.3	31.6
4）わからない	5.0	7.8	21.5

＊ 2005 年 D 調査 443 頁以下の表に基づいて作成。

（3）　日本の訴訟件数との比較

　韓国の訴訟件数と日本の訴訟件数を比較することによって，先に述べた意識の差が客観的に証明されよう。

　韓国の場合に，2008 年度を基準にして全国の法院が受理した事件は 18,402,098 件である（2009 年司法年鑑〈**表1**〉）。これを事件別に整理すれば〈**表-5**〉の如くである。事件の種類別構成をみれば，訴訟事件は 6,345,561 件であって，2007 年度の訴訟事件数（6,063,046 件）に比して 2.2％が増加している。非訟事件は 12,056,537 件であり，その訴訟事件数との比率は 35 対 65 になる。

　全国の法院が受理した事件全体（18,402,098 件）を総人口（4,954 万人。2008 年統計庁「人口資料」）と比較してみれば，人口 100 人当りに事件 37 件という比率になる。第 1 審民事本案事件（1,753,080 件）は人口 1,000 人当りに事件 25 件になり，第 1 審刑事公判事件（治療監護事件を含む）は人口 1,000 人当りに事件 5 件になる。これに対して，日本の場合において，〈**日・表-2**〉が示しているように 2007 年度を基準にして全国裁判所が受理した訴訟事件は 4,546,332 件であり，これを総人口 1 億 2,700 万人（総務省「国勢調査」2006.10）と比較してみれば，人口 28.5 人当りに事件 1 件という比率になる。両国の人口 1 人当り訴訟事件の数から比較してみれば，

韓国の方が約3倍以上に多いということがわかる。このような状況からみれば，韓国人は「訴訟を好む？」といえようか。

〈表-5〉訴訟事件受理件数　　　　　　　　　　　　（単位：件数　ただし，刑事事件は人数）

区分 年次	訴訟事件							
	合計 （表1）	民事 （表-5，6）	家事 （表-38，39）	行政 （表-62，63）	特許 （大法，特許裁）	選挙 （図表-3）	刑事 （表-81，82）	少年保護 （図表-42）
2005	5,557,003	3,690,739	109,131	26,634	1,481	1	1,651,962	24,353
2006	5,632,829	3,791,514	115,078	29,012	1,681	─	1,618,141	25,946
2007	6,063,046	4,000,096	124,052	30,240	1,955	─	1,813,030	37,910
2008	6,345,561 （100 %）	4,080,033 （64.3）	143,819 （2.3）	32,126 （0.5）	2,219 （0.0）	22 （0.0）	2,036,250 （32.1）	51,092 （0.8）

＊法院行政処，司法年鑑（2008年）および司法年鑑（2009年）に基づいて作成。
＊ http://www.scourt.go.kr/justicesta/JusticestaListAction.work?gubun=10<visited 10.Oct.2009>

〈日・表-3〉訴訟事件受理件数　　　　　　　　　　　　　　　　（単位：件数）

区分 年次	全事件	民事事件	行政事件	刑事事件等	家事事件	少年事件
2005 （平成17年）	5,235,354	2,704,770	8,126	1,568,158	717,769	236,531
2006 （平成18年）	5,073,647	2,612,921	8,218	1,495,046	742,661	214,801
2007 （平成19年）	4,546,332	2,247,171	8,366	1,341,657	751,499	197,639

（注）1. 民事・行政事件及び家事事件は件数，刑事事件等及び少年事件は人員である。
　　　2. 「刑事事件等」には医療観察事件（平成17年7月15日施行）を含む。
　　　3. 「少年事件」には家庭裁判所で受理した成人の刑事事件を含む。
＊ http://www.courts.go.jp/sihotokei/graph/pdf/B19No1-1.pdf<visited 24.Jan.2009> により作成。

（4）　日本の民事調停件数との比較

　韓国における民事調停事件の動向をみれば（〈表-6〉），2008年度を基準にして調停申請は，9,216件が受理されており，2007年度調停申請件数（6,848件）に比して2,368件が増加している。その反面，職権による調整回付は1,546件で，2007年度の受理件数（3,085件）に比して1,539件が減少している傾向である。このような現状は，裁判による紛争解決方法から調停（第1審民事本案事件において調停・和解件数は83,082件で成功率は6.5%を占めている（司法年鑑（2008年）表23））による紛争解決方法にかなりの意識変

第三節　今日における韓国人の法意識　　51

化が生じていることを意味するものと思われる。

　日本の場合に2007年度の民事調停事件をみれば（〈**日・表-4**〉），計255,565件が受理されているが，この件数は，韓国の場合（9,933件）に比し，約25倍という非常に高い数字を現わしている。このことは，日本人は韓国人より「訴訟」による解決ではなく「調停」という解決方法を好むことを意味するものと思われる。

〈表-6〉2008年度民事調停事件処理状況―調停担当判事及び調停委員会調停

事件＼区分	受理	処　　理						異議申請
		合計	調停成立	調停不成立	調停に代わる決定	取下	その他	
合　　計 （2007年）	10,762 (9,933)	10,315 (9,875)	2,135 (2,837)	2,346 (2,907)	1,103 (1,166)	3,411 (1,405)	1,320 (1,560)	397 (343)
調停申請 （2007年）	9,216 (6,848)	8,698 (6,750)	1,473 (1,461)	1,716 (1,719)	969 (849)	3,411 (1,405)	1,119 (1,316)	271 (191)
調停回付 （2007年）	1,546 (3,085)	1,617 (3,125)	662 (1,376)	630 (1,188)	134 (317)	― ―	191 (244)	12 (162)

　＊法院行政処，司法年鑑（2008年）〈表21〉および司法年鑑（2009年）〈表21〉に基づいて
　　作成。

〈**表-6-1-1**〉2008年度民事調停事件処理状況―受訴法院調停

法院＼処理	処　　理			異議申請
	合　　計	調停成立	調停に代わる決定	
合　計（2007年）	59,894(53,004)	47,728(37,768)	12,166(16,236)	7,313(5,304)
第一審（2007年）	56,278(49,304)	45,305(35,869)	10,973(13,435)	6,531(4,683)
第二審（2007年）	3,616(3,700)	2,423(1,899)	1,193(1,801)	782(621)

　＊法院行政処，司法年鑑（2008年）〈表22〉および司法年鑑（2009年）〈表22〉に基づいて
　　作成。

〈**日・表-4**〉新受民事調停事件の最近3年間の推移

年次＼審級	新受件数	簡易裁		地方裁	高裁
		調停／和解			
2005（平成17年）	322,992	321,383	6,446	1,599	5
2006（平成18年）	304,049	302,528	6,243	1,508	13
2007（平成19年）	255,565	254,013	5,622	1,541	11

　＊最高裁判所事務総局，司法統計年報（平成19年）民事・行政編4頁以下（第1-2表）に
　　基づいて作成。

3 脱法行為に対する評価

「法を守らないが上手に生きている人は，概して能力のある人であるという言葉があります。あなたはこの言葉に同意しますか」という質問について，'91年度調査と'94年度調査では各31.9%，30.1%が同意すると回答したことは，脱法行為をやや肯定的に考えている。'96年度法専門家調査においても，20%が同意している（〈表-4〉）。

'08年度調査では，上記設問の代わりに，最近社会的にイッシユになっている「有銭無罪」「無銭有罪」現状（お金があれば無罪となり，お金がなければ有罪となるという意味。「お金」とは金銭の外にも権力や人脈を意味する。この諺は，1988年，脱走犯が人質事件で社会的不満をさけび続けた言葉であったが，今日においても行政機関や司法機関に対する不満または不信の言葉としてよく言われている）に対する意見を問う設問を設けた（〈表-3〉）。すなわち，「あなたは我が社会において『有銭無罪』『無銭有罪』という言葉について，どの程度同意しますか，または同意しませんか」という質問について，「全く同意する」と「同意するほうである」と回答したのは総計65.3%を占めている。このことは，法が経済的社会的強者の前では一方的に彼らの側にたって有利に作用されているという不満の意識が社会の支配的雰囲気であることを示している。

三 遵法精神

既述したように，韓国人は，法というものは一般人を支配するために存在するものと思われてきたから，伝統的に法を忌避し，法に対する恐怖心をもっていた。さらに，過去日本植民地下での愛国的反抗意識と収奪政策に対する被害意識，正当性が確保されていない憲政史の跛行等により，遵法精神がその根を下せなかった経験を有している。したがって，法の合法性と正当性に対し総体的に接近することによって法治主義の確立を向う韓国社会の遵法精神と権利意識の現実を把握することができよう。ある国家の遵法秩序は，その社会の市民精神によって左右される。遵法精神が法に服従する自発的精神であれば，市民精神は法秩序を維持するための批判精神である。市民の参与意識はこのような批判精神を高揚させるとともに個

第三節　今日における韓国人の法意識　　53

人の権利意識を伸張させる。以下では，まず，韓国人の遵法精神についで
ながめてみる。

次に，日本の場合と比較できる事項についてみる。

〈表-7〉遵法精神　　　　　　　　　　　　　　　　　　　　　　　　（単位：％［名］）

区分	'91 年度調査	'94 年度調査	'08 年度調査
遵 法 精	以下はわが国の社会において法がよく守られているかについての質問です。 （1）あなたはわが国の社会において法がよく守られているとお考えですか 　1）その通りである 　　　　17.6(352) 　2）そうではない 　　　　82.4(1645) （2）法があまり守られていないならば，その最も大きな原因は何でしょうか。 　1）法が不公平だから　19.9(326) 　2）法のとおりに生きると損をするから　12.6(206) 　3）法の手続が複雑で，またしばしば変更されるから　　　　33.2(544) 　4）法の執行が厳格ではないから　24.1(395) 　5）法以外の他の方法が便利だから　10.4(170) （3）法があまり守られていないならば，誰が最も法を守っていないとお考えですか。 　1）政治家 　　　　61.8(1043) 　2）公務員	以下はわが国の社会において法がよく守られているかについての質問です。 （1）あなたはわが国の社会において法がよく守られているとお考えですか 　1）その通りである 　　　　21.1(253) 　2）そうではない 　　　　78.9(946) （2）法があまり守られていないならば，その最も大きな原因は何でしょうか。 　1）法の手続が複雑で，またしばしば変更されるから　　　　32.5(305) 　2）法が不公平だから　21.3(200) 　3）法の執行が厳格ではないから　24.9(234) 　4）法のとおりに生きると損をするか　11.5(108) 　5）法以外の他の方法が便利だから　9.8(92) （3）法があまり守られていないならば，誰が最も法を守っていないとお考えですか。 　1）政治家 　　　　42.6(800) 　2）公務員	問(21)　あなたはわが国の社会において法がどの程度よく守られているとお考えですか，そうではないとお考えですか。 　1）よく守られている　　　　1.5(46) 　2）よく守られているほうである　　　　35.6(1072) 　3）よく守られていないほうである　　　　58.2(1751) 　4）全く守られていない　　　4.6(138) 問（21-1）　では，法があまり守られていない最も大きな原因は何だとお考えですか（上記3），4）回答者のみ）。 　1）法がよぐ知らないから　11.7(220) 　2）法を守るのが煩わしく，また不便だから　14.5(274) 　3）法のとおりに生きると損をするから　　　　34.3(648) 　4）法を守らなくても他の者は知らないと思うから 　　　　8.4(159) 　5）法を守らなくても処罰を受けないと思うから　10.1(191) 　6）法を守らない人が

神	11.0(186)	14.2(267)	もっと多いから
	3）企業家	3）法曹人	20.1(380)
	15.6(263)	9.0(184)	
	4）知識人	4）教育者	
	2.4(41)	4.8(86)	
	5）宗教家	5）企業家	
	1.1(19)	20.0(375)	
	6）勤労者	6）勤労者	
	1.2(21)	1.0(18)	
	7）大学生	7）宗教家	
	2.8(47)	4.5(84)	
	8）農漁民	8）大学生	
	4.0(67)	2.2(42)	
		9）農漁民	
		1.1(21)	

区分	'91年度調査	'94年度調査
分野別法の	次の各分野において，法がどの程度守られているとお考えですか。 （1）政治分野 　1）非常によく守られている 　　　　　　1.4(27) 　2）概してよく守られている 　　　　　　16.0(316) 　3）概してあまり守られていない 　　　　　　58.6(1160) 　4）全く守られていない 　　　　　　24.1(477) （2）行政分野 　1）非常によく守られている 　　　　　　3.7(74) 　2）概してよく守られている 　　　　　　42.7(843) 　3）概してあまり守られていない 　　　　　　45.6(901) 　4）全く守られていない 　　　　　　8.0(158) （3）経済界 　1）非常によく守られている 　　　　　　2.0(40) 　2）概してよく守られている 　　　　　　26.0(513) 　3）概してあまり守られていない 　　　　　　6.8(1119)	次の各分野において，法がどの程度守られているとお考えですか。 （1）政治分野 　1）非常によく守られている 　　　　　　1.3(15) 　2）概してよく守られている 　　　　　　67.5(803) 　3）全く守られていない 　　　　　　12.0(143) （2）行政分野 　1）非常によく守られている 　　　　　　4.1(49) 　2）概してよく守られている 　　　　　　49.0(583) 　3）概してあまり守られていない 　　　　　　43.7(519) 　4）全く守られていない 　　　　　　3.2(38) （3）経済界 　1）非常によく守られている 　　　　　　1.7(20) 　2）概してよく守られている 　　　　　　33.7(398) 　3）概してあまり守られていない 　　　　　　57.5(680) 　4）全く守られていない 　　　　　　7.1(84)

| 遵守度 | 4）全く守られていない
　　　　　15.2(299)
(4)　労使関係
　1）非常によく守られている
　　　　　8.7(565)
　2）概してあまり守られていない
　　　　　55.0(1081)
　3）全く守られていない
　　　　　14.3(282)
(5)　教育界
　1）非常によく守られている
　　　　　8.2(163)
　2）概してよく守られている
　　　　　51.7(1028)
　3）概してあまり守られていない
　　　　　33.4(661)
　4）全く守られていない
　　　　　6.6(130) | (4)　労使関係
　1）非常によく守られている
　　　　　4.0(47)
　2）概してよく守られている
　　　　　43.3(513)
　3）概してあまり守られていない
　　　　　46.5(550)
　4）全く守られていない
　　　　　6.3(74)
(5)　教育界
　1）非常によく守られている
　　　　　3.3(39)
　2）概してよく守られている
　　　　　38.7(460)
　3）概してあまり守られていない
　　　　　51.1(608)
　4）全く守られていない
　　　　　7.0(83) |

	'91年度調査	'94年度調査
私的集まりにおいての	(1)　交通秩序 　1）非常によく守られている 　　　　　3.0(59) 　2）概してよく守られている 　　　　　32.9(652) 　3）概してあまり守られていない 　　　　　47.6(942) 　4）全く守られていない 　　　　　16.6(328) (2)　行楽秩序（公衆・社会秩序） 　1）非常によく守られている 　　　　　1.7(34) 　2）概してよく守られている 　　　　　18.6(368) 　3）概してあまり守られていない 　　　　　46.9(928) 　4）全く守られていない 　　　　　32.8(649) 以下は，同窓会のような集まりにおいて，会則や約束がよく守られているかについての質問です。 　(1)　あなたの加入する同窓会のような集まりでは，会則や約束がよく	(1)　交通秩序 　1）非常によく守られている 　　　　　2.3(28) 　2）概してよく守られている 　　　　　30.3(361) 　3）概してあまり守られていない 　　　　　53.9(642) 　4）全く守られていない 　　　　　13.5(161) (2)　行楽秩序（公衆・社会秩序） 　1）非常によく守られている 　　　　　0.7(8) 　2）概してよく守られている 　　　　　15.9(190) 　3）概してあまり守られていない 　　　　　51.8(618) 　4）全く守られていない 　　　　　31.6(377) 以下は，同窓会のような集まりにおいて，会則や約束がよく守られているかについての質問です。 　(1)　あなたの加入する同窓会のような集まりでは，会則や約束がよく

規則遵守	守られていますか。 1）よく守られている 　　　　52.9(1053) 2）そうではない　47.1(939) (2)　もしあまり守られていないのな 　らば，その最も大きな原因は何だ 　とお考えですか。 1）親しい間柄だから 　　　　40.2(378) 2）罰則が弱いので 　　16.5(155) 3）利益がないので 　　　　29.3(275) 4）生活が忙しくて 　　　　6.8(64) 5）意識が不足して　3.0(28) 6）その他　　4.3(40)	守られていますか。 1）よく守られている 　　　　60.5(723) 2）そうではない　39.5(473) (2)　もしあまり守られていないのな 　らば，その最も大きな原因は何だ 　とお考えですか。 1）親しい間柄だから 　　　　16.2(76) 2）罰則が弱いので　6.8(32) 3）利益がないので　12.0(56) 4）生活が忙しくて 　　　　59.0(276) 5）その他　　6.0(28)

1　韓国人の遵法精神

　上記〈表-7〉'94 年度調査でみられるように，全体回答者の中の 78.9％が韓国社会において法があまり守られていないと答え，韓国社会の遵法精神に対する懐疑的な評価が示されている。もちろん，回答者個人の遵法精神を問う質問ではなく，社会全体の遵法秩序に対する評価であるから，多少の増幅があったとしても，このような現象が法定立および法執行機関に対する不信と相乗作用を起こし，法軽視の風潮を生ぜしめる場合，法治国家の実現は揺遠になる憂慮が生じる。このような意識は，'08 年度調査でも若干改善されたものの，依然として 62.8％は否定的な立場をとっている。しかし，このような現象は，一面高い遵法精神の水準を要求する国民の批判精神として受け入れることもできるであろう。

　① 法がよく守られない原因につき，'94 年度調査では「法のとおりに生きると損をするから」(11.5％)，「法以外の他の方法が便利だから」(9.8％)という理由よりは，主に「法の手続が複雑で，またしばしば変更されるから」(32.5％)，「法の執行が厳格でないから」(24.9％)，「法が不公平だから」(21.3％)，といった理由の回答が多い。これは，韓国社会での遵法秩序確立の第一次的責任が一般国民の法意識からではなく，法関係者の方にある

ことを示している。これらの指摘は真剣に受けとめなければならない。「法のとおりに生きる」と利益を得るのではなく，損をするということは法治国家の社会では理解しがたいことである。

　特に，'08年度調査では「法のとおりに生きると損をするから」という回答が34.3%を占めており，'94年度調査の場合 (11.5%) より著しく増加していることは注意すべき点であろう。それには，さまざまな原因があろうが，主な原因は同設問にも示されている。

　すなわち，ある新しい問題が生ずる場合，それらの問題を解決するために，すぐ法律が制定または既存の法律が改正される。そうなると既存の法律の通りに生活してきた人は，その法律が廃止または変更されることによって損をするわけである。また，立法された法自体が不公平であるか，法の執行が厳格でない場合にもその原因となる。結局，一般国民に法に対する不信感をもたらす。したがって，今後は拙速立法や拙速法改正は改善されなければならないであろう。

　② 社会の法秩序を破壊する主要集団には，政治人 (42.6%)，企業人 (20.0%)，公務員 (14.2%)，法曹人 (9.0%)，教育者 (4.8%)，宗教人 (4.5%) 等があり ('94度調査)，この順になっていることは，まさに，そのようなことを語っている。このことは，社会指導層の覚醒と率先垂範が再び強調されるべき部分である。

　③ 問題は，全般的に韓国人の遵法精神が欠如されているところにもある。したがって，韓国人の特有な習慣を調査するために，私的集まりの規則遵守に関する意識調査の結果，私的集会，同窓会，契 (講の一種) 等で会則や約束がよく守られていると答えたのが60.5%を示している。これは，1991年度調査での52.9%を上まわったもので，韓国人は約束や規則をよく守られないという評価は，既にその基盤を失ったといえよう。会則や約束がよく守られていない原因も，生活が忙しい場合 (59.0%) であって，「親しい間柄だから」(16.2%)，「罰則が弱いので」(6.8%)，「利益がないので」(12.0%) といった原因ではないという点がその変化をみせている ('94度調査)。

　1994年度調査の分野別の法遵守度においでも，1991年度調査の場合よりよく守られている分野がある。すなわち，政治分野 (17.4% → 20.5%)，

行政分野（46.4%→53.1%），経済界（28.0%→35.4%），労使関係（30.7%→47.3%）は，法秩序の確立に対する改善がみえるが，その反面，教育界（59.9%→42.0%），交通秩序（35.9%→32.6%），行楽秩序（20.3%→16.6%）は，むしろ後退している。

しかし，法専門家の意識は多少違う（〈表-8〉）。例えば，一般人の32.5%が法がよく守られない最っも大きな原因として「法の手続が複雑で，またしばしば変更されるから」という点をあげているが，法専門家はわずが2.9%を占めているだけである。おそらく，法専門家自身はそのようなことを認めたくないという意識が強く作用したものと思われる。しかし，法専門家は主に法律を執行する立場にあるが，「法の執行が厳格ではないから」が39.6%（282），もっとも多く占めていることは理解しがたい法専門家の意識であろう。

〈**表-8**〉法専門家の遵法意識 （単位：％［名］）

区分	'96 年度法専門家調査	
遵 法	以下はわが国の社会において法がよく守られているかについての質問です。 (1)　あなたはわが国の社会において法がよく守られているとお考えですか。 　　1）その通りである 　　2）そうではない (2)　法があまり守られていないならば，その最も大きな原因は何でしょうか 　　（法があまり守られていないと考えている方だけお答え下さい）。 　　1）法の手続が複雑で，またしばしば変更されるから 　　2）法が現実をあまり反映することができないから 　　3）法のとおりに生きると損をするから 　　4）法の執行が厳格ではないから 　　5）法以外の他の方法が便利だから (3)　以下の中で誰が最も法を守っていないとお考えですか。 　　1）政治家 　　2）公務員 　　3）法曹人 　　4）教育者 　　5）企業家 　　6）勤労者 　　7）大学生 　　8）其の他 わが国の社会において最も至急に退治すべき犯罪は何ですか（次のいずれかを選んで下さい）。	 8.3(66) 91.7(730) 2.9(21) 34.9(249) 10.8(77) 39.6(282) 11.8(84) 71.9(508) 2.8(20) 4.2(30) 1.4(10) 14.4(101) 1.0(7) 1.0(7) 3.4(24)

秩	(1)		
	1）不正腐敗	69.6(553)
	2）脱税	11.3(90)
序	3）不動産投機犯	2.5(20)
	4）環境事犯	15.4(122)
	5）公益事犯	0.8(6)
	6）其の他	0.4(15)
	(2)	
	1）性暴行	21.1(165)
	2）組織暴力輩	48.0(376)
	3）麻薬事犯	11.9(93)
	4）強・窃盗事犯	10.9(85)
	5）飲酒運転	6.3(49)
	6）其の他	1.9(15)

2　日本人の遵法精神との比較

(1)　2000 年度の調査(日本)と 2008 年度の調査(韓国)

日本の 2000 年 C 調査では，遵法度の各国間の差異を計るために「次のような(ア)(イ)の二つの意見についてあなたはどう思いますか」という質問項目が設けられた。

(ア)「法のとおりに生きると損をすることがあるから，そのような場合には必ずしも法を守る必要はない」という質問について，「法は必ずしも守らなくてよい」に対して，「どちらともいえない」が最大多数で，36.3％にのぼる。「そう思わはい」「どちらかといえばそう思わない」という否定意見総計が 41.4％で，賛成意見総和 22.3％を大く上回っている。

これに対して，韓国の場合 ('08 年度調査) において法がよく守られていない (62.8%) 最も大きな原因の１つである「法のとおりに生きると損をするから」が 34.3％を占めていることは，韓国人は日本人より法に対する不信感が非常に強いということを意味するものと思われる。

(イ)「法を破っても見つからないと思われるとき，法を守るのは，ときにバカげたことである」いう質問について，「見つからなければ，法を守るのはバカげている」に対して，「そう思わはい」「どちらかといえばそう思わない」の総計が 47.9％。否定意見が多いが，「どちらともいえない」

も 25.5％，賛成意見も総計 26.6％存在する。

このようなことから，「どちらともいえない」という形ではなく，明確に遵法精神を否定する者が少なからずいることが見て取れる。

しかし，韓国の場合において' 08 年度調査では 62.8％が法が守られていないという否定的な立場をとり，その最も大きな原因は「法のとおりに生きると損をするから」という意見が 34.3％（'91 年度調査では 12.6％，'94 年度調査では 11.5％）を占めていることとは，対照的である。

(2)　1971 年度・1976 年度・2005 年度の調査(日本)と 2008 年度の調査 (韓国)

日本の 1971 年 A 度調査，1976 年 B 調査，2005 年 D では「具体的な法的事実に直面したとき，人びとはどういう態度を示すか」という形で，日本人の法に対する態度，すなわち，遵法精神や法への信頼について意識調査が行われた。若干立ち入ってみよう（以下の〈日・表-5〉参照）。

1)「家族の中に罪を犯しているものがあり，まだ発覚していないとします。このようなときに，あなたはその家族に「自首」をすすめますか」という質問について，①「すすめる」と回答したのは，84.5％（1971 年 A 調査），69.8％（1976 年 B 調査），62.9％（2005 年 D 調査），②「すすめない」と回答したのは，3.7％（1971 年 A 調査），3.9％（1976 年 B 調査），1.09％（2005 年 D 調査），③「場合による（罪の重さによる）」と回答したのは，10.6％（1971 年 A 調査），23.4％（1976 年 B 調査），27.3％（2005 年 D 調査）を占めている。2000 年 C 調査でも同じ質問について，「かならずすすめる」「たぶんすすめる」の総計 89.8％，「たぶんすすめない」「絶対すすめない」の総計 2.4％を占めている。

以上のように，罪を犯した家族に「自首をすすめる」という回答が圧倒的に多い。これは，大多数の日本人の遵法精神も法への信頼もきわめて高いことを示しているものと解されている。それは，電車に乗るさいの「キセル」について，「それほど気にする必要はない」という回答が 1971 年 A 調査の場合（41.3％）より 2005 年 D 調査の場合（17.3％）が著しく減少している点も日常生活における遵法精神のあらわれであると思われる。しかし，他方，第 2 次大戦直後に，ヤミ米を食べずに死んだという裁判官について，「ゆうずうがきかなすぎる」という回答えが多いこと（67.4％。1971 年 A 調

第三節　今日における韓国人の法意識　　61

査）は，要するに，法は「日本人にとっては，きわめて大切なものではあ
るが，生命を賭けてまで守るべきものでもなく，ゆうずうをきかせてうま
く運用すべきものなのである」（日本文化会議「日本人にとって法とは何か」35
頁）と結論されている。

　２）「死刑はどんなときにも廃止すべきだと思いますか。場合によって
は死刑もやむをえないと思いますか」という質問について，①「どんなと
きにも廃止すべきだ」と回答したのは，14.8％（1971年A調査），12.2％
（1976年B調査），5.2％（2005年D調査），②「場合によっては死刑もやむを
えない」と回答したのは，84.4％（1971年A調査），82.1％（1976年B調査），
86.2％（2005年D調査）を占めている。

　死刑制度について，韓国の'08年度調査で，「我が国は法律上には存在
しているが，過去10余年間，死刑を執行したことのない"事実上死刑廃
止国家"として分類されています。あなたは，死刑制度に対してどの程度
賛成ですか，または反対ですか」という質問について，①「全く賛成であ
る」と回答したのは23.0％（691），②「賛成するほうである」と回答した
のは46.6％（1402），③「反対するほうである」と回答したのは22.3％
（670），④「全く反対する」と回答したのは8.1％（244）である。

　死刑制度に関する両国民の意識を比較してみると，その調査年度より若
干の差はあるが，死刑に賛成する認識は，日本のほう（86.2％。2005年D調
査）が韓国のほう（69.6％）より顕著に高いことが分かる。

　以上のことにつき，韓国と日本で行われた質問の仕方なども若干異って
いるため，正確に韓国人の遵法精神と比較することは非常に難しい。しか
し，問題は韓国の場合には法に対する不信から生ずる問題であるのに対し，
日本の場合には法への信頼を前提とした融通の問題ではないかと思われる。

〈日・表-5〉日本人の遵法精神（法に対する態度―刑罰）　　　　　　　　　（単位：%）

Q 23. 家族の中に罪を犯しているものがあり，まだ発覚していないとします。このようなときに，あなたはその家族に「自首」をすすめますか。すすめませんか。			
選択肢	1971 年A調査	1976 年B調査	2005 年D調査
1　すすめる	84. 5	69. 8	62. 9
2　すすめない	3. 7	3. 9	1. 0
3　場合による	10. 6	23. 4	27. 3
4　わからない	1. 1	2. 9	8. 8

Q 28. 「自分の意見では正しくないと思う法律（いわゆる悪法）でも，国の法律である以上は守るべきである」という意見にあなたは賛成ですか。			
選択肢	1971 年A調査	1976 年B調査	2005 年D調査
1　賛成である		28. 9	14. 0
2　必ずしも全面的には賛成できない		59. 0	73. 8
3　全く反対である		7. 0	4. 1
4　わからない		5. 1	7. 3

Q 29. 鉄道に乗って「キセル」をする人がよくいますが，このような「キセル」はもっと厳しくとりしまるべきだと思いますか。それほど気にする必要はないと思いますか。			
選択肢	1971 年A調査	1976 年B調査	2005 年D調査
1　もっときびしくとりしまるべきだ	50. 3	47. 9	66. 4
2　それほど気にする必要はない	41. 3	34. 3	17. 3
3　額による	4. 7	11. 8	―
4　わからない	3. 6	6. 0	1. 3

Q 30. 死刑はどんなときにも廃止すべきだと思いますか。場合によっては死刑もやむを得ないと思いますか。			
選択肢	1971 年A調査	1976 年B調査	2005 年D調査
1　どんなときにも廃止すべきだ	14. 8	12. 2	5. 2
2　場合によっては死刑もやむを得ない	84. 4	82. 1	86. 2
3　わからない	0. 8	5. 6	8. 6

＊2005 年D調査 445, 446, 448 頁の表に基づいて作成。

四　権　利　意　識

1　韓国人の権利意識

　権利意識が弱い場合には，法を活用する能力や用意が弱化されることも
あるが，積極的な遵法意識までなくされるおそれがある。既述したように，
過去の韓国人は権利意識が弱わかったために，法は個人の権利と自由の保
障手段だとは思わず，国家統治ないし国民に対する規制手段として考えた
のが一般的な考え方であった。しかし，参与的市民文化の定着は韓国人の
権利意識を伸張させ，過去の日本植民地または権威主義の体制下の被害意
識はほとんどなくなっており，むしろ利己主義的な権利要求を憂慮するほ
ど確然と異なった形になっている。これが，今日の権利意識の模様である。

〈表-9〉権利意識の比較　　　　　　　　　　　　　　　　　　（単位：%［名］）

区分	'91 年度調査	'94 年度調査	'08 年度調査
権 利	(1)　もし国民を不当に抑圧する法かあればどのようにされますか。 　1）悪法も法であるので守る 17.7(353) 　2）制裁がこわいので守る 21.3(425) 　3）積極的な方法で改正を要求する 49.6(989) 　4）悪法だから守らない 11.4(227) (2)　不良品（TV, 食品など）を買った場合，どのようにされますか。 　1）一度買ったものだからどうしようもない 20.6(412) 　2）あくまではっきりさせて，取り替えてくる 48.8(975) 　3）消費者告発センターに告発する 29.7(593) 　4）裁判をして損害賠	(1)　もし国民を不当に抑圧する法かあればどのようにされますか。 　1）悪法も法であるので守る 18.1(217) 　2）制裁がこわいので守る 22.3(267) 　3）積極的な方法で改正を要求する 49.9(598) 　4）悪法だから守らない 9.8(117) (2)　不良品（電子製品，食品など）を買った場合，どのようにされますか。 　1）一度買ったものだからどうしようもない 16.4(197) 　2）あくまではっきりさせて，取り替えてくる 48.9(587) 　3）消費者告発センターに告発する 33.8(406) 　4）裁判をして損害賠	問(7)　あなたは「悪法も法であるから守るべきである」という見解に対してどの程度賛成ですか，または反対ですか。 　1）全く賛成である 8.4(252) 　2）賛成するほうである 48.9(1471) 　3）反対するほうである 36.1(1086) 　4）全く反対である 6.6(198) 問26　もし，不良製品や不良食品等を買った場合，どのようにされますか。 　1）一度買ったものだからどうしようもない 31.5(948) 　2）あくまではっきりさせて，取り替えてくる 32.9(990) 　3）消費者告発センターに告発する 30.5(916)

意	償まで受け取る 1.0(19)	償まで受け取る 0.8(10)	4）損害賠償まで受け取る 4.6(138)
識	(3) もしあなたが横断歩道をわたる際に交通事故にあって負傷をした場合，どのようにれますか。 1）（相対方が）してくれるままで満足する 6.8(136) 2）治療費のみ受け取る 25.2(502) 3）治療費はもちろん，慰藉料も受け取る 43.2(861) 4）告訴し，法にしたがって処理する 24.8(494)	(3) もしあなたが横断歩道をわたる際に交通事故にあって負傷をした場合，どのようにされますか。 1）（相対方が）してくれるままで満足する 6.3(75) 2）治療費のみ受け取る 26.6(318) 3）治療費はもちろん，慰藉料も受け取る 43.3(517) 4）告訴し，法にしたがって処理する 23.8(285)	問27 もしあなたが横断歩道をわたる際に交通事故にあって負傷をした場合，どのようにされますか。 1）加害者がしてくれるままで満足する 7.5(225) 2）治療費のみ受け取る 18.3(550) 3）治療費はもちろん，慰藉料も受け取る 48.4(1456) 4）告訴し，法にしたがって処理する 24.3(731)

１）　悪法も守るべきであるかについて

　上記の '94 年度調査（〈表-9〉参照）では，国民を不当に抑圧する法についても，「悪法も法であるので守る」と回答したのは 18.1％，「制裁がこわいので守る」と回答したのは 22.3％あり，それは '91 年度調査の場合（17.7％，21.3％）とはあまり変わらない。'91 年，'94 年という時期は軍事独制政権時代（1961 年～ 1992 年）でるが，その反面，「積極的な方法で改正を要求する」と回答したのは 49.9％，「悪法だから守らない」と回答したのは 9.8％を占めている。このことは，如何に政治体制の民主化を要求した法意識であったかを示すものと思われる。しかし，'08 年度調査では，その回答者の過半数以上の 57.3％が「悪法も法であるから守るべきである」という意識をもっている。民主化された今日おいて法は，国民を不当に抑圧する法ではなく，個人による恣意的な超法規的判断を防止し，社会共同体の基本的秩序を維持するために悪法も守るべきであるかということを意味するものである。もちろん，これは，国家権力や政治権力の安定を確保するための悪法も守るべきであるという意味ではない。正当な法と法執行を前提とする遵法精神の鼓吹および実質的な法治主義の確立に対する国民の熱望を表すものと言えよう。

第三節　今日における韓国人の法意識　　65

2）　不良製品や交通事故について（〈表-9〉参照）

'08 年度調査では，不良品を買った場合は裁判所に訴えず，本人があく
まではっきりさせて取り替えてくるか（32.9%），消費者告発センターに告
発する（30.5%）という回答が圧倒的に多い。しかし，交通事故については，
告訴し法にしたがって処理するという回答（24.0%）は '91 年度調査
（24.8%）と '94 年度調査（23.8%）の場合とあまり変わっていない。この点
は，不良品を買った場合に「裁判をして損害賠償まで受け取る」という回
答が 4.6%（'91 年度調査では 1.0%，'94 年度調査では 0.8%）を占めていること
とは対照的である。交通事故のような場合には，被害者は加害者との示談
によって問題を解決する一方，裁判を通して損害賠償を請求して行くとい
う意識も強いということを意味する。

いずれにせよ，以上のように，高められた権利意識は，全般的に法意識
の水準を引き上げることに寄与している。しかし，そのような意識が健全
たる市民の批判精神と参与意識ではなかった場合に，法的権利概念の曖昧
な主張と非妥協的な要求による衝突が起こり，むしろ法治主義の定着に障
碍要因として作用することになろう。したがって，権利意識は，それが健
全たる市民の告発精神にはじまり，かつ社会の脱法行為・違法行為に対す
る批判に集約されるとき，韓国社会における遵法精神の回生と法治社会の
実現をなす法意識の高揚にその機能が発揮されるように貢献しよう。

2　日本人の権利意識との比較 ─────────────

日本人の権利意識は，既述した日本人の訴訟意識にあらわれているが，
そのほかの意識問題に若干立ち入ってみる（〈日・表-6〉参照）。

1）　悪法も守るべきであるかについて

「『自分の意見では正しくないと思う法律（いわゆる悪法）でも，国の法律
である以上は守るべきである』という意見にあなたは賛成ですか」という
質問について，1976 年度 B 調査では，①「賛成である」と回答したのは
28.9%，②「必ずしも全面的に賛成できない」と回答したのは 59.0% で
ある。これに対し，2005 年度 D 調査では，賛成が 14.0%，必ずしも全面
的に賛成できないと回答したのは 73.8% である。このことは，1976 年 B
調査の場合より 2005 年度 D 調査の場合に悪法は守るべきではないという

意識が非常に高くなったということを示すものと思われる。もちろん，日本の場合に「悪法」という意味をどのようにとらえているかは具体的に示されていないが，おそらく，韓国人の権利意識調査で述べたように国民を不当に抑圧する法を念頭においた悪法ではないと思われる。

今日において韓国人は権利意識が高くなり，行政機関により自分の権利行使が制限されたり，被害を被った場合には，自分の権利を守るために裁判などをを通して積極的に対処して行くという意識が非常に強くなっている。その例として，行政訴訟事件を挙げてみよう。以下で，日本の場合と比較してみる。

　2） 行政訴訟事件について

韓国の場合に，2007 年度に受理された行政訴訟事件数は 30,240 件であり（〈表-5〉参照），日本の場合には，2007 年度に受理された行政訴訟事件数は 8,366 件である（〈日・表-3〉参照）。韓日両国の人口から比較した場合には，韓国の行政訴訟事件が著しく多い。このような格差の大きな意味の一つは，国民の個人財産に対する行政機関の不当な執行の問題（第 1 審では，勤労関係，租税関係，営業関係，土地関係，建築関係等の事件順に多い。控訴審では，租税関係，勤労関係の事件が圧倒的に多い。上告審でも控訴審の場合と同様。司法年鑑（2009 年）〈表 64〉参照）とこれに対する国民個人の権利意識が非常に高いということであろう。もう 1 つは，行政機関と国民の間に不信が強い，ということの意味もあろう。

　3） 不良品を買った場合（〈日・表-6〉Q 17.）

2000 年度の調査で「ある人が電器屋から一ケ月分の給与にあたる価格の電気器具を買ったところ，それは不良品でした。電器屋に新品との取り替えを求めても，電器屋はそれに応じません。売買を解除し代金の返還を求めても電器屋はそれに応じようとしません。その場合にその人が次の行動をとることをどう考えますか」という質問について（質問(17)(1)），あきらめて特別な行動をとろうとしないことは望ましくないという回答が圧倒的に多い（87.6%）。特別な行動をとろうとした場合には，消費生活センターその他の調停制度を利用することが望しいという回答が圧倒的に多い（87.9%）。しかし，裁判所に訴えることが望しいという回答は 38.6% を占めており，この点は，紛争解決の方法として話し合いで問題を解決すると

いう意識が 2000 年代に入ってもあまり変わらないことを示すものと思われる。しかし，韓国の場合に，裁判をして損害賠償まで受け取るという回答が非常に少ないこととは対照的であろう。

4）　交通事故の場合（〈日・表-6〉Q 18.）

不良品を買った場合とほぼ同じ意見が示されている。すなわち，相手が治療費を支払わないならば，それであきらめて特別な行動をとろうとしないことは望ましくないという回答が圧倒的に多い（87.4%，2005 年 D 調査では 94.4%）。特別な行動をとる場合には，交通事故処理センターの調停制度を利用することが望しいという回答が圧倒的に多い（87.7%。2005 年 D 調査では調停制度と裁判を含めた質問項目で行っており，望しいという回答は 74.8%）。次に法律の専門家に相談すること（82.4%），裁判所に訴えること（53.2%），共通の知り合いである有力な人に相談すること（52.3%）の順になっている。しかし，韓国場合に，告訴し法にしたがって処理するという回答は 24.0%（'08 年度調査）を占めていることとは対照的である。

〈日・表-6〉日本人の権利意識（紛争体験）　　　　　　　　　　（単位：%［名］）

2000 年 C 調査
Q 17.　ある人が電器屋から一ケ月分の給与にあたる価格の電気器具を買ったところ，それは不良品でした。電器屋に新品との取り替えを求めても，電器屋はそれに応じません。売買を解除し代金の返還を求めても電器屋はそれに応じようとしません。その場合にその人が次の行動をとることをどう考えますか。
（1）　相手が応じないならば，それであきらめ，特別な行動をとろうとしないこと 　　1）望ましい　　　　　　　　　　　　　　　　　　　　　1.7(18) 　　2）どちらかといえば望ましい　　　　　　　　　　　　　2.1(22) 　　3）わからない　　　　　　　　　　　　　　　　　　　　8.4(88) 　　4）どちらかといえば望ましくない　　　　　　　　　　23.3(243) 　　5）望ましくない　　　　　　　　　　　　　　　　　　64.3(669)
（2）　共通の知り合いである有力な人に相談すること 　　1）望ましい　　　　　　　　　　　　　　　　　　　　19.7(204) 　　2）どちらかといえば望まない　　　　　　　　　　　　27.7(86) 　　3）わからない　　　　　　　　　　　　　　　　　　　26.7(276) 　　4）どちらかといえば望ましくない　　　　　　　　　　13.0(135) 　　5）望ましくない　　　　　　　　　　　　　　　　　　12.6(131)
（3）　法律の専門家に相談すること 　　1）望ましい　　　　　　　　　　　　　　　　　　　　33.5(348) 　　2）どちらかといえば望ましい　　　　　　　　　　　　34.6(359) 　　3）わからない　　　　　　　　　　　　　　　　　　　22.6(235)

68　　第二章　韓国人の法意識

　　　4）どちらかといえば望ましくない　　　　　　　　　　　4.7(49)
　　　5）望ましくない　　　　　　　　　　　　　　　　　　　4.3(45)
　(4)　消費生活センターその他の調停制度を利用すること
　　　1）望ましい　　　　　　　　　　　　　　　　　　　63.1(660)
　　　2）どちらかといえば望ましい　　　　　　　　　　　24.8(260)
　　　3）わからない　　　　　　　　　　　　　　　　　　　9.1(96)
　　　4）どちらかといえば望ましくない　　　　　　　　　　1.7(18)
　　　5）望ましくない　　　　　　　　　　　　　　　　　　1.0(11)
　(5)　裁判所に訴えること
　　　1）望ましい　　　　　　　　　　　　　　　　　　　17.5(181)
　　　2）どちらかといえば望ましい　　　　　　　　　　　21.1(218)
　　　3）わからない　　　　　　　　　　　　　　　　　　43.4(449)
　　　4）どちらかといえば望ましくない　　　　　　　　　　9.7(103)
　　　5）望ましくない　　　　　　　　　　　　　　　　　　7.9(82)

Q 18.　ある人が交通事故にあって一ケ月入院の負傷を負いましたが，特に後遺症は
　　　残りませんでした。被害者が入院中の収入の賠償をもとめて交渉しても，加
　　　害者は賠償金を支払いません。その場合にその人が次の行動をとろことをど
　　　う考えますか。

---

　(1)　相手が支払わないならば，それであきらめ，特別な行動をとろうとしないこと
　　　1）望ましい　　　　　　　　　　　　　　　　　　　　1.0(11)
　　　2）どちらかといえば望ましい　　　　　　　　　　　　1.9(20)
　　　3）わからない　　　　　　　　　　　　　　　　　　　9.5(99)
　　　4）どちらかといえば望ましくない　　　　　　　　　19.5(203)
　　　5）望ましくない　　　　　　　　　　　　　　　　　67.9(706)
　(2)　共通の知り合いである有力な人に相談すること
　　　1）望ましい　　　　　　　　　　　　　　　　　　　20.0(207)
　　　2）どちらかといえば望ましい　　　　　　　　　　　32.3(335)
　　　3）わからない　　　　　　　　　　　　　　　　　　23.9(248)
　　　4）どちらかといえば望ましくない　　　　　　　　　12.7(132)
　　　5）望ましくない　　　　　　　　　　　　　　　　　10.8(112)
　(3)　法律の専門家に相談すること
　　　1）望ましい　　　　　　　　　　　　　　　　　　　47.3(492)
　　　2）どちらかといえば望ましい　　　　　　　　　　　35.1(365)
　　　3）わからない　　　　　　　　　　　　　　　　　　13.0(135)
　　　4）どちらかといえば望ましくない　　　　　　　　　　2.3(24)
　　　5）望ましくない　　　　　　　　　　　　　　　　　　2.1(22)
　(4)　交通事故処理センターの調停制度を利用すること
　　　1）望ましい　　　　　　　　　　　　　　　　　　　62.8(656)
　　　2）どちらかといえば望ましい　　　　　　　　　　　24.9(260)
　　　3）わからない　　　　　　　　　　　　　　　　　　　9.2(96)
　　　4）どちらかといえば望ましくない　　　　　　　　　　1.6(17)
　　　5）望ましくない　　　　　　　　　　　　　　　　　　1.3(14)
　(5)　裁判所に訴えること
　　　1）望ましい　　　　　　　　　　　　　　　　　　　29.7(306)

２）どちらかといえば望ましい	23.5(243)
３）わからない	35.8(369)
４）どちらかといえば望ましくない	6.1(63)
５）望ましくない	4.7(49)

＊2000年Ｃ調査に基づいて作成。

五　韓国人の法定立および法執行機関に対する態度

　国民の法生活の実態と立法および執行機関に対する態度の調査は，国民法意識調査において重要な分野である。法治主義確立は，一般国民と国家機関の一体感形成から始まることといっても言い過ぎではない。ここでは，国家権力の機能的構造を法令制定と法適用との二つの側面でながめてみる。

1　法定立および法執行機関に対する態度

（1）　韓国の場合

　法定立および法執行機関に対する態度は，法関連機関に対する国民の信頼度を問うことから明らかになる。以下の〈表-10〉によれば，立法関連機関に対する不信は増幅し，特に立法過程からの疎外感が深化した。しかし，行政官庁の単純民願処理に対する信頼度は高まった。検察の法執行および法院判決の公正性に対してはやはり高い信頼感を見せている。

〈表-10〉定立および法の執行機関に対する態度の比較　　　(単位：%〔名〕)

区分	'91 年度調査	'94 年度調査
法の定立	以下の各部分は，どの程度公正だとお考えになりますか。 (1)　国会や政府が法律を作るとき 　　１）公正だ　　　　　　5.8(115) 　　２）概ね公正だ　　　42.7(848) 　　３）概ね公正ではない 　　　　　　　　　　　　39.4(782) 　　４）公正ではない　　12.1(240) (2)　行政官庁で法を適用するとき 　　１）公正だ　　　　　　6.8(135) 　　２）概ね公正だ　　　50.0(991) 　　３）概ね公正ではない 　　　　　　　　　　　　35.1(696)	以下の各部分は，どの程度公正だとお考えになりますか。 (1)　国会や政府が法律を作るとき 　　１）公正だ　　　　　　2.8(33) 　　２）概ね公正だ　　　40.5(483) 　　３）別に公正ではない 　　　　　　　　　　　　51.7(616) 　　４）全く公正ではない 　　　　　　　　　　　　5.0(60) (2)　行政官庁で法を適用するとき 　　１）公正だ　　　　　　3.4(40) 　　２）概ね公正だ　　　52.4(624) 　　３）別に公正ではない

および法の執行機関に対する態度

4) 公正ではない　　8.0(159) (3)　派出所や警察で法を適用すると 　き 　1) 公正だ　　　　　4.6(92) 　2) 概ね公正だ　　40.8(809) 　3) 概ね公正ではない 　　　　　　　　　　41.7(827) 　4) 公正ではない　12.9(255) (4)　検察で法を執行するとき 　1) 公正だ　　　　11.5(227) 　2) 概ね公正だ　　50.4(996) 　3) 概ね公正ではない 　　　　　　　　　　30.1(595) 　4) 公正ではない　 8.1(160)	41.7(497) 　4) 全く公正ではない 　　　　　　　　　　2.5(30) (3)　派出所や警察で法を適用すると 　き 　1) 公正だ　　　　　5.4(64) 　2) 概ね公正だ　　45.7(544) 　3) 別に公正ではない 　　　　　　　　　　44.6(531) 　4) 全く公正ではない 　　　　　　　　　　4.3(51) (4)　検察で法を執行するとき 　1) 公正だ　　　　　8.3(99) 　2) 概ね公正だ　　54.2(645) 　3) 別に公正ではない 　　　　　　　　　　34.3(408) 　　4) 全く公正ではない 　　　　　　　　　　3.1(37)
(5)　裁判所で判決が下されるとき 　1) 公正だ　　　　19.7(391) 　2) 概ね公正だ　　55.0(1090) 　3) 概ね公正ではない 　　　　　　　　　　19.6(389) 　4) 公正ではない　 5.6(111) (6)　国会議員が作る法は，国民たる 　われわれが作る法だとお考えにな 　りますか。 　1) その通りである 15.2(303) 　2) 少しはその通りである 　　　　　　　　　　30.8(614) 　3) 別にそんなことはない 　　　　　　　　　　40.6(810) 　4) 全くそうではない 　　　　　　　　　　13.5(269)	(5)　裁判所で判決が下されるとき 　1) 公正だ　　　　11.7(139) 　2) 概ね公正だ　　59.1(703) 　3) 別に公正ではない 　　　　　　　　　　26.6(317) 　4) 全く公正ではない 　　　　　　　　　　2.6(31) (6)　国会議員が作る法は，国民たる 　われわれが作る法だとお考えにな 　りますか。 　1) その通りである 11.7(140) 　2) 概ねその通りである 　　　　　　　　　　26.1(313) 　3) 別にそんなことはない 　　　　　　　　　　49.8(597) 　4) 全くそうではない 　　　　　　　　　　12.4(148)

　上記〈表-10〉回答者の半数以上が行政官庁・警察署・検察・法院等での法適用ないし法宣言の公正性に対して高い信頼度を見せている。1991年度調査では，警察署・派出所が法令を適用・執行する時の公正性に対して高い不信（54.6%）を見せている。その問題を解決するためには，警察権の独立と警察権を量的・質的に向上させなければないという問題が提起されて，1991年8月1日治安本部の警察庁昇格で，その間に累積してきた

第三節　今日における韓国人の法意識　　　71

問題がある程度解消される制度的改善の契機になった。それ以外にも，行
政官庁の公正を認定した回答（概ね公正だ，を含む。以下同じ）が55.8%であ
るが，やや国民の信頼を受けるようになっているという現われであろう。
検察と法院の公正性に対しても，各62.5%と70.8%の高い信頼度を見せ
ている。しかし，国会と政府で法令を作るとき，回答者の56.7%が公正
ではないと回答した。「国会議員が作る法は国民われわれが作る法である
とお考えになりますか」という質問に，62.2%が立法過程からの疎外感を
告白していて，法執行過程とは対照的に，立法過程に対しては全般的に不
信を見せている。このような問題を解消するために，立法過程で一般国民
の立法参与（例えば，公聴会）の機会を保障し，立法前段階で法律的葛藤を
事前検討することができる「立法予告制」が実施された。すなわち，政府
立法案に対する立法予告制（行政手続法82条の2）と議員立法案に対する立
法予告制（国会法82条ノ2）が実施されている。しかし，〈表-10〉でみられ
るように問題は解消されていない。

(2)　日本の場合

　日本の場合（〈日・表-7〉）において質問の各項目につき「どちらともい
えない」という肯定でも否定でもない項目の設定が1つの特色であるが，
これを除いて「どちらかといえば公正である」という項目を「公正であ
る」という項目に含めてみた場合，国会や政府に対する不信感が非常に強
く示めされている（肯定的な回答が26.8%）。これに対して裁判所の判決につ
いては過半数以上が公正性を示している（63.5%）。この数字は韓国の場合
とそれほどの差はない。

〈日・表-7〉立法機関および執行機関に関する公正度イメージ（単位：%［名］）

以下の各機関は，次のような場面で，どの程度公正だとお考えになりますか	
(1)　国会や政府が法律を作るとき 公正である　　　　　　　5.6(58) どちらかといえば公正である 　　　　　　　　　　　21.2(219) どちらともいえない　　42.6(440) どちらかといえば公正でない 　　　　　　　　　　　16.2(167) 公正でない　　　　　　13.4(138)	(4)　検察が法を執行するとき 公正である　　　　　　13.4(137) どちらかといえば公正である 　　　　　　　　　　　37.6(386) どちらともいえない　　36.6(375) どちらかといえば公正でない 　　　　　　　　　　　8.3(85) 公正でない　　　　　　4.1(42)

72　第二章　韓国人の法意識

(2) 行政機関が法を執行するとき	(5) 裁判所が判決を下すとき
公正である　　　　　　　　10.2(105)	公正である　　　　　　　　22.5(232)
どちらかといえば公正である 　　　　　　　　　　　　33.7(347)	どちらかといえば公正である 　　　　　　　　　　　　41.0(423)
どちらともいえない　　　40.7(419)	どちらともいえない　　　27.8(287)
どちらかといえば公正でない 　　　　　　　　　　　　10.2(106)	どちらかといえば公正でない 　　　　　　　　　　　　5.2(54)
公正でない　　　　　　　　5.1(53)	公正でない　　　　　　　　3.5(36)
(3) 警察が法を執行するとき	
公正である　　　　　　　　9.82(101)	
どちらかといえば公正である 　　　　　　　　　　　　32.5(336)	
どちらともいえない　　　37.0(383)	
どちらかといえば公正でない 　　　　　　　　　　　　12.8(132)	
公正でない　　　　　　　　7.9(82)	

＊加藤雅信ほか・人間の心と法（有斐閣，2003 年）272 頁以下の資料に基づいて作成。

2　司法権の独立に対する態度

'91 年調査と '94 年調査および '08 年度調査では，司法権独立に関する国民の法意識はあまり変っていないが，権力や財力が裁判結果に及ぶ影響力は絶対的である，またはある程度影響力がある，という認識は少し変わっている。世論が裁判に影響を与えることに対して，否定的な意識が少し増加した。

〈表-11〉司法権の独立に対する態度比較　　　　　　　　（単位：%［名］）

区分	'91 年度調査	'94 年度調査	'08 年度調査
司法	(1) 権力や財力が，裁判の結果に影響を与えるとお考えになりますか。 　1）絶対的な影響を与える　　40.3(805) 　2）ある程度影響を与える　　53.9(1076) 　3）別に影響を与えない　　4.7(93) 　4）全く影響を与えない　　1.2(24) (2) 国民の世論が，裁判	(1) 権力や財力が，裁判の結果に影響を与えるとお考えになりますか。 　1）絶対的な影響を与える　　36.4(437) 　2）ある程度影響を与える　　56.9(682) 　3）別に影響を与えない　　4.9(59) 　4）全く影響を与えない　　1.8(21) (2) 国民の世論が裁判に	問(29) あなたは権力や財力が，裁判の結果に影響を与えるとお考えになりますか。またはそうではないとお考えになりますか。 　1）非常に影響を与えない　　49.2(1479) 　2）ある程度影響を与える　　46.4(1395) 　3）別に影響を与えない　　4.0(122)

| 権の独立 | に影響を与えることは望ましいこととお考えになりますか。
　1）望ましい
　　　78.8(1575)
　2）望ましくない
　　　21.2(423) | 影響を与えることは望ましいこととお考えなりますか。
　1）望ましい
　　　76.6(918)
　2）望ましくない
　　　23.4(280) | 4）全く影響を与えない　0.4(11)
問(30)　あなたは国民の世論が裁判に影響を与えることがどの程度望ましいこととお考えなりますか，またはそうではないとお考えになりますか。
　1）非常に望ましい
　　　14.8(445)
　2）望ましいほうである　61.9(1863)
　3）望ましくないほうである　21.7(652)
　4）全く望ましくない
　　　1.5(46) |

〈表-11〉で示されているように，権力や財力が裁判の結果に影響を及ぼすといった回答が93.3％を示している。これは，裁判に権力や財力が介入していて，判決の公正性および司法権の独立に対する強い不信を意味する。しかし，国民の世論が裁判に影響を与えることに対しては，望ましいという回答が76.6％を示しているが，韓国の場合，国民の世論がむしろ裁判に対する権力や財力の影響力を抑制する効果に期待しているものと解してもよいのではないかと思われる。法専門家も，権力や財力が裁判の結果に影響を及ぼすといった回答が86.4％を示していることは，一般国民の意識と大差がないが（〈表-12〉），国民の世論が裁判に影響を与えることは望ましくないという答え（79.5％）が大きな差であろう。

〈表-12〉司法権の独立　　　　　　　　　　　　　　　（単位：％［名］）

区　分	'96 年度法専門家調査
司法権の独立	(1)　権力や財力が，裁判の結果に影響を与えるとお考えになりますか。 　1）絶対的な影響を与える　　　　　　　　　　　　　20.9(167) 　2）ある程度影響を与える　　　　　　　　　　　　　65.5(523) 　3）別に影響を与えない　　　　　　　　　　　　　　11.4(91) 　4）全く影響を与えない　　　　　　　　　　　　　　2.1(17) (2)　国民の世論が裁判に影響を与えることは望ましいこととお考えなりますか。 　1）望ましい　　　　　　　　　　　　　　　　　　　19.5(156) 　2）望ましくない　　　　　　　　　　　　　　　　　79.5(635)

上記の〈表-11〉,〈表-12〉で提起された問題は,結局,司法改革という問題を真剣に考えざるをえないことである。その一環として,2008年1月から「国民参与制度」(裁判員制度に該当)が実施され(詳細は第四章二節参照),さらに,2009年度3月から法学専門大学院(法科大学院に該当)が設置・開校された。これらの制度は実施されてまもない時期であるが,実施前の国民の意見を問う '08年度調査の結果は〈表-13〉のとおりである。

〈表-13〉司法改革に対する態度('08年度調査)　　　　(単位:%［名］)

問(34)　国民参与制度(裁判員制度)の効果的施行のために,最も優先的に必要なものは何っだとお考えですか。	
1)国民参与制度に対する広報	43.4(1306)
2)国民に対する法教育	32.1(966)
3)関連制度の整備	11.2(338)
4)法曹界の非理や腐敗減少	12.8(385)
問(32)　法学専門大学院(ローズクール)の実施で期待できる最も大きな効果は何だとお考えですか。	
1)弁護士受任料の下落	23.3(701)
2)専門法曹の養成で法律サービスの質的向上	56.6(1702)
3)法曹界の非理や腐敗減少	1.0(31)

第四節　ま と め

　終戦後,韓国は日帝の植民地から解放されたが,まもなく韓国戦争が勃発,また独裁政権から長い軍事政権といった権威主義体制が続くなかで,統治者らはその体制を維持するための道具として法を利用してきた。そのような歴史的背景の下で法に対する不信が一般国民に広がったのである。しかし,民主化された今日における一般国民は,過去に奪われたまたは厳しく制限されていた権利を獲得または回復するための裁判上(特に憲法裁判所)の争があらゆる領域から相次いで生じている状況である。このことは,〈表-5〉,〈表-9〉にもその一面がよくあらわれている。

〈参考資料〉

　1　韓国法制研究院・'91国民法意識調査研究,'94国民法意識調査研究,'08国民法意識調査研究(1991, 1994, 2008)

第四節　まとめ　　　75

2　韓国法制研究院・法専門家の法意識調査研究（1996 年）

3　青木清・「韓国国民法意識調査について」，ジュリスト No. 1007（1992. 9. 1）
　22 頁以下

4　朴相哲・「韓国人の法意識」，ジュリスト No. 1007（1992. 9. 1）28 頁以下

5　梁承斗・「韓国伝統的法意識과ユ変化에関한研究」（韓国精神文化研究院，
　1980 年）

6　尹泰林・「韓国人의法意識」，教育論叢制 5 號（延世大学校教育大学院，1972
　年）

7　李根植外 3 人・「韓国人의法意識과遵法精神의提高方案에関한研究」（새마
　을運動研究論叢，1982 年）

8　車鏞碩外 2 人・「韓国人의法意識에関한調査研究및遵法意識의提高方案」
　法学論叢第 6 輯（漢陽大，1989 年）

9　崔　杬・「韓国人의権利및法意識」人文社会論文集第 17 輯（成均館大学校，
　1972 年）

10　崔鍾庫・韓国法思想史（서울大学校出版部，1989 年）

11　川島武宜・日本人の法意識（岩波新書）（光波書店，1967 年）

12　日本文化会議編・日本人の法意識（調査分析）（至誠堂，1973 年）

13　日本文化会議編・日本人にとって法とは何か（研究社，1974 年）

14　日本文化会議編・現代日本人の法意識（第一法規，1982 年）

15　六本佳平・法社会学入門（有斐閣，1991 年）

16　法意識国際比較研究会・「『日本人の法意識』調査基本報告書」法政論集
　187 号（名古屋大学法学部，2001 年）

17　加藤雅信／河合隼雄・人間の心と法（有斐閣，2003 年）

18　青木清・「韓国人の法意識」，ジュリスト No. 1297（2005. 9. 15），79 頁以下。

19　朴相哲・「韓国人の法意識」21 世紀の日韓民事法学〈高翔龍先生日韓法学
　交流記念論文集〉（信山社，2006 年）

20　松村良之ほか・「『日本人の法意識』はどのように変わったか」北大法学論
　集（2006 年）57 巻 4 号

21　水野直樹・創氏改名（岩波新書）（岩波書店，2008 年）

22　大法院法院行政処・司法年鑑（2009 年）

第三章　憲法上の統治構造と憲法裁判所

　国家の統治構造と国民の基本権を定めた憲法は，戦後大韓民国政府が出帆以降，今日の李明博政府に至るまで9回にわたって改正が行われたが，本章では憲法制定および憲法改正による統治制度の変遷過程と国民の基本権を概観し，続いて憲法と関連のある憲法裁判所について考察してみる。

第一節　憲法と統治構造

　韓国における最初の憲法は，1948年7月12日に国会で可決され，同年7月17日公布された憲法である。この憲法が今日において「制憲憲法」といわれるものである。9回にわたって憲法の改正が行われたが，その改正の主な目的は，国民の基本権を保障するというためではなく，国家権力の構成，特に執政者の政権維持および任期延長のために行われたのであって，国民的合意を得ず，一方的に強行されたものである。というのは，憲法の主な改正部分は，ほとんど大統領の選出方法ないし大統領の任期延長などに限って行われたからである。以下では，憲法の制定および9回にわたる改正と関連し，統治構造がどのように変遷して今日までに至っているかにつき概観する。

一　憲法制定と統治構造

　1948年5月10日，史上初の選挙により選出された198人の国会議員が国会を構成し，憲法の制定作業に着手した。国会（いわゆる「制憲国会」）は同年6月3日憲法起草委員を選出し，同委員会はいわゆる「兪鎮午（ユ・

ジノ) 案」を原案として，かつ「権昇烈 (クォン・スンヨル) 案」を参考案にして草案を作成した。当初，兪鎮午案は両院制国会と議員内閣制を骨子にしたものであったが，討議の過程で大統領中心制を強力に主張した李承晩 (リ・スンマン) 博士の意見が受け入れられて，国会単院制，大統領中心制 (大統領の選出は国会で行われる) を骨子とする案となった。この案は 1948 年 7 月 12 日に国会で可決，同年 7 月 17 日に公布された (この日は「制憲節」として公休日となっている)。同憲法によって李承晩博士が初代大統領に当選した (任期 4 年，1 回に限って重任可)。

二　憲法改正と統治構造の変遷

1　第 1 次憲法改正(1952 年 7 月：抜萃改憲)

　第 2 代国会議員総選挙 (1950 年 5 月) が野党側に圧倒的な勝利をもたらした結果，李大統領は，国会で行う間接選挙では再選が不可能であると判断し，大統領・副統領直選制と両院制を骨子とする改正案を提出した。しかし，同改憲案は野党の圧倒的な優勢により反対され否決された。その後，野党側は議院内閣制を骨子とする改憲案を提出したが，その改憲案は与党側にとって不利であると判断した与党は，既に国会で否決されたものとほぼ同じ大統領直選制の改憲案を再び提出した。結局，この二つの案が折衷されたいわゆる抜萃案が 1952 年 7 月 4 日国会で可決され，同年 7 月 7 日公布されたものが第一次改正憲法である。この改正憲法は「抜萃憲法」とも呼ばれる。

　その主な改正内容は，国会の両院制，大統領・副統領の直選挙制，国務委員責任制などであったが，国会審議の過程で戒厳令が宣布され，国会議員の強制連行，監禁といった事態が生じた。結局，この抜萃改憲は① 一事不再議の原則に違背し，② 公告されない改憲案が国会での自由討論の過程を経ないで強制的に可決された改正であるということで，今日においても違憲的憲法改正であると評価されている。その当時は韓国戦争 (朝鮮戦争をいう。以下同じ) 中であったが，李承晩大統領は第一次改正憲法にもとづいて国民の直接選挙により大統領に再び当選した。

2 第2次憲法改正（1954年11月：四捨五入改憲）

第2次改憲は1954年11月27日に国会で可決され同年11月29日に公布された憲法をいうが，この改正憲法は「四捨五入改憲」とも呼ばれる。というのは，当時，与党側が提出した憲法改正案は，憲法改正に必要な議決定足数の1票足らずで否決されたが，与党側はいわゆる「四捨五入」という数学上の原則を適用して，改憲案の否決宣言を取消すと同時に，その案を可決したことから，四捨五入改憲ということになった。

その主な改正内容は，国務総理制および国務委員の連帯責任の廃止と初代大統領の重任制限の撤廃等であった。この四捨五入改憲は，手続的に定足数が足らながった改憲であったし，実質的にも初代大統領に限って重任制限を撤廃したこと等，事実上李承晩大統領の永久執権を可能ならしめた違憲的改憲であったと批判されている。

3 第3次憲法改正（1960年6月：議院内閣制改憲・第2共和国）

第2次憲法改正の「四捨五入改憲」にもとづいて大統領・副統領選挙が1960年3月15日行われたが，李承晩の4期執政権を貫徹するための徹底した不正選挙が行われた（この選挙を「3・15不正選挙」という）。1960年4月19日，李承晩独制政権に抗挙して起った「4・19学生革命」によって李政権が崩壊すると，民主化を念願する国民の要求を反映した第3次改憲が1960年6月15日の国会で可決され同日に公布された。

その主な改正内容は，国会での大統領の選挙，議院内閣責任制の採択，憲法裁判所の新設，地方自治団体長の選挙制等であって，いわゆる第2共和国憲法が誕生した。その当時，民主党の張勉（ジャン・ミョン）政権が誕生した。

4 第4次憲法改正（1960年11月：不正選挙処罰改憲）

張勉政権は，4・19学生革命以後，李承晩政権の末期に生じた大統領・副統領の3・15不正選挙関連者を処罰する根拠を備えるために，第四次改憲として1960年11月23日に民議院，同年11月28日に参議院で可決し，同憲法が同年11月29日公布された。この第4次憲法改正は「不正選挙処罰改憲」とも呼ばれる。

その主な改正内容は，3・15不正選挙関連者と反民主行為者の公民権制限および不正蓄財者の処罰に関する遡及立法権の認定，それに関連する刑事事件を処理するための特別裁判部と特別検察部の設置等である。

5 第5次憲法改正(1962年12月：軍事政権・第3共和国)

張勉政権は朴正熙（パク・ジョンヒ）将軍の1961年5月16日軍事クーデターによって倒れ，朴正熙軍部は国家再建非常措置法を制定して憲法の一部の効力を停止させた。同軍部が民政移譲の前段階として作成した改憲案は1962年12月6日に国家再建最高会議で可決され，同年12月26日に公布された。これが第5次憲法改正である。この改正は，全面的な改正であったために事実上新憲法を制定したものとに等しいといわれている。

その主な改正内容は，大統領中心制（任期4年，1回に限って重任可），国会単院制還元，法院の違憲法律審査権の認定等である。この憲法によって朴正熙将軍は大統領になり，その後朴軍事政権が18年間続くことになる。

6 第6次憲法改正(1969年10月：三選改憲)

第5次憲法改正よって大統領になった朴正熙は，憲法上大統領の任期が2期（1期は4年）に制限されているのを3期まで継続再任できるようにした憲法改正案は1969年9月14日に国会で可決された後，同年10月17日の国民投票で可決，同年10月21日に公布された。

その主な改正内容は，国会議員の国務総理および国務委員の兼職許容，大統領に対する弾劾訴追の慎重化であるが，もっとも主要な点は，この憲法が「三選改憲」といわれるように朴大統領が3期まで引き続き再任できる機会を作ったことである。この三選改憲は，形式的には国会の在籍3分の2以上の議決と国民投票によって確定される等，憲法に定められた手続によって行われた改正であるが，与党である共和党の単独変則可決を通して執政権者の長期執権（任期4年3回重任可）をはかった改憲であった。

7 第7次憲法改正(1972年12月：維新憲法)

来たる大統領選挙に不安を感じた朴正熙大統領は，大統領当選を確実にし，大統領の権限を強化するために，第七次憲法改正を強行した。すなわ

第一節　憲法と統治構造　　81

ち，朴大統領は 1972 年 10 月 7 日に全国に非常戒厳を宣布し，次のような
いわゆる「10・17 非常措置」をとった。① 1972 年 10 月 17 日 19 時をもっ
て国会を解散し，政党等の政治活動中止，② 効力が中止された一部憲法
条項の機能は，非常国務会議が遂行する，③ 非常国務会議は 1972 年 10 月
27 日までに憲法改正案を公告し国民投票で確定する，④ 改正された憲法
手続にしたがい憲法秩序を正常化するという内容であった。結局，この非
常措置によって憲法改正案は同年 11 月 21 日の国民投票で可決され，12
月 27 日に公布され，即日，施行された。この憲法は「維新憲法」と呼ば
れている。

　その主な改正内容は，① 統一主体国民会議を設置し同会議で大統領を
選挙する（大統領の間選制），② 大統領の権限強化（例えば，緊急措置権（国会
の同意・承認不要），国会解散権，国会議員定数の 3 分の 1 の推薦権，大法院長・法官
の任命・補職・懲戒権など），③ 大統領任期 6 年，重任制限の廃止，④ 地方
議会は祖国統一時まで実施保留，国会の権限弱化，政党国家的傾向の止揚，
憲法委員会の新設，憲法改正手続の二元化等である。この維新憲法は自由
民主主義を一時停止させ，立法・司法・行政の三権を掌握しうる権威主義
的新大統領制を採択した点で憲法改正の限界を越したものとされ，今日に
至ってもその批判の声が強い。

8　第 8 次憲法改正(1980 年 10 月：新軍部政権・第 5 共和国)

　1979 年 10 月 26 日に朴正煕大統領が殺害された事件が起り，維新憲法
を廃止し新しい憲法を制定せざるをえない状況になった。同年 12 月統一
主体国民会議で選出された崔圭夏（チェ・ギュハ）大統領は，緊急措置第 9
号などを廃止し，憲法改正審議委員を発足させたが，その翌年の 1980 年
8 月 16 日，突然辞任させられた。一方，1980 年 5 月 17 日，全斗煥（チョ
ン・ドゥファン）将軍は軍事クーデターを起こし，彼を中心とする新軍部は
国家保衛非常対策委員会を発足させ，同委員会常任委員長になった。彼は，
同年 8 月 27 日統一主体国民会議で大統領に選出され，同年 9 月 1 日大統
領に就任した。政府改憲審議委員会が作成した憲法改正案は国務会議の議
決を経て，同年 10 月 22 日国民投票によって確定された。これが第八次憲
法改正である。

その主な改正内容は，① 国民の権利について，幸福追求権と環境権の新設，連坐制の禁止などの基本権保障を強化，② 権力構造については，統一主体国民会議の廃止，大統領の選挙方式を選挙人団による間選制，任期 7 年の単任制，大統領の任期条項の改正ないし変更の禁止，国会の権限の回復などてある。

9 第 9 次憲法改正（1987 年 10 月：民主化宣言・第 6 共和国）

1987 年 6 月 29 日に当時の与党であった民政党の盧泰愚（ノ・テゥ）代表委員による「民主化宣言」後，第 9 次憲法改正案は 1987 年 10 月 12 日に国会の可決および 10 月 27 日の国民投票によって確定し，1987 年 10 月 29 日に公布され，1988 年 2 月 25 日から施行されて（附則 1 条）今日に至っている。これが現行憲法である。この憲法は，成熟した国民の民主主義への宿願を反映し，憲政史上初めて与・野党の合意により誕生したものである。特に何よりも大統領の直選制（任期 5 年の単任制）を採択したことに大きな意義がある。

その主な改正内容は次の如くである。まず，統治機構における大統領の非常措置権ないし国会解散権の廃止，国会の国政監査権の復活，法官の任命手続の改善，憲法裁判所の新設，司法権の独立の実質的保障などをあげることがてきる。また基本権における身体の自由と表現の自由の強化，労働三権の保障および最低賃金制の実施などを通じて基本的人権を大幅に伸張させた。特に憲法裁判所を新しく設けて，違憲法律審査制度と憲法訴願などを制度的に保障したことは，国民の基本権を保障する画期的な措置であるといえよう。以下，現行憲法について若干概観する。

三 現行憲法と統治構造

1 概 要

現行憲法は，前文と 10 章 130 ヶ条附則 6 条で構成されている。以下では，主要骨子だけをとりあげてみる。

(1) 憲法の前文では，3・1 独立運動にもとづいて建立された「大韓民国臨時政府」の法統と，不義に抗拒した 4・19 民主理念を継承することを

明らかにし，新しい国家的秩序の指標となる国民主権の原理，祖国の民主改革と自由民主的な基本秩序の強化および正義ある福祉国家の実現，民族主義の指向，祖国の平和的統一と国際平和主義の追求などを宣言している。

(2) 第1章〈総綱〉：1条は民主共和国としての国家形態と国民主権の原理を宣言している。2条は国民の要件と海外国民の保護義務の強化，3条は領土は韓半島およびその付属島嶼とすること，4条は平和的統一，5条は国際平和維持に努力し，侵略的戦争を否認すると同時に，国軍の国家安全の保障義務と国土防衛義務，その外に国軍の政治的中立性の遵守，8条は政党に関する目的，組織，活動などについて規定している。

(3) 第2章〈国民の権利・義務〉：国民の権利と義務については，10条から39条まで規定している。本章では，身体の自由を強化するために，制度的保障を最大限に拡大し，表現の自由を高揚した。なお新たな類型の社会的基本権などを新設している。

① まず，人間の尊厳と価値の尊重，幸福追求権，基本的人権の不可侵性を明らかにし（10条），すべての国民は法の下に平等である（11条1項）と規定している。

② 自由権的基本権として，身体の自由（12条），居住および移転の自由（14条），職業選択の自由（15条），住居と私生活・通信秘密の自由（16条，18条），宗教と良心の自由（19条，20条），言論・出版・集会・結社の自由（21条，22条），学問・芸術の自由（23条），財産権の保障（23条）などが規定されている。

③ 請求権的基本権として，請願権（26条），裁判請求権（27条），刑事補償請求権（28条），国家賠償請求権（29条），損失補償請求権（23条3項），犯罪被害救助請求権（30条），違憲法律審査請求権（107条1項），憲法訴願審判請求権（111条1項）などが規定されている。

④ 政治的基本権として，選挙権と公務担任権が規定されている（24条，25条）。

⑤ 社会的基本権として，教育を受ける権利（31条），労動の権利と最低賃金の受領権（32条），労働三権（33条），人間らしい生活をする権利（34条1項），社会保障受給権（34条2項ないし6項），保健の保護を受ける権利（36条3項）などが定められている。特に注目すべきことは，環境権が憲法

84 　第三章　憲法上の統治構造と憲法裁判所

上認められているということである。すなわち，第 8 次改正憲法において
も環境権は認められていたが，現行憲法 35 条は「すべての国民は，健康
かつ快適な環境の下で生活を営む権利を有し，国家と国民は，環境保全の
ために努力をしなければならない」と規定 (同条 1 項) し，環境権の内容
と行使に関しては別の法律で定めるとしている。その法律とは，環境政策
基本法 (1990 年 8 月 1 日制定，2005.5.31 一部改正)，大気環境保全法 (1990 年 8
月 1 日制定，2007.1.19 一部改正)，騒音・振動規制法 (1990 年 8 月 1 日制定，
2007.4.11 一部改正)，水質環境保全法 (1990 年 8 月 1 日制定，2007.4.6 一部改正)，
廃棄物管理法 (1990 年 8 月 1 日制定，2007.4.11 一部改正) などをいう。

　(4)　統治構造および地方自治については，以下の 2・3 を参照されたい。

　(5)　憲法改正：憲法改正については，国会の在籍議員の過半数の賛成で
国会がこれを発議するかまたは大統領の発議で提案された憲法改正案は，
大統領が 20 日以上これを公告しなければならない (128 条 1 項，129 条)。国
会では，憲法改正案が公告された日から 60 日以内に在籍議員の 3 分の 2
以上の賛成を得なければならない (130 条 1 項)。かかる憲法改正案は，国会
が議決した後，30 日以内に国民投票に付され，国会議員選挙権者の過半
数の投票と投票者の過半数の賛成を得ることによって憲法改正が確定され
る (同条 2 項)。大統領はこれを直ちに公布しなければならない (同条 3 項)。

　ここで注目すべきことは「大統領の任期は 5 年とし，重任することがで
きない」(70 条) し，大統領の任期延長または重任変更のための憲法改正は，
その憲法改正提案当時の大統領についてはその効力を有しないと規定 (128
条 2 項) し，平和的な政権交替と長期執政権の防止を制度化していること
である。

2　統治構造

　韓国が採択していた政府形態は，張勉政権の第 2 共和国 (1960 年) の議
院内閣制を除いて，大統領中心制と議院内閣制の要素から，執政権者ない
し実力者の自分にとって有利なものを任意に混合した形態をとってきた，
ということがその共通的特徴であろう。事実上，韓国の憲政史は合理的な
制度と効率的な運用の歴史というより矛盾した制度と強権的な運用の歴史
であったというのが率直な評価であろう。このような歴史の変遷過程の下

で文民政府が誕生したが，以下では，現行憲法上の統治構造の内容について概観する。

憲法上の統治構造においては，大統領の権限の合理的な調整と，国会の権限の強化によるその機能の活性化と同時に司法権の独立に関する制度的装置を新く設けることなどによって，権力分立と権力均衡の原理が充実なされている。

(1) 国会権限の強化

強化された主要な国会権限を挙げれば，以下の如くである。

① 立法権が国会に属する (40条) のはいうまでもないが，国会の臨時会の召集要件も，第8次改正憲法においては在籍議員の3分の1以上の要求を必要としたが，これを4分の1以上として，その臨時会の召集要件が緩和された (47条1項)。この点は日本の場合 (日本憲法53条) と同様であるが，韓国の場合は大統領も国会臨時会を召集しうる権限を有するという点が異なる。さらに，定期会の会期を90日から100日に延長して年間開会日数の制限規定を削除した (47条2項)。

② 大統領選挙 (国民の投票による直選制) における最高得票者が2人以上の場合には，国会は在籍議員の過半数が出席した公開の会議において多数票を得た者を当選者として決める権限を有する (67条2項)。

③ 国政調査権および国政監査権が復活された。すなわち，「国会は，国政を監査し，または特定の国政事案に対して調査することができ，これに必要な書類の提出または証人の出席および証言もしくは意見の陳述を要求することができる」(61条) としている。日本の場合には，両院に国政調査権を認めているが (日本憲法62条)，国政監査権は認められていない。この点が異なる。実際，韓国の場合に国会の国政調査は行われていない。というのは，国政調査を行うためには在籍議員の4分の1以上の要求を必要とする (「国政監査および調査に関する法律」3条1項)，という厳格な手続要件もあろうが，むしろ政党間の利害関係が主な理由になっていると思われる。これに対し，国政監査は法律上「毎年9月10日より20日間監査を行う」(同法2条1項) と定められているから，現在も定期的に年1回行われている。

④ 国務総理および国務委員の解任建議権が認められている。すなわち，

「国会は，国務総理または国務委員の解任を大統領に建議することができる」(63条)，というものの，日本の場合（衆議院）のような強力な内閣不信任決議権が認められているわけではない。すなわち，日本の場合には，「内閣は，衆議院で不信任の決議権を可決し，または信任の決議案を否決したときは，10日以内に衆議院が解散されない限り総辞職をしなければならない」(日本憲法69条)とし，実際上，そのような決議があった場合には，国会が解散され，総選挙後に新しい内閣が誕生する。このことは，韓国の場合は，一種の大統領制をとっているのに対し，日本の場合は内閣制をとっている，という両国の著しい差異から生ずるものであろう。

⑤　弾劾訴追権が幅広く認められている。すなわち，「大統領，国務総理，国務委員，行政各部の長，憲法裁判所裁判官，裁判官，中央選挙管理委員会委員，監査院長，監査委員，その他法律に定められた公務員が，その職務執行に際して，憲法または法律に違背した場合には，国会は弾劾訴追を議決することができる」(65条1項)。このように弾劾訴追の対象範囲が広い。これに対し，日本の場合には裁判官に限定されている。すなわち，「国会は，罷免の訴追を受けた裁判官を裁判するため，両議院で組織する弾劾裁判所を設ける」(日本憲法64条1項)とし，「裁判官の罷免の訴追は，各議院においてその議員の中から選挙された同数の訴追委員で組織する訴追委員会がこれを行う」(国会法126条1項)として法律で規定されている。

(2)　大統領の地位

①　1980年第8次改正憲法（第5共和国）上の大統領の選出方式は，大統領選挙人団による間選制であったが，現行憲法では国民の投票による直選制に変わった。それから，大統領の任期を5年の単任制にして長期執政権の弊害を防止すると同時に平和的政権交替の基礎をつくった(70条)。また独裁者の出現を防ぐために，大統領候補者が一人の場合は，その得票数が選挙権者総数の3分の1以上でない限り，大統領としての当選とされない(67条3項)。

大統領は，国家の元首であると同時に行政府の首班としての地位を有し，外国に対しては国家を代表する(66条)。かつ，外交に関する権限(73条)，国軍統帥権(74条)，戒厳宣布権(77条)，公務員任命権(78条)，赦免権(79条)を有する。さらに，大統領の非常措置権と国会解散権を削除する代り

に，国家非常事態における緊急命令，緊急財政・経済上の処分およびその
命令を出すことができる緊急命令権が新しく設けられた (76条)。

② 大統領は，国会を解散する権限を有しないが，法律案を拒否する権
限を有する (53条2項)。これは，国会の立法権に対する一つの統制ともい
えるものである。

(3) 法院(裁判所)の独立性

① 大法院長 (日本の最高裁判所長官に当る) は国会の同意を得て大統領が
任命し，大法院 (日本の最高裁判に当る) の判事である大法官は大法院長の
推せんで国会の同意を得て大統領が任命する。一般法官は大法官会議の同
意を得て大法院長が任命する (104条)。

② 法官は弾劾および禁錮以上の刑の宣告によらなければ罷免されない
(106条1項)。このような任命手続の改善と身分保障の強化を通て司法府の
独立を実質的に強化している。

(4) 憲法裁判

1980年第8次改正憲法上の憲法委員会に代わって憲法裁判所が新たに
設けられた (憲法111条以下)。同裁判所は，法律の憲法違反有無の審判，弾
劾の審判，政党の解散の審判，その他に国家機関の相互間の権限争議に関
する審判，法律の定めのある憲法訴願に関する審判を行う権限を有する
(憲法裁判所法2条) (本章第二節に詳述)。

3 地方自治制

(1) 憲法と地方自治制

第1共和国の憲法には，地方自治に関する規定があったが実施されな
かった。第2共和国の憲法では地方自治の市・邑・面の議会が構成された。
第3共和国の憲法は地方自治制を認めた。しかし，その附則で地方議会の
構成時期は法律で定めるという規定があったが，結局実施されなかった。
第4共和国は祖国の平和的統一の時まで地方議会を実施しないという政策
をとったために，実際上地方自治制は廃止された。第5共和国の憲法も地
方議会の構成時期を法律で定めるとしたが，実際上地方議会は構成されな
かった。その後，1987年の現行憲法にもとづく第6共和国では1991年に
およそ30年ぶりに地方議会が構成され，本格的に地方自治の時代が開か

れた。

現行憲法は 117 条と 118 条に地方自治に関する規定がおかれているが，文民政府（金泳三大統領）は 1995 年 6 月 27 日に地自治団体の長と地方議会議員の選挙を同時に行った。

(2) 地方自治団体の種類

憲法 117 条 2 項は，地方自治団体の種類について法律で定めるとし，改正された地方自治法にもとづいて，① 特別市，広域市と道および特別自治道，② 市・郡及び区が一般地方自治団体として認められている（地方自治法2条1項）。その外にも特定な目的を遂行するために必要な場合には，別の特別地方自治団体を設置することができるとし，特別地方自治団体の設置・運営に関する必要な事項は大統領令で定めらる（同法2条3項4項）。

特別市とは政府の直轄の下にある市をいうが（同法3条2項），特別市の地位・組織及び運営するに際し，首都としての特殊性を考慮して法律の定めるところにより特例を設けることができる（同法161条）。現在，特別市はソウル特別市しかないが，同特別市には市民が選出した市長と市議会があり，ソウル特別市の各区民が選出した25区の区長と区議会がある。広域市（5ヵ所）と道（9ヵ所）も政府の直轄の下にあるが，広域市民が選出した市長と市議会があり，道民が選出した道知事と道議会がある。市は道の管轄区域，郡は広域市または道の管轄区域のなかにあり，各団体の長と議会がある（同法3条2項参照）。

(3) 地方自治団体の権限

憲法は，「地方自治団体は……法令の範囲内で自治に関する規定を制定することができる」（117条1項）とし，地方自治団体に自治立法権を認めている。同団体は，この規定にもとづいて条例制定権，一般規則制定権，教育規則制定権を有する。また，自治組織権，自治人事権，自治行政権，自治財政権を有する。

しかし，問題は各地方自治団体の財政自立度の不足，地域間の経済発展の不均衡などのために中央政府の監督や統制が強化されることがあるが，韓国の地方自治はこのような問題を解決するための制度的装置が設けなければならいと指摘されている。しかし，はじめから地方自治を中央政治に従属させ，政権維持のための道具で認識されてはいけないし，かつ地方自

治が政党を媒介として中央政治の対決場に転落されてはならないであろう。

第二節　憲法裁判所

一　はじめに

　憲法が制定されて以来，法令の違憲有無を審査するために，さまざまな形態の憲法裁判制度が憲法上設けられていた。すなわち，1948年第1共和国の制憲憲法では「憲法委員会」，1960年第2共和国の憲法では「憲法裁判所」，1962年第3共和国の憲法では「司法審査制」，1972年第4共和国の維新憲法および1980年第5共和国の憲法では「憲法委員会」が設けられていたが，政治的・社会的な理由でその役割をあまり果たせなかった。現行憲法は，1980年の憲法委員会を廃止し，そのかわりに「憲法裁判所」を新設してその管轄を拡張した。すなわち，憲法第六章 (111条ないし113条) は憲法裁判所制度に関する規定を設け，その管轄について，法院の申立てによる法律の憲法違反有無の審判だけでなく，弾劾の審判，政党の解散の審判，国家機関相互間および国家機関と地方自治団体間または地方自治団体間の権限争議，憲法訴願に関する審判まで管掌する規定 (同法111条) が設けられた。ついで，1988年8月5日に憲法裁判所法 (法律第4017号) が制定・公布され，同年9月15日に憲法裁判所が設置され今日に至たっている。

　以上のように，韓国の憲法裁判制度においてはドイツの連邦憲法裁判所のような，いわゆる「憲法保障型」をとっているといえよう。違憲法律審判に限っていえば，具体的な訴訟事件を審理・判断する際に，その裁判の前提となった法律の違憲有無が問題になる場合に限って，その法律の違憲有無の審査を行う具体的規範統制 (konkrete Normenkontrolle) をとっている (憲法107条1，2項および憲法裁判所法 (以下，憲裁法とする) 41条1項は「法律が憲法に違反するか否かが裁判の前提になった場合には，当該事件を担当する法院は，職権または当事者の申請による決定で，憲法裁判所に違憲有無の審判を提請 (申立) する」と規定している)。したがって，具体的な法律上の争訟と無関係に法令そのものの審査を行う抽象的違憲審査制 (または抽象的規範統制 (abstrakte

Normenkontrolle) ともいう) をとっていない。

かかる点は，日本の場合において最高裁が基本的にとっていると解されている付随的審査制（佐々木雅寿「違憲立法審査権の性格」憲法判例百選（別冊ジュリスト〈第4版〉414頁））と似ているようにも解されよう。しかし，違憲決定の効力が異なる。すなわち，「違憲で決定された法律または法律の条項は，その決定があった日から効力を喪失する」（憲法47条2項本文）とし，その法律が廃止さたものと同一な効力が生ずる。ただし，刑罰に関する法律または法律の条項は，遡及して効力を失う（同条項但書）。

以下，韓国憲法における憲法裁判制度について概観する。

二　憲法裁判所の構成と組織および審判手続

1　構　成

憲法裁判所は，法官の資格を有する9人の裁判官で構成されるが，裁判官は大統領が任命する（憲法111条2項）。大統領は，その裁判官の中で3人は国会で選出する者を，3人は大法院長が指名する者を任命する（同条3項）。このように憲法裁判所の裁判官は大統領が任命するが，国会が選出した3人の裁判官と大法院長が指名した3人の裁判官を任命しなければならない。このことは，その管轄事項に政治的性格を有するものが大部分を占めているから，政治的な中立性を維持しようということを意味する。また，憲法裁判所が憲法守護的な役割を厳正に遂行できるようにしたというとも意味する。このような意味で現行憲法の憲法裁判所の構成方式は合理的なものといえよう。

2　組　織

憲法裁判所の組織と運営，その他，必要な事項は法律で定める（憲法113条3項）。これに関する法律が「憲法裁判所法」（1988.8.5法律4017号）である。

(1)　憲法裁判所長は大統領が国会の同意を得て裁判官の中から任命する（憲法裁法12条2項）。憲法裁判所長は憲法裁判所を代表し，憲法裁判所の事務を統理し，所属公務員を指揮・監督する（同条3項）。憲法裁判所長が欠け，または事故により職務を遂行することができないときは，他の裁判官が憲

法裁判所規則が定める順序によりその権限を代行する（同条4項）。

(2) 憲法裁判官の資格は，40歳以上の者で，15年以上の① 判事，検事，弁護士の職にあった者，② 弁護士の資格がある者として，国家機関，国・公営企業体，政府投資機関，その他，法人で法律に関する事務に従事した者，③ 弁護士の資格がある者であって公認された大学の法律学助教授以上の職にあった者の中から，任命される（憲裁法5条）。

裁判官の任期は6年であり，連任することができる（憲法112条1項）。裁判官の停年は65歳であるが，憲法裁判所長である裁判官の停年は70歳である（憲裁法7条2項）。

裁判官は，憲法上身分が保障され，弾劾または禁錮以上の刑の宣告によらない限り，罷免されない（憲法112条3項）。ただし，政治的中立性を保つために，裁判官は国会または地方議会の議員の職，国会および政府または法院公務員の職，法人・団体などの顧問・役員または職員の職を兼職することができない（憲裁法14条）。憲法は，裁判官が政党に加入したり，または政治に関与することを禁止している（憲法112条2項）。

(3) 裁判官会議は，裁判官全員で構成して，裁判官7人以上の出席と出席人員の過半数の賛成で議決する（憲裁法16条1項，2項）。その他，事件の審理および研究業務に従事する憲法研究官を置いている（憲裁法19条）。

3 審判手続

(1) 憲法裁判所の審判手続に関しては，この法律に特別の規定がある場合を除いては，民事訴訟に関する法令の規定を準用する。この場合弾劾審判の場合には，刑事訴訟に関する法令を，権限争議審判及び憲法訴願審判の場合には，行政訴訟法を共に準用する。このときに刑事訴訟に関する法令又は行政訴訟法が民事訴訟に関する法令と抵触するときは，民事訴訟に関する法令は準用しない（憲裁法40条1項，2項）。

(2) 憲法裁判所の審判は，裁判官全員で構成された裁判部で行われる（憲裁法22条1項）。裁判部は裁判官7人以上の出席で事件の審理を行い，終局審理に関与した裁判官の過半数の賛成で事件に関する決定をする。ただし，① 法律の違憲決定，弾劾の決定，政党解散の決定または憲法訴願に関する認容決定をする場合，② 以前に憲法裁判所が判示した憲法または

法律の解釈適用に関する意見を変更する場合には，裁判官 6 人以上の賛成がなければならない（憲裁法 23 条）。

三　憲法裁判所の権限

憲法裁判所は次のような事項を管掌する。① 裁判所の申立による法律の違憲審判，② 弾劾の審判，③ 政党の解散審判，④ 国家機関相互間，国家機関及び地方自治団体相互間及び地方自治団体相互間の権限争議に関する審判，⑤ 憲法訴願に関する審判など，五つの審判がある（憲裁法 2 条）。

1　違憲法律審判権

(1)　違憲法律審判の申立

既述したように，ある法律が憲法に違反しているか否かが裁判の前提となった場合には，当該事件を担当する法院は，職権または当事者の申請による決定で，憲法裁判所に違憲有無の審判を申立する（憲裁法 41 条 1 項）。憲法裁判所はその法院の申立をもって当該法律が憲法に違反するかしないかを審判する。この場合，当該訴訟事件の裁判は憲法裁判所の違憲であるか否かの決定があるまで原則的に停止される（憲裁法 42 条 1 項本文）。

(2)　違憲法律審判の対象

違憲法律審判の対象になる法律は，形式的意味の法律だけでなく，実質的意味の法律，すなわち，法律と同じ効力を有する条約，緊急命令，緊急財政・経済命令もその対象になる。立法の不作為に対しては，憲法が一定の立法をするように規定している場合（明示的な立法委任）または憲法解釈上そのような結論を導くことができる（特定人への具体的な基本権の発生とこれに対する国家の行為義務ないしは保護義務）にも拘らず立法府がその立法を行わないときは，その違憲の有無について争うことができる（憲裁 1993. 3. 11. 89 憲마（マ）79）。

(3)　違憲法律審判の基準

法律の違憲審判の基準になるものは，形式的憲法と実質的憲法がある。形式的憲法とは，憲法前文，憲法本文，憲法附則をいう。実質的憲法とはどのような意味の憲法であるかを明らかにすることは難しいが，憲法の根

第二節 憲法裁判所 93

本精神である自然法や正義の理念といったものが含まれた意味の憲法である（2006. 9. 21，第1回韓日学士院フォーラム。金哲洙の発表資料68頁）。自然法や正義の理念を基準とした判決はまだ少くないが，自由民主主義の理念を援用した判決は多い。憲法慣習も違憲審判の基準になるというのが憲法裁判所の立場であって，憲法裁判所が，首都の所在地がソウルであることは慣習憲法にあたると判断し，首都移転に関する法律である「新行政首都建設特別措置法を違憲であると決定したのは，その例であろう（詳細は【憲裁-8】参照）。

(4) 審判決定とその類型

憲法裁判所が法律の違憲決定をするときは，9人の裁判官中6人以上の賛成がなければならない（憲法113条1項）。したがって，5人が違憲であると賛成しても法律の違憲を言い渡すことはできない。決定は違憲であるか，合憲であるか，二者択一しなければならないが，憲法裁判所は次のような型の決定を行う。

勿論，違憲法律審判請求が適法要件を備えることができず不適法であれば，却下決定がされる。却下決定も決定の一つの類型であるが，ここでは本案に関する決定類型を中心に略述する。

(a) 合憲決定

（i）単純合憲決定（本来の合憲決定）

憲法裁判所が法律の違憲の可否を審理した結果，5人以上の裁判官が合憲であるという判断をした場合に関し，憲裁法は明白な規定がない。ドイツの場合には「基本法に合致する」と宣言している。韓国の憲法裁判所は「……法律は憲法に違反していない」という主文形式をとっている。

（ii）違憲不宣言決定（結果として合憲決定）

違憲不宣言決定とは，裁判官5人が違憲意見を提示しだが4人が合憲意見を提示した場合に，違憲意見が多数であるにも拘らず，違憲決定定足数（裁判官6人以上）に足らないために違憲宣言をすることができない。したがって，「……憲法に違反されていると宣言することができない」という主文形式をとっている。結果的には合憲宣言の一種である。しかし，1996年以後からは違憲不宣言決定の形式をとらず，単純合憲決定の形式を採択し，今日に至っている（憲裁2001. 8. 30，99憲바（バ）90）。

(b) 違憲決定

(i) 単純違憲決定（本来の違憲決定）

憲法裁判所が違憲法律審判の対象である法律に対して違憲性を確認することになれば，原則的に違憲決定をする。その結果，その法律は効力を喪失する。この場合に，憲法裁判所は「……法律は憲法に違反する」という主文形式をとる。

(ii) 一部違憲決定

違憲決定には，法律全体に対する違憲宣言以外に，その一部に対する違憲宣言も含まれる。すなわち，一部違憲の対象は独立条文でありうるし，法条文中の特定の項でもありうる。また一定の文字，その一部分でもありうる（憲裁 1992. 11. 12, 91 憲가（ガ）2）。

(c) 変形決定

変形決定とは，憲法裁判所が法律の違憲の可否を審査する際に審判対象である法律の違憲性が認められても，憲法合致的解釈の必要あるいは立法者の立法形成権を尊重するために，または法的空白による混乱などを防ぐために，法律に対する単純違憲宣言を避けて，その限定された意味の領域または適用領域が，違憲であることを宣言するかまたは法律が憲法に合致しないことを宣言する場合など，多様な決定類型を言う。変形決定の類型には，① 憲法不合致決定，② 限定合憲決定，③ 限定違憲決定などがある。

(i) 憲法不合致決定

憲法不合致決定とは，法律の実質的違憲性を認めながら立法者の立法形式の自由を尊重し，かつ法の空白と混乱を避けるために一定期間まで当該法律が暫定的に継続効を有することを認める決定形式，すなわち，一定期間を定めて，その時までに違憲性を除去することを要求する決定形式を言う。憲法裁判所は「第○○条は憲法に合致しない。しかし，上記第○○条は○月○日までの時限に立法者が改正するまで，その効力が持続する」という主文形式をとる。例えば，民法 1026 条 2 号（法定単純承認。日本民法 921 条2 号に該当する）の違憲訴願事件で「(1) 民法 1026 条第 2 号は憲法に合致しない。(2) 上記の法律条項は立法者が 1999. 12. 31 まで改正しない限り，2000. 1. 1 よりその効力が喪失する。法院その他の国家機関および地方自治団体は，立法者が改正するまで上記の法律条項の適用が中止しなければ

ならない」（憲裁 1998.8.27, 96 憲가（ガ）22）という主文形式をとっている。
もちろん，改正立法がないまま期限が到来すれば，当該法律または法律条
項はその効力を失う。

(ii) 限定合憲決定

限定合憲決定とは，解釈如何によっては違憲になる部分が含まれてい
る法令の意味を憲法の精神に合致するよう限定的に縮小解釈し，違憲判断
を避ける決定形式を言う。憲法裁判所は「……かかる解釈の下で」または
「……のように解釈する限り憲法に違反しない」といった主文形式をとる。
例えば，「国家保安法 7 条(讃揚・鼓舞等) 1 項および 5 項は，国家保安法 6
条(潜入・脱出) 2 項，各その所定の行為が国家の存位・安全を危うくさせる
か，自由民主的基本秩序に危害をおよぼす場合に適用されるといえるから，
このような解釈の下で憲法に違反しない」（憲裁 1992.1.28, 89 憲가（ガ）8）
という決定形式である。このような決定形式は法律の合憲性推定の原則を
その根拠としている。

(iii) 限定違憲決定

限定違憲決定とは，不確定概念であるか多義的な解釈可能性がある条文
に対して，憲法との調和をはかるとこができない拡大解釈は憲法に違反し，
採択することができないという決定を言う。憲法裁判所は「第〇〇条は〇
〇に解釈する限り憲法に違反する」（憲裁 2001.9.27, 2000 憲바（バ）20）とい
う主文形式をとる。

(5) 違憲決定の効力

違憲決定になった場合には，法院その他の国家機関および地方自治団体
を羈束する (憲裁法 47 条 1 項) と同時に，違憲決定された法律または法律の
条項はその決定があった日より効力を失う。ただし，刑罰に関する法律ま
たは法律の条項は遡ってその効力を失う (憲裁法 47 条 2 項)。

(6) 審判事件の状況

下記の〈憲裁表〉が示しているように、憲法裁判所は、1988 年 9 月 15 日
開所以降、2016 年 1 月 31 日現在まで違憲法律審判の申立を 887 件受理し、
843 件を処理した。その処理事件の内譯は、違憲 261 件、憲法不合致 57 件、
限定違憲 18 件、限定合憲 7 件、合憲 316 件、却下 64 件、取下 120 件と
なっている。ここで、注目すべき点は、総受理 28,792 件中、違憲法律審

査請求は 887 件で総受理件数の 3.0% を占めているが、憲法訴願は 27,808 件で 96.5% を占めているということである。このことは、憲法が保障している国民の基本権を侵害する事件が多いということを示したものであり、また基本権侵害に対する一般国民の権利意識も非常に高くなっているいという意味でもあろう。

〈憲裁表〉憲法裁判所審判事件累計表　　　　　　　（1988. 9. 1 ～ 2016. 1. 31. 現在）

区　分	受理	違憲	憲法不合致	限定違憲	限定合憲	認容	合憲	棄却	却下	その他	取下	未済
違憲法律	887	261	57	18	7		316		64		120	44
彈　劾	1							1				
政党解散	2					1						1
権限争議	94					17		20	31		14	12
憲法訴願　計	27,808	282	122	51	21	530	1,820	6,879	16,669	7	685	742
§68①	22,451	86	56	19		530	4	6,879	13,861	6	593	417
§68②	5,357	196	66	32	21		1,816		2,808	1	92	325
合　計	28,792	543	179	69	28	548	2,136	6,900	16,764	7	819	799

＊ http://www.ccourt.go.kr/cckhome/html/kor/print/printKorHome.html（visited Mar.11.2016）
　に基づいて作成。

　日本の場合，国会の定めた法律の規定を最高裁判所が違憲と判断した例は，60 年になる違憲審判制の歴史の中で，7 種 8 件しかない（〈日・憲裁表〉）。韓国の場合と比して，その数字はきわめて少ない。もちろん，それぞれの国の状況によるものと思われる。

　すなわち，日本の場合には，① 裁判所はその事件の適切な解決にとって必要不可欠なとき以外には憲法判断をしない，という「憲法判断回避のルール」で解決するか，② 高度に政治的な国家行為については裁判所の判断をさしひかえる，ということや，③ 法律規定に複数の可能な解釈があるときには，違憲とならないように法律の意味を限定的に解釈して具体的事件に適用することにより妥当な解決をはかる，という「合憲限定解釈」の手法，あるいは　法律規定が適用される事案の特定性に着目し，規

第二節　憲法裁判所　　　　　97

〈日・憲裁表〉違憲判決の事例　　　　　　　　　　　　　（2009年3月現在）

法律等	事　例 （最高裁判決の日）	争われた憲法上 の条文と論点	最高裁の判断	判決後の取扱い
刑 法	尊属殺人重罰規定 （1973年4月4日）	（第14条）刑法の重 罰規定と法の下の平 等	極端な刑罰（死刑・ 無期懲役）であり違 憲	1995年の刑法改正で条項 削除
薬事法	薬事法訴訟 （1975年4月30日）	（第22条）薬局開設 距離制限と営業の自 由	薬事法上の制限規定 は合理性を欠き違憲	条項削除
公 職 選挙法	衆議院議員定数訴訟 （1976年4月14日）	（第14条）議員定数 不均衡と法の下の平 等	選 挙 区 に よ っ て 4.98倍の格差があ るのは違憲。但し選 挙は有効 （事情判決）	判決時すでに定数は是正さ れていた。
公 職 選挙法	衆議院議員定数訴訟 （1985年7月17日）	（第14条）議員定数 不均衡と法の下の平 等	選挙区によって4.4 倍の格差があるのは 違憲。但し選挙は有 効 （事情判決）	1986年に暫定的改正が行 われ，1994年に小選挙区 比例代表制に改められたが， 最大格差を2倍未満に押さ えることができなかった。
森林法	共有林分割制限 （1987年4月22日）	（第39条） 憲法39条の財産権 に保障と森林法186 条制限規定	立法目的に照らし， 森林法の規定は著し く不合理	1987年6月，同規定など を削除する法改正が行なわ れた。
県知事 の行為	玉串料訴訟 （1997年4月2日）	（第20条・89条） 公費に対して公費を 靖国・護国神社への玉串料奉 納	重要な宗教上の祭祀 に対して公費を支出 することは相当限度 を超え違憲	知事の交代で，訴訟提起 後，公費による奉納を中 止。判決後も同様。
郵便法	裁判所は差押命令を「特別 送達」という郵送方法で銀 行と男性の勤務先に送った が，郵便局員のミスで送達 が遅れたため，男性に預金 約790万円を引き出されて 差し押さえられなかった。 （2002年9月11日）	（第17条） 憲法17条と国の賠 償責任の範囲をきわ めて狭く制限（①書 留や小包をなくすか 破損した場合②金を 取らずに代金引換郵 便を渡した場合）し ている郵便法の規定	「故意や重大な過失 で損害のある場合 まで国の賠償責任を 免除するのは，合理 性がなく違憲だ」 （15人の裁判官は全 員一致）	大阪高裁に差し戻し
公 職 選挙法	在外選挙権訴訟（2005年9 月14日）在外邦人ら13人 が，国を相手に，選挙権を 行使できることなどの確認 と慰謝料の支払いを求めた 訴訟。なお，原告らは96 年に提訴。同年10月の衆 院選で選挙権を行使できず 精神的損害を受けたなどと して，当時時の公選法の規 定の違法確認と，1人当た り5万円の賠償を請求。そ の後98年の法改正で比例 選の投票が可能になったた め，選挙区選挙の選挙権を 認めないことの違法確認も 請求に追加した。	70万人を超えるとみ られる海外に住む日 本人の選挙権を制限 している公職選挙法 の規定と「普通選挙 を保障した憲法の規 定（15条・43条・ 44条）」	○98年改正後の公 職選挙法が国政選挙 で在外邦人の投票を 認めていなかったこ とは違憲 ○改正後の公選法が 比例区の投票だけに 制限し，選挙区選挙 で在外投票を認めて いないのは違憲 ○国会が在外邦人の 投票を可能にするよ うな立法措置をとら なかったことにより 投票できなかった精 神的苦痛に対し，国 には賠償責任がある	国は，次回の国政選挙まで に公選法改正を迫られるこ とになり，今後の憲法訴訟 と選挙制度の双方に多大な 影響を与えることは必至と なったが，細田博之官房長 官は05年9月14日午後の 記者会見で，在外選挙権を 巡る最高裁判決に関連し， 公選法改正案の国会提出時 期について，「少なくとも 次の選挙に間に合うように しなきゃいけない」と述べ， 次の選政選挙（07年夏に 参院選が予定されている） までに法改正を行う必要が あるとの認識を示した。
	結婚していない日本人父と フィリピン人母10組の間 に生まれた関東地方などに 住む8～14歳の子ども10 人（10人は，父の認知を 得て03～05年に法務局に	国籍法の2条1項に よれば，父母が結婚 していない「婚外 子」でも，生まれる 前の段階で父の認知 があれば，子どもは	国側の「両親の結婚 で子は日本との強い 結びつきを持ち，法 には合理的な根拠が ある」との反論を退 け，出生後に父から	最高裁で73年に違憲判決 が出た尊属殺人罪の規定は， 95年の刑法改正で削除さ れるまで条文上は残ってい た。「尊属殺人罪を適用せ ずに，殺人罪で起訴すれば

| 国籍法 | 国籍取得を届け出たが，認められなかった）が，「両親の婚姻という子どもに左右できない事情で国籍について異なる扱いをするのは不合理な差別」で，憲法14条の定める法の下の平等に違反すると主張して，国に日本国籍の確認を求めた2件の訴訟の上告審判決があった。
2008年6月4日 | 国籍を取得するが，国籍法3条1項は，生まれた後に認知された場合には，父母が結婚していなければ国籍を得られないと定めており，この条文の合憲性が争点。 | 認知されても，両親が結婚していないことを理由に日本国籍を認めない（出生後の国籍取得に両親の婚姻を必要とする）国籍法は，憲法14条の「法の下の平等」に反すると判断，国籍法の規定を違憲と初判断した上で，10人全員に日本国籍を認めた。 | よかった」（法務省幹部）との事情があった。だが今回のようなケースでは，法改正まで違憲とされた国籍法3条1項を適用し国籍を認める必要があり，通達などによる救済は困難とみられる。同省民事局は「トラブルにならないよう対応したい」としている。 |

注）法令の規定そのものを違憲としたのは刑法尊属殺違憲訴訟，2件の公選法議員定足数配分規定違憲判決，森林法共有林分割制限規定違憲判決，薬事法違憲判決，郵便法違憲判決，国籍法違憲判決の7種類・8件である

〈http//www.cc.matsuyama-u.ac.jp/~tamura/ikennhannketunojirei.htm〉（visited. May. 13. 2009）。

定そのものは合憲としながらも，その事案に適用される限りでは違憲と判断する，「適用違憲」という方法をとる，④訴訟手続法上の論点を決め手として実体判断を避ける手法によって憲法判断をしないですます，といった判決のパターンがあるが，その場合も，傍論のかたちで合憲判断をする，という「傍論での憲法判断」をとる（樋口陽一・憲法入門（勁草書房，1993年）153頁以下参照）といった種々の方法で解決されている。

韓国の場合にも，上記③ような方法をとって解決する場合もあるが，もっともその違憲件数が多いという背景には，本章第一節の統治構造でみたように，独裁政権が長期間続き，その政権を維持するために制定された多くの法律が憲法に違反する，さらに，儒教的な伝統慣習により父系血統を極めて重視した家族法上の多くの規定が憲法に違反するということ，1987年の「民主化宣言」後，今日の第6共和国になってから，国民の中に自分の権利は自分で守るという権利意識が高まっているということがあるといえよう。

2 弾劾審判権

一般的な司法手続ないし懲戒手続による訴追および懲戒することが困難な執行部の高位公務員または法官などのように身分が保障されている公務員が職務上重大な罪を犯した場合には，それらの者に対し憲法裁判所は弾劾審判をなす権限を有する（憲法111条1項2号）。周知の通り，日本の場合に

は憲法裁判所は存しないが，弾劾裁判の対象が裁判官に限定されているものの憲法上弾劾裁判所が設けられる。すなわち，国会は罷免の訴追を受けた裁判官を裁判するため，両議院の議員で組織する弾劾裁判所を設けることができる（日本憲法64条1項）。

弾劾制度は，弾劾訴追と弾劾審判に分離されている。弾劾の訴追は国会が担当し，弾劾の審判は憲法裁判所が担当している。それにしたがい，国会在籍議員の3分の1以上の発議と在籍議員の過半数の賛成で重要公務員を弾劾訴追することができる。ただし，大統領の場合には国会在籍議員の過半数の発議と在籍議員3分の2以上の賛成で大統領を弾劾訴追することができる（憲法65条1項，2項）。弾劾訴追議決を受けた者は，憲法裁判所の審判がある時までその権限行使が停止される（憲法65条3項，憲裁法50条）。

国会の弾劾審判請求がある場合に，憲法裁判所は裁判官9人中6人以上の賛成で（憲法113条1項），被請求人を当該公職から罷免する決定を宣告する。

現在まで弾劾審判を請求した事例は1件あるが，それは後述する【憲裁-4】を参照されたい。

3　政党解散審判権

政府は，政党の目的や活動が民主的基本秩序に違背する際には国務会議（閣議に該当）の審議を経て，憲法裁判所にその政党の解散を提訴することができる（憲法8条4項）。政党の解散を決定する場合には，憲法裁判官の9人中6人以上の賛成を必要とする（憲法113条1項）。憲法裁判所の決定により当該政党は解散される（憲法8条4項後段）。このような決定は創設的効力を有すると解されている。政党の解散を命ずる憲法裁判所の決定は，中央選挙管理委員会が政党法の規定にもとづいてこれを執行する（憲裁法60条）。

憲法裁判所が1988年9月に開院した以降，違憲と決定し，解散された政党は，「統合進歩党」事件（憲裁2014.12.19，2013憲다（ダ）1）1件である。その主な解散事由を簡略すれば次のようなものである。

（請求人は政府）被請求人である統合進歩党（以下，「統進党」とする一筆者）が追究する価値ないし理念的志向点は，「進歩的民主主義」である。かかる「進歩的民主主義」の真の意味を把握するためには，綱令等の文言的意

味の外にその導入の経緯，現在に統進党を主導している勢力が，かかる民主主義に対する認識および理念的志向点はなんであるかを検討する必要がある，

① 統進党は，民主労働党と国民参与党，進歩新党から脱党した党員で構成された「新進歩政党建設のための統合連帯」が統合して創党された政党である。

統進党の主導勢力は，過去の民族民主革命党，南北共同宣言実践連帯，一心会等で主体思想を指導理念として活動した者を主軸としている統進党の主導勢力の形成過程，対北姿勢，活動経歴，理念的同一性等を総合してみれば，その主導勢力は北韓（北朝鮮）を追従している。

統進党の主導勢力は，「進歩的民主主義」の実現方案として選挙による執権と抵抗権による執権を設定しながら，必要な時には暴力をもって既存の自由民主主義体制を顛覆し，新進歩的民主主義体制を構築して執権することができると主張する。

② 統進党の主導勢力は，2013年当時の政勢を戦争の局面として認識し，その首将である李石基の主導下で戦争勃発の時に，北韓に同調して大韓民国ないし国家基幹施設の破壊，武器製造及び奪取，通信錯乱等の暴力を実行しようと図って内乱と関連する会合などを開催した。このような会合開催の経緯，参加者の統進党の党内地位，本事件に対する統進党の擁護態度等を総合判断した場合，このような会合は統進党の活動として帰属される。

以上のことを総合してみれば，統進党の主導勢力の綱令上目標は，一次的に暴力によって進歩的民主主義を実現し，これを基礎に統一を通して最終的には北韓式社会主義を実現することと判断する。

4 機関間の権限争議審判権

権限争議というのは国家機関の相互間，国家機関と地方自治団体間，および地方自治団体の相互間に権限の存否ないし範囲について積極的ないし消極的な紛争（管轄上の紛争）が生ずる場合（憲裁法61条1項前段）を指し，独立的地位にある第三の機関がその紛争を解決する制度を権限争議審判制度という。この制度は国家機関ないし地方自治団体などの相互間の権限の存否または範囲などを明確にするもので，国家機関ないし地方自治団体の機

能遂行を円滑にして，国家機関ないし地方自治団体の相互間に抑制と均衡の原理を実現することを目的としている。憲法は，このような憲法裁判所の権限争議審判権を認めている（憲法111条1項4号）。国家機関または地方自治団体が憲法裁判所に権限争訟審判を請求した場合に（憲裁法61条1項），憲法裁判所は裁判官の過半数の賛成で審判の対象になった機関の権限の存否または範囲に関して決定する（憲裁法23条2項本文）。

　憲法裁判所の権限争議審判の決定は，あらゆる国家機関及び地方自治団体を羈束する。国家機関または地方自治団体の処分を取り消す決定は，その処分の相手方に対して既に生じた効力に影響を及ぼさない（憲裁法67条）。

5　憲法訴願審判権

　憲法訴願とは，憲法に違反する公権力の行使および不行使により憲法上保障されている基本権が直接ないし現実的に侵害を受ける者が，憲法裁判所にその公権力行使または不行使の違憲審査を請求して基本権の救済を受ける制度をいう。現行憲法は，憲法裁判所が「法律に定める憲法訴願に関する審判」を行う権限を有するとし（憲法111条1項5号），憲法訴願制度を新しく設けている。このような憲法訴願制度は日本の法律では設けられていないが，「憲法保障型」をとっているドイツやオーストリアなどでは憲法訴願制度が設けられている。しかし，これらの憲法訴願制度における憲法訴願の対象，内容，手続などは，必ずしも同一ではない。

　以下，韓国の憲法訴願制度について概観する。

(1)　憲法訴願の2つの形態

　憲法裁判所法は2つの憲法訴願審判の形態をとっている。その1つは，権利救済型で「公権力の行使または不行使によって憲法上保障された基本権の侵害を受けた者は，法院の裁判を除いて憲法裁判所に憲法訴願審判を請求することができる」（憲裁法68条1項）。もう1つは，違憲法律審査型で「法律の違憲有無審判の申立申請が棄却された場合に，その申請をなした当事者は憲法裁判所に憲法訴願審判を請求することができる」（憲裁法68条2項）。もちろん，後者の場合は本来の意味での憲法訴願ではないが，個人の基本権保護と客観的規範統制の意義を同時に有する特殊な制度といえよう。

（2）　憲法訴願の対象

　先に述べたように，「公権力の行使または不行使」による基本権の侵害が憲法訴願の対象となる。このような公権力の行使や不行使には立法・司法・行政の場合が含まれており，不作為の場合も含まれている。すなわち，法律や命令の場合，当該法律が執行行為を経ず，直接に国民の基本権を侵害する場合には，憲法訴願の対象となり（憲裁 1991. 6. 3，89憲마（マ）46），廃止された法律に対する憲法訴願も認められている（憲裁 1994. 6. 30，92憲가（ガ）18）。また検事の不起訴処分（本件については【憲裁-7】参照）や立法・行政の不作為のために国民の基本権が侵害された場合にも憲法訴願の対象となる（憲裁 1989. 3. 17，88憲마（マ）1；同 1991. 9. 16，89憲마（マ）163）など，憲法訴願の対象範囲が幅広く認められている。しかし，一般法院の「裁判」は，憲法訴願の対象から除外される（憲裁法68条1項本文）。さらに，憲法裁判所の決定，法令質疑回信，児童憲章の制定・宣布行為，法院裁判長の弁論制限などについては憲法訴願の対象性が否認されている。

　憲法裁判所が 2005 年度に審判事件を受理した総受理件数は 1,468 件にのぼるが，そのうち違憲法律申立の件数は 23 件で 1.5％を占めしているに過ぎず，憲法訴願は 1,434 件で 97.6％を占めているということは，憲法上保障されている自分の基本権を守って行くという国民自身の権利意識が非常に高いということを意味するものと思われる（上記の〈憲裁表-2〉参照）。

（3）　憲法裁判所の審判と効力

　裁判部が事件を審理する場合には，裁判官 7 人以上が出席しなければならないが（憲裁法23条1項），憲法訴願の認容決定をなす場合と従前に憲法裁判所が判示した憲法ないし法律の解釈適用に関する決定を変更する場合は，裁判官 6 人以上の賛成を必要とする（憲法113条1項）。

　憲法訴願の認容決定は，すべての国家機関と地方自治団体を羈束する（憲裁法75条1項）。

四　憲法裁判所と大法院との関係

　憲法裁判所と大法院の間の衝突は現行憲法の施行の当時から予見されていた問題である。つまり憲法裁判所と大法院との位置づけの問題であるが，

現行憲法では，両者とも第6章と第5章にそれぞれ憲法保障機関として設けられており，上下の関係ではなく並列同格的な関係であると解されている。これら両機関の衝突は，特に憲法訴願の場合に表面化する。すなわち，

(1) 大法院は命令・規則・処分に対する違憲審査権を有するが，憲法裁判所も命令・規則の規定自体による国民の基本権侵害に対して憲法訴願を審判する権限を有するから，両機関がそれぞれの権限を行使することによって異なった結果が生じた場合には，両機関の衝突が起こるおそれがある。

(2) 違憲法律審査申立権を有する大法院が訴訟当事者の違憲提請申請を棄却した場合は，実質的には合憲であるということを認めることになる。しかし，これに不服な当事者が憲法訴願を通して憲法裁判所から違憲決定を受けた場合には，両機関の間の法理論や判決の不一致の結果をもたらすおそれがある。

(3) 命令，規則または処分が，憲法または法律に違反するかしないかが裁判の前提になった場合には，大法院はこれを最終的に審査する権限を有する（憲法107条2項）。これに対し，憲法裁判所は違憲「法律」審査権を有する以上，法律の下位法規である命令・規則の違憲審査権も当然憲法裁判所に属する，という議論が生ずるおそれがある。

結局，この二つの機関の位置づけと権限範囲の問題を根本的に解決するためには，憲法を改正する方法，2つの機関の権限配分を明確にする方法，憲法裁判所を司法府の頂点において憲法の統一的な解釈と基本権の保障に万全を期する方法などが講じなければならないであろう。

五　主要決定事例

以下では，憲法裁判所の主な審判決定の事例を紹介する。

1　違憲法律審判事件

【憲裁-1】　抵当権によって担保された債権に対する国税の優先権を定めた国税基本法35条1項1号の違憲有無（憲裁1990. 9. 3, 89憲가（ガ）95, 憲裁集2巻245頁）

〈事件概要〉 本件はソウル高等法院89나（ナ）7216配当異議事件の原告X信託銀行が，上記民事裁判の前提になった国税基本法35条1項3号の違憲有無審判申立を申請した事件である。上記のソウル高等法院は原告Xの申請を認容し，1989年5月15日憲法裁判所に国税基本法35条1項3号に対する違憲有無の審判を申立てた。本件の事案は以下のとおりである。原告X信託銀行は1987年8月8日被告Y債務者所有の不動産に対し，債権最高額金1億220万ウォンの根抵当権を取得し，金7,300万ウォンを貸出すなど金融取引を行っている最中，Y債務者に対する第三債権者が本件不動産に対し強制競売申請をした。その際，X信託銀行も根抵当権にもとづく任意競売申請をした。1988年8月25日本件不動産は金131,096,900ウォンで競落され，X信託銀行は同年9月15日配当金を受領することになっていたが，国家（光化門税務署）がY債務者の滞納国税（譲渡所得税および防衛税）金1,759,860,770ウォンを交付請求し競落代金全額を優先配当を受けたために，X信託銀行は，配当金を受けることができなかった。

〈決定要旨〉 租税債権の優先は，担保権によって保護されている被担保債権との関係において過剰禁止の原則に照らしてみれば，担保物権設定者が納めなければならない租税の存否およびその金額範囲は担保物権取得者が予測することができる時期を基準となすべきである。したがって，その時期は，担保物権取得者が現行租税法の体系上納付する租税の存在や額数を確認することが可能な最終の時点を租税納付期限と解すべきである。伝貰権・質権・抵当権によって担保されている他の債権より，その担保設定後1年以内に成立した租税債権が優先的に徴収されると規定した国税基本法35条1項3号は，後に成立した租税債権をそれより先に成立した担保物権より優先させることによって，租税成立と滞納に帰責事由のない，またはそのことを予測することができない担保物権者が，被担保債権を回収することができないという合理的理由なしに犠牲を強要することは，財産権の本質的内容を侵害し租税合衡平性の原則および租税合法律性の原則に反し，憲法前文，憲法1条，10条，11条1項，23条1項，37条2項但書，38条，59条に違反する。

　＊政府はこの憲法裁判所の違憲決定を受け入れて，1990年12月31日国税基本法

35条1項3号を改正し，伝貰権・質権・抵当権に対する租税債権の優先徴収は認められなくなった。

【憲裁-2】 国有雑種財産を時効取得することができるか否か（憲裁1991.5.13，89憲가（ガ）97，憲裁集3巻202頁）

〈事件概要〉 亡Aは，1931年5月頃本件土地を買受し占有・管理してきたが1961年8月10日死亡した。Aの共同相続人である申立申請人X1の外5人は，現在まで本件土地を占有・管理している。本件土地に対する登記簿が1950年に始った韓国戦争のとき滅失し，国家は1987年3月16日，国家の名義で本件土地に対する所有権保存登記を終えた。これに対し，X1の外5人は水原地方法院麗洲支院に主請求として所有権保存登記の抹消を請求し，かつ予備的請求として取得時効を原因とする所有権移転登記手続の履行を求める訴えを提起した。同支院は，1989年5月25日，裁判の前提となった国有財産法5条2項の違憲審判を申立申請人の申請にしたがい憲法裁判所に申立てた。

〈決定要旨〉 国有雑種財産は，私経済的取引の対象として私的自治の原則が支配されているから時効制度が適用される場合においても同様に取扱わなければならず，国有雑種財産に対する時効取得を否認する国有財産法5条2項は合理的な根拠がなく国家を優遇する不平等な規定である。したがって，憲法上保障されている平等の原則と私有財産権保障の理念および過剰禁止の原則に反するものであるから憲法に違反する。

　＊政府は，この違憲決定を受け入れて，1994年1月5日国有財産法5条2項を改正し，「ただし，雑種財産の場合には，その限りではない」という規定が追加され，国有財産の中で雑種財産は時効取得の対象となった。
　その後，国有財産法の一部改正により5条2項の規定は7条2項へ移し，「行政財産は「民法」第245条に拘らず，時効取得の対象にならない」と定めた。国有財産は，その用途にしたがい行政財産（公用財産，公共用財産，企業用財産，保存財産）と一般財産（行政財産外のすべての国有財産）に区分されている（国有財産法6条）。一般財産は雑種財産ともいう。

106　　　　　第三章　憲法上の統治構造と憲法裁判所

【憲裁-3】　同姓同本禁婚規定(民法809条1項)の違憲性(憲裁1997.7.16,
　　　　95憲가（ガ）6～13並合，憲裁集9巻2輯1項)

〈事件概要〉　ソウル家庭法院は，同姓同本である者と婚姻しようとする
申立申請人らの婚姻届を受理しなかった処分に対し，彼らが不服申請した
各当該事件で，民法809条1項の違憲性が本件の裁判の前提となったとい
うことで1995年5月17日，各違憲法律審判申立決定をなし，同月29日，
憲法裁判所に民法809条1項に対する違憲有無の審判を申立てた。

〈決定要旨〉

〈5人の単純違憲意見〉

同姓同本禁婚制は，結局，儒学と族閥的・家父長的社会の産物である。
しかし，今日，家族も核家族化しており，特に女性の地位向上など家族内
の役割と意識が変っている。特に産業化と人口の増加によって金海金氏や
全州李氏などの場合，それぞれ300万人を超え，同姓同本が禁婚の基準と
しての合理性を失っている。

何親等であるかにつき計算することができないほどの遠い血族と婚姻す
ることができないということは，人間の幸福追求権を保障する憲法の理念
と規定に反する。特に男系血族に限ってこの条項を適用することは平等の
原則に反する。また遺伝学的な害があるかもしれないという主張は，その
科学的根拠が立証されておらず，事実，特定の人間行為に対する規制は国
家次元ではない時代的状況と構成員の意識によって決定されるほかない。

〈2人の憲法不合致意見〉

同姓同本禁婚制度は，数百年間続いた我が民族の婚姻風俗になっている
だけでなく，倫理規範としての地位を占めている。このような婚姻風俗・
倫理意識を反映して法律条項（民法809条1項）を立法されたわけである。そ
れから家族法，特に婚姻制度は，立法府である国会が，我が民族の伝統・
慣習・倫理意識・親族観念・優生学的問題など，さまざまな事情を考慮し
て立法政策で決定すべき立法裁量に属する事項である。したがって，たと
え，この事件の法律条項に違憲性があったとしても，立法府である国会が
我が民族の婚姻風俗・倫理意識・親族観念，特に国民の婚姻倫理意識がど
のように変化したかなどにつき，十分に考慮して新しい婚姻制度を決定す

第二節　憲法裁判所　　　107

る機会を与えなければならない。

〈2人の合憲意見〉

　婚姻関係を含む家族関係を規律する法は，伝統・風俗を強く支配する保守的・歴史的性格を特徴としている。同姓同本禁婚制は，600年以上保持されてきた婚姻風俗として，優生学的根拠だけでなく，我が民族の強い崇祖意識や一体意識がこめられている制度である。また，我が国の姓氏の分布や人口に鑑み，この規定が配偶者選択の本質を侵害したとはいえず，父の姓氏にしたがう我が慣習上，男系を中心とすることが女性差別にあたるとは考えられない。

　　＊2005年の改正民法は，憲法裁判所の違憲決定に従い，改正法809条の標題を「同姓婚等の禁止」から「近親婚等の禁止」へと改め，同条1項は「8親等内の血族（親養子の縁組前の血族を含む）の間では，婚姻することができない」と改正した。したがって，今日においては，9親等以上であれば同姓同本の者であっても，婚姻することができる。

　　「同本」について詳しいことは，第六章第三節一を参照されたい。

2　弾劾審判事件

【憲裁-4】　大統領（盧武鉉）弾劾の認容可否（2004. 5. 14, 2004憲나（ナ）1，憲裁集16巻1輯609頁）

〈事件概要〉

1　弾劾訴追の議決および弾劾審判の請求

　国会は，2004年3月12日第246回国会（臨時会）第2回本会議において国会議員157人が発議した「大統領（盧武鉉）弾劾訴追案」を上程し，在籍議員271人中193人の賛成で可決した。訴追委員である国会法制司法委員会委員長は，憲法裁判所法49条2項に基づいて訴追議決書の正本を同日に憲法裁判所に提出し，被請求人（大統領盧武鉉）に対する弾劾審判を請求した。

2　弾劾訴追事由の要旨

(1)　国法秩序紊乱

国会議員総選挙において政治的中立を守らなければならない大統領が特定政党を支持する行為などは公職選挙および選挙不正防止法（以下「公選法」とする）に違反するとともに，国会や中央選挙管理委員会のような憲法機関を軽視するものであり，国法秩序を紊乱させた行為などは憲法，国家情報法，国家公務員法に違反する（以下，条文明示を省略——筆者）。

(2) 権力型不正腐敗

大統領の側近の者が国税庁に対して，ある企業の減税請託をなし，減税された企業から不法政治資金を授受した行為は，刑法，特定犯罪加重処罰等に関する法律（以下「特加法」とする），政治資金に関する法律（以下「資金法」とする），国家公務員法に違反する。また大統領選挙当時にも不法政治資金を授受し，特に側近の者の不法政治資金収受に関わるなど権力型不正腐敗を犯かした行為などは，国家公務員法，特加法，刑法，資金法に違反する。さらに，被請求人である大統領盧武鉉は，2003年12月14日青瓦台（大統領官邸をいう）で行われた党代表らの晩餐会で被請求人側の不法政治資金の規模がハンナラ党の10分の1を超えれば政界から隠退することを公言したが，2004年3月8日現在，検察捜査の結果7分の1の水準に達したにも拘らず引退公約を無視した行為は，憲法，国家公務員法，資金法に違反する。

(3) 国 政 破 綻

被請求人は，経済不安を加重させているとともに，大統領としての一切の権限と努力を特定政党の総選挙勝利のために行うなど，不誠実に職務を遂行してきた。なお，「大統領をやる気がない」との発言や再信任国民投票の提案，政界引退の公言など，無責任かつ軽率な国政運営で国民を分裂させ経済の破綻をもたらす行為は，憲法に違反する。

〈憲法裁判所の審判対象〉

(1) 大統領が職務を執行する際に憲法や法律に違反したか否か，および大統領に対する罷免決定を宣告するか否か。

(2) 憲法裁判所は，司法機関として原則的に弾劾訴追機関である国会の弾劾訴追議決書に記載された訴追事由によって拘束される。したがって，憲法裁判所は弾劾訴追議決書に記載されていない訴追事由を審判の対象に

第二節　憲法裁判所　　　109

することはできない。

　しかし，弾劾訴追議決書でその違反を主張する「法規定の判断」に関し，憲法裁判所は原則的に拘束されないから，請求人がその違反を主張した法規定以外に他の関連のある法規定を根拠にして弾劾の原因になった事実関係を判断することができる。また，憲法裁判所は，訴追事由を判断する際に国会の弾劾訴追議決書で分類された訴追事由の体系によって拘束されないから，訴追事由をある連関関係で法的に考慮するかどうかという問題は全く憲法裁判所の判断による。

〈主文および弾劾事件の決定要旨〉
　主　文
　　憲法裁判所全員裁判部は 2004 年 5 月 14 日大統領に対する弾劾審判請求を棄却する。

　1　弾劾訴追の適法与否
⑴　国会においての充分な調査および審査が欠如したという主張について
　国会が弾劾訴追をする前に訴追事由に関して充分な調査を行うのが望しいことであるが，国会法の規定によれば，調査の要否は国会の裁量であるから，この事件において国会が別途の調査をしなかったとしても憲法や法律に違反したとはいえない。
⑵　適法手続原則に違背したという主張について
　被請求人は「この事件弾劾訴追をするにおいて請求人は被請求人に嫌疑事実を正式に告げず，また意見提出の機会も与えなかったために適法手続原則に違反した」と主張する。
　ここで被請求人が主張する「適法手続の原則」とは，国家公権力が国民に対して不利益な決定をする前に国民は自分の見解を陳述する機会を有することによって手続の進行とその結果に影響をおよぼす法源理をいう。
　ところで，この事件の場合，国会の弾劾訴追手続は国会と大統領といった憲法機関間の問題であって国会の弾劾訴追議決によって私人としての大統領の基本権が侵害されたものではなく，国家機関としての大統領の権限

行使が停止されるものである。したがって，国家機関が国民との関係で公権力を行使するに際して遵守すべき法源則として形成された「適法手続の原則」は，国家機関に対して憲法を守護しようとする「弾劾訴追手続」には直接適用することができない。その外に，弾劾訴追手続と関連して意見陳述の機会を与えることを要請する明文の規定がないから適法手続に違背したという主張は理由がない。

(3) その外，弾劾訴追が不適法であるという主張も理由がない。

2 憲法 65 条の弾劾審判手続の本質

憲法 65 条（弾劾訴追議決権・弾劾決定の効力）は，弾劾訴追の事由を「憲法または法律に対する違背」であることを明示することによって弾劾手続を政治的審判手続ではなく，規範的審判手続であると定めている。これにしたがい，弾劾訴追の目的は「政治的理由ではなく，法違反を理由とする」大統領の罷免であることを明らかにしている。

3 大統領が職務執行の際に憲法または法律に違反したか否か

国会の弾劾訴追議決書に記載された訴追事由について類型別に憲法または法律の違反の有無を検討する。

(1) 大統領が記者会見で特定政党を支持した行為（発言）が公選法 9 条の「公務員の中立義務」に違反したか否か。

記者会見での大統領の発言は，公職者の身分として職務遂行の範囲内または職務遂行との関連で行われたものとみるべきである。しかし，この事件の場合，大統領の発言は，その職務執行において繰り返して特定政党に対する自身の支持を積極的に表明し，かつ国民に直接その政党に対する支持を訴えた内容であるといえよう。したがって，選挙が差し迫った時期は公務員の政治的中立性がどの時期よりも要請される。にも拘らず，究極的に公正な選挙管理の責任を負う大統領が記者会見で全国民に対して，大統領の政治的比重と影響力を利用し，特定政党を支持する発言は，大統領の地位を利用して選挙に対する不当な影響力を行使し，それによって選挙の結果に影響をおよぼす行為といえるから，選挙の中立義務を違反する。

(2) 大統領が記者会見で特定政党を支持した行為（発言）が公選法 60 条の選挙運動禁止規定に違反するか否か。

この事件の発言があった時期である 2004 年 2 月 18 日と 2004 年 2 月 24

日には，まだ政党の候補者が決定されていなかったから，候補者が特定されていない状態での特定政党に対する支持発言は選挙運動に該当するとはいえない。

(3) 中央選挙管理委員会の選挙法違反決定に対する大統領の行為

大統領は，国民に対する「法治と遵法の象徴的存在」である。にも拘らず，大統領が選挙法違反行為で中央選挙管理委員会から警告を受けた状況の下で，大統領が現行法を「官権選挙時代の遺物」であると発言することは，大統領の地位で法律の合憲性と正当性について公開的に疑問を提起することであり，憲法と法律を遵守しなければならない義務と合致しない。大統領が国民の前で現行法の正当性と規範力を問題にする行為は，法治国家の精神に反するとともに憲法を守護すべき義務に違反したものである。

(4) 2003年10月13日再信任国民投票を提案した行為

国民投票の本質上「代表者に対する信任」は国民投票の対象になりえない。憲法において，代表者の選出と選出された代表者に対する信任は，選挙という形で行われるべきものである。

大統領は自分自身に対する再信任を国民投票という形態で問う行為は，憲法72条に定められている国民投票附議権を違憲的に行使する場合に該当するものである。国民投票制度は自分自身の政治的立場を強化するための道具として濫用されてはならないという憲法的義務に違反したものである。もちろん，大統領が違憲的な再信任国民投票を単に提案しただけであって強行しなかったが，憲法上許容されない再信任国民投票を国民に提案する行為それ自体をもって憲法72条に反するといえるから，憲法を守護すべき大統領の義務に違反したものである。

(5) 国会が行政自治部長官解任建議案を議決したにもかがわらず，それを即時受入れなかった行為は，憲法が規定している権力分立構造内における大統領の正当な権限行使に該当するか，または憲法規範に附合するものであり，国会に対する卑下的発言は政治的非難の対象にはなりうるが，憲法や法律に違反するものではない。

(6) 大統領側近の権力型不正腐敗

(a) 弾劾訴追事由の要件に関する憲法65条1項について，その解釈上，大統領の職位を保有している状態で犯かした法違反行為だけが訴追事由に

なりうる。

(b) 大統領選挙キャンプ関連不法政治資金授受などについて

この部分の訴追事由は，被訴追人が大統領の就任前に生じた事実によるものであるから，大統領としての職務執行と無関係であることが明白であり，弾劾事由に該当しない。

(c) 側近の非理について（省略─筆者）

(7) 不誠実な職責遂行と軽率な国政による政局の混乱および経済破綻に関しては，弾劾審判手続の判断対象とならない。

4　大統領を罷免するか否かについて

(1) 憲法裁判所法53条1項は「弾劾審判請求に理由があるときは，憲法裁判所は，被請求人に当該公職で罷免する決定を宣告する」と規定されているが，「弾劾審判請求に理由があるとき」とは，すべての法違反の場合ではなく，専ら公職者の罷免を正当化する程度の「重大な」法違反の場合をいう。

(2) 大統領に対する罷免決定は，国民が選挙を通して大統領に附与した「民主的正当性」を任期中剥奪する効果をもたらす。その結果，職務遂行の断絶による国家的損失と国政の空白はもちろんのこと，国論の分裂現象による政治的混乱が生ずる。したがって，このような公益の観点は罷免決定をするに際し，重要な要素として考慮されるべきである。大統領に対する罷免の効果がこのように重大なことであれば，罷免決定を正当化する事由もこれに相応する重大性を有すべきである。その結果，重大な法違反が存在しなければならない。

(3) 「大統領を罷免するほどの重大な法違反とはどのようなものであるか」ということについて一般的に規定することは非常に難しことである。しかし，大統領の職を維持することがもはやそれ以上憲法守護の観点から容納できないか，または大統領が国民の信頼を背き，国政を担当する資格を喪失した場合に限り，大統領に対する罷免決定が正当化される。

(4) しかし，罷免決定を通して憲法を守護し損傷された憲法秩序を再び回復することが要するほどに，大統領の法違反行為が憲法守護の観点で重大な意味を有するとは言えない。また大統領に附与された国民の信頼を任期中に剥奪しなければならないというほど，国民の信頼を裏切った場合に

該当するとはいえないから，大統領に対する罷免決定を正当化する事由は存在しない。

(5) 最後に，大統領の権限と政治的権威は憲法にもとづいて附与されたものであるから，憲法を軽視する大統領は自から自分自身の権限と権威を否定し，破壊するものである。特に，民主政治の浅い歴史の中で国民の憲法意識が今になってやっと芽生えはじめたところであり，憲法を尊重する姿勢がまだ国民一般の意識に確固として位置つけられていない今日の状況において，憲法を守護しようとする大統領の確固たる態度がいかに重要であるかはどんなに強調しても言い過ぎではない。大統領は「法治と遵法の象徴的存在」として自ら憲法と法律を尊重し遵守すべきことは言うまでもなく，他の国家機関や一般国民の違憲的または違法的行為に対し，断固たる対処をすることによって法治国家を実現し，究極的に自由民主的基本秩序を守護するために最善の努力を注がなければならない。

5　結　論

この審判請求は，憲法裁判所法 23 条 2 項で要求されている弾劾決定に必要な裁判官数の賛成を得ることができなかったために，本請求を棄却し，憲法裁判所法 34 条 1 項，36 条 3 項にもとづいて主文のとおり決定する。

3　権限争議事件

【憲裁-5】　国会議長と国会議員間の権限争議（憲裁 2000.2.24, 99 憲라（ラ）1, 憲裁集 12 巻輯 115 頁）

〈事件概要〉　被請求人を代理する国会副議長は，一部議員らが議事進行を妨害するなかで案件等を上程し，各案件に対する異議の有無を問いたところ，「異議ありません」という議員があり，よって可決されたことを宣布した。請求人らは，各案件について異議の有無を問いたとき，「異議あります」と反対意思を明らかにしたにも拘らず，被請求人が反対意思を無視して全員賛成として可決・宣布したのは，請求人の法律案審議・票決権を侵害した違法であるという理由にもとづいて権限争議審判請求をした。

棄却意見 5 人，認容意見 2 人，却下意見 2 人である場合，本件の権限争

議審判請求を棄却。

〈決定要旨〉 請求人らは国会本会議で異議提起（国会法112条3項）をした事実があるのか否かに関する証拠をみれば，国会本会議の会議録に「場内騒乱」と記載されているだけでは，請求人らが異議をしたことを認めることができない。また放送局の報道内容を記録したビデオテープは，本会議場内で生じた騒乱を請求人らが異議をしたものとして認める証拠にはならない。国会の自律権を尊重しなければならない憲法裁判所としては，本事件の法律案可決・宣布行為と関連された事実認定は，国会本会議会議録の記載内容に依存するほかなく，被請求人の本事件の法律案可決・宣布行為が憲法49条，国会法112条3項に違反していると認めうる証拠がないために，請求人らの法律案審議・表決権を侵害する違法があるという本事件の権限争議審判請求は棄却を免れない。

4 憲法訴願事件

(1) 憲裁法68条1項による憲法訴願

　＊〈参考〉「68条1項；公権力の行使又は不行使により憲法上保障された基本権を侵害された者は，裁判所の裁判を除いては，憲法裁判所に憲法訴願審判を請求することができる。ただし，他の法律に救済手続がある場合には，その手続をすべて経た後でなければ請求することができない。」

【憲裁-6】 公職選挙および選挙不正防止法上の国会議員地域選挙区区域表の違憲有無（憲裁 1995.12.27，95憲마（マ）224・239・285・373並合，憲裁集7巻2輯760頁）

〈事件概要〉 請求人 X_1 は公職選挙および選挙不正防止法の国会議員地域選挙区区域表（以下「選挙区区域表」とする）上の「ソウル江南区乙選挙区」に，X_2 など6人は「釜山海雲台区機張郡選挙区」に，X_8 は「ソウル恩平区乙選挙区」に，X_9 は「富川市小四区選挙区」に，X_{10} は「忠北報恩郡・嶺東郡選挙区」に，X_{11} は「ソウル西大門区選挙区」に各住所を定め，1996年4月11日実施予定てある第15代国会議員選挙で選挙権を行

使する者である。現在内務部人口統計資料にされば，選挙区区域表上の最小選挙区域である「全南長興郡選挙区」の人口に比べ，X_1が属す選挙区は4.64培，X_2など6人が属する選挙区は5.87培，X_8が属する選挙区は4.64培，X_9が属する選挙区は3.37培，X_{11}が属する選挙区は3.16培など，人口偏差を有している。請求人らは，このような人口偏差は投票価値の実質的平等の侵害であるとし，憲法訴願審判を請求した。またX_{10}は，自分らが属する忠北報恩郡・嶺東郡選挙区は元来玉川郡と合わせて3個郡が一つの選挙区になっていたが，選挙区区域表によって報恩郡と嶺東郡の間に位置して玉川郡が単独選挙区となることによって地理的に分離されていた報恩郡と嶺東郡が一つの選挙区になったために，投票価値の実質的平等が侵害されたとして憲法訴願審判を請求した。

〈決定要旨〉 ① 現在，韓国の諸般与件の下では，少くとも国会議員の選挙に関する限り，全国選挙区の平均人口数（全国の人口数を選挙区数で割ったもの）にその百分の60を加えるか引いた数を越えるかまたは足らない場合には，そのような選挙区の確定は国会の合理的裁量の範囲を逸脱したものとして憲法に違反するものとみるべきである。したがって，「釜山海雲台区機張郡選挙区」と「ソウル江南区乙選挙区」は，全国選挙区の平均人口数（17万5,460名，1995年6月30日現在）から上下偏差60％（上限28万0,736名，下限7万0,184名）を越えたものであるから違憲である。

② 選挙区画定は，社会的・地理的・歴史的・経済的・行政的連関性および生活圏などを考慮し，特段の避けられない事情がない限り，隣接地域は1ケの選挙区に構成するのが相当てあり，また選挙区画定に関する国会の裁量であると思われるが，X_{10}が属する選挙区の場合には，特段の避けならない事情があるという事由がないにもかかわらず，分離されている忠北報恩郡と嶺東郡を1個の選挙区として画定したものであり，これは，裁量の範囲を逸脱する違憲であるから，請求人X_{10}の正当な選挙権を侵害するものである。

③ 一応，決定された選挙区区域表は各選挙区間に有機的な関係を有し，全体として不可分の一体をなすものとして，ある一つの部分に違憲的な要素があれば選挙区区域表全体が違憲の瑕疵を有することになる。

116　　　第三章　憲法上の統治構造と憲法裁判所

【憲裁-7】　検事の不起訴処分が憲法訴願の対象になるか否か（憲裁
　　　　　　1989.4.17，88憲마（マ）3，憲裁集1巻31頁）

〈事件概要〉　請求人Xの妻は，1983年2月10日A病院で絨毛上皮癌の
診断を受けてその病院の産婦人科医師Y₁から治療を受けている際に，
1983年2月17日放射線科の医師Y₂，研修医Y₃から1次動脈撮影検査を
受け，さらに1983年3月17日2次検査を受けた後，1983年3月28日死
亡した。その後，請求人Xは，被請求人Y₂，Y₃を相手として業務上過
失致死罪で告訴した。しかし，被請求人らは，1988年3月9日，証拠が
ないという理由に基づいて検事の不起訴処分を受けた。請求人Xは，これ
に対し，抗告および再抗告の手続をとった後，1988年10月21日，憲法
裁判所に憲法訴願を提起した。同審判の対象は被請求人Y₂，Y₃に対す
る1988年3月9日の検事の不起訴処分であった。

〈決定要旨〉　検事の不起訴処分が不当な場合には基本権が侵害され得る
から，この場合は憲法訴願審判の対象となる。

　　＊憲法裁判所は，恣意的な検事の不起訴処分は憲法10条（基本的人権の保障）に
　　違反したものと解している。すなわち，検察作用も行政作用であるから，検事の不
　　起訴処分は行政による公権力不行使・不作為であり，したがって，憲法訴願審判が
　　可能になる。今日では，このような憲法訴願審判は頻繁に行われている。起訴猶予
　　処分や起訴中止処分に対しても，憲法訴願審判を請求することができよう。

【憲裁-8】　新行政首都建設特別措置法違憲確認（憲裁 2004.10.21，2004
　　　　　　憲마（マ）554，566並合，憲裁集16巻2輯1頁）

〈事件概要〉　(1)　新行政首都建設特別措置法は2004年1月16日に公布
され，同年4月17日より発効した。この法律を根拠にして発足した新行
政首都建設推進委員会は，2004年7月21日主要国家機関の中で中央行政
機関の18部（省），4処，3庁（73個機関）を新行政首都へ移転し，国会な
どの憲法機関は自らの移転要請がある時に国会の同意を求めることとする
審議・議決をした。一方，2004年8月11日，同委員会は‘燕岐・公州地
域’（約2,160万坪）を新行政首都の立地として確定した。
　(2)　請求人らは全国各地に居住している国民として，同法律が憲法改正

第二節　憲法裁判所　　　117

などの手続を経ずに首都移転を推進する法律であるから，その法律全体が
憲法に違反しており，それによって請求人らの国民投票権，納税者の権利，
聴聞権，平等権などの基本権が侵害されたという理由をもって同法律を対
象にしてその違憲の確認を求める憲法訴願審判を請求した。

〈審判の対象〉

本事件審判の対象は，新行政首都建設特別措置法（2004年1月16日，制定
法律7062号）が請求人らの基本権を侵害し，憲法に違反されるか否である。

〈主文〉　新行政首都建設特別措置法（2004年1月16日法律7062号）は憲法に
違反する。

〈決定要旨〉　①　憲法裁判所全員裁判部は，2004年10月21日，首都の
移転を内容とする新行政首都建設特別措置法は，わが国の首都がソウルで
あるという我が憲法体系上自明であり，それを前提とする不文の慣習憲法
であるといえる事項を，憲法改正手続を履行せずに法律の方式で変更した
ものであるがゆえに，その法律の全体が請求人らを含む国民の憲法改正国
民投票権を侵害したものである。よって同法律は憲法に違反された。

②　この決定は，本事件の法律が憲法72条の国民投票権を侵害したため
に憲法違反になるというキム・ヨンイル裁判官の別個意見と，国民投票権
を含む請求人らの基本権侵害の可能性自体が認められないから不適法却下
すべきであるというチョン・ヒョスック裁判官の反対意見の外は，裁判官
の意見が一致した。

(2)　憲裁法68条2項による憲法訴願

＊〈参考〉「68条2項：41条1項の規定による法律の違憲であるか否かの審判の
提請申請が棄却されたときは，その申請をした当事者は，憲法裁判所に憲法訴願審
判を請求することができる。この場合その当事者は，当該事件の訴訟手続により同
じ事由を理由として更に違憲であるか否か審判の提請を申請することができない。」

【憲裁-9】　死刑制度の違憲可否（憲裁 1996. 11. 28, 95 憲바（바）1）

〈事件概要〉　請求人Xは，殺人および特殊強姦等の嫌疑で起訴され，第
1審と第2審で死刑宣告を受けた。Xは上告すると同時に，殺人罪に対す

る法定刑の1つとして死刑を規定した刑法250条1項，死刑を刑の1つの種類として規定した刑法41条1号，死刑執行方法を規定した行刑法57条1項に対する違憲可否審判を申請したが，大法院は1994年12月29日にXの申請を棄却した。Xは1995年1月3日に憲法裁判所に憲法訴願審判を請求した。

〈主文〉 ① 刑法41条1号（死刑制度），250条1項」（殺人罪）は憲法に違反しない。② 請求人の審判請求中の刑法66条（死刑執行），行刑法57条1項（死刑執行方法）に対する部分を却下する。

〈決定要旨〉 ① 死刑が比例の原則にしたがい最小限の同等な価値のある他の生命またはそれに等しい公共の利益を保護するための不可避性が充たす例外的の場合に限って適用されるならば，死刑がたとえ生命を奪う刑罰であるといえとも憲法37条2項但書（「自由と権利の本質的内容を侵害することができない」）に違反しない。② 人間の生命を否定する犯罪行為に対する不法的効果として極めて限定的な場合に限って処せられる死刑は，死に対する人間の本能的恐怖心と犯罪に対する応報欲求がかみあって考え出した「必要悪」として選択せざるをえないもので，今日においても依然としてその機能を果している点で正当化できる。

〈参考文献〉

1 権寧星・憲法学原論〈補訂版〉（法文社，2003年）
2 金哲洙・憲法学概論〈第16全訂新9版〉（博英社，2004年）
3 許 営・憲法理論斗憲法〈新訂9版〉（博英社，2004年）
4 徐元宇・韓国法의理解（斗聖社，1996年）
5 樋口陽一・憲法入門（勁草書房，1993年）
6 伊藤正己・憲法〈新版〉（弘文堂，1990年）
7 畑博行「違憲立法審査制」ジュリスト（特集・戦後法制50年）No. 1073（1995.8）33頁
8 横田耕一「違憲立法審査制の性格とその運用」ジュリスト（特集・日本国憲法五十年の軌道と展望）No. 1089（1996. 5）151頁

第四章　韓国の司法制度

　韓国の司法制度を正確に理解するためには，今日における司法制度がどのような歴史のなかで，どのように生成・発展し，今日に至っているかにつき，正確に促える必要があろう。本章では，大韓民国政府樹立以前の司法制度について概観し，大韓民国政府樹立以後の現行司法制度に関して考察する。

第一節　大韓民国政府樹立以前の司法制度

一　近代司法制度導入

1　裁判所構成法公布と各級裁判所の創設

　朝鮮王朝から甲午改革(1894年)以前までの司法制度は今日のような被疑者を拘禁・捜査する警察および司法警察官吏，被告人を審理・裁判する判事などが区分されておらず，司憲府・刑曹・漢城府・義禁府等中央機関の官吏と観察使・郡守など地方官が，行政業務と裁判業務をともに管掌した。身分・事件の内容，刑罰の種類にしたがい裁判を担当する機関も異なった。また，実体法令と手続法令も分化されず混合し，かつ裁判手続の場合にも相当部分が重畳・混合していた。

(1)　裁判所構成法の公布・施行

　甲午改革後，1895年3月25日，法律第1号で「裁判所構成法」が公布されたが，この法律は将来司法権の完全なる独立を念頭に置いて，行政権から分離された裁判所の創設を目的として制定され，同年4月1日に施行

されたものである。日本の裁判所構成法に似た同法は，裁判所の種類と管轄業務を規定している。一方，裁判所構成法で検事という用語が最初に用いられ，裁判担当者と訴追官の分離を前提として裁判所に検事が配置された。検事は独立機構ではなく裁判所の職員であった。

(2) 各級裁判所の創設

同法律にもとづいて以下のような各種の裁判所が創設された。

① 法務衙門権設裁判所

1894 年の下半期から日本軍と政府軍によって逮捕された東学農民軍[*]に対する裁判が急増したために法務の代りに常駐する義禁司が法務衙門権設裁判所に改名され，地方裁判の法務衙門が扱った諸般の裁判を引き受けた。

> ＊〈東学農民運動〉── 1894 年 1 月 10 日，東学（人間平等思想と社会改革思想を核とする）の地方幹部であった全瑲準（チョン・ボンジュン）は，地方官僚の横暴と搾取に抗拒するために農民軍を組織し，挙兵した。この東学農民運動は，対内的には封建的体制に反対して奴婢文書の焼却，土地の平均分作，悪政を行った官僚の処罰などの改革政治を要求し，対外的には外勢侵略を槌撃するなど，反封建，反侵略の近代民族運動を展開した。しかし，当時の執権勢力と日本侵略勢力の弾圧を同時に受けて結局失敗に終わった。

② 漢城（現在のソウル）裁判所

裁判所構成法によって設置された韓国の最初の近代的裁判所である。

③ 開港場および地方裁判所

開港場裁判所（例えば，仁川など）および地方裁判所は，1895 年閏 5 月 10 日の勅令 114 号により全国各府に同年閏 5 月 15 日から漸次的に開設され，管轄区域は各府の行政管轄区域と同一とされた。同勅令により裁判所が実際に全部創設されたわけではなく，1896 年 1 月 20 日，法部告示 2 号で各裁判所の設置・位置が定められ追加開設された咸興裁判所を含め全国に23 の裁判所が設置された。

④ 高等裁判所

高等裁判所は，漢城裁判所および仁川裁判所で下された判決に対する不服事件を担当する上訴審裁判機関である。

第一節　大韓民国政府樹立以前の司法制度　　121

⑤　特 別 法 院

　特別法院は法務大臣の訴請により臨時開設される裁判所であり，法務大
臣の指示にしたがい裁判に回附する事件と開廷場所を決めた。特別法院は
1895年4月14日，法務告示2号で李峻鎔（イ・ジュンヨン）等の刑事被告事
件を裁判するために，また1895年10月29日，法務告示3号で李載純（イ・
ジェスン）の刑事被告事件を裁判するために開廷されたことがある。

　裁判所構成法によれば，一般国民と下級官吏に対しては所定の審級制が
適用されたが，高級官吏は高等裁判所で単審裁判を受け，王族は特別法院
で単審裁判を受けた。

2　大韓帝国の樹立と司法制度

　1897年10月11日，第26代王の高宗（コジョン）は国号を「大韓」と改め
て「大韓帝国」を樹立し，近代化政策を推進するために地方制度の復旧と
各級裁判所を設置した。その後，1899年5月30日，法律3号で「裁判所
構成法改正」が公布されたが，この改正法の特色は，甲午・乙未改革の趣
旨とは異なり，平理院を除いては裁判機関は全地方行政機関に合並され，
判事も地方官が兼任することによって司法制度の相当部分を改革以前の状
態にもどした点である。

3　大韓帝国の裁判所の廃止と統監府裁判所の開設

　1909年7月，韓国統監伊藤博文は，大韓帝国政府に対して司法権を日
本政府に完全に委託することを要求し，「韓国ノ司法及ヒ監獄事務ヲ日本
政府ニ委託スル件ニ関スル覚書」が調印・交換されたが，その覚書の主な
内容は，次のとおりである。「すべての大韓帝国裁判所を廃止し，その代
りに日本裁判所を設置する。裁判事務を取り扱うときは日本法令の適用を
原則とするが，韓国人に対しては覚書と法令に定められている規定を除い
ては韓国法規を適用する。韓国に設置された日本裁判所には一定の資格を
有する日本人および韓国人を裁判官に任命する」ということであった。こ
れをもって，1909年10月，本勅令236号で統監府裁判所令により日本裁
判所である「統監府裁判所」が開設されると同時に，大韓帝国の各級裁判
所と法部は全部廃止され，裁判事務は統監府裁判所に引継がれた。

上記の実行覚書にしたがい，1909 年 12 月 23 日，法律 8 号，9 号，10 号で裁判所設置法等がそれぞれ公布されたが，かかる法律によって裁判所の種類と名称も区裁判所，地方裁判所，控訴院，大審院と変わり，また審級制度も 4 級 3 審制に規定された。

二　日本植民地時代の司法制度

　1909 年統監府裁判所の設置の下では，区裁判所→地方裁判所→高等法院，地方裁判所→控訴院→高等法院の 4 級 3 審制で運営されて，植民地の初期にも統監府裁判所と同様に 4 級 3 審制を維持した。しかし，審級制度は複雑な制度であるため朝鮮の事情に適するように簡素化する必要があるという指摘によって，1912 年 3 月 18 日，朝鮮総督府裁判所令が大幅に改正された。同改正によって裁判所の組織は地方法院・覆審法院・高等法院に分類され，地方法院事務の一部を取扱う地方法院支庁を設置し，地方法院または地方法院支庁→覆審法院→高等法院という 3 級 3 審制が採択された。地方法院は民刑事に対する第 1 審裁判と非訟事件に関する事務を担当した。覆審法院は地方法院の裁判に対する控訴および抗告に対する裁判を担当し，高等法院は覆審法院の裁判に対する上告および抗告に対する裁判を担当した。したがって，高等法院が最終審となっており，当時の日本の大審院のような制度はなかった。

　しかし，3 級 3 審制は，1944 年 2 月 15 日，制令第 2 号の朝鮮総督府裁判所令戦時特例により 2 審制に変えられ，裁判制度は極めて簡素化された。地方法院 1 審合議部で裁判する事項中，訴訟物価額が 2 千円を越えない民事事件または訴訟頻度が高い刑事事件に関しては単独判事が処理した。

三　1945 年 8 月 15 日の光復と米軍政期の司法制度

1　米軍政期の司法制度

　1945 年 8 月 15 日，日本が連合国に無条件降伏することによって，韓民族は日帝の植民地支配から解放されたが，米・ソ・英・中等が既に韓半島を信託統治の下に置き，一定の後見期間が過ぎた後に独立させるという暫

定的合意をなし，結局，南韓においては米軍政が実施されることになった。

(1) 司法機構の再整備

解放(終戦)直後から米軍が進駐し始めた1945年9月10日まで，朝鮮の司法機構は事実上停止状態になった。すなわち，米軍政は治安確保を第1の政策目標としたために (米軍政布告1号. 1条)，日本人の判事をそのまま職に就くようにした結果，日本人判事が大部分であり韓国人判事は極めて少数であった。しかし，大多数の日本人判事は日本に帰る準備で法院に出勤しなかったために裁判事務は中断状態であった。

米軍政庁は，法院と検察を韓国人で再編するために，1945年10月11日，免職辞令14号で日本人判事と検事全員を免職させ，同日任命辞令12号で大法院長をはじめとする39名の法官と大法院検事長をはじめとする23名の検事を任用した。同日，米軍政庁は，解放以後米軍がソウルに駐屯するときまで朝鮮総督府官吏が犯した涜職等の犯罪行為を処断するために，特別司法機関として特別調査委員会を設けた。

米軍政の初期，米軍政司法当局が第1次的に関心をもったのは，軍政庁法務局を韓国人職員で再組織することと，日帝の悪法を廃止することであった。1945年9月21日，アーノルド米軍政長官は，一般命令第5号を公布し，北緯38度以南の米軍占領地域内で朝鮮人民に適用されている現行法律の一部を廃止した。その中で重要な内容は以下のとおりである。

① 朝鮮人に差別および圧迫を加えた全政策と主義を消滅させ，正義の支配と法の下の平等を回復するために政治犯処罰法，予防検束法，治安維持法，出版法，政治犯保護観察令，神社法等を廃止する。

② 法律的効力を有する法令の中で人種，国籍，信条または政治思想の理由で差別が生ずるすべての法令を廃止する。

③ 誰も具体的な犯罪事実で起訴されないままに拘禁または適法な裁判または有罪判決なくして処罰されない。ある行為を犯罪行為であるとして処罰しようとする場合は，行為当時の法律に明示的な処罰規定が存しなければならない。

(2) 軍政裁判所設置

軍政法令第21号は朝鮮における法令の効力以外に法院の権限と組織に関する規定を定めた。しかし，同法令はこれらの裁判所に米国または連合

国の軍人，官吏に対する裁判権を与えたのではなく，在朝鮮米国陸軍が設立した軍事委員会または憲兵裁判所その他陸軍裁判所の裁判管轄権を剥奪することでもない，ということを明らかにした。これで，朝鮮総督府裁判所は軍政裁判所に改編された。

(3) 司法府への改編

1946年4月26日，軍政法令67号で，総務処法制署が司法府に移管し，司法府職制が改編され，同年6月27日，最初の韓国人司法府長として金炳魯 (キム・ビョンロ) が就任した。

1946年12月16日，司法府令により最高法院である大法院の名称はそのまま維持されたが，控訴院は高等審理院に，地方法院は地方審理院に，地方法院支庁は地方審理院支院に，大法院検事局は大検察庁に，控訴院検事局は高等検察庁に，地方法院検事局は地方検察庁に変えられた。また1946年8月10日付けで京城府はソウル市になり，同年9月28日からソウル市はソウル特別市に昇格した。それにしたがい京城控訴院はソウル高等審理院に，京城地方法院はソウル地方審理院に変更された。

2 裁判制度

(1) 民事裁判

1) 軍政法令第2号および第33号と特別財産審判所の設置

解放とともに総督府および日本人の財産処理が重要な社会問題となった。かかる問題を解決するために，軍政庁は1945年9月15日，軍政法令2号を発し，一切の敵産 (日帝時代の日本人が所有していた財産をいう) を凍結する措置をとった。日本人の所有財産の取引を禁止することによって生ずる法的紛争，虚偽取引調査および所有権の帰属等のような法律問題を速やかに処理するために，1945年11月19日，任命辞令36号で特別財産審判所が設けられた。特別財産審判所は各地方法院の支院とされたが一般法院とは分離して設置され，その職員は法務局長が任命し，地方法院判事は法務局長の指令で特別財産審判所に就任した。同年12月6日，軍政法令33号(「朝鮮内所在日本人財産権取得に関する件」) が公布されたことによって，同年8月9日以後日本政府または日本人が所有または管理する一切の財産権に対する所有権は，1945年9月25日付けで軍政庁が所有権を取得すること

第一節　大韓民国政府樹立以前の司法制度　　125

になった。

大法院は 1946 年 5 月 31 日，全国の登記所に，解放の前後を問わず日本人所有の不動産が売買され，または抵当権が設定されていても，正式な登記手続をとらなかったものは司法府の指示があるまで登記手続を拒否するように通牒を発送した。

２）財産訴請委員会

軍政法令 2 号および 33 号の施行による財産権の帰属に関する紛争を解決するために，軍政庁内に財産訴請委員会が設けられた。財産訴請委員会は，軍政法令 2 号および 33 号に規定された財産の所有権に関する軍政長官の名義で裁決することができ，同委員会が下した裁決には最終審の判決と同様の既判力と法律的効力があった。同委員会は調停，和解または仲裁をすることもできた。同委員会が受理した事件の大部分は，軍政法令第 2 号で定めた，1945 年 8 月 9 日以前に日本人から不動産を買い受けたが，まだ登記していない関係で帰属財産として処理された不動産をめぐる問題であった。1947 年 9 月末まで司法訴請局に受理された帰属財産の件数は 4,356 件であった。軍政庁は 1948 年 4 月 17 日，軍政長官指令（帰属財産に対する訴請処理簡易手続）を公布し，中央管財処が行政的に帰属解除決定をなすことができるようにした。しかし，帰属解除決定は確定判決と同様な効力がないために法的安定性を確保する必要性が生じ，そのために大韓民国政府は 1950 年 4 月 8 日，法律第 120 号で「簡易訴請手続による帰属解除決定の確認に関する法律」を制定した。

３）韓国人裁判所の管轄

1948 年 7 月 28 日，米軍政長官の指令で「法令第 2 号および法令第 33 号に含まれた不動産および不動産に関連する事件に対する朝鮮裁判所の管轄」が公布され，財産訴請委員会が行政的に処理することができないと決定した事件，または管財処で同じ理由で同委員会に返還された訴請事件は，管轄韓国裁判所で処理するようにした。また敵産処理問題を至急に完結するために法令 2 号および 33 号に定められた財産の帰属決定を目的とする訴請・訴訟は，1948 年 8 月 31 日までに財産訴請委員会または朝鮮裁判所に申請，提起するようにし，その期日を過ぎた後には申請または提起することができないように規定した。

これらのこととは別に，1948年7月6日，軍政長官指令で「朝鮮裁判所の帰属法人に関する訴訟に対する管轄」が公布され，株式の全部または一部が軍政庁に帰属された法人に関し1945年9月以後に発生した取引に関する訴訟は，韓国人裁判所に提起することができるようにその管轄の範囲が拡張された。

(2) 刑事裁判

解放以後米軍政が実施されるときまでの混乱を利用して，日本人高等官吏による涜職等犯罪行為が盛んに行われたことから，これらを調査・処断するために，1945年10月11日，任命辞令12号で朝鮮特別犯調査委員会が設けられた。

1945年11月19日任命辞令36号は特別犯調査委員会を「法務部特別検察庁」に翻訳表記し，特別検察庁長は法務局長の委任する事項に対し，地方法院検事長の職権を行使すると規定した。しかし，米軍政が日本人官吏不処罰方針をとることによって大きな成果をあげることができず，1946年2月7日の軍政法令46号で同委員会は廃止された。

第二節　現行司法制度

一　はじめに

法院組織法は1949年9月26日，法律51号で制定・公布された。この法院組織法は施行当時に設置されていた大法院，高等法院，地方法院，地方法院支部を同法院組織法により設置されたものとみなし，憲法公布以前に任命された法官もこの法院組織法により任命されたものとみなされた。また判事の任命は大法官会議の議決により大法院長の申立で大統領が行なうが，判事の補職は大法院長が行なった。

法院組織法は，1961年，5・16軍事クーデターによる第5次改正憲法にしたがい，1963年12月13日に改正された。その後，1972年10月，朴正熙大統領の「10月維新」という特別宣言によって，国会が解散，政党・政治活動の中止など，憲法の一部条項の効力を中止する措置がとられたが，法院の場合にも維新の影響が及び，1973年1月25日に法院組織法が改正

された。また，1980年10月の改正憲法（第5共和国）により法院組織法が
改正され，法院の再編成が行われた。

　今日の第6共和国に入ると法院組織法は1987年12月4日に全面改正さ
れ，法院の種類を従来と同様に大法院（日本の最高裁判所にあたる），高等法
院（日本の高等裁判所にあたる），地方法院（日本の地方裁判所にあたる），家庭法
院（日本の家庭裁判所にあたる）の4種類の法院として定めながら，地方法院
は民事地方法院と刑事地方法院に分離し，施行された。1994年7月27日，
大幅に改正された法院組織法は法院の種類に特許法院と行政法院を追加
（法院組織法3条1項）する一方で，民事地方法院と刑事地方法院の区分は廃
止された。

　また，この改正法院組織法は地方法院と家庭法院の事務の一部を処理す
るためにその管轄区域内に市法院または郡法院を設置することができると
いう規定（同条2項）を新しく設けた。以下で，現行裁判制度につき概観す
る。

二　各級法院の構成と管轄事件

1　大法院の構成と管轄事件 ─────────────────────

（1）　大法院の構成

　大法院は，大法院長（日本の最高裁判所長官にあたる）を含めて現在14人
の大法官（最高裁判所の裁判官にあたる）で構成されている（法院組織法4条2項）。

　大法院長は国会の同意を得て大統領が任命する。大法官は大法院長の推
せんで国会の同意を得て大統領が任命する（憲法104条）。また，大法官以外
の法官は，従来の憲法と同様に大法院長が任命するが，その際には大法官
会議（大法院長と大法官で構成された最高議決機関）の同意を得なければならな
い。大法院長および大法官の任命方法は日本の場合とは，かなり異なって
いることがわかる。

　日本の最高裁判所長官は，内閣の指名にもとづいて，天皇が任命する
（日本国憲法6条2項，裁判所法39条1項）が，著しく異なるところは，最高裁判
所の裁判官が任命された後に国民審査が行われる，という点である。すな
わち，最高裁判所の裁判官は，内閣で任命された後はじめて行われる衆議

院議員総選挙の際に国民の審査に付され，ついで，その後10年を経過した後にはじめて行われる衆議院議員総選挙の際にさらにこれを行い，その後も同様のことが繰りかえされる (日本国憲法79条2項)。このような国民審査制の主なねらいは，裁判官の任命を民主的にコントロールし，一面では，適任でないと認められる裁判官を民意にもとづいて罷免すると同時に，他面では適任と認められる者については，公選による場合と同じように，民意の背景のもとに，その地位を強化するにある，というように説かれている (清宮四郎・憲法Ⅰ〔有斐閣，法律学全集3〕286頁)。

　法官の身分保障に関し，従来の憲法は，法官は刑罰によらなければ罷免されないと規定されていたが，現行憲法は禁錮以上の刑の宣告によらなければ罷免されないと規定 (憲法106条1項) し，罷免事由を縮少させた。法院に予算案編成権限や法律案提出権限を付与しないことは従来のと同様である。

(2) 大法院の管轄事件

　大法院は，① 高等法院または控訴法院，特許法院の判決に対する上告事件，② 抗告法院，高等法院または控訴法院，特許法院の決定・命令に対する再抗告事件，③ 他の法律により大法院の権限に属する事件 (例えば，国会議員選挙における選挙の効力に関して異議がある選挙人または政党が提起した当選無効訴訟事件など) に対して審判する権限を有する。

　大法院の審判は，大法官全員の3分の2以上で構成される合議体で行われるが，大法院長がその審判の裁判長になる。ただし，大法官3人以上で構成される部で先に事件を審理し，意見が一致した時に限って，以下の場合を除いて，その部で裁判することができる (法院組織法7条1項)。

　① 命令または規則が，憲法または法律に違反するものと認められる場合，② 従来の大法院で判決した憲法・法律・命令・規則の解釈適用に関する意見を変更する必要があると認められる場合，③ 部で裁判することが適当でないと認める場合は，全員合議体 (日本の大法廷にあたる) でこれらを審判する。

　日本の最高裁判所の場合，裁判官全員で構成される大法廷と一定の場合に3人以上で構成される小法廷とに分れて審理している点は，韓国と類似しているが，小法廷裁判官の意見が全員一致しない場合にも多数の意見に

第二節　現行司法制度　129

よって審判することができることは，韓国の場合と異なる。

2　高等法院の構成と管轄事件

1994年の改正法院組織法は「高等法院に部を置く」とし，既に設けている民事部，刑事部，特別部以外に申請部，調停部などを設けることができる根拠を与えた。高等法院長は判事のなかから任命するが，高等法院長は，その法院の司法行政事務を管轄し，所属公務員を指揮・監督する権限を有する（同法26条3項）。高等法院の部は，3人の判事で構成され，かつ部長判事が裁判長になるのは従来の場合と同様である（同法27条）。

高等法院が審判する事件は，次のとおりである。① 地方法院合議部，家庭法院合議部または行政法院の第1審判決・審判・決定・命令に対する控訴または抗告事件，② 地方法院単独判事・家庭法院単独判事の第1判決・審判・決定・命令に対する抗告または抗告事件として刑事事件を除いた事件のうち大法院規則で定めた事件，③ 他の法律により高等法院の権限に属する事件，などに対して審判する権限を有する（法院組織法28条）。

日本の場合に，内乱罪に関する事件，選挙またはその当選の効力に関する事件は，高等裁判所が第1審裁判所として管轄しているが，韓国の場合においては，内乱罪は一般刑事事件と同じく地方法院の管轄となっており，大統領および国会議員の選挙，またはその当選の効力に関する訴訟は大法院の管轄としている点が日本の場合と異なっている。

3　特許法院・行政法院の構成と管轄事件

1994年7月に改正法院組織法は，専門性と能率性を有する裁判制度を実現するために，法院の人的・物的組織を改革し，高等法院級の特許法院と地方法院級の行政法院を新しく設けた（同法第2章，第5章）。

(1)　特　許　法　院

特許法院長は判事のなかから任命されるが，特許法院長は，その法院の司法行政事務を管轄し，所属公務員を指揮・監督する権限を有する（法院組織法28条ノ2）。特許法院には部が設けられるが，高等法院の部に関する規定を準用する（同法28条ノ3）。特許法院は，特許法・実用新案法・意匠法・商標法などと関連のある第1審事件，他の法律により特許法院の権限に属

する事件などに対して審判する権限を有する（同法28条ノ4）。

(2) 行政法院

行政法院長は判事のなかから任命するが，行政法院長は，その法院の司法行政事務を管轄し，所属公務員を指揮・監督する権限を有する（法院組織法40条ノ2）。行政法院に部が設けられるが，高等法院の部に関する規定を準用する（同法40条ノ3）。行政法院は，行政訴訟法に定められている行政事件と，他の法律により行政法院の権限に属する事件の第1審を審判する権限を有する（同法40条ノ4）。1994年7月27日行政訴訟法も改正されて，行政庁の違法な処分等を取消または変更する取消訴訟の第1審の管轄法院は被告の所在地を管轄する行政法院で行なうと規定されている。

日本において，特許事件と行政事件は特別裁判所ではない通常裁判所が審判している。すなわち，特許庁の抗告審判の審決，高等海難審判庁の裁決に対する訴訟は東京高等裁判所が行っており，一般行政事件は地方裁判所の専門部が審判している。しかし，韓国の場合には，特許法院と行政法院が審判することになる。

4　地方法院・地方法院支院の構成と管轄事件 ─────────

地方法院長と地方法院の支院長は判事の中から任命される。地方法院の審判は，原則として単独判事が行い，合議審判を要する場合には判事3人で構成される合議部でこれを行う。その裁判部では，民事部，刑事部，その他法院による知的財産関係事件，損害賠償事件，労動事件などを担う専門部を置き，部には部長判事が置かれる。

地方法院とその支院の合議部が管轄する事件は，次のとおりである。①合議部で審判することを合議部が決定した事件，②民事事件に関しては大法院規則（「民事および家事訴訟の事物管轄に関する規則」2条）で定める事件（訴訟額1億ウォンをこえる事件（手形・小切手事件など除外），非財産権上の訴，訴価が算出できない財産権上の訴），③死刑，無期または短期1年以上の懲役または禁錮に該当する事件，④上記③の事件と同時に審判する共犯事件，⑤地方法院判事に対する除斥・忌避事件，⑥他の法律により地方法院合議部の権限に属する事件などである（法院組織法32条1項）。

地方法院及び家庭法院の事務の一部を処理させるためにその管轄区域内

第二節　現行司法制度　　　131

に支院及び少年部支院，市法院又は郡法院及び登記所を置くことができる。
ただし，地方法院及び家庭法院の支院は，2つを合せて1個の支院とする
ことができる (同法3条2項)。

　日本の場合に，民事事件に関しては訴訟物価額140万円をこえない事件
は，簡易裁判所の管轄としているが (裁判所法33条1項1号)，その他の場合
は韓国のように訴訟物価額によって事件管轄が決定されず，事案によって
総括部の裁量で合議部が審判するか，または単独裁判官が審判するかを決
定する点で，韓国の場合と異なる。その他，韓国においては，地方法院単
独判事の判決に対する控訴事件，決定・命令に対する抗告事件に対しては
地方法院本庁の合議部が第2審として審判し，これに対する上告事件は高
等法院の審判を経ずに直接大法院で審判することができる。しかし，日本
の場合には，単独判事の判決・決定などに対する控訴・抗告事件も高等裁
判所で審判するという点で，韓国の場合と異なる。

5　家庭法院の構成と管轄事件

　家庭法院はソウル家庭法院以外には設置されていなかったが，家事事件
が増加しつつ，個人の人格と私生活に関連する家事事件の特性に照らして，
大都市や道 (県にあたる) に家庭法院を設置すべきであるという意見が強く
出された。かかる意見を受け入れ，2001年の改正「各級法院の設置と管
轄区域に関する法律」(一部改正2001年1月29日法律6409号) によって，ソウル
家庭法院と大邱地方法院，釜山地方法院，光州地方法院のそれぞれ「家庭
支院」が設置された (同法3条，別表1)。

　家庭法院長と家庭法院支院長は判事の中から任命される。家庭法院およ
びその支院の合議部は，次の事件を第1審として審判する。① 家事訴訟
法で定めた家事訴訟と마 (マ) 類家事非訟事件中大法院規則として定める
事件，② 家庭法院判事に対する除斥・忌避事件，③ 他の法律により家庭
法院合議部の権限に属する事件 (法院組織法40条1項) などである。家庭法院
本院合議部および家庭法院支院合議部 (ソウル家庭法院議政府支院，春川地方
法院江陵支院) は，家庭法院単独判事の判決・審判・決定・命令に対する抗
訴または抗告事件を第2審で審判する (同条2項)。

6 市・郡法院の組織

　従来の法院組織法には，和解などに関する事件や即決審判に関する事件の審判を行なうために地方法院長が判事を必要な地域に巡廻させるという規定が定められていた。また少額事件審判法には，同法の適用のある民事事件の審判のために地方法院長が判事を必要な地域に巡廻させるという規定が定められていた。

　しかし，1987年に改正された法院組織法は，地方法院事務の一部を処理するために，管轄区域内に巡廻審判所を設けることができるという規定を新設した。さらに，同法は，巡廻審判所は① 少額事件審判法の適用のある民事事件，② 和解・督促・調整に関する事件，③ 10万ウォン以下の罰金，拘留や科料に処する犯罪事件の即決審判等を管轄し，地方法院長より巡廻命令を受ける地方法院や支院の単独判事が審判するという規定を定めた。これによって，1988年2月13日の少額事件審判規則が改正され，大法院規則に「巡廻審判所の設置と管轄区域に関する規則」が公布された。さらに，1994年の改正法院組織法によって，従来の巡廻審判所に関する規定が市・郡法院に関する規定に改正された。この改正法により市・郡法院は，少額事件審判法の適用のある民事事件，和解・督促・調整に関する事件，20万ウォン以下の罰金や拘留・科料に処する事件，戸籍法による協議上離婚の確認などを管掌するようになった。

　市・郡法院の名称，所在地，管轄区域などは「各級法院の設置と管轄区域に関する法律」によって定められている。1994年の改正法院組織法は市・郡法院の判事は地方法院や支院所属の判事の中で大法院長が指名すると規定している。同法院の判事は所属地方法院長や支院長の指揮を受け，市・郡法院の司法行政事務を管掌し，所属職員を指揮監督する。かつ家事事件に関してはその地域と管轄する家庭法院長やその支院長の指揮を受ける。

〈審級管轄〉

第1審	第2審	第3審（最終審）
合議部（制）　　—→ （地方法院及び支院）	高等法院—→	大法院
家庭法院　　　　—→		
行政法院　　　　—→		
単独判事（一人制）—→ （地方法院及び支院）	地方法院—→ （本庁の合議部）	
	特許法院—→	

〈日本の審級管轄〉

第1審	第2審	第3審（最終審）
地方裁判所—→	高等裁判所—→	最高裁判所
家庭裁判所—→		
簡易裁判所—→	地方裁判所—→（上告）	高等裁判所

三　国民参与裁判制度（裁判員制度）

　日本では 2004 年（平成 16 年）5 月，「裁判員の参加する刑事裁判に関する法律」（平成 16 年法律 63 号。以下「裁判員法」という）が成立し，公布された。同法によって，一般の国民の中から選ばれた裁判員が裁判官とともに一定の重大な犯罪に関する裁判を行うという制度，いわゆる裁判員制度が 2009 年 5 月 21 日より実施された。同法が成立・公布されて以来，様々な議論が展開されてきたが，特に裁判員制度に関する一般人の参加意識は必ずしも肯定的ではないといった問題が提起された（読売新聞（'09.5.3. 朝刊）が調査したアンケードで「あなたは，裁判員として裁判に参加したいと思いますか」という質問に「参加したくない」と答えたのが 79.2%）。韓国では，裁判員制度が実施され間もない時期であるが，日本の裁判員制度に相当する「国民参与裁判制度」（以下「国民参与裁判制」という）が 2008 年 1 月 1 日より実施され，2 年経った今日においてはほぼ定着している状況であると評価されている。

　以下で，韓国の国民参与裁判制の立法過程及び同制度はどのような内容

で構成され，陪審員（裁判員にあたる）はどのような権限を有するのか。さらに，今日における国民参与裁判の状況などについて概観する。

1 立法趣旨及びその特徴

　従来の裁判業務は民主的統制のない専門職業裁判官が担ってきたが，司法にも民主的正当性と透明性を強化し国民から信頼を受ける司法制度の確立が必要であるという認識の下で，一般国民も一定の要件を備え裁判手続に参加できるように講じる必要があるといった議論が活発に展開されてきた。

　このような議論が具体化され，法務部（省）は2005年12月7日に一般国民が刑事裁判に参加する手続を定めた基本法として，刑事裁判に参加する一般国民である「陪審員」制度を導入し，それにしたがう公判手続を規定する「国民の刑事裁判参与に関する法律案」を259回臨時国会に回付し，同国会は法制司法委員会に上程し（2006.4.7）数回にわたる審議を経て，本会議で議決され（2007.4.30），2007年6月1日に「国民の刑事裁判参与に関する法律」（2007.6.1法律8495号）（以下「国民参与裁判法」という）が成立し，2008年1月1日より施行され，今日に至っている。

　同法の立法審議過程において国民参与裁判は裁判官による裁判を受ける権利の侵害ではないかという問題が議論された。すなわち，同法（案）によると，専門職業裁判官以外の一般国民が陪審員として裁判に参加することになるが，現在韓国の司法制度は職業裁判官による裁判を前提としており，国民参与裁判制度の導入は国民の「憲法と法律が定める裁判官による裁判を受ける権利」を規定している憲法27条1項に違反するといった問題が提起された（国会・法制司法委員会「国民の刑事裁判参与に関する法律案審査報告書」（2007.4）3頁）。

　多数の憲法学者の見解は，陪審制は陪審員が事実認定に関与し，法律判断には参加しないから合憲であるというもの（金哲洙「憲法学原論」2005年597頁）である。このような意見は，法律判断の有無により違憲可否を決定すると解しているが，刑事裁判における陪審制は純粋な事実認定だけでなく，それと関連する法的争点に関する判断を基礎にして有・無罪まで判断し，量刑判断を職業裁判官に委ねる制度であるという側面からも考えら

れ（前掲報告書4頁）。さらに，同法は，刑事裁判に参加する国民を「陪審員」
と称し（2条1号），その陪審員は主に事実認定を行う（12条1項）。被告人の
意思により（5条2項，8条1項）陪審員が参加する刑事裁判ではない一般刑
事手続による裁判を受けることも可能であり，陪審員団の評決は勧告的効
力しか認められない（4条）。このような内容の国民参与裁判制を導入する
ことは憲法と法律に定められた裁判官による裁判を受ける権利を侵害する
とはいえないと思われる。

　韓国の国民参与裁判制の特徴は，以下のように陪審制と参審制の特徴を
適切に混合した制度であるという点である。
　① 陪審員は原則的に裁判官の関与なしに評議を行った後，全員一致で
評決する（陪審制的要素）。もし，意見不一致の場合には，審理に関与した
裁判官の意見を聞いた後に多数決で評決する（参審制的要素）。
　② 陪審員は審理に関与した裁判官と共に量刑に関する討議を行うが（参
審制的要素），評決を通して量刑決定に参加するのではなく，単に，量刑に
関する意見を述べるだけである（陪審制的要素）。
　③ 陪審員の評決には覊束力がなく，勧告的効力のみを有する（陪審制の
修正）。
　〈以下の 〈各国の裁判員制度の比較〉 参照〉

〈各国の裁判員制度の比較〉

	韓国 （陪審制＋参審制）	日本 （参審制）	アメリカ （連邦陪審制）	ドイツ （参審制）
対象事件	○故意で死亡の結果を惹き起こした犯罪 ○強盗，強姦の結果犯，強盗・強姦致傷等 ○一般犯罪収賄罪等重犯罪 ○大法院規則が定める犯罪	○法定刑死刑，無期懲役事件 ○法定合議体事件のうち故意の犯罪行為により被害者を死亡させた罪に係わる事件（傷害致死等）	○軽微な犯罪を除外したすべての犯罪	以下の犯罪を除外したすべての犯罪 ○区裁判所単独判事管轄事件（宣告刑2年以下） ○国家安全に対する犯罪と関連する事件
被告人選択	○被告人の選択による。	○対象事件全部に適用（被告人の意思問	○被告人は裁判員裁判を放棄可	○対象事件全部に適用（被告人の意思問

	○裁判所は被告人に対して国民参与裁判の選択如何の意思を書面で確認要	わず)		わず)
陪審員（裁判員）選任方法	○住民登録情報を利用して陪審員候補予定者名簿を作成し，事件別に陪審員を無作為選任	○衆議院議員の選挙権を有する者の中から選任	○選挙人名簿を利用して候補者名簿を作成し，事件別に陪審員を無作為選任	○市議会２／３以上の同意で参審員候補者名簿作成し，裁判所別に設置された参審員選定委員会で任期４年参審員を選任
陪審員の員数	○法定刑が死刑・無期懲役・無期禁錮事件：９人 ○その他の事件：７人 ○自白事件：５人 ○予備陪審員：５人以内	○原則：裁判官３人＋裁判員６人 ○例外：裁判官１人＋裁判員４人 ○補充裁判官：裁判員の員数を超えないこと	12人	○区裁判所：裁判官１人＋参審員２人 ○地方裁判所：裁判官１人＋参審員２人（区裁判所控訴事件）または　裁判官３人＋参審員２人（重罪事件）
評決方式	○陪審員全員の意見一致 ○意見不一致の時，多数決の方法による。	構成裁判官及び裁判員の双方の意見を含む合議体の員数の過半数の意見による。	満場一致	○３裁判体：多数決 ○５人裁判体：被告人に対する不利な判断の時：４人以上賛成
評決効力	有罪・無罪の評決及び量刑意見の提示（勧告的効力）	○有罪・無罪及び量刑の評決（裁判官と裁判員の権限は同一）○法律問題は裁判官のみに決定権限	覊束力（例外的に有罪評決について被告人の申請により判事が評決を取消し再審理を命じることができる。）	有罪・無罪及び刑量の評決では，裁判官と参審員の権限は同一

＊司法発展財団「우리의　법원　세계의　법원」（我らの法院・世界の法院，2008 年）393 頁に基づいて作成。

2　国民参与裁判法の構成

この法は7章60ケ条と附則で構成されている。

第1章「総則」では目的（1条），定義（2条），国民の権利と義務（3条），他の法令との関係（4条）。

第2章「対象事件及び管轄」では対象事件（5条），公訴事実の変更等（6

条)，必要的国選弁護（7条），被告人意思確認（8条），排除決定（9条），地方法院支院管轄事件の特例（10条），通常手続回付（11条）。

第3章「陪審員」第1節総則では陪審員の権限と義務（12条），陪審員の員数（13条），予備陪審員（14条），旅費・手当等（15条），第2節陪審員の資格では陪審員の資格（16条），欠格事由（17条），職業等に伴う除外事由（18条），除斥事由（19条），免除事由（20条），報告・書類送付要求（21条），第3節では陪審員の選定（22条～31条），第4節では陪審員の責任（32条～35条）。

第4章「国民参与裁判手続」では第1節公判の準備（36条～37条），第2節公判手続（38条～45条），第3節評議・評決・討議及び宣告（46条～49条）。

第5章「陪審員等の保護のための措置」（50条～53条），第6章「研究組織」（54条～55条），第7章「罰則」（56条～60条），附則で同法は構成されている。

3　主要内容

以下で，国民参与裁判制度について概観する。

(1)　国民参与裁判の対象事件の範囲（5条）

1）「刑法」が定めている特殊公務執行妨害致死・殺人等死亡の結果が発生した犯罪，強盗と強姦が結合した犯罪，強盗もしくは強姦に致傷・致死が結合した犯罪。

「特定犯罪加重処罰等に関する法律」が定めている収略・国庫損失等一定範囲の腐敗略取・誘引等その他重い犯罪，「特定経済犯罪加重処罰等に関する法律」が定めている背任収略罪，「性暴力犯罪の処罰及び被害者保護に関する法律」が定めている特殊強姦犯罪等がその適用対象となる。

2）　法院組織法32条による合議体の管轄事件の中で大法院規則が定めた事件もその適用対象となる。

3）　対象事件と関連のある事件（同一被告人が対象事件と非対象事件で起訴された場合，共犯もしくは関連事件で数人の被告人が起訴された場合）も対象事件として処理される。

以上のように，国民参与裁判の対象事件は，軽い犯罪をその対象から除外し，重大な犯罪に限定している。ここで注意しなければならない点は，重大な犯罪事件は相対的に世論の影響が強い事件であるから，陪審員の先

入観を排除する装置を講じる必要があろう。

(2)　被告人の意思尊重（5条2項，8条）

1）　被告人が国民参与裁判を望まない場合または9条1項（以下の（3）参照）により排除決定があった場合は，国民参与裁判を行わない（5条2項）。

国民参与裁判の対象事件に該当する場合にも，被告人の意思にしたがって国民参与裁判を行うか否かが決定される。

2）　被告人の意思の確認：法院は，被告人の国民参与裁判の選択可否に関する意思を書面等の方法で必ず確認しなければならない（8条1項）。これは，被告人の国民参与裁判を受ける権利を最大限に保障されるような具体的な確認方法を大法院規則で定めることにしたためである。

3）　被告人は，公訴状副本の送達を受けた日から7日以内に国民参与裁判の選択可否を記載した書面を提出することができ，被告人がその書面を提出しないときには国民参与裁判を選択する意思がないとみなす（8条3項）。

4）　被告人の翻意：しかし，被告人は国民参与裁判の排除決定（9条），公判準備期日の終結，または第1回公判期日が開かれた以後には，従前の意思を変更することができない（8条4項）。

	書面提出と進行期日	翻意終期
①	希望書面提出→公判準備期日	公判準備期日終了時まで
②	不希望書面提出→第1回公判期日	第1回公判期日前まで（公判準備期日を開いた場合にはその終了時まで）
③	不提出→意思確認期日（審問期日または公判準備期日）	意思内容にしたがい①過程と②過程にしたがって決定

韓国の場合は，陪審裁判に対する被告人の選択権を認めている英米の陪審制的要素を重視して，被告人に国民参与裁判で行うか否かの選択権が認められている。この点は，被告人の裁判員裁判の選択権を認めていない日本の場合と異なる。

一般刑事裁判手続と陪審裁判手続の中でどの手続を利用するかについて，第1回公判期日まで被告人の翻意が認められる。国民参与裁判の場合，既存の一般刑事裁判制度と異なって陪審員の意見が裁判結果に反映されうる

から，被告人の立場でも負担を負うことがある。さらに，被告人が国民参与裁判制度をよく知らない場合もあるという点に鑑み，被告人に一定の期間内で従前の意思を翻えす機会を与えた点は妥当であると思われる。

被告人が公訴事実を認める自白の場合にも国民参与裁判が可能である（13条1項但書）。被告人が自白する場合，陪審裁判が可能であるかについて，イギリスでは公訴事実を認定すれば陪審裁判に回付されない。アメリカの場合も自白すれば事実審理を省略し，ただちに量刑審理手続をとり，陪審裁判は行われない。オーストリアの場合には犯罪事実を認めても陪審裁判の対象となる。日本の場合は韓国と同様に被告人が公訴事実を認める自白の場合（「……公訴事実について争いがないと認められ，事件の内容その他の事情を考慮して適当と認められるもの」裁判員法2条3項）にも裁判員裁判が可能であると思われる（例，嬰児殺等のように，類型的で量刑もそれほど重くない犯罪。池田修「解説裁判員法」（弘文堂，2005年）19頁，25頁）。

(3)　国民参与裁判の排除（9条）

① 陪審員・予備陪審員・陪審員候補者またはその親族の生命・身体・財産に対する侵害または侵害憂慮のために出席することが困難な場合，この法律にしたがって職務を公正に遂行することが困難であると認定された場合，② 共犯関係にある被告人の中の一部が国民参与裁判を拒否し国民参与裁判の進行が困難であると認定された場合，③ その他，国民参与裁判で進行することが適切ではないと認定された場合に，法院は国民参与裁判をしないことを決定することができる。もちろん，このような決定について即時抗告することができる（9条3項）。

上記①の例として，組織暴力事件等が挙げられる。②の場合，共犯の一部が国民参与裁判を希望する場合には，事件の内容によっては二重の証拠調べをしなければならないから，証人の出席及び心理的負担が重く，相反の結論が出る可能性があるという問題が挙げられる。または，性暴力事件のように，被害者は反対意思を表示するが，被告人がむしろ国民参与裁判を通して被害者の心理的窮迫状態を利用しようとする意図がみられる等，国民参与裁判が適切でない場合もありうることから，制度運営において法院はやむをえず排除決定しなければならない場合があろう。③の例としては，被告人が公訴事実を全部認定した場合等が考えられる。

(4) 陪審員の選任方法及び陪審員の数

1) 陪審員の選任方法（22条～31条）

① 陪審員は，地方法院長がその管轄区域内に居住する満20歳以上の国民の中から無作為抽出方式で選任する。

② 地方法院長は，毎年，住民登録資料を活用して陪審員候補予定者名簿を作成し，法院は国民参与裁判をするときに陪審員候補予定者名簿から必要な人数の陪審員候補者を無作為抽出方式で決める。法院は，選任期日を指定して欠格事由または除斥事由がある者，不公平な判断をなす憂慮がある者を排除した後に，その中から陪審員と予備陪審員を無作為の方法で選任する。

2) 陪審員の数（13条）

法定刑が重い死刑等に該当する対象事件の場合に陪審員の員数は9人とし，その他の対象事件の場合には陪審員の員数は7人とするが，被告人または弁護人が公判準備手続で公訴事実の主要内容を認めたときには陪審員の員数は5人とする。

陪審員の欠員等に備えて5人以内の予備陪審員を置くことができる。

3) 陪審員の資格要件（16条～20条）

① 陪審員は満20歳以上の大韓民国の国民の中でこの法に定めるところにより選任される（16条）。しかし，同法は，陪審員が公務を遂行するという点を考慮して，陪審員の欠格事由を国家公務員の欠格事由と同一に規定している。裁判官の除斥事由と同じく，陪審員は当該事件と一定の関係にある場合には陪審員として選任されない（17条以下）。

② 国会議員，地方議会議員，弁護士，法院・検察公務員，警察，軍人等，その他陪審員に対する過度な影響を及ぼすか，陪審員としての職務遂行に困難な職業に就いている者は，陪審員として選任されない。

(5) 公判準備等（36条・37条，41条）

1) 国民参与裁判は徹底した公判中心主義的審理手続が要求されるので，それにしたがい公判準備手続を導入し，公判準備期日を指定して当事者の主張と証拠を整理しなければならない（36条，37条）。

2) 陪審員は，裁判長に被告人・証人に対して必要な事項を尋問することを要請することができる。さらに裁判長の許可を得て必要な事項を筆

記し，それを評議に使用することができる一方，審理中に法廷離脱禁止義務と評議・評決または討議に関する秘密を守る義務等を負う（41条）。

＊国民参与裁判手続

検事の起訴→被告人の国民参与裁判の選択意思確認手続→公判準備手続（必須）→陪審員選任手続→公判手続（集中審理・連日開廷）→評議手続（有罪・無罪評議〜評決，量刑討議）→判決言い渡し（即日宣告原則。即日宣告時，5日以内に判決文書作成）。ただし，被告人が国民参与裁判を拒否した場合または国民参与裁判の排除決定がある場合は，通常手続がとられる（5条2項）。

(6)　陪審員の評決方式及び評決効力（46条）

1）　裁判長は，弁論の終結後に法廷で陪審員に公訴事実の要旨と適用法条，被告人と弁護人主張の要旨，証拠能力，その他の留意事項について説明しなければならない（46条1項）。

2）　審理に関与した陪審員は，46条1項の説明を聴取した後に判事の関与なしに独自に有・無罪に関し評議を行い，全員一致で評決する（第1次評決）。ただし，陪審員の過半数の要請があれば，審理に関与した判事の意見を聞くことができる（同条2項）。

3）　陪審員は，有・無罪に関し全員の意見が一致しないときには評決を行う前に審理に関与した判事の意見を聞かなければならない。この場合，有・無罪の評決は多数決の方法で行うが（第2次評決），審理に関与した判事は評議に出席して意見を陳述した場合も評決には参与できない（同条3項）。

4）　陪審員が有罪の評決をした場合には，審理に関与した判事と共に量刑に関し討議を行い，それに関する意見を述べることができる。この場合，裁判長は量刑に関する討議をする前に処罰の範囲と量刑の条件等を説明しなければならない（同条4項）。

5）　以上の陪審員の評決と量刑に関する意見は法院を羈束することなく，勧告的効力にとどまる（同条5項）。

ⓐ　上記の評決方式について，陪審員が有・無罪に関し評議を行い，全員一致で評決する場合は問題がないが，その意見が不一致の場合に多数決の方法で評決することには若干の問題があるといわれる。というのは，「合理的疑いを超える程度の証明がなければ無罪と推定する」という原則を侵害するからである。しかし，今日において評決方式に関して満場一致

を守っている国はアメリカしかない。満場一致制をとった場合，それによって審理無効（hung jury）状態が生じることもあろうし，または少数によって多数の意見が否定されるという問題が指摘されている（国会・法制司法委員会，前掲報告書87頁）。大部分の国（イギリス，ドイツ，オーストリア，フランス）は多数決等の制度をとっている。

　日本の裁判員制において評決の判断は裁判官と裁判員で構成される合議体（日本・裁判員法2条1，2項参照）の過半数の意見による（同法67条1項）とし，多数決制をとっている。すなわち，裁判員は裁判官と同じく1票を持ち，基本的には単純多数決（日本・裁判所法77条1項参照）で決せられ，その評決は裁判所を拘束する。刑の量定についも，合議体の過半数の意見によるが，過半数の意見が得えられないときは，過半数の意見になるまで，被告人に最も不利な数を順次利益な意見の数に加え，その中で最も利益な意見による（同法77条2項）としている。

　ⓑ　評決の効力について国民参与裁判法12条1項は，陪審員は国民参与裁判を行う事件に関し，事実の認定，法令の適用及び刑の量定に関する意見を提示する権限を有すると定めているが，同法46条5項ではその陪審員の評決は法院を覊束しないという勧告的効力しか認めていない。したがって，陪審員が国民参与裁判に参加し自分の意見を表明しても，職業裁判官はその意思とは無関係に決定権を有する。その結果，陪審員に対して必ず裁判に出席しなければならない義務を課すことが果たして妥当であるか，事実上国民参与裁判の模擬裁判を試してみる程度に過ぎないのではないかという批判も考えられる。結局，陪審員の評決に勧告的効力のみを認め，量刑に関して裁判官と討議した後に陪審員が個別的に意見を述べるだけでは，国民参与裁判は何の意味もない単純な国民による裁判モニタリングと違わない，といった疑問が生じる。

　国民参与裁判制度の施行の初期という現実的状況に鑑み，陪審員の評決に覊束的効力を認めず勧告的効力しか認めないということも考えられる。今後，国民参与裁判の運営如何によるものと思われるが，裁判に一般国民の成熟した法の意識を反映し，民主的正当性を付与しようとする国民参与裁判制度導入の目的を達成するためには，陪審員の評決や量刑に対する意見表明に覊束的効力を付与し，実質的な国民参与裁判制度として改めるこ

第二節　現行司法制度　　143

とが望ましいと思われる。

　最近,「陪審員の評決と量刑に関する意見は法院を覊束しない」という
規定 (46条5項) について, 国民参与裁判手続で行われた第1審判決に対す
る控訴審 (大田高判 2008.5.28, 2008 ㅗ (ノ) 18) は「……勧告的効力にとどまる
陪審員の評決が終局的に同法律の趣旨にしたがって実質的効力を有するた
めには, 陪審員の評決と意見の合理性, 正確性, 適正性保障が緊要である。
法院は, その審級を問わず陪審員の健全な常識と合理的な判断に基づいた
意見を尊重しなければならない」とし, 当該事案の被告人の心身微弱主張
を認定しながら, それを審理せず (精神障害3級の被告人がアルコール摂取状態
で殺人), 排斥した第1審判決を破棄する一方, 陪審員の量刑意見は適正で
あると判断し, それを尊重し第1審判決の量刑 (本件6年懲役と治療監護) を
維持する判決を言い渡したことは注目に値いする。

4　国民参与裁判の状況

(1)　国民参与裁判の現況

　2008年6月30日現在, 国民参与裁判はその対象事件 1,275件中, 114件
が受理され, そのうち23件の判決が宣告された (以下, 大法院「報道資料」
2008.7.11 参照)。宣告された23件の罪名別の割合は, 殺人23%, 殺人未遂
13%, 傷害致死9%, 強盗傷害30%, 性犯罪13%である。

　① 上記23件のうち, 自白事件15件 (5.2%), 否認事件8件 (34.8%)。
量刑審理が争点となった事件が多い。その他, 正当防衛・過剰防衛可否,
精神障害または満酔等による心身微弱の可否, 共犯自白または証人陳述の
信憑性判断, DNA鑑定結果の証明力等の点が争われた。

　② 国民参与裁判で行われた事件は, 2007年度一般刑事事件の平均処理
期間 (全体3.3ヶ月, 刑事合議体3.4ヶ月) より1ヶ月程度迅速に処理された。

　③ 弁護人は国選17件 (73.9%), 私選6件 (26.1%)。通常, 国選弁護人
は1人であるのに比べ, 検察は捜査・公判検事2人が対応している。した
がって, 国選弁護人も2人選任される必要性があろう。

　④ 上記23件のうち, 91%に該当する21件はその評決と判決が一致して
いる。陪審員の評決と裁判官の判決が不一致であった2件は, 強盗傷害事
件で陪審員が無罪評決をしたが, 裁判官が有罪判決を宣告した事件である。

⑤ 対象事件が重罪であるから，控訴率が比較的高い（91.3%（被告人39.1%，検事17.4%，両方34.8%））。

⑥ 控訴審では大部分控訴棄却判決が宣告された。2008年7月9日までに判決宣告された6件の控訴審判決の分析結果は，抗訴棄却4件（2件確定，2件上告），破棄自判，1審と同じ刑宣告1件（確定），破棄自判（第1審傷害致死無罪→控訴審有罪）1件，上告。

大法院が2008年9月9日に国民参与裁判の現況について報道した資料によれば，2008年8月31日現在，158件が受理され，35件の判決が宣告されている。事件の分析は行われていないが，大部分の事件では裁判部の判決と陪審員の評決が一致しており，裁判部は陪審員の量刑意見を尊重しているという。しかし，問題は国民参与裁判の対象事件1,275件中，114件しか申請（申請率8.9%）していない。予想より低く（年間予想件数100-200件），かつその中で37件が撤回（撤回率32.4%）されている。その理由として，ひとまず，国民参与裁判を申請したが，「早期の裁判（公判まで約2週間）」，「拘束被告人の移送に伴う面会の不便」（国民参与裁判の管轄は地方法院本庁合議部であるから，地方法院支部合議部はその事件を本庁合議部に移送しなければならない。10条1項）等の問題が生じ，裁判期間のより短縮（受理→宣告まで65.8日所要，同裁判実施前2007年度の平均処理期間99日より迅速に進行），裁判管轄の拡大などの必要性が指摘されている。

しかし、2014年に至り、国民参与裁判の申請が大きく減少している（以下の＜国民参与裁判の申請状況＞を参照）。法曹界では、その理由として、国民参与裁判は、通常1日の間に裁判のすべてを受けなければならないので，種々の制約が多い。また横領・背任等の経済犯罪のような場合には、専門裁判官に裁判を受けるときより無罪率が著しく低い。さらに、一般裁判を受ければ、あまり希望がないという人でなければ、強いて国民参与裁判を申請する理由はないといわれている（文化日報2014.10.27. p.11）。

以上のような理由もあって、大法院は、2015年7月17日に全国刑事法官フオーラムを開催し、国民参与活性など「裁判手続参与強化を通した刑事裁判に対する信頼を高める」というテーマを中心に活発な意見を交換するなど，様々な方案を講じているようである。

第二節　現行司法制度　145

〈国民参与裁判の申請状況〉　　　　　　　　　　　　　　　　　　単位：件

年　度	2009	2010	2011	2012	2013	2014. 6.現在
申　　請	336	437	489	752	732	269

(2)　国民参与裁判にかかわった法曹の評価

　国民参与裁判制が 2008 年 1 月 1 日に実施され 1 年経った 2009 年 3 月に，韓国刑事政策研究院は 2008 年度 1 月〜 8 月まで国民参与裁判に直接かかわった判事・検事・弁護士を対象に設問調査を行い，判事 7 名・検事 40 名・弁護士 7 名の回答を得た。その結果は以下のとおりである（法律新聞 2009. 3. 2 日付 1 頁以下参照）。

　1）　国民参与裁判に対する評価

　①　国民参与裁判の公正性および透明性について

　判事の 85.7％（'07 年度調査 41％），検事の 57.5％（'07 年度調査 47.1％），弁護士の 100％（'07 年度調査 42.9％）が国民参与裁判制はその裁判の公正性と透明性に貢献したと評価と回答した。

　②　被告人の人権保護について

　判事の 71.4％（'07 年度調査 20.5％），検事の 40％（'07 年度調査 21.6％），弁護士の 100％（'07 年度調査 42.9％）が国民参与裁判制は被告人の人権保護に貢献したと評価と回答した。

　③　法曹非理（不正）根絶などについて

　判事の 57.1％，検事の 45％，弁護士の 100％が国民参与裁判制は法曹非理根絶に貢献したと評価と回答した。

　以上のように，国民参与裁判制の実施前の 2007 年度に同じ設問調査が法曹を対象に行われたが，ほとんどの回答は否定的であった。しかし，2008 年度に実施された国民参与裁判に直接かかわった経験は同制度に対する否定的認識から肯定的認識への変化をもたらしたと言えよう。

　2）　陪審員に対する評価

　①　陪審員の評決が学縁や地縁，政治的圧力によって歪曲される可能性について

判事の71.4%（'07年度調査84.6%が可能性有り），検事の67.5%（'07年度調査92.2%が可能性有り），弁護士の100%（'07年度調査77.6%が可能性有り）は学縁や地縁の影響を及ぼす可能性がないと回答した。

② 陪審員は金銭的・政治的誘惑や圧力に屈服する可能性について

判事の64.1%（'07年度調査20.9%），検事の67.5%（'07年度調査92.2%が可能性有り），弁護士の100%（'07年度調査77.6%が可能性有り）は学縁や地縁の影響を及ぼす可能性がないと回答した。

(3) 陪審員に対するアンケート調査

1） 陪審員候補者及び陪審員・予備陪審員の関連調査

法院は陪審員候補者に陪審員と予備陪審員の選任期日を通知し，その通知を受けた陪審員候補者は選任期日に出席しなければならない（23条2項）が，2008.6.30現在，その通知を受けた陪審員候補者（3,290人）の出席率は29.7%である。送達不能者・出席取消通知者を除外した出席義務者に対する実質出席率は59.0%（976人）で良いほうであると評価されている（以下は，大法院「前掲報道資料」4頁以下の参照による）。出席率の性別は男性が51.5%，女性が48.5%を占めている。職業別にみれば，会社員が25.3%，主婦が19.2%，自営業が14.8%，その他の順になっている。

出席陪審員候補者976人の中で208人（21.3%）が陪審員・予備陪審員に選任され，事件当り平均9.1人が陪審員・予備陪審員に選任された。選任された陪審員・予備陪審員の性別は男性が52.4%，女性が47.6%を占めている。職業別にみれば，会社員が28.8%，主婦が20.2%，自営業が16.8%，その他の順になっている。

2） 陪審員に対する設問調査結果

① 陪審員の満足度

〈職務従事予定期間について〉満足…59.8%　　普通…35.8%
　　不満足…4.4%

〈選任手続について〉満足…67.9%　　普通…29.1%　　不満足…3.0%

〈公判手続について〉満足…79.8%　　普通…19.2%　　不満足…1.0%

〈評議について〉満足…75.9%　　普通…24.1%

　　＊陪審員の満足度は総じて高い。

第二節　現行司法制度　　　147

② 陪審員の理解度

全部理解…23.2%　　　大部分理解…60.8%　　　半分程度…15.1%

　大部分不理解…0.9%

　＊陪審員の理解度について陪審員の84%が裁判の全部または大部分理解すると回答している。

③ 陪審員の苦情

長期間裁判の不便…46.0%　　　法律用語の難解さ…24.0%　　　証拠の難

　解さ…13.0%　　　収入減少・職場の不利益…8.0%　　　報復等の安全

　憂慮…9.0%

　＊長期間の裁判による不便が46%で最も高く，法律用語の理解の難しさが24%占めているなど，制度改善の問題と関連する課題である。さらに，陪審員の1日の手当が低い。したがって，現在の陪審員の日当10万ウォン，予備陪審員の日当5万ウォンの増額が必要であり，陪審員の身辺保護措置（53条）の積極的活用が必要となっている。

④ 陪審員の職務に対する評価

以前よりよい…61.3%　　　以前と同じくよい…35.9%　　　以前のようで

　はない…1.9%　　　以前よりよくない…0.9%

　＊陪審員の職務に対して97.2%の陪審員が肯定的に評価した。

⑤ 審理集中度

裁判員の88.8%が審理に集中

大部分審理集中…88.8%　　　半分程度集中…10.8%　　　殆んど集中でき

　ない…0.4%

　＊居眠りするなど不誠実な職務遂行（1件1人），裁判長の指示不従（1件1人）で解任された事例

⑥ 意見開陣の程度

十分話した…67.7%　　　ある程度話した…30.6%　　　殆んど話さなかっ

　た…1.7%

＊陪審員の 67.7%が裁判または評議で十分に質問をし，意見を表明した。陪審員の積極性がみられる。

四　法院の行政

ここでは主に法官の人事について概観する。

1　法官の任用資格

大法院長と大法官は，15 年以上の裁判官，検事，弁護士の職にあった者，弁護士の資格を有し，かつ国家機関，国（公）営企業体などで法律に関する事務を勤めた者，または弁護士の資格を有し，かつ法律学助教授以上の職にあった者で，40 歳以上の者の中から任命される（法院組織法 42 条 1 項）。

任用最低年齢を 40 歳に定めている点は，日本の最高裁判所長官や最高裁判所裁判官の任用最低年齢と同じである。しかし，日本の最高裁判所裁判官の 14 人のうち少くとも 10 人は，10 年以上高等裁判所長官または判事およびその 2 つの職にあった者でなければならないなど，その任命資格のある者に対し具体的に定められている点（日本・裁判所法 41 条）で韓国の場合と異なる。さらに，日本の場合には，弁護士資格がない者も法律で定める大学の法律学の教授または助教授の職に 20 年以上（裁判所法 41 条 1 項 6 号），高等裁判所長官，判事は 10 年以上（同法 42 条 1 項 2，3 号）にあった者は，最高裁判所裁判官への任用資格があるということも，そのような大学の法律学の教授または助教授の任用資格を一切認めていない韓国の場合と異なる。

司法試験に合格して 2 年間の研修過程を終えた司法修習生が弁護士資格を取得するという点は，日本の場合と同じである。しかし，韓国の場合は，司法試験に合格しない限り，いかなる場合にも弁護士の資格を取得することができない（弁護士法 4 条）。この点は，弁護士資格を認定する特例制度が設けられている日本の場合（日本弁護士法 5 条）と異なる。弁護士資格なしには判事または検事として任用されない。その他，韓国の場合，軍法務官任用試験に合格して 10 年間の軍法務を終えた者は弁護士資格を取得する。

1994 年の改正法院組織法は，補職に関して各級法院長と高等法院部長判事などは 10 年以上の経歴がある判事の中から任命すると規定した。また，予備判事に関する規定を新しく設けて（法院組織法 42 条ノ 2），判事を新

規任用する場合には，2年の期間予備判事に任用し勤務させた後，その勤務成績を参酌して判事に任用するようにした。このような予備判事制は，法院改革の一環として採択された制度である。

判事の職務権限の制限に関する規定も新設され，在職期間が7年未満である判事は弁論を開いて裁判する事件に関しては単独で裁判することができない。かつ合議部の裁判長にもなれないと規定された（同法42条ノ3）。

2 任 用

大法院長および大法官の任命については先に述べた通りであるが，その以外の法官は大法官会議（大法官で構成され，大法院長がその議長になる（法院組織法16条））の同意を得て大法院長が任命する（憲法104条3項）。日本の場合には，最高裁判所長官は内閣の指命にもとづいて天皇が任命するが（日本憲法6条2項），その以外の裁判官はすべて内閣が任命する（同法79条1項）という点で，その任命主体が異なる。

大法院長が判事を新規任用する場合には（法院組織法41条3項），2年間予備判事として任用し，勤務させた後，その勤務成績を参酌して判事に任用する。予備判事とは，司法試験に合格して司法研修院の所定課程を経た者の中で大法院長が任命した者をいう。このような予備判事は，各級法院で事件の審理および裁判に関する調査・研究業務を担当する。その業務成績が不良の場合には免職させることができる（同法42条ノ2参照）。

3 法官の任期と停年

大法院長の任期は6年であり，重任することができない。また，大法官の任期も6年である。そのほかの法官の任期は10年である。大法官と判事は法律が定めるところにより連任することができる（憲法105条）。

法官の定年は，法律の定めるところによるが，大法院長は70歳，大法官は65歳，高等法院長は63歳，そのほかの判事は60歳である（法院組織法45条4項）。日本の場合には，最高裁判所の裁判官および簡易裁判所の裁判官は70歳，それ以外の裁判官は65歳であるから（日本裁判所法50条），韓国の法官のほうが定年が若干早い。

4 法官の定員と法官 1 人当り負担件数

(1) 法官の定員

各級法院に配置される判事の数は大法院規則である「各級法院に配置する判事等の数に関する規則」によって定められている。2005 年 3 月 1 日に改正された同規則（第 1931 号）によると，定員は 2,074 名（予備判事（300 名）の除く）であるが，定員の未達のときは大法院長はその数に達するまで判事任用を調整することができる（同規則 3 条）。各級法院に配置する判事の定員は以下のとおりである。

① 高等法院および特許法院長 6 名，② 地方法院・家庭法院および行政法院長 20 名，③ 高等法院・特許法院部長判事および裁判研究官 104 名，④ 支院長 39 名，⑤ 地方法院・家庭法院および行政法院部長判事 321 名，⑥ 裁判研究官 63 名，⑦ 高等法院および特許法院判事 202 名，⑧ 地方法院・家庭法院および行政法院判事 1,318 名。

(2) 法官 1 人当り負担件数

大法官の負う件数が非常に多くなったということが 1 つの特徴である。その理由は，上告許可制の廃止がその原因の 1 つとしてあげられるが，下級審に対する国民の不信という意識の問題もからんでいるのではないかとも思われる。このような上告事件数の激増の歯止めをかけるために，大法院は上告に関する特例法の制定を政府に要請し，それによって「上告審節次（手続）に関する特例法」（1994 年 7 月 27 日法律第 4769 号）が立法され，1994 年 9 月 1 日から実施されている。同法は，大法院に上告の提起があれば，特別の専門担当部ではない，上告事件の処理のために大法官 4 人で構成・運営されている裁判部が当該事件（同法 4 条参照）の審理を継続するかどうかを決定する際に，上告理由につき重大な法令違反に関する事項が含まれていない場合には審理を続行せず，棄却するという，いわゆる「審理不続行制」を「上告許可制」の代わりにとった（李時潤・新民事訴訟法〔博英社，2003 年〕43 頁）。この場合には，4 人全員一致で決めなければならない。

2014 年度に大法院の上告審事件は 3 万 7,652 件であり，大法官一人当りの処理事件は，年間 3,166 件である（大法院・2014 年司法年鑑 519 頁参照）。このような過度な上告審事件は，他の理由もあろうが（例，高い訴訟意識。第二章第三節韓国人の法意識を参照），審理不続行制の機能の限界を示めすもの

と思われる。

5 「上告法院」の導入方案

　以記のような過度な上告審事件にかかわって生じる種々の問題（例，上告審裁判遅延による国民の時間・費用の負担等）を解消するために，大法院は2015年6月に大法院の業務が過重であるが故に，その結果，国民の公正かつ迅速な裁判を受ける権利が侵害される憂慮があるという理由で上告法院の導入法案を発表した。ともに，国会与党は同年12月に「上告法院の設置に関する法律案」を国会で提案し，過度な数の事件関係でその機能が弱化された上告審の正常化を通し，国民の裁判請求権を実質的に保障するために上告法院の設置が必要であるという提案理由を明らかにしている。

　上告法院（案）は，ソウルに別の上告法院を設置し，上告事件の中で既存法理にしたがい1・2審判決が正しいのかどうかを判断すればよいという単純な事件を上告法院が処理する方案である。今後，上告法院が設置されば，大法院は判例を変更するか社会的波長の大きい事件を担当し，上告法院はその他の大部分の事件を担当することになる。

　しかし，以上のような上告法院の導入をめぐって賛成・反対の意見が対立し，今日に至るまで激しい論争が続いている状況である。反対側の意見（大韓辯護士協会）は，上告法院案は大法院の権限だけ強化させることになり，いわゆる前官礼遇の問題を深化させる。さらに違憲可能性が大きい。もし，上告法院が設置されば，大法院の傘下法院を追加するだけであり，上告法院の判決が誤った場合には"特別上告"をすることになり，これは4審制と同様なことになる。したがって，上告法院を設置することではなく，大法官を増員して上告審の積滞を解消すべきであると説いている。かかる反対意見に対して，賛成側の意見（ソウル辯護士会）は，上告審制度の改善が時急な状況で上告法院案は最も現実的であり，実現可能な方案であるとして賛成している。ある元老救護士（元大韓辯護士協会長）は，理論的には種々な議論が有するが，最も重要なものは国民である。国民が今日より便利かつ迅速に，高い費用を負担させず自身の生命と財産を保護することができるような合理的上告審制度を講じなければならないということを強調している。

もとろん，学会の側も，賛成・反対の意見が激しく対立し，今日までその議論が続いている状況であり，公聴会を開いても同様の様相である。

　上告法院の導入のことは，近い将来にも見通がつかない難しい問題の一つであろう。

〈参考文献〉

1　大法院法院行政処・法院史（1995 年）
2　大法院法院行政処・司法年鑑（2006 年度版）（2006 年）
3　金祥洙・韓国民事訴訟法（信山社，1996 年）
4　許祥洙「韓国の裁判制度」比較法学（早稲田大学比較法研究所）第 30 巻 1
　　号（1996 年）
5　金洪奎・韓国司法制度入門（信山社，2001 年）
6　李時潤・新民事訴訟法（博英社，2003 年）
7　今井輝幸・韓国の国民参与裁判制度（成文堂、2009 年）

第五章　民法（財産編）

　民法の法源として，最も重要なものは「民法典」であることは言をまたない。このため，韓国の民法典が，どのような沿革に由来し，その体系が，どのように構成されているかにつき概観することが，韓国法を理解するための１つの方法となろう。

第一節　韓国民法の沿革

一　朝鮮時代(1392 ～ 1897 年)の民事関係法

　土地の売買，賃貸借，相続等の民事関係法は，三国時代 (高句麗, 百済, 新羅 B.C.57 ～ A.D.668) から，広く慣習法として行なわれてきた。朝鮮時代に至り，最初の基本法として確立され，実施された経国大典 (1485 年) には，民事に関する法規が定められている。すなわち，経国大典「戸典」の買売条によると，土地や家屋は自由に売買することができるが，土地や家屋を買い受ける者は 100 日以内に「立案」をすることが規定されている。また，国家が土地所有権を絶対的に保障するという内容が規定されている。例えば，土地が不法占有された場合，または小作期間の満了後に土地明渡が拒絶された場合には，地主は，提訴期間に拘束されず，訴訟を提起することができた。このように，所有権の本質的部分については絶対的に保障されていたのである。また，このような場合において，自己の土地を現実的に占有せずとも，絶対的に保護を受けられたために，不動産所有権の絶対性と観念性が認められる。さらに，国家が必要により，個人所有の土地を収用する場合にも，土地所有者に対して補償するのが常例であった。

土地，家屋を売買する場合には，口頭で行なうことは稀れであって，必ず契約書が作成された。これらは，「明文」，「文記」または「文券」と呼ばれ，売買契約締結時には必ず，売渡人，買受人，証人，文記を書く筆執人がいなければならなかった。売買文記には売渡年月日と買受人の姓名を書き，売渡人は，本文に売渡しの理由と，如何にして自分の所有になったかという事項を記載した。さらに，土地と家屋の所在・方向の表示，売買代金と交換して売渡す旨を記載し，最後に売渡人，証人，筆執人が署名をした。売買契約が締結され，代金の支払があると所有権が移転し，契約締結後 15 日を過ぎると，両当事者は法律上，その契約を解除し，または取消すことができないとされた。

二　大韓帝国時代(朝鮮末期)(1897 ～ 1910 年)の近代　民事関係立法の試み

大韓帝国（高宗は，1897 年 10 月に皇帝に即位し，年号を光武として，国号を「大韓帝国」と改め，自主独立国家であることを宣言）においては，1894 年の甲午改革（立法機関である軍国機務処の設置，封建的制度の廃止，家族制度の改革など。詳しいことは第 1 章参照）以後，民事に関する近代法を制定しようとする動きがあった。すなわち，1899 年の改革政治の基本綱領である「洪範十四条」（自主権，行政，財政，教育，官吏任用，民権保障の内容を規定した国政改革の基本綱領として自主独立を対内外に宣布した最初の宣言）13 条は「民法，刑法を制定して人民の生命と財産を保全する」と宣言し，それに基づいて「法律起草委員会」が設置されると，同委員会により民法，刑法，商法，訴訟法などを制定する法案が起草され，裁判所構成法（1895. 3. 25），刑法大典（1905. 4. 29）などの近代法が制定されたのである。しかし，このような民法典を制定しようとした朝鮮政府の自生的努力は，政権の背後にあった日本への反発により挫折してしまった。

三　統監府時代(1905 ～ 1910 年)の「土地家屋証明規則」

不動産に関する近代的公示制度の嚆矢としては，1906 年（光武 10 年）の勅令第 65 号により制定された「土地家屋証明規則」があげられる。若干

第一節　韓国民法の沿革

その時代背景に触れると，以下のとおりである。

　日露戦争が勃発し，朝鮮はその戦場になると，1904 年(光武 8 年) 2 月，日本は「韓日議定書」を押しつけ，朝鮮内における軍事行動の自由と内政干渉の権利を承認させた。続いて同年 9 月，大韓帝国の財政・外交を支配する「第 1 次韓日協約」が調印され，この協約に基づいて，日本人による顧問政治が開始する。さらに，1905 年 11 月，伊藤博文が漢城 (現在のソウル) に来て日本軍を出動させ，高圧的に「第 2 次韓日協約」(「乙巳条約」ともいう) を調印させると，1906 年 2 月，日本は統監府を設置し，初代統監に伊藤博文を任命，統監が韓国の外交を管理するようになり，司法権も日本統監府に隷属させられる。結局，日本の勅令が統監府令として適用され，立法権も日本人顧問によって厳しく統制されることにより，韓国政府の立法権自体が否定されることになる。こうして，大韓帝国は完全に日本の支配下に入ったのである。

　この統監府時代に設けられた「不動産法調査会」(委員長は伊藤博文 (統監) の法部顧問である梅謙次郎) は，不動産法を制定するために 1906 年 7 月より不動産慣例調査に着手する (「韓国不動産ニ関スル調査記録」(1906.8) など，5 巻の調査報告書を発刊した) と同時に 1906 年(光武 10 年)10 月 26 日，勅令第 65 号で「土地家屋証明規則」，その補完立法として 1908 年(隆熙 2 年) 7 月 16 日勅令 47 号の「土地家屋所有権証明規則」など，不動産に関する法律を急いで制定した。このような一連の法律は土地法の近代化という名目で制定されたが，事実上，日本人の土地所有を合法的に保障するための法制度の整備であった (尹大成・韓国民事法制史研究〔昌原大出版部，1997 年〕97 頁)。

　土地家屋所有権証明規則によると，土地や家屋について売買，贈与，交換，典当 (担保方法の一種) をなす際に，当事者が提出した契約書を府尹・郡守 (府・郡の知事) が審査し，「土地建物証明簿」に所定事項を記載，証明した後，契約書 1 通を当事者に交付した。同規則により，初めて土地と家屋がそれぞれ独立した不動産として取り扱われるようになり，今日に至っている (現行民法 99 条 1 項は「土地およびその定着物は不動産である」と規定し，不動産登記法 14 条は土地と建物を各々土地登記簿と建物登記簿に登記するように定めている)。しかし，不動産法調査会が行った「韓国不動産ニ関スル調査記録」によると，地域によっては土地と家屋を一元化して売買することもあったことが分か

る。すなわち，京城（ソウル）では，建物所有権は多くの場合において土地所有権に従い（上掲書8頁），大邱では，家屋と土地の所有者が同一人の場合において家屋を譲渡するときは，土地は家屋に付随して移転する（上掲書56頁以下），釜山では自分の所有地に建てた家屋を売渡したときは，その敷地も家屋と共に移転（上掲書66頁以下）するということであった。

以上のように，韓国の不動産売買に関する従来の慣行では，土地と建物が一元化されていたが，現行韓国民法は，大陸法を継受して立法されたにもかかわらず，建物を土地の構成部分として認めているドイツ法やフランス法とは異なり，土地と建物を各々独立した不動産として規定（民法99条1項）し，不動産登記簿も土地登記簿と建物登記簿に二元化されている。従来の慣行と異なって土地と建物が二元化された理由は明らかにされていない。土地と建物を二元化された法制は，日本法の場合も同様である（日本民法86条1項）。

〈参考資料〉

【土地家屋証明規則】

第1条　土地家屋を売買贈与交換或は典当せる時は其契約書に統首或は洞長の認証を経たる後に郡守或は府尹の証明を受くることを得るものとす。

第2条　前条の証明を受けたる契約書は完全なる証拠となるものとす但其の正本に依りたるものを当該官庁における即施行力を有するものとす。

第8条　当事者の一方が外国人にして本則に依り証明を受けたる場合には日本理事官の査証を受くべし若し理事官の査証を受けざる時は第2条の効力を生ぜざるものとす。当事者の両方が外国人にして証明を受けんとする時は日本理事官に具申し日本理事官で先ず当該郡守或は府尹に知照し土地家屋証明簿に記載の後証明するものとす。

（抜粋—筆者）

四　日本植民地時代(1910〜1945年)の「土地調査令」と「朝鮮民事令」

1　土地調査令(1912年)

　1910年8月29日，いわゆる「韓日併合」によって韓国を植民地化した日本の植民地経済政策の中心は，土地調査事業であった。1912年(大正元年)に「土地調査令」(制令2号) が公布されて「朝鮮土地調査事業」が本格的に実施されることになった。この事業において最も重要な目的は，土地所有権の調査であった。所有権の調査は，準備調査，一筆地調査，紛争地調査を経て，所有権者を法的に確定する査定および裁決に至る過程であった。

　土地調査令は，「土地所有者ノ権利ハ査定又ハ裁決ニ依リテ確定ス」と規定し (15条)，査定および裁決は土地所有関係に対する最終的な宣言であったが，それは裁判所の判決を圧倒するほどの強い効力を認められた行政処分であった。土地調査局は，査定の確定または裁決に対しては，その事由の如何を問わず，これを司法裁判に回付する方法はないと断言し，判例も，「土地調査令ニ依ル査定又ハ裁決ハ一ノ行政処分ナルトモ其査定又ハ裁決確定シタルトキハ同令第十五条ニ依リ土地所有者ノ権利ハ之ニ因リテ確定セラレ同令第十六条ニ規定スル再審ノ申立ニ因リ変更セラレサル限リハ其査定又ハ裁決名義者ハ従来所有権ヲ有シタルト否トニ拘ラス絶対ニ其土地所有者ト確定セラルヘキモノトス」(朝高判1917 (大正6)・3・27，朝高判集4巻207頁) として，再審の申立により変更されない限り，土地の所有者として確定されたのである。要するに，当局は，紛争を抑制し，紛争解決を簡素化するため，査定および裁決に抵触する判決を防止しようとしたのである。

　さらに，これと並行して進められた事業として林野調査があったが，1918年(大正7年)に「朝鮮林野調査令」(制令5号)が公布され，土地調査の場合と同様の方法で行われた。

〈参考資料〉

【土地調査令】

第4条　土地ノ所有者ハ朝鮮総督府ノ定ムル期間内ニ其ノ住所，氏名，又ハ名称及所有地ノ所在，地目字番号，四標，等級，地積，結数ヲ臨時土地調査局長ニ申告スヘシ…省略（筆者）

第12条　高等土地調査委員会ハ当事者，利害関係人，証人，若ハ鑑定人ヲ召喚シ又ハ裁決ヲ為スニ必要ナル書類ヲ所持スル者ニ対シ其ノ書類ノ提出ヲ命スルコトヲ得

第15条　土地所有者ノ権利ハ査定又ハ裁決ニ依リテ確定ス

第16条　査定ヲ以テ確定シタル事項又ハ裁決ヲ経タル事項ニ付テハ左ノ場合ニ於テ査定ノ確定シ又ハ裁決アリタル日ヨリ三年内ニ高等土地調査委員会ニ再審ノ申立ヲ為スルコトヲ得。但シ罰セラルヘキ行為ニ付テノ判決カ為リタルトキニ限ル

　　①　罰セラレルヘキ行為ニ基キテ査定又ハ裁決アリタルトキ

　　②　査定又ハ裁決ノ憑拠ト為リタル文書カ偽造又ハ変造ナルトキ

第19条　正当ノ事由ナクシテ第四条ノ申告ヲ為サス…省略（筆者）…者ハ三十円以下ノ罰金又ハ科料ニ処ス

（抜粋―筆者）

【朝鮮林野調査令】

第3条1項　林野ノ所有者ハ道［長官］ノ定ムル期間内ニ氏名又ハ名称，住所，並林野ノ所在及地積ヲ府尹又ハ面長ニ申告スヘシ

第8条1項　道［長官］ハ林野ノ所有者及其ノ境界ヲ査定ス

第19条　正当ナ事由ナクシテ第三条一項…略…ノ規定ニ依ル申告ヲ為サス…〈略：筆者〉……者ハ三十円以下ノ罰金又ハ科料ニ処ス

〈抜粋―筆者〉

2　朝鮮民事令(1912年)と朝鮮不動産登記令(1912年)

(1)　朝鮮民事令

　日本政府は，1912年3月18日に制令第7号で「朝鮮民事令」を制定し，4月1日からこれを施行したが，この朝鮮民事令は，植民地支配下の韓国における民事に関する基本法令であり，同令により，日本の民法典と各種の特別法および付属法が韓国に依用されることになった。すなわち，朝鮮

民事令1条は，朝鮮の「民事ニ関スル事項ハ本令其ノ他ノ法令ニ特別ノ規定アル場合ヲ除クノ外左ノ法律ニ依ル」と規定し，依用される法律として日本民法および信託法，商法など23個の各種特別法・付属法を挙げている。

　ただし，親族・相続に関しては，朝鮮民事令11条本文に「朝鮮人ノ親族及相続ニ関シテハ別段ノ規定アルモノヲ除クノ外第一条ノ法律ニ依ラス慣習ニ依ル」と定められていた。これにより，朝鮮民事令の公布当時，親族相続に関しては日本民法の規定が適用されず韓国の慣習法が適用されたのである。しかし，その後，日本の植民地支配と同化政策が強化されるにしたがい，同条は4回にわたって改正された（詳細は第六章参照）。

(2)　朝鮮不動産登記令

　このように，日本政府は朝鮮民事令を発布し，日本民法その他の法律の依用を実施すると同時に，1912年3月13日制令第9号で「朝鮮不動産登記令」を制定した。同令は，不動産登記に関して同令に特別な規定がある場合を除き，日本の不動産登記法を適用することを定めた。しかし，土地調査事業が完了されていなかったため，土地台帳を整備することができず，同令が直ちに施行されることはなかった。その後，土地調査事業が進むと同時に，土地台帳が整備された地域から順に登記簿が編綴され，韓国における近代的登記制度が施行されることになった。すなわち，1914年5月1日より朝鮮不動産登記令が施行され，1918年6月30日までに土地調査が完了した土地については登記し，まだ完了していない土地については土地家屋証明規則による証明制度と並行しながら，土地調査事業が完了した1918年7月1日より全国的に近代的登記制度が実施された。

　以上のように，当時の朝鮮民事令および朝鮮不動産登記令は，結局，日本民法（財産編）および日本不動産登記法の依用実施であったので，日本不動産登記制度と同様に理解されてもよいのではないかと思われる。以下，当時の朝鮮不動産登記制度の主な内容を挙げる。

　① 登記は不動産物権変動の対抗要件であり（旧民法177条—現行日本民法177条に該当），登記の公信力は認められない。

　② 登記簿の編綴は物的編成主義をとっており（旧不動産登記法15条），登記簿は土地登記簿と建物登記簿の2種類で編成されている（同法14条）。

③　登記事務は，不動産の所在地を管轄する法務局が管轄登記所として管掌しており（旧不動産登記法 8 条），登記公務員は登記申請書類に対して形式的審査権だけを有する。

④　登記申請は，登記権利者と登記義務者が共同で申請することを要し，共同申請主義の原則をとっている（同法 26 条）。

五　米軍政時代(1945～1948年)の民法典

1945 年 8 月 15 日，第 2 次世界大戦は終結し，韓国は日本による植民地支配から解放されたが，すぐに，米・ソ・英・中が韓半島を信託統治の下に置き，一定の後見期間経過後に独立させるという暫定的合意により，米軍政が実施された。しかし，3 年間の米軍政期間中，法体系の根本的な変更はなかった。1945 年 11 月 2 日，米軍政法令 21 号により朝鮮民事令によって依用された日本の諸法令は，そのままその効力をもち続けることになった。解放後，日本法令の廃止を求める国民的要望は日増しに強まったが，この要望が実現するためには，大韓民国の樹立を待つしかなかった。

六　大韓民国の樹立(1948.7.17)と現行民法の制定

1948 年 7 月 17 日，大韓民国憲法が制定・公布され，今日の大韓民国が樹立された。しかし，憲法 100 条は「現行法令は，この憲法に抵触しない限り，その効力を有する」と規定して，当時の現行法の効力を認めた結果，民法の場合（当時の民法を「依用民法」または「旧民法」ともいう）もそのまま効力を持ち続けて，1960 年 1 月 1 日，新民法（現行民法）が実施されるまで，そのまま適用された。以下，民法の立法過程をごく簡単に紹介する。

1　民法制定過程

(1)　民法典編纂要綱の作成

政府は，「法典編纂委員会職制」（1945.9.15，大統領令 4 号）を公布し，大統領直属機関で「法典編纂委員会」を設置して，新しい独立国家としての法律体系の整備作業を開始した。同委員会は「民法典編纂要綱」を作成し，

民法を総則・物権・債権・親族・相続の5個部分に分類して草案起草の作業を開始したが，1950年6・25韓国戦争によって草案起草委員らが北朝鮮に拉致されるなど戦後のやむを得ない厳しい事情により，結局，民法草案は，法典編纂委員会委員長の金炳魯によって完成され（国会事務処，「第26回国会定期会議速記録」第30号4頁以下），1953年9月30日に政府に提出された。その後，1954年9月30日の国務会議を経ると，1954年10月26日，政府はこれを政府案（民法案）として国会に提出した。

(2) 法制司法委員会の審議

1954年10月26日，政府が民法案を国会に提出し，同年10月28日，国会はその民法案を法制司法委員会に回付，同年11月6日，同委員会は民法案の予備審査を専任する民法案審議小委員会を構成した。1955年3月15日，同小委員会の第1次会議が開催される。それから約2年6ヶ月間にわたり審議がなされた結果，1957年9月2日，民法案の全条文の逐条審議が完了，全325項目の修正案が作成された。同年9月11日，政府案および修正法案が法制司法委員会本会議に上程される（民法案審議小委員会の審議経過については国会事務処，「民法案審議録」（上巻），1頁以下参照）。同会議は，民法案審議小委員会の審議結果を無修正可決し，翌9月12日，政府民法案および法制司法委員会修正案が国会本会議に回付された。

(3) 本会議の審議

政府が提出した民法案と法制司法委員会等の修正案が国会本会議に上程されると，1957年11月5日，民法案第一読会が開始され，審査結果報告，提案理由説明，基礎趣旨説明およびあまらし討論の順序に行われた。

1）学界の民法案意見書

一方，民法案審議小委員会がその審議を終える頃，各界からの民法草案に対する多様な意見書が出された。これらは，時期的に遅れたため，国会の審議に決定的な影響を及ぼすことができなかったが，ソウル市内に所在する大学教授らの公式的な意見をまとめた「民法案意見書」（民事法研究会，1957年）の一部分が，民法に反映された。

2）玄錫虎議員ほか19人による修正案（玄錫虎修正案）

玄錫虎議員ほか19人の議員は，民事法研究会の「民法案意見書」に基づいて民法財産編につき全37ヶ目の修正案を国会に提出した（国会事務処

「第 26 回国会定期会議速記録」42 号（附録）102 頁以下）。

(4) 本会議 第二読会の審議

民法案第二読会は，1957 年 11 月 21 日より審議を開始したが，民法案全条文の逐条審議をせず，修正案の出ている条文に限って逐条審議した後，一括票決に付された。その結果，本文 1111 ヶ条，附則 28 ヶ条の民法案が，1957 年 12 月 17 日の本会議で可決された。

(5) 民法典の公布と施行

国会本会議で可決された民法案は，1958 年 2 月 5 日政府に移送され，1958 年 2 月 22 日法律 471 号として公布，1960 年 1 月 1 日より施行されて今日に至っている。この民法が韓国の現行民法典である。

2 民法の改正過程

現行民法典は，制定以降，2005 年までに 14 回にわたる改正を経て，今日に至っている。財産法分野に関する根本的な改正はなかったが，親族・相続法の分野は大幅に改正された。

(1) 総 則 編

第 6 次改正（1984 年法律 3723 号）において，特別失踪期間が 3 年から 1 年に短縮され，特に特別失踪事由に航空機の墜落が追加された（27 条 2 項）。

(2) 物 権 編

第 6 次改正（1984 年法律 3723 号）において，① 区分地上権の規定が新設され（289 条ノ 2，290 条 2 項），② 伝貫権の優先弁済権が認められ（303 条 1 項後段），さらに，建物伝貫権の最短存続期間が 1 年とされ（312 条 2 項），建物伝貫権の法定更新（312 条 4 項），伝貫金増減請求権（312 条ノ 2）が認められた。また，物権編を補充するための特別法として「集合建物の所有および管理に関する法律」（1984 年法律 3725 号），「仮登記担保等に関する法律」（1983 年法律 3681 号）が制定された。

(3) 債 権 編

民法典自体は改正されなかったが，賃貸借に関する特別法として「住宅賃貸借保護法」（1981 年法律 3379 号）および「商街建物賃貸借保護法」（2001 年法律 6542 号）が制定された。また，付合契約に関する特別法として「約款の規制に関する法律」（1986 年法律 3922 号）が制定された。

（4）　親族編・相続編は，今日までに第7次改正（2007年法律8720号）が行われた（詳細は，第六章家族法参照）。

3　民法改正案（2004年）の廃止と新たな「民法改正委員会」の発足 ─────

　その間，急速な社会的経済的変化とともに取引の国際化などの趨勢に対応するため，民法（財産編）の改正が必要となった。政府は，1999年2月法務部（省）に「民法改正特別分科委員会」を設置し，同委員会は財産編全分野の総766個条項を対象として改正の可否を検討した後，2001年11月16日に約130個条項の改正を内容とする民法改正試案を作成した（同試案については，鄭鍾休「韓国民法改正試案について」契約法における現代化の課題（法政大学出版局，2002年）157頁以下参照）。同試案をもとに，公聴会，さらに各界の幅広い意見の収斂，立法予告などの手順を経て，2004年6月2日「民法改正（案）」が作成された。同改正案は，政府国務（閣僚）会議を経て同年10月，国会に提出されたが，国会法制司法委員会の審議中任期切れて廃案された。

　法務部は，2009年2月4日に，2009年より2012年まで4年間にわたって民法（財産編）を順次に改正検討し，全面的に整備するため「民法改正委員会」を発足させた。

　① 2009年第1段階では，民法総則およびそれと関連する物権および債権編（契約法）の一部法制の整備，② 2010年第2段階では，債権総論および不法行為法と関連する法制の整備，③ 2011年第3段階では，物権編およびそれと関連する法制の整備，④ 2012年第4段階では，補完改正の作業といった順に改正の検討作業が行われた。その結果をふまえて作成された2013年法務部の「民法改正案」が成立し，同改正案が国会に提出された。しかし，その結果として「民法改正案」の1部，すなわち，「成年後見に関する民法一部改正法」（2011.3.7. 法律10429号，2013.7.1. 施行），一般保証人保護及び旅行契約に関する民法一部改正法（2015.2.3. 法律13125号，2016.2.4. 施行）を除いてその他は，2016年5月に19代国会の任期満了によって自動廃案になった。

七 民事特別法

1 民事に関する主要な特別法 ─────────────

① 民法総則と関連するものとして、不在宣告等に関する特別措置法 (1967年法律1867全文改正)、公益法人の設立・運営に関する法律 (1975年法律2814号) などがある。

② 物権法と関連するものとして、集合建物の所有および管理に関する法律 (1984年法律3725号)、立木に関する法律 (1973年法律2484号)、仮登記担保等に関する法律 (1983年法律3681号)、不動産登記特別措置法 (1990年法律4244号)、不動産実権利者名義登記に関する法律 (1995年法律4944号)、工場抵当法 (1961年法律749号)、自動車抵当法 (1993年法律4646号, 全文改正)、信託法 (1961年法律900号)、外国人土地法 (1998年法律5544号, 全文改正) などがある。

③ 債権法と関連するものとして、身元保証法 (2002年法律6592号全改)、約款の規制に関する法律 (1986年法律3922号)、割賦去来 (取引) に関する法律 (1991年法律4480号)、訪問販売等に関する法律 (2002年法律6688全文改正)、製造物責任法 (2000年法律6109号)、住宅賃貸借保護法 (1981年法律3379号)、商街建物賃貸借保護法 (2001年法律6542号)、国家賠償法 (1967年法律1899号)、失火責任に関する法律 (1961年法律607号)、自動車損害賠償保障法 (1999年法律5793号全文改正)、原子力損害賠償法 (1969年法律2094号)、環境政策基本法 (1990年法律4257号)、大気環境保全法 (1990年法律4262号)、水質環境保全法 (1990年法律4260号) などがある。

④ 家族法と関連するものとして、婚姻申告特例法 (1968年法律2067号)、母子保健法 (1986年法律3824号全文改正) などがある。

⑤ 知的財産権と関連するものとして、特許法 (1990年法律4207号全文改正)、商標法 (1990年法律4210号全改)、デザイン保護法 (2004年法律7289号 (旧意匠法)) (1990年法律4208号全文改正)、著作権法 (2006年法律8101号全文改正) などがある。

⑥ その他、民事に関する登記、戸籍、遺失物、供託等の手続を定めたものとして、不動産登記法 (1960年法律536号)、戸籍法 (1960年法律535号)、遺失物法 (1961年法律717号)、供託法 (2007年法律8319号全文改正) などがある。

2 民事に関する特別法が多く立法された理由

以上のように，韓国においては，民法と関連する多くの特別法が制定されている。韓国の場合は，上記1で挙げたのように，民事法に関連する規定を民法典に定めず特別法を制定している。

一般的に民法は「私法の一般法」であるといわれている。すなわち，民法は一方においては「私法」として「公法」と区別される法であり，他方においては「一般法」として「特別法」と区別される法であるとされる。このような定義の妥当性の問題については，ここでは論じないが，民法の意義をもっと理解するためには，次のような2つの場合を考えてみる必要があろう。

(1) 民法は，私法の一般法としての性格を有するがゆえに，民法が，ある法律の存在を予定している場合である。例えば，民法186条（登記は物権変動の成立要件）と不動産登記法，民法254条（遺失物拾得）と遺失物法，民法488条2項（供託方法）と供託法，民法812条（法律婚の成立）と戸籍法などがそれである。このような法律は，民法に規定されている事項に関する手続を規定したものである。

(2) 民法がある法律の存在を予定していない場合である。すなわち，民法の内容を補充または修正するための法律である。

① 補充するための法律としては，例として，工場抵当法，仮登記担保法，自動車抵当法，信託法，立木法などのような法律が挙げられる。すなわち，民法が規定していない新しい事項について，民法を補充するために定められた法律である。

② 修正するための法律としては，例として，失火責任に関する法律，自動車損害賠償保障法，住宅賃貸借保護法などのような法律が挙げられる。すなわち，民法が規定している事項中，ある特別な社会関係に対して，民法規定とは異なった規定を定めている法律である。

第二節　民法典の体系および構成

一　民法典の体系

　韓国民法典は，第1編総則，第2編物権，第3編債権，第4編親族，第5編相続の順序となっている。すなわち，財産法を物権と債権に大別し，家族法を親族と相続に分けた上で，民法典全体にわたる通則的規定を集約し，民法総則編が設けられている。

　このような民法典の体系，特に総則編を規定している点については，19世紀のドイツ民法学（これをパンデクテン Pandekten 法学ともいう）の影響があるが，その内容を検討してみると，根本的には，依用民法（または旧民法）と呼ばれている日本民法を基礎に置いていることがわかる。

　韓国民法典は，まず個別的な法律関係に対する規定を定めるときに，例えば，売買，贈与，賃貸借などのような契約関係に関する各規定のなかで共通する規定がある場合には，同じ規定の繰り返しを避けるために総則という規定を設けている。このような総則規定は，個別的な契約関係に関する規定の総則であるということで契約総則という。また民法典は，契約以外の債権の発生原因になる制度の規定（事務管理，不当利得，不法行為）を契約の規定と並行して定め，これらの共通する規定をその全体の前に規定して債権総則を設けている。このような体系は，物権や親族，相続の場合にも同様の方法で構成されている（以下の二参照）。

二　民法典の構成

　民法典の構成は以下の図の通りである。

第一編 総 則 ↓	［第1章］通 則 （1条～2条） ——法源・信義則・ 権利濫用——	第2章　人（3条～30条） 第3章　法人（31条～97条） 第4章　物件（98条～102条） 第5章　法律行為（103条～154条） 第6章　期間（155条～161条） 第7章　消滅時効（162条～184条）

第二編 物　権	［第1章］総　則 （185条〜191条） ——物権変動——	第2章　占有権（192条〜210条） 第3章　所有権（211条〜278条） 〈用益物権〉 第4章　地上権（279条〜290条） 第5章　地役権（291条〜302条） 第6章　伝貫権（303条〜319条） 〈担保物権〉 第7章　留置権（320条〜328条） 第8章　質権（329条〜355条） 第9章　抵当権（356条〜372条）
第三編 債　権	［第1章］総　則 （373条〜526条） 第1節〜第6節（債権の目的，債権の効力，数人の債権者・債務者，保証債務，債権譲渡，債務引受，債務消滅）	第2章　契約（527条〜733条） 　第1節　総則（契約成立／契約効力／契約解止・解除） 　第2節〜第15節（贈与，売買，交換，消費貸借，使用貸借，賃貸借，雇用，都給（請負），旅行契約，懸賞広告，委任，任置（寄託），組合，終身定期金，和解）など，15典型契約 第3章　事務管理（734条〜740条） 第4章　不当利得（741条〜749条） 第5章　不法行為（750条〜766条）
第四編 親　族	［第1章］総　則 （767条〜777条） ——親族・血族の 　定義など——	第2章　戸主と家族（2005年改正により戸主制廃止。2008.1.1施行） 第3章　婚姻 第4章　父母と子 第5章　後見 第6章　親族会 第7章　扶養
第五編 相　続	［第1章］相　続 （997条〜1059条） 　第1節　総　則 第2節〜第6節（相続人，相続効力，相続承認・放棄，財産分離，相続人不在）	第2章　遺言（1060条〜1111条） 　第1節　総　則 　第2節〜第5節（遺言方式，遺言効力，遺言執行，遺言撤回） 第3章　遺留分（1112条〜1118条）

第三節　民法財産編の概観

　本節においては，韓国民法典上財産編について概観しながら主に日本民法と異なった制度を紹介する。家族法（民法親族・相続編）については，章（第六章）を改めて詳しく紹介する。

一 総 則 編

韓国民法の総則編は，通則・人（自然人）・法人・物件・法律行為・期間・消滅時効等，7章を設け，184ヶ条から構成されている。

1 通 則

第1章通則1条は，法源に関する規定（「民事に関して，法律に規定がないときは，慣習法により，慣習法がないときは，条理による」）を定めている。2条は，民法の基本原則としての信義誠実の原則と権利濫用禁止の原則を定めており，日本民法1条2項，3項と同じ意味の規定である。

2 自 然 人

(1) 権利能力について：3条は「人は，生存している間，権利および義務の主体となる」と定めて権利能力平等の原則を宣言している。胎児の保護に関しては，日本の場合と同様に例外的な規定（762条［不法行為にもとづく損害賠償］，1000条3項［財産相続］，1001条［代襲相続］，1112条［遺留分］，1064条［遺贈］）を設けている。権利能力の終期については失踪宣告制度（27条以下）等，日本の場合と同様である。

(2) 行為能力について：満19歳をもって成年となり（4条），例外的に成年擬制（826条ノ2「未成年者が婚姻をしたときは，成年者とみなす」）が認められていることは日本の場合（民法753条）と同様である。さらに，従来に韓国民法においても，未成年者，限定治産者，禁治産者といった無能力者制度が設けられていたが，遅かれ，日本民法上の成年後見制度と同様な制度が2011年3月の民法改正によって導入され，今日に至っている（詳細は，第六章第三節四を参照）。

3 法 人

(1) 民法上の法人

民法上の法人は，許可主義をとっており，非営利を目的とする団体でなければならない（32条「芸術，宗教，慈善，技芸，社交，その他営利でない事業を目的とする社団又は財団は，主務官庁の許可を得て，これを法人とすることができる」）。したがっ

て，法人となるためには，必ずしも公益を目的とすることを必要としない。営利でない事業を目的とすれば十分である。

2006年6月改正前の日本民法上の法人は，公益を目的とする団体に限って認められ (34条)，中間法人法 (2001 [平成13年] 6.15法49) によって公益目的ではない法人が認められていた。しかし，2006年6月「一般社団法人及び一般財団法人に関する法律」(2006 [平成18年] 6.2法48)，「公益社団法人及び公益財団法人に関する法律」(2006 [平成18年] 6.2法49)」が制定され (2008.12.1までに施行される)，同時に中間法人法が廃止され，かつ法人に関する民法規定が全面改正され (「一般社団法人及び一般財団法人に関する法律及び公益社団法人及び公益財団法人の認定等に関する法律の施行に伴う関係法律の整備等に関する法律」(2006 [平成18年] 6.2法50) 第1章参照)，民法上法人の設立・管理・解散に関する規定 (38条〜84条) が削除された。なお，改正民法は，法人法定主義を定めた33条に2項を追加し，営利事業を営むことを目的とする法人を認めている。

ここで注目すべき点は，日本の一般社団・財団法人法は準則主義をとっているということである (詳しくは，中田裕康「一般社団・財団法人法の概要」ジュリスト No. 1328 (2007. 2. 15)，2頁以下参照)。しかし，韓国の場合に，現在国会法制司法委員会に上程されている民法改正案は，現在，法人の許可主義をとっている規定 (民法32条) を改正し，認可主義を導入していたが (改正案32条)，国会の任期満了によって自動廃案になった。

(2) 法人でない団体 (権利能力なき団体 [社団・財団])

法人でない団体 (社団・財団) について，判例・学説は「ある団体が法人として認めるに適した実体が存在すれば，法人に関する規定の中で法人格を前提とするものを除いてすべてこれを類推適用する」という立場をとっている (大判1997・1・24，96 다 (ダ) 39721。郭潤直，民法総則 (2002年) 126頁)。この点は日本の場合と同様であると思われる。

しかし，日本法と著しく異なる点は，韓国不動産登記法30条1項は法人でない団体 (社団または財団) であっても，その団体の名義で団体所有の不動産を登記することができるという規定を設けていることである (同法30条1項「宗中，門中その他代表者又は管理人がある法人でない社団又は財団に属する不動産の登記に関しては，その社団又は財団を登記権利者又は登記義務者とする」)。

したがって，韓国の判例学説が説いている「法人格を前提とするもの」とは，どのようなものであるかは明らかにされていないが，このような定義については甚だ疑問である。というのは，法人でない団体も不動産登記法30条1項により法人格がなくともその団体の名義で登記することができるからである。もちろん，その団体の訴訟当事者能力は認められており（民事訴訟法52条），またその団体の所有財産も共同所有の形態の一つである総有として認められている（民法275条）（詳細は，高翔龍・民法総則（法文社，2004年）250頁以下参照）。

4　法　律　行　為

法律行為一般に関する韓国民法の規定は日本民法の規定と比べて大差はない。ただ，第三者の保護ないし取引の安全に関する規定の違いが所々に見受けられる程度である。

(1)　総則に定められている103条は，反社会秩序の法律行為は無効であるという規定であるが，これは日本民法90条の公序良俗に反する法律行為は無効であるという規定と同じ趣旨のものである。

しかし，日本民法にはない「暴利行為」を禁止する104条が設けられている。すなわち，104条は「当事者の窮迫，軽率又は無経験により著しく公正を失った法律行為は，無効とする」とし，不公正な法律行為を禁止している。韓国の通説は，104条の暴利行為を103条の社会秩序違反の法律行為の例示であると解しており，このような解釈は日本の場合と異ならない。しかし，104条は「給付の均衡」法理にもとづいた制度であり，その要件および効果も103条の場合と異なるので両者は別個の制度であると解したほうがよいのではないかと思われる（高翔龍・上掲書348頁以下）。

(2)　意思表示ついて：韓国民法においては日本民法よりも第三者保護ないし取引安全がより徹底している。意思と表示の不一致の場合において韓国民法も心裡留保（107条），虚偽表示（108条），錯誤（109条）について規定している。心裡留保に関する107条1項は日本民法93条と同じであるが，2項は「前項の意思表示の無効は，善意の第三者に対抗することができない」と規定して，取引の安全をはかっている。つぎに，虚偽表示に関する韓国民法108条は日本民法94条と全く同様であるが，錯誤に関する韓国

民法 109 条は日本民法 95 条とは 2 つの異なる点がある。1 つは，日本民法は錯誤による意思表示を「無効」としているが，韓国民法 109 条 1 項はその意思表示を「取消」しうるものとしている。もう一つは，同条 2 項に「前項の意思表示の取消は，善意の第三者に対抗することができない」と規定して，取引の安全をはかる明文規定を設けている点である。

(3) 代理について：代理に関する韓国民法の規定（114 条～136 条）は，根本的には日本民法の場合と変わらないといえよう。代理人が数人ある場合には単独代理を原則とすると定めている 119 条以外には，各規定の内容およびその配列もほとんど同じである。日本においても，代理人が数人ある場合には単独代理が原則であるという点は判例学説が認めるところであるから，格別の差異として取り立てるほどのものではない。従来の判例学説を明文化しただけの差であろう。さらに，表見代理および無権代理についても日本民法の場合とほぼ同様である。

(4) 無効・取消について：法律行為の無効・取消についても日本民法の場合と大した差はないが，日本民法にはない規定が 2 つある。その 1 つは，一部無効に関する 137 条（「法律行為の一部分が無効であるときは，その全部を無効とする。ただし，無効の部分がなくても法律行為をしただろうと認められるときは，残りの部分は，無効とならない」）であり，もう 1 つは無効行為の転換に関する 138 条（「無効の法律行為が，他の法律行為の要件を具備し，当事者がその無効を知っていたとすれば他の法律行為をすることを欲したと認められるときは，他の法律行為としての効力がある」）である。これらの規定は，ドイツ民法 139 条・140 条およびスイス債務法 20 条を参考にした立法である。

5 消滅時効

韓国民法は消滅時効と取得時効を分離して規定している。すなわち，消滅時効に関しては民法総則に規定しており（162 条以下），取得時効については物権の取得原因の 1 つとして物権編に設けられている（245 条以下）。このことは，ドイツ民法の体系によるものであり，消滅時効と取得時効の両者を民法総則に統一的に規定している日本民法と異なる点である。さらに，韓国民法はいわゆる「時効援用」制度（日本民法 145 条）をとっていないことが大きな異なる点であろう。このように韓国民法は援用制度をとっ

ていないが，時効利益の放棄が認められており（184条「消滅時効の利益は，あらかじめ放棄することができない」），また消滅時効の効果について162条が「…消滅時効が完成する」と規定するだけて「…時効により消滅する」という規定ではないということで，債権等は消滅時効により絶対的に消滅するのか，または相対的に消滅するのかといった問題につき，今日においても学説上議論されている（高翔龍・上掲書702頁以下）。判例は前者の立場をとっている（大判1980・1・9，79다（ダ）1863）。

二　物権編

　韓国民法の物権編は，総則・占有権・所有権・地上権・地役権・伝貰権・留置権・質権・抵当権等，9章を設け，188ヶ条から構成されている。物権編は韓国民法の財産編の中で日本法と最も著しく異なる部分である。その1つは物権変動の原則であり，もう1つは各種の物権の特色である。以下で概観する。

1　総　則

(1)　物権変動と公示

1）　法律行為による物権変動と公示

　物権変動は法律行為または法律規定など多様な原因によってその効力を生ずるが，この点は日本民法の場合とは異ならない。しかし，法律行為による不動産物権変動はその不動産の登記をしない限り効力が生じないという点が，日本民法の場合（176条）と著しく異なる部分である。すなわち，韓国民法186条は「不動産に関する法律行為による物権の得喪および変更は，登記しなければその効力を生じない」と規定し，公示方法である登記を物権変動の成立要件として定めている。これとは対照的に，日本民法176条は「物権の設定及び移転は，当事者の意思表示のみによって，その効力を生ずる」と規定し，当事者の意思表示のみで物権変動の効力が生ずる。しかし，その不動産物権変動は登記をしない限り，第三者に対抗することができないと規定（177条「不動産に関する物権の得喪及び変更は，不動産登記法（平成16年法律第123号）その他の登記に関する法律の定めるところに従いその

第三節　民法財産編の概観　　173

登記をしなければ，第三者に対抗することができない」）し，登記を不動産物権変動の対抗要件として定めている。要するに，韓国民法は形式主義をとっているのに対して日本民法は意思主義をとっている。

　しかし，韓国民法は形式主義をとっているにもかかわらず，登記の公信力が認められていないという点は，ドイツ法とは異なり，日本法と同じであるということに注意すべきであろう（高翔龍・物権法（法文社，2002年）56頁以下）。

　動産に関する物権変動は，その動産の引渡しによって効力が生ずる（188条1項。もちろん，簡易引渡（188条2項），占有改定（189条），目的物返還請求権の譲渡（日本民法の「指図による占有移転」に相当する）（190条）などのような簡易の引渡し方法による場合も認められていることは日本の場合と同様）。登記とは違って動産の占有には公信力が認定され，善意取得（即時取得）が認められている（249条）。この点は日本民法の場合（192条）と同様である。

　2）　法律規定による不動産物権変動と公示

　(ア)　民法は，当事者の意思と関係なく一定の目的で一定の要件が備えれば，当然に物権変動の効果が発生するという形式主義の例外規定を設けている。すなわち，民法187条は「相続，公用徴収，判決，競売その他法律の規定による不動産に関する物権の取得は登記を要しない。ただし，登記しなければこれを処分することができない」と規定している。したがって，民法は，法律行為による物権変動の場合と異なって法律規定による不動産物権変動の場合には，登記がなくとも不動産物権変動の効力は発生するということを明らかにしている。

　(イ)　取得時効と登記

　問題は，取得時効による不動産所有権の取得は，法律規定によるものであるにもかかわらず，民法は占有だけではその取得を認めず，必ず登記しなければならないと規定している点である。すなわち，民法245条1項は「20年間所有の意思で平穏，公然に不動産を占有する者は，登記することにより，その所有権を取得する」とし，いわゆる占有取得時効の場合は登記を要すると定めている。その理由は明らかにされていないが，当事者以外の第三者に対して取得時効による所有権取得を公示し取引の安全を図る

ものと思われる。結局，187条の例外の場合であると解されよう。

さらに，民法245条2項は「不動産の所有者として登記した者が，10年間所有の意思で平穏，公然に，善意であり過失なく，その不動産を占有したときは，所有権を取得する」とし，いわゆる登記簿取得時効を定めているが，登記という要件以外には日本の不動産取得時効制度（162条以下）と同様であると解されよう。

(2) 物権変動の時期

韓国民法においては不動産物権変動の時期が明白になっている。既述したように，法律行為による不動産の物権変動は登記をしなければその効力が生じないから，登記したときが物権変動の時期になる。したがって，韓国民法の場合においては，日本民法176条の解釈をめぐって不動産の物権変動の時期がいつかというような問題は生じない。

(3) 物権法定主義 (185条) と慣習法

民法185条は「物権は，法律又は慣習法によるもののほかは，任意に創設することができない」と規定し，物権法定主義をとっている。この規定は日本民法の場合（175条「物権は，この法律その他の法律に定めるもののほか，創設することができない」）と同様の立法趣旨ではあるが，「慣習法」による物権の成立も明文で認めていることが1つの特色である。慣習法上の物権として認められている典型的な2つの例を挙げれば，以下のとおりである。

1) 慣習法上の墳墓基地権

民法制定以前から存在している慣習上の物権的権利として「墳墓基地権」がある（詳しいことは，高翔龍，前掲書442頁以下を参照されたい）。すなわち，他人所有の土地上に墳墓（墓）を設置および保有する目的に限定して，その土地を使用することができる地上権と類似の権利を認める慣習があった（朝鮮総督府，慣習調査報告書（1912年）122頁；朝高判1927（昭和2）・3・8民集14巻62頁）。判例はかかる慣習上の権利を墳墓基地権といい，一種の地上権として認めている（大判1996・6・14，96다（ダ）14036）。しかし，このような墳墓基地権は，墳墓の存在を外部から認識することができる形態が備えた場合に限って認められので，その登記は必要としない（大判1996・6・14，96다（ダ）14036）。学説も同じ立場をとっている。

日本の場合にも，温泉利用権などを慣習上の物権として認めている大審

第三節　民法財産編の概観　　175

院の判決があり（大判 1940（昭和 15）・9・18 民集 19 巻 1611 頁），下級審判決も
「墳墓使用権」について慣習法上の物権として認めている（山形地裁 1964（昭和 39）・2・26 下級民集 15 巻 2 号 384 頁）ということから考えれば，明文規定がないものの，慣習法による物権の創立は認められていると思われる。

　　2）　慣習法上の法定地上権
　　慣習上の法定地上権は朝鮮時代の一般慣習として認められてきた権利である。すなわち，植民地時代の朝鮮高等法院は「同一人の所有に属する土地と家屋が任意競売によりて各其の所有者を異にする場合にその家屋の売買に関して，家屋を毀損しそれを撤去するという合意がない限り，家屋の所有者はその土地上に地上権を取得し，土地所有者はその権利に基づいてその家屋の撤去を強要することができないのが，朝鮮における一般の慣習である」とし，このような「朝鮮における一般慣習は，強制競売により従来同一所有者に属する土地と家屋が各別異の所有者に属する場合にも適用していた」（朝高判 1916（大正 5 年）・9・29 民集 3 巻 722 頁）と判示し，慣習上の法定地上権を認めた。なお，「旧時ノ慣習ニ於テハ他人ガ無断ニテ自己ノ所有地ニ家屋ヲ建設シタル場合ト雖之ガ取除ヲ求ムルコトヲ得ズ唯地代ヲ請求シ得タルニ止ル」（朝鮮総督府，民事慣習回答彙集 [1933 年] 23 頁）という慣習があった。

　　現行民法は，日本の場合と同様に土地と建物は別個の独立した不動産であると規定（民法 99 条「土地及びその定着物は，不動産とする」）しているために，抵当権が設定された不動産が競売されたとき，法定地上権の問題が生ずる場合がある（民法 366 条本文「抵当物の競売により土地及びその地上建物が異なる所有者に属する場合には，土地の所有者は，建物の所有者に対して地上権を設定したものとみなす」）。この点は日本の場合（民法 388 条）と同様である。しかし，法定地上権の要件に関し，日本法は韓国の場合と異なる点がある。すなわち，日本の場合は「その実行により」（民法 388 条）土地または建物の所有者を異にすることを要しながら，民事執行法 81 条は，その土地または建物の「差押えがあり，その売却により」所有者を異にする場合にも法定地上権を認めている。したがって，一般債権の強制執行の場合も法定地上権が認められる。しかし韓国の場合は，抵当物の「競売」という原因により土地とその地上建物が異なる所有者に属する場合に限って法定地上権が認められているから，

競売以外の原因，例えば，国税徴収法による「公売」，一般債権による「強制競売」などの原因により土地とその地上建物が異なる所有者に属する場合には，法定地上権は認められないということになる。結局，地上建物を撤去せざるをえない深刻な問題が生ずる。このような民法366条の欠陥を補うために慣行として行われてきた新しい権利が用益物権として認められたのが「慣習上の法定地上権」である（大判1995・7・28，95다（ダ）9075）。

　このように，慣習上の法定地上権は，慣習法上認められた物権であるから，その登記を必要としない（187条）。したがって，慣習上の法定地上権を取得した者は，その土地所有者から土地所有権を転得した第三者に対しても登記なしに慣習上の法定地上権を主張することができる（大判1984・9・11，83다카（ダカ）2245；同1991・6・28，90다（ダ）16214）。ただし，法定地上権者がその登記をしなければ，その地上権を処分することができない（187条但書）。そのような登記なしに建物が処分された場合に，建物の転得者は土地所有者に対して法定地上権を主張することができない（大判1971・7・29，71다（ダ）1131）。結局，第三者が慣習上の法定地上権を転得するためには，先に建物所有者がその法定地上権を登記した後にその地上権の移転登記をしなければならない。

〈参考資料〉

【民法上物権変動の規定】
　　第185条（物権の種類）　物権は，法律又は慣習法によるもののほかは，任意に創設することができない。
　　第186条（不動産物権変動の効力）　不動産に関する法律行為による物権の得喪，変更は，登記しなければその効力が生じない。
　　第187条（登記を要しない不動産物権取得）相続，公用徴収，判決，競売その他法律の規定による不動産に関する物権の取得は，登記を要しない。ただし，登記をしなければこれを処分することができない。
　　第188条（動産物権譲渡の効力，簡易引渡し）　① 動産に関する物権の譲渡は，その動産を引き渡さなければ効力が生じない。
　　　　② 譲受人が既にその動産を占有しているときは，当事者の意思表示のみにより，その効力が生ずる。

第三節　民法財産編の概観　　　177

第189条（占有改定）　動産に関する物権を譲渡する場合に、当事者の契約
　　により譲渡人がその動産の占有を継続するときは，譲受人が引渡しを
　　受けたものとみなす。

第190条（目的物返還請求権の譲渡）　第三者が占有している動産に関する
　　物権を譲渡する場合には，譲渡人がその第三者に対する返還請求権を
　　譲受人に譲渡することにより動産を引き渡したものとみなす。

第191条（混同による物権の消滅）　① 同一物に対する所有権及び他の物権
　　が同一人に帰属したときは，他の物権は，消滅する。ただし，その物
　　権が第三者の権利の目的となっているときは，消滅しない。

　　② 前項の規定は，所有権以外の物権及びそれを目的とする他の権利が
　　同一人に帰属した場合に準用する。

　　③ 占有権に関しては，前2項の規定を適用しない。

2　物権の種類

（1）　占有権および所有権

　1）　占有権：韓国民法の占有権制度は，主にドイツ民法とスイス民法
をモデルとして，代理占有制度を廃止して間接占有制度をとっており（194
条)，また占有補助者に関する規定（195条）と自力救済に関する規定（209条）
の新設および相続による占有権移転の明文化（193条「占有権は相続人に移転す
る」）などがその特色として挙げられる。

　2）　所有権：韓国民法の所有権制度が日本民法の場合と異なる主な点
を挙げれば，次のとおりである。

　① 所有権にもとづく物権的請求権の規定（213条，214条）を占有保護請求
権の規定（204条，205条，206条）とは別個に設けて，これを他の各種の物権
にも準用していること，② 相隣関係に関する規定に生活妨害禁止に関す
る規定（217条1項「土地の所有者は，煤煙，熱気体，液体，音響，振動，その他これに類似
したものにより隣地の使用を妨害し，又は隣地居住者の生活に苦痛を与えないように，適当な
措置を講じる義務がある」）を設けていること，③ 共同所有形態として，共有の
外にも組合の所有形態である合有（271条以下)，法人でない社団の所有形態
である総有（275条以下）の規定を新しく設けていることである。

（2）　用益物権

　韓日両民法が地上権，地役権を認める点は同じである。しかし，韓国民

法は永小作権を認めていないが,「伝貰（チョンセ）権」という韓国の特有な物権を認めている。すなわち,303条1項は伝貰権に関し「伝貰権者は,伝貰金を支払って他人の不動産を占有し,その不動産の用途に従い使用・収益し,その不動産全部につき後順位権利者その他の債権者より伝貰金の優先弁済を受ける権利がある」として,賃貸借の1つの方法として規定している。

この伝貰権が一般の賃貸借と大いに異なる点は,目的物の使用に対する代価の支払方法である。すなわち,伝貰の場合には,その建物価格の約60％ないし70％に相当する金額が「伝貰金」として一時に交付され,伝貰金の利息が賃料と相殺されるところにその特色がある。伝貰権が消滅したときは,その伝貰権設定者は,伝貰権者からその目的物の引渡しおよび伝貰権設定登記の抹消登記に必要な書類の交付を受けると同時に伝貰権者に伝貰金を返還しなければならない（317条,詳細は第七章第二節参照）。

(3) 担保物権

韓国民法は,日本民法が認めている先取特権のような制度を認めていないが,特殊な債権者を保護するための法定質権（648条「土地の賃貸人が賃貸借に関する債権により賃借地に付属,又はその使用の便益に供用した賃借人の所有動産及びその土地の果実を差し押えたときは,質権と同一の効力がある」）および法定抵当権（649条「土地賃貸人が弁済期を経過した最後2年の借賃債権により,その地上にある賃借人所有の建物を差し押えたときは,抵当権と同一の効力がある」）が認められている。

韓国民法は質権の客体として動産および財産権に限って質権を認めているが,不動産質権（日本民法356条以下）を認めていない。立法当時にも,金融取引界においては担保として主に抵当権制度が利用され,不動産を使用・収益する上で不便な不動産質権制度を利用する事例が稀であって,その経済的機能もあまり果たせなかった点などが考慮されたのである。

抵当権について,韓国民法は日本の場合と同様に一般抵当権制度を設けているが（356条以下）,「根抵当権」については1個の条文しか規定していない。韓国民法が制定・施行されて45年を経ている今日において,金融取引界で利用されている抵当権制度は例外なく根抵当権制度であるという現実を鑑み,日本民法398条の2以下で設けられている根抵当制度のような立法が必要となっている（これに関する民法改正案が現在国会に上程されてい

る）。

3　非典型担保

　先に述べたような民法上の担保物権だけでは，取引社会の要請に十分対
処することができない。例えば，担保権設定者が動産を占有・利用しなが
らこれを担保に供し金融を得る方法は，民法上認められてない。勿論，動
産について質権を設定することはできるが，質権はその目的動産を質権者
に引渡さなければならない（330条，332条）。したがって，債務者が所有し
ている動産（例，生産器具，機械など）を自分が占有・利用しながら，金融を
得ることはできない。このような問題を克復するために，実際上取引界に
おいては民法上の担保手段として構成されていない他の制度を担保手段と
して転用する方法が講じられ，そのような方法を利用した消費金融または
生産金融が行われるようになった。例えば，担保的相殺（銀行が融資すると
きに，取引者の定期預金を預かり，債務を履行しなかった場合には貸付金と預金を対等
額で相殺する方法），代理受領（債務者が第三債務者に対して持っている代金債権に
関して，債権者が取立委任を受けて代理権を取得して，取り立てた金銭をもって債務者
に対する債権の救済に充てる方法），納入指定（債権者が債務者の取引相手に対して
持っている代金債権を担保に取った場合に，債務者の取引相手が特定の銀行に開設され
ている債務者の預金口座に納入することにして，支給することを約定（依頼）する担保
方法）など，民法が予定しなかった新たな担保方法であり，これらの担保
は「非典型担保」または「変則担保」と呼ばれている。この点は日本の場
合と同様であろう。

　上記の例は，物を対象としていない非典型担保であるが，物を対象とす
る非典型担保は「仮登記担保」，「譲渡担保」，「所有権留保」などがある。
しかし，これらの非典型担保は，民法が担保方法として予想しなかったた
めに，担保としての制度的保障が欠けており，したがって，かかる類の担
保を利用するには相当な危険がともなう（例，高利貸金業者による債務者の犠牲，
その反面，債務者の担保物処分による債権者・第三者・一般債権者の不利益）。かか
る問題に対処するために，1983年に「仮登記担保等に関する法律」
（1983.12.30. 法3681号，1984.1.1. 施行）（以下，「仮登記担保法」とする）が制
定・施行されており，2010年に「動産・債権等の担保に関する法律」

(2010. 6. 10. 法10366号 2012. 6. 11. 施行)（以下,「動産・債権担保法」とする）が
制定・施行されている。

　所有権留保による担保については「割賦取引に関する法律」(1991. 12. 31
制定, 法4480号),「訪問販売等に関する法」(1991. 12. 31 制定, 法4481号）が
制定・施行され，今日に至っている（詳細は、第八章第四部第五節を参照）。以
下では，仮登記担保（譲渡担保を含む）法と動産・債権担保法をとりあげて
若干触れてみる。

(1)　仮登記担保

　金銭債務を担保するため，その金銭債務の不履行があるときは債権者に，
債務者（または物上保証人）に属する所有権その他の権利の移転をすること
を目的とする代物救済の予約または売買予約その他の契約で，その契約に
よる所有権移転登記請求権などの権利を保全するために仮登記または仮登
録をなす担保形式を仮登記担保という。勿論，仮登記担保の目的物は不動
産が大部分であるが，動産であっても登記・登録し公示することができる
動産は，担保のための代物救済予約をなすことができる。かかる契約によ
る権利を保全するために仮登録をなすことができるので仮登記担保に含ま
れる。

　このように，債権担保のため，所有権の移転を予約（代物救済予約・売買
予約）して，これを仮登記する方法は，債権救済約束の方法に関する契約
として一般的に従来から行われてきた。このような仮登記担保は，譲渡担
保，売渡担保とともに舊民法（現行民法の以前）時代においても多様な形態
として利用されていて，これらの担保は判例により制度化され，「仮登記
担保法」という特別法が制定・施行された。その後，原則的に法文を한글
（ハングル）化し，かつ理解しやすい用語に替えるとともに，文章の体系等
を整備するなど，一部改正（2008. 3. 21, 法8919号）が行われた。以来，今
日に至っている。

　１）仮登記担保法の目的

　仮登記担保法は，民法607条（代物返還の予約）・608条（借主に不利益な約
定の禁止）の立法趣旨を具体化した特別法として起草された。すなわち，
「この法律は，借用物の返還に関して借主が借用物に代えて他の財産権を

移転することを予約する場合において，その財産の予約当時の価額が借用額及びこれに付した利息の合算額を超過する場合に，これに伴う担保契約及びその担保の目的で経由された仮登記又は所有権移転登記の効力を定めることを目的とする」(1条) 法律である。

2) 仮登記担保と譲渡担保

仮登記担保法で「担保契約」とは，「民法608条の規定によりその効力が喪失する代物返還の予約 (買戻，譲渡担保その他名目如何を問わない) に含まれ，又は併存する債権担保の契約をいう」(2条1号)。したがって，同法は仮登記担保だけでなく，成文化されていない譲渡担保も，同法の適用対象となり，実際に成文化された非典型担保であると解されよう。判例も，仮登記担保を獨自の担保物権類型としてみるより，むしろ譲渡担保という類型のなかで仮登記担保と本来の譲渡担保が同じ性格を有していることを認めている。すなわち，「債権者が債権担保の目的で不動産に仮登記を経由し，その後に救済期まで救済がなかったため，その仮登記に基づく所有権移転の本登記を 経由した場合に，当事者間に特別な約定がない限り，その本登記も債権担保の目的で経由したものとし，当事者間に精算手続が予定されている，いわゆる弱い意味の譲渡担保となっている」(大判 1992. 1. 21，91 다 (ダ) 35175) と判示している。判例は，仮登記担保と表現している場合にも譲渡担保を意味する場合が多い (大判 1991. 10. 8，90 다 (ダ) 9780 等)。

3) 本登記抹消登記請求権の制限

債権者が担保契約による担保権を実行して，その担保目的不動産の所有権を取得するためには，その債権の救済期後に清算金の評価額を債務者に通知し，その通知が債務者等に到達した日から2ケ月 (清算期間という) を経過しなければ，仮登記に基づく本登記を請求することができない (3条，4条)。この場合，債権者が清算金を債務者に支給せず本登記 (所有権移転登記) をしたときには，債務者はその債権額 (返還時までの利子及び損害金を含む) を債権者に支払い，その債権担保の目的で経由された所有権移転登記の抹消を請求することができる。このように，債務者等は債権者が清算金を支給するまで仮登記および本登記の抹消請求権を行使することができるが，法律関係の安定性と第三取得者の保護という側面からみれば，債務者

等の本登記の抹消登記請求権の行使を認めるわけにはいかないこととなる。ということで，仮登記担保法は，債務者がまだ債権者から清算金を受けていない場合にも，①その債務の救済期が経過したときから10年が経過した場合，または②善意の第三者が所有権を取得した場合には，債務者は債権者に債務額を支給して仮登記または本登記の抹消を請求することができない (11条但書) と定めている。

4) 優先救済請求権

担保仮登記が経由された不動産に対して強制競売等が開始された場合に，担保仮登記権利者は，他の債権者より自己債権の優先救済を受ける権利がある。この場合，その順位に関しては，その担保仮登記権利を抵当権とみなし，その担保仮登記が経由されたときに，その抵当権の設定登記が行われたものとみなしている (13条)。

5) 破産等の場合の担保

破産財団に属する不動産に設定した担保仮登記権利に対しては，「債務者回生および破産に関する法律」(2006.3.24. 一部改正，法7894号) 中の抵当権に関する規定を適用する (17条1項)。破産財團に属しない破産者の不動産に対して設定されている担保仮登記権利者に関しては準別除権者に関する「債務者回生および破産に関する法律」414条を準用する (同条2項)。担保仮登記権利は，国税基本法，国税徴収法，地方税基本法，債務者回生および破産に関する法が適用されるときには，抵当権とみなす (同条3項) 〈改正2010.3.31.〉。

(2) 動産・債権等の担保

動産に対する公示方法は不完全であるがゆえに，法律の規定がない譲渡担保等の変則的担保が利用される場合に担保権者，債務者および利害関係人の間の紛争が頻煩に生じている。したがって，金融機関は，このような紛争が少ない不動産担保中心の貸出を慣行として行っているために，不動産の資産が十分ではない中小企業等は資金調達に苦しめられている。債権も「民法」に定めている公示方法は 効率的でなく，かかる公示方法を利用する資金調達は非常に厳しい状況である，さらに，知的財産権は共同担保または根担保に対する規定がなく，民法上の「質権」の方法で担保として提供するしかない。このことは，担保として利用するには限界があると

いうことを示したものである。

したがって，以上のような問題を解決するためには，動産，債権，知的財産権を目的物とする担保制度を創設し，これらを公示するようにして取引の安全を図りながら，資産流動化の活性化を通して中小企業と自営業者の資金調達に便宜を提供し，かつ国民経済の健全たる発展に寄与することを目的として「動産・債権担保法」という特別法が制定・施行された。以来，今日に至っている。

以下で動産・債権担保法の主な骨格だけをとりあげてみる。

1) 新類型担保権の創設

従来の判例・学説は，譲渡担保の法的性質について信託的譲渡理論をとり法律関係を所有権的に構成したが，動産・債権担保制度は，多數の動産・債権，将來に取得する動産・債権を担保として提供し，その公示方法として担保登記をなすことにより新たな類型の「担保権」を創設した。このことが，従来の理論と著しく異なる点である。

2) 担保権設定者の資格

法人だけではなく，商業登記法に基づいて商号登記をした者も，担保権設定者になるようにし，商号登記をした自営業者の便宜を図っている（2条5号）。また，担保登記後に担保権設定者の商号登記が抹消された場合にも，既に設定された担保権の効力には影響を及ぼさないように定めている（4条）。

3) 担保権の目的物

(ア) 動産担保権の目的物

多數の動産（以下，将來に取得する動産を含む）であっても，目的物の種類，保管場所，數量を定めるか，それと類似する方法で特定することができる場合は，それを目的物として担保登記をなすことができる（3条2項）。しかし，登記船舶，登録された建設機械・自動車・航空機・小型船舶，登記された企業財産等，さらに，貨物相換証・船荷証券・倉庫証券が作成された動産，無記名債権証書等大統領令で定める証券は，それを目的物とする担保登記はできない（同3条3項）。

(イ) 債権担保権の目的物

法人等が担保約定にしたがい金銭の支給を目的とする指名債権を担保と

して提供する場合は，担保登記をなすことができる。さらに，多数の債権（以下，債務者が特定されているか否かを問わず，将来に発生する債権を含む）であっても，債権の種類，発生原因，発生の年月日を定めるか，その他，それと類似する方法で特定することができる場合は，それを目的物として担保登記をなすことができる（34条）。

4）根担保権の設定

根担保権の設定は可能であり，被担保債務が確定されるまで債務の消滅または移転は，既に設定された担保権に影響を及ぼさない。債務の利息は被担保債務の極度額に含まれていることとみなす（5条，37条）。

5）明示義務

担保権設定者は，担保約定の時に担保目的物の所有の可否，担保目的物に関する他の権利の存在有無を担保権者に明示しなければならない（6条，37条）。それに違反した場合は，明文規定はないが，民法上の損害賠償責任，刑法上不作為による詐欺等で処罰されることがありうる。

6）担保登記の効力

(ア) 動産担保権の登記（成立要件）

① 担保約定にしたがう動産担保権の得喪及び変更は，担保登記簿に登記したときに，その効力を生じる。

② 同一動産に設定された動産担保権の順位はその登記の順にしたがう（7条）。

(イ) 債権担保権の登記（対抗要件）

① 担保約定にしたがう債権担保権の得喪及び変更は，担保登記簿に登記したときに，指名債権の債務者（以下，第三債務者とする）以外の第三者に対抗することができる。

② 担保権者または担保権設定者は，第三債務者に登記事項証明書を交付する方法でその事実を通知するか，第三債務者が承諾しなければ，第三債務者に対抗することができない。

③ 同一債権に関し，担保登記簿の登記と民法にしたがう通知または承諾がある場合に，その権利間の順位は，法律の他の規定がないときに，登記とその通知の到達または承諾の先後による（同法35条）。

7）担保権の内容及び効力

① 担保権者は，担保目的物について優先救済権を有し（8条, 37条），さらに，債権全部の救済を受けるまで担保目的物の全部についてその権利を行使することができる（不可分性）（9条, 37条）。

② 動産担保権の効力は，担保目的物に附合された物と従物及び担保目的物に対する差押または引渡請求をした後，担保権設定者が受取ったか，受取ることができる担保目的物の果実に及ぼす（動産担保権の効力範囲）（10条, 11条）。

③ 動産担保権は，被担保債権と分離して他人に譲渡することができない（13条, 37条）。担保目的物の滅失，毀損，公用徴収の場合だけではなく，売却，賃貸の場合にも物上代位は可能である（14条）。

④ 担保権者は，第三者の担保目的物の占有侵奪等に対して返還請求権，妨害除去請求権，妨害予防請求権を行使することができる（19条, 20条）。

8）担保権の実行

(ア)　動産担保権

担保権者は，競売請求をなすことができる。担保目的物で直接救済に充たすことができ，または売却してその代金を救済に充たすことができる（21条1項）。

(イ)　債権担保権

被担保債権の限度内で債権担保権の目的となっている債権を直接請求することができる。債権担保権の目的となっている債権が被担保債権より先に救済期が到来した場合に，担保権者は第三債務者に対してその救済金額の供託を請求することができる。その他，民事執行法で定めている執行方法で債権担保権を執行することができる（36条）。

(3)　知識財産権の担保に関する特例

1）知識財産権担保権の登録

知識財産権（知的財産権に該当）者が，約定にしたがい同一債権を担保するために2個以上の知識財産権を担保に提供する場合は，特許原簿，著作権登録簿等，その知識財産権を登録する公的帳簿（以下，登録簿とする）に担保権を登録することができる（58条）。

2）登録の効力

① 約定にしたがう 知識財産権担保権の得喪及び変更は，その登録をし

たときに，その知識財産権に対する質権の得喪・変更を登録したものと同一の効力を生じる。

② 同一の知識財産権に関し，本法にしたがう担保権登録と個別の法律にしたがう質権の登録がなされた場合に，その順位は法律に他の規定がなければ，その先後による (59条)。

(4) 「仮登記担保法」との関係

登記または登録できる不動産所有権の外の権利の取得を目的とする担保契約に関しては，仮登記担保法を準用するが (仮登記担保法18条)，動産・債権担保法にしたがって登記・登録した場合は，仮登記担保法の適用は除外される (附則3条1項)。

三　債　権　編

韓国民法の債権編は，総則・契約・事務管理・不当利得・不法行為等，5章を設け，394ヶ条から構成されている。その中で第1章の総則は債権一般に関する通則を規定している。すなわち，債権の目的・債権の効力・数人の債権者および債務者・債権の譲渡・債務の引受・債権の消滅・指示債権・無記名債権等，8節から構成されている。以下，各章の順にしたがって概観する。

1　債権総則

(1) 債権の目的

債権の目的に関する一般要件として金銭で価額を算定することができないものでも，これを債権の目的とすることができると規定 (373条) しているのは日本民法の場合 (399条) と同様である。次いで，特定物債権 (374条)，種類債権 (375条)，金銭債権 (376条)，利息債権 (379条)，選択債権 (380条)等，5種の債権について一般的な規定を定めている。規定上多少の差はあるが，日本民法の場合とほぼ同旨である。

(2) 債権の効力

韓国民法は，債権の効力について387条ないし407条を設けているが，これは日本民法412条ないし426条に相当するものである。両民法の異同

について概観する。

　1）　債務不履行

　韓国民法390条（日本民415条に該当）は，債務不履行の態様として，履行遅滞と履行不能の両者に分けて規定しているが，ドイツの「積極的債権侵害」理論が導入されて第3の債務不履行形態として不完全履行なるものが認められている。

　㋐　履行遅滞：①　履行遅滞の要件の1つとして債務者の帰責事由が挙げられるが，日本民法にはない特別規定がある。すなわち，履行補助者の帰責事由は債務者の帰責事由とみなすという規定である（391条「債務者の法定代理人が債務者のために履行し又は債務者が他人を使用して履行する場合には，法定代理人又は被用者の故意又は過失は，債務者の故意又は過失とみなす」）。日本においては判例学説により，認められているが，韓国民法はこれを明文化したのである。

　②　履行遅滞の効果としては，履行強制（389条），遅延賠償請求（390条），契約解除（544条）等があるが，このような効果は日本民法の場合と同様である。しかし，韓国民法はその外にも，履行遅滞中の損害賠償に関する392条（「債務者は，自己に過失がない場合にも，その履行遅滞中に生じた損害を賠償しなければならない。ただし，債務者が履行期に履行しても損害を免れることができない場合は，この限りでない」），填補賠償に関する規定（395条「債務者が債務の履行を遅滞した場合に，債権者が相当な期間を定めて履行を催告してもその期間内に履行しないか，又は遅滞後の履行が債権者に利益のないときは，債権者は受領を拒絶し，履行に代わる損害賠償を請求することができる」）がある。これらの規定は，従来の判例学説を明文化したものである。

　㋑　履行不能：履行不能の要件および効果などは，日本民法415条の解釈論における通説のそれと同様である。

　㋒　不完全履行（積極的債権侵害）：現行の韓国民法上債務不履行の態様として履行遅滞および履行不能の外に不完全履行を認める必要があるのか。例えば，豚，鶏などある家畜売買において売主が病気にかかったものを買主に引渡したが，その家畜病が買主の他の家畜に伝染し死んだ場合に，いわゆる不完全履行により債権者の他の財産に損害を与えることになるが，かかる場合に債権者が被った特殊な損害は従来の債務不履行の理論だけではその損害を認めるわけにゆかない。このような場合を「不完全履行」ま

たは「積極的契約侵害」と呼んでいる。しかし，韓国民法は種類売買の目的物に瑕疵がある場合について売主の担保責任を認める581条（「① 売買の目的物を種類により指定した場合にも，その後特定された目的物に瑕疵があるときは，前条の規定を準用する。② 前項の場合において，買受人は契約の解除又は損害賠償の請求をせず，瑕疵のない物を請求することができる」（前条とは，売渡人の担保責任の規定（580条）を指す））を設けている。したがって，広い意味の不完全履行という債務不履行の態様は必要でない。上に挙げた例の場合には「積極的債権侵害」が成立するだけである。

2） 現実的履行の強制

債務の履行が可能であるにもかかわらず債務者が任意に履行しない場合には，債権者は国家権力の助力により，債権本来の内容を強制的に実現することが認められる。これを任意履行に対し「強制履行」または「現実的履行の強制」という。韓国民法389条は，法律行為を目的とする債務の強制履行，不作為債務の強制履行および強制履行の請求と損害賠償の請求との関係について規定しており，日本民法414条と同じ趣旨である。

3） 損 害 賠 償

債務不履行による損害賠償について韓日両国民法の規定はほとんど同じである。韓国民法の規定の損害賠償の範囲（393条），金銭賠償の原則（395条），過失相殺（396条），金銭債務不履行に対する特則（397条），損害賠償額の予定（398条），損害賠償者の代位（399条）等がそれである。

4） 債権者遅滞

韓国民法400条が「債権者が履行を受けることができないとき又は受けなかったときは，履行の提供があった時から遅滞責任を負う」と定めて，債権者の遅滞責任に関する規定を設けていることは日本民法413条の場合と同様である。しかし，日本民法は413条を設けただけであって，その債権者の遅滞責任とは果してどのような責任であるかは条文上明らかにされていない。しかし，韓国民法はこの点を明らかにしている。すなわち，債権者遅滞中には，債務者は故意又は重大な過失がなければ不履行によるすべての責任がない（401条），また利息付債権でも債務者は利息を支払う義務がない（402条）。さらに，その目的物の保管又は弁済の費用が増加したときは，その増加価額は債権者の負担となる（403条）。

第三節　民法財産編の概観

5）　責任財産の保全

韓国民法は責任財産保全のための制度として債権者代位権（404条）および債権者取消権（406条）の両制度を設けているが，この点は日本民法の場合（423条，424条）と同様である。

　㋐　債権者代位権：債権者代位権制度を定めている韓国民法404条は，日本民法423条と全く同じであるから，その要件，客体，行使方法，効果等も日本の判例学説の理論とほとんど異ならない。ただ，日本民法にはない規定，すなわち，債権者代位権行使の通知に関する405条（「①債権者が前条1項の規定により保存行為以外の権利を行使したときは，債務者に通知しなければならない。②債務者が前項の通知を受けた後は，その権利を処分してもこれにより債権者に対抗することができない」）がある。

　㋑　債権者取消権：債権者取消権に関する韓国民法406条，407条は，日本民法424条ないし426条に相当する規定である。債権者取消権に関する両民法の規定は基本的には同様であるが，債権者取消権の性質およびその取消権の消滅期間が異なる。すなわち，韓国民法406条1項本文は「……債権者はその取消および原状回復を裁判所に請求することができる」と規定し，詐害行為の取消と逸出した財産の返還を請求することができることを明文化している点，取消の訴は債権者が取消の原因を知ったときから1年，または詐害行為のときから5年以内に提起しなければ，債権者取消権が消滅する（406条2項）ということが，日本民法の場合に取消しの原因を知った時から2年または行為の時から20年となっているのと異なる点である。判例学説は，これらの期間を除斥期間であると解している。

(3)　多数当事者の債権関係

韓国民法は，日本民法の場合と同じく，いわゆる多数当事者の債権関係として，①分割債権関係（408条），②不可分債権関係（409条〜412条），③連帯債務（413条〜427条），④保証債務（428条〜448条）について規定しているが，日本民法の場合とほとんど同じである。その外に判例学説は，連帯債務の亜種として不真正連帯債務を認めている（大判2001・1・19，2000 다（ダ）33607）。

しかし，2004年度の日本民法の一部改正（2004年（平成16年）法律147号）により保証債務に関する446条に2項と3項が新設されて，2項は「保証契

約は，書面でしなければ，その効力を生じない」と定められて一種の書面主義をとるようになった。さらに，465条ノ2〜5が設けられて「代金等根保証契約」制度が新設された。これらの点が両国民法の保証債務において著しく異なるところである。

(4)　債権譲渡および債務引受

韓国民法は「債権の譲渡」の場合に指名債権について規定 (449条〜452条) しており，証券的債権の譲渡については，指示 (指図) 債権 (508条〜522条) および無記名債権 (523条〜526条) を新しく設けて規律している。「債務の引受」の場合に，日本民法は何ら規定を設けていないものの，早くから判例学説によりその有効性が認められている。しかし，韓国民法は詳細に明文化している (453条〜459条)。以下では著しく異なる点だけをとりあげる。

1）　債権の譲渡

① 指図債権の譲渡の場合に，日本民法469条は譲渡方法につき証券の裏書・交付を対抗要件としているが，韓国民法508条はそれらを成立要件ないし効力発生要件としている。さらに，韓国民法は流通性を確保するために善意取得を認めており (514条)，人的抗弁を制限している (515条)。② 無記名債権の譲渡の場合に，日本民法は無記名債権を動産とみなしている (86条3項) から，その譲渡は当事者の意思表示のみによってその効力を生じ，無記名債権の譲渡はその対抗要件に過ぎない。しかし，韓国民法は無記名債権を動産とみなさないために有価証券の法理が適用されて，無記名債権の譲渡はその証券の交付によって効力が生ずる。

2）　債務の引受

韓国民法は債務の引受について詳しく規定している。すなわち，債権者との契約による債務引受 (453条)，債務者との契約による債務引受 (454条)，承認認否の催告 (455条)，債務引受の撤回，変更 (456条)，債務引受の遡及効 (457条)，前債務者の抗弁事由 (458条)，債務引受と保証，担保の消滅 (459条) 等の規定が設けられている。その外にも，判例学説は「並存的債務引受」および「履行引受」なるものを認めているが，これらは日本の判例学説と同様である。

(5)　債権の消滅

韓国民法は債権編で「債権の消滅」という第6節を設けて，弁済 (460条

以下）, 代物弁済 (466条), 供託 (487条以下), 相計 (相殺に該当。492条以下), 更改 (500条以下), 免除 (506条), 混同 (507条) 等, 7種の一般的な債権消滅の原因について規定している。これらの点は, 日本民法と同様である。

2　契約法

韓国民法は, 債権編の契約の章 (第2章) で契約に共通する総則 (527条～553条) と各種の契約に関する規定 (544条～733条) を設けている。前者を一般的に契約総論といい, 後者を契約各論という。これらについて概観する。

(1)　契約総論

韓国民法は, 契約に共通する総則として, 契約の成立 (527条～535条), 契約の効力 (536条～542条), 契約の解止および解除 (543条～553条) 等に関する規定を設けている。これらの点は日本民法の場合 (521条～548条) と同様である。以下では, 主に異なる点だけをとりあげて紹介する。

1）　契約の成立

契約は原則的に請約 (申込みに該当) と承諾の合致により成立することは日本の場合と異ならないが, 日本民法にはない規定が設けられている。すなわち, 「交差申込」に関する533条 (「当事者間に同一の内容の申込みが相互に交差した場合には, 両方の申込みが相手方に到達した時に契約が成立する」) および「契約締結上の過失」に関する535条 (「① 目的が不能である契約を締結する時に, その不能を知り又は知ることができた者は, 相手方がその契約の有効を信じたことにより受けた損害を賠償しなければならない。ただし, その賠償額は契約が有効であることにより生ずる利益額を超えることができない。② 前項の規定は, 相手方がその不能を知り又は知ることができた場合には適用しない」) がそれである。このように, 契約締結上の過失責任につき韓国民法が535条の規定を設けているとはいえ, その規定するところは原始的不能の場合についてだけであるために, その責任はもっと広い範囲にわたって認められるべきであるというのが学説の立場である。

2）　契約の効力

契約がその効力を発生するためには, 一般要件 (有効要件ないし効力要件) を備えなければならない。韓国民法は「契約の効力」と題として, ① 同時履行の抗弁 (536条), ② 危険負担 (537条, 538条), ③ 第三者のためにする

契約 (539条～542条) について規定している。日本民法の場合も同様の制度が設けられている。

日本法と著しく異なる点は，危険負担の場合である。すなわち，韓国民法はいわゆる債務者危険負担主義に徹底しているという点である。韓国民法537条は「双務契約の当事者の一方の債務が当事者双方の責めに帰することができない事由によって履行することができなくなったときは，債務者は，相手方の履行を請求することができない」と規定し，その例外を一切認めていない。これに対して，日本民法には，債権者主義を定めた規定 (534条1項「特定物に関する物権の設定又は移転を双務契約の目的とした場合において，その物が債務者の責に帰することができない事由によって滅失し，又は損傷したときは，その滅失又は損傷は，債権者の負担に帰する」) と債務者主義を定めた規定 (536条1項「前2条に規定する場合を除き，当事者双方の責に帰することができない事由によって債務を履行することができなくなったときは，債務者は，反対給付を受ける権利を有しない」) が混在するため，両者の関係をどのように理解するかが問題となり，学説上多様な見解が展開されている状況である (山本敬三・民法講義IV–1 [有斐閣，2005年] 122頁以下)。

　3) 契約の解除・解止

　両国民法の契約解除制度において，① 解除の方法は相手方に対する意思表示によってする (韓国民法543条1項，日本民法540条1項)，② 解除の効果として原状回復義務が発生する (韓国民法548条，日本民法545条)，あわせて③ 損害賠償 (履行利益の賠償) も請求しうる (韓国民法551条，日本民法545条3項) 等の点は同様である。しかし，韓国民法は解除と解約告知を区別する規定を設けている点が異なる。すなわち，賃貸借や雇傭のような継続的契約において一方の当事者の債務不履行を理由としてその契約関係を解消させる場合には，遡及的に契約の効力を消滅させるのではなく，将来に向かって効力を失わせる場合に「解止」という用語が用いられている。このように，韓国民法は解止の効果に関する550条 (「当事者の一方が契約を解止したときは，契約は将来に向ってその効力を失う」) を新しく設けて，各規定で解除と解止を区別して規定している (625条，627条2項，629条2項，635条，657条，658条など)。

　(2) 契 約 各 論

　韓国民法は，債権編の契約の章 (第2章) で契約総則の規定につづいて

第三節　民法財産編の概観　　193

各種の契約に関する規定を設けている。すなわち，次のような15種の典型契約に関する規定が定められている。

　贈与 (554条～562条)，売買 (563条～589条，590条～595条 (還買。買戻しに該当する))，交換 (596条～597条)，消費貸借 (598条～608条)，使用貸借 (609条～617条)，賃貸借 (618条～654条)，雇用 (655条～663条)，都給 (請負に該当する契約。664条～674条)，旅行契約 (674条ノ2～674条ノ9)，懸賞広告 (675条～679条)，委任 (680条～692条)，任置 (寄託に該当する契約。693条～702条)，組合 (703条～724条)，終身定期金 (725条～730条)，和解 (731条～733条) などである。

　日本民法が規定している典型契約の種類と比較した場合，懸賞広告を除いて (日本民法は契約成立のところに規定されているが (529条以下)，韓国民法は典型契約として定められている)，その他の13種の契約は日本民法の場合と同様である。以下では，上記の契約の中で主な契約と思われる3つほどの契約をとりあげて紹介する。

1）売　買

　売買に関する両国民法の規定は根本的には同じであるといえるが，韓国民法には種類売買における売主の瑕疵担保責任に関する規定 (581条以下) が設けられており，また買戻しの内容 (590条以下) に異なる点がある。

　① 売主の瑕疵担保責任に関する問題である。日本民法570条は売買の目的物に瑕疵があったときは，売主の瑕疵担保責任があると規定しているが，その責任は「特定物」の売買においてのみ認められるのか，「不特定物」の売買においても認められるのかにつき明らかにされていない。韓国民法の場合にも同様の規定 (580条) が設けられているが，それとは別の規定が新しく設けられて，581条は「売買の目的物を種類により指定した場合にも，その後特定された目的物に瑕疵があるときは」売主の瑕疵担保責任があると規定している (1項)。

　したがって，韓国民法は種類売買の場合にも売主の瑕疵担保責任があるということを明らかにしている。かかる場合において，買受人は契約の解除または損害賠償の請求をせず，瑕疵のない物を請求することができる (581条2項)。

　② 買戻しの内容の問題である。買戻しに関する日本民法579条は，その目的物を不動産に限定しているが，韓国民法はそのような制限を設けて

いない。

　すなわち，590条1項は「売渡人が売買契約と同時に買戻す権利を保留したときは，その領収した代金及び買受人が負担した売買費用を返還し，その目的物を買戻すことができる」と規定し，不動産および動産，その他の財産権（例えば，債権，知的財産権など）についても買戻しの特約を締結することができる。

　また，買戻しの期間につき，日本民法は10年を超えることができない (580条) としているが，韓国民法は不動産は5年，動産は3年を超えることができない (591条) としている。

　2）　消　費　貸　借

　消費貸借に関する両国民法の規定は多くの点で異なるが，その主な点をあげれば，契約の成立に関する規定と借主の保護のための特則である。

　㋐　消費貸借の成立　　日本民法587条は消費貸借を要物契約として，借主が貸主から金銭その他の物を「受け取ることによって，その効力を生ずる」と規定している。この点に対して韓国民法598条は消費貸借を諾成契約として，返還すべきことを「約定することによって，その効力を生ずる」と規定している。その結果，法律的性質，成立要件，効力等が異なる。

　㋑　借主の保護のための特則　　消費貸借，特に金銭消費貸借においては借主の弱い地位を利用して貸主が暴利をむさぼる場合が少なくない。このような貸主の暴利行為を抑制し，借主を保護する目的で韓国民法には日本民法にはない3つの規定が設けられている (606条～608条)。若干立ち入って紹介しよう。

　①　代物代替：606条が「金銭貸借の場合に，借主が金銭に代えて有価証券その他の物の引渡しを受けたときは，その引渡時の金額で借用額とする」と規定しているように，消費貸借の目的となるのは金銭に限らず，代替物であれば何でもその目的となる。したがって，金銭を消費貸借の目的とする場合にも，貸主が現金を交付せずに現金に代えて有価証券やその他の物を引渡す場合がある。かかる場合を「代物貸借」というが，かかる代物貸借は，金銭の代わりに交付される有価証券その他の物の価額が時によって変動するがゆえに，消費貸借の借用額を決定する時期に関して当事者間の争いが頻繁に生ずる。また，貸主が借主の弱い地位を利用して，時

価が借用金額よりもはるかに小さい有価証券その他の物を借用金額に代えて交付することによって暴利をむさぼる場合が少なくない，といった問題が生ずる。このように，当事者間の争いの解消または貸主の暴利から借主を保護するために606条が強行規定として設けられた。

② 代物返還の予約および借主に不利益な約定の禁止：代物弁済の有効性については両国民法ともに認めている（韓国民法466条，日本民法482条）。したがって，代物弁済の予約も当事者が自由に締結することができる。問題は，代物弁済の予約において両給付間の顕著な不均衡がある場合に，その予約の暴利性が生ずる。実際上，代物弁済の予約が金銭消費貸借に付随して行われることが多く，しかも貸主が借主の窮迫を利用して暴利を得ようとするときに多く利用される場合がある。かかる場合に貸主から借主を保護するために，607条（「借用物の返還に関して借主が借用物に代えて他の財産権を移転することを予約した場合には，その財産の予約当時の価額が借用額及びこれに付した利息の合算額を超えることができない」）および608条（「前2条の規定に違反した当事者の約定であって借主に不利なものは，買戻しその他いかなる名目でも，その効力がない」）が強行規定として設けられている。

3) 賃 貸 借

賃貸借とは「当事者の一方が相手方に目的物を使用・収益させることを約し，相手方がこれに対して賃料を支払うことを約することによりその効力が生ずる」（618条）契約であることは，日本民法の場合（601条）と同様である。賃貸借の目的となるものは動産に限らず不動産も含まれるが，実際上，社会的経済的に重要な機能を果しているのは不動産の賃貸借である。ということで，不動産賃借人の保護に関する多くの規定が設けられている。その中心的な規定は，不動産賃貸借の対抗力に関する621条2項（「不動産賃貸借を登記したときはその時から第三者に対して効力が生ずる」）および借地権の対抗力に関する622条1項（「建物の所有を目的とする土地賃貸借は，これを登記しない場合にも，賃借人がその地上建物を登記したときは，第三者に対して賃貸借の効力が生ずる」）をとりあげることができる。しかし，前者の場合は賃貸借の登記がない限り，第三者に対して対抗力が生じないために，不動産賃借人の保護という規定はあまりその機能を果たさない。ということで1980年代に入ってようやく不動産賃貸借の登記がなくても，第三者に対抗することができる特別法

（住宅賃貸借保護法，商街建物賃貸借保護法）が制定され，今日に至っている。不動産賃貸借に関しては，第七章で詳しく紹介する。

４）旅行契約

ア）立法趣旨

最近，国内外の旅行は，生活上の大衆化，普遍化されて継続的に増加する趨勢になっており，旅行関係をめぐる様々な紛争も頻繁に生じている状況である。しかし，これらの紛争に対処すべき直接的な法令がなく，旅行者を保護するには脆弱な部分が多い。これらを補完するために，民法の一部改正により旅行契約の意義，解除・解約，担保責任に関する事項を定めるなど，基本的な事項を規定する民法の典型契約の一つとして「旅行契約」(674条ノ2～674条ノ9) が新設された (2015. 2. 3. 法律13125号，2016. 2. 4. 施行)。

イ）主要内容

以下に，主な内容を紹介する。

① 旅行契約の定義

旅行契約とは，当事者の一方が相手方に運送，宿泊，観光，その他の旅行関連の役務をあわせて提供することを約し，相手方がその代金支払いを約することによって成立する契約をいう (674条ノ2)。

② 当事者の契約解除・解止（解約）

旅行者は，旅行開始の前には，いつでもその契約を解除することができるが，相手方に生じた損害を賠償しなければならない (674条ノ3)。また，やむを得ない事由がある場合には，各当事者は，その旅行契約を解止（解除とは異なって遡及効のない解約）することができる。ただし，その事由が当事者一方の過失によって生じた場合には，相手方に対して損害を賠償しなければならない (674条ノ4，1項)。かかる事由によって契約が解約された場合でも，帰還運送義務のある旅行主催者は旅行者を帰還運送する義務がある (同条2項)。さらに，このような解約により生じる追加費用は，その解約事由が当事者の誰かの事情に属する場合には，その当事者が負担する。誰の事情にも属しない場合には，各当事者は半分ずつ負担する (同条3項)。

③ 旅行主催者の担保責任と旅行者の解止権

旅行に瑕疵がある場合には，旅行者は旅行主催者に対して瑕疵の是正ま

第三節　民法財産編の概観　　197

たは代金の減額を請求することができる。ただし，その是正に過大な費用
を要するか，その他に是正を合理的に期待できない場合には，その是正を
請求することができない（674条ノ6, 1項）。旅行者は，是正請求，減額請求
に代えて損害賠償を請求するか，または，これらの請求とともに損害賠償
を請求することができる（同条3項）。

　旅行者は，旅行に重大な瑕疵がある場合にその是正が行われていないか，
または，契約の内容に従う履行を期待できない場合には，契約を解止する
ことができる（674条ノ7, 1項）。

　以上のような674条ノ3，674条ノ4，または674条ノ6から674条ノ
8までの規定に違反する約定が旅行者にとって不利なものは，その効力を
無効にする強行規定（674条ノ9）が設けられて，旅行者は積極的に保護され
ることになった。

3　事務管理・不当利得・不法行為

(1)　事務管理

　契約上または法律上の義務なく他人のためにその事務を管理することを
事務管理といい，韓国民法734条以下で事務管理に関する制度を設けてい
る。すなわち，734条は「義務なく他人のために，その事務を管理する者
は，その事務の性質に従い最も本人に利益となる方法によりこれを管理し
なければならない」（1項）とし，その管理者が本人の意思を知り，又は知
ることができるときは，その意思に適合するよう管理しなければならない
（2項）。なお，管理者が前2項の規定に違反して事務を管理した場合には，
過失がないときも，これによる損害を賠償する責任がある。ただし，その
管理行為が公共の利益に適合するときは，重大な過失がなければ賠償する
責任がない（3項）。

　日本民法の場合も同様の制度が設けられており（日本民法697条以下），そ
の要件および効果もほとんど同じである。ただし，韓国民法は日本民法に
はない740条を新しく設けて「管理者が事務管理をする場合に，過失なく
損害を受けたときは，本人の現存利益の限度においてその損害の補償を請
求することができる」と規定し，管理者の無過失損害補償請求権が認めら
れている。

(2) 不当利得

韓国民法741条は「法律上の原因なくして他人の財産又は労務によって利益を受け，これによって他人に損害を加えた者は，その利益を返還しなければならない」とし，不当利得制度を設けている。このことは，日本民法が設けている不当利得制度 (703条以下) と同様である。それゆえ，その要件および効果もほとんど同じであり，不法原因給付の場合も日本民法の場合 (708条) と同様の規定が設けられている (746条)。さらに，債務の不存在を知ってした弁済 (非債弁済という。742条)，期限前の弁済 (743条)，他人の債務の弁済 (745条) の場合も同様である。ただし，日本民法にはない，道義観念に適合した非債弁済に関する規定が設けられている。すなわち，744条は「債務がない者が錯誤により弁済した場合に，その弁済が道義観念に適合するときは，その返還を請求することができない」と規定している。したがって，債務の不存在を知らずに弁済した場合にも，その弁済が道義観念に適合したときには，不当利得は成立せず，損失者はその返還を請求することができないということである。例えば，債務者が消滅時効の完成を知らずに弁済した場合に，その弁済は道義観念に適合した非債弁済であるがゆえに，その返還を請求することができない，という事例がよく挙げられる。

(3) 不法行為

韓国民法750条は「故意又は過失による違法行為により他人に損害を加えた者は，その損害を賠償する責任がある」と規定し，一般の不法行為にもとづく損害賠償制度を設けている。このような不法行為制度は，日本民法の場合 (709条以下) と同様である。ただし，注意を要する点は，韓国民法が不法行為の成立要件の1つとして加害行為の「違法性」が必要であることを明確にしているが，日本民法は「他人ノ権利ヲ侵害」することを要件としたために，被害救済の範囲が狭く定められていた。しかし，2004年（平成16年）の改正によって「他人の権利または法律上保護される利益を侵害」した者は，それによって生じた損害を賠償する責任を負うことになった。したがって，その要件についても同様に解されよう。

750条につづいて次のような規定が設けられている。財産以外の損害の賠償 (751条)，生命侵害による慰謝料 (752条)，未成年者の責任能力 (753条)，

心神喪失者の責任能力 (754条)，責任無能力者の監督者の責任 (755条)，使用者の賠償責任 (756条)，注文者の責任 (757条)，工作物等の占有者・所有者の責任 (758条)，動物の占有者の責任 (759条)，共同不法行為者の責任 (760条)，正当防衛・緊急避難 (761条)，損害賠償請求権における胎児の地位 (762条)，名誉毀損の場合の特則 (764条)，賠償額の軽減請求 (765条)，損害賠償請求権の消滅時効 (766条) 等である。損害賠償請求権の消滅時効の場合に，「不法行為をした日から10年を経過したときも，前項と同様である」(766条2項) と規定して，この場合の消滅時効期間は10年であるが，日本の場合には20年である (724条後段) という点が異なる。

〈参考文献〉

1　高翔龍・民法総則〈第3版〉(法文社，2005年)
2　郭潤直・民法総則〈第7版〉(博英社，2005年)
3　高翔龍・物権法 (法文社，2002年)
4　郭潤直・物権法 (博英社，2005年)
5　郭潤直・債権総論 (博英社，2005年)
6　郭潤直・債権各論 (博英社，2005年)

第四節　不動産登記制度

　朝鮮不動産登記令による日本の不動産登記制度の依用は終戦 (1945.8.15) 後にも引き継がれてきたが，民法が制定され (1958.2.22. 法律471号)，1960年1月1日より施行されると同時に朝鮮不動産登記令は廃止され，1960年1月1日に不動産登記法 (法律第536号。以下，「不登法」とする) が制定，同日施行された。

　ここで改めて注意を要するのは，現行民法は1960年1月1日から施行されると同時に，登記は不動産物権変動の成立要件となったことである。すなわち，現行民法が施行される以前の旧民法 (日本民法) は登記を不動産物権変動の対抗要件とする意思主義をとってきたが，現行民法は登記を不動産物権変動の成立要件とする形式主義へ転換したという点である。したがって，民法施行当時 (1960.1.1) の附則10条は，所有権移転に関する

経過規定を設けて同条1項は「本法施行日前の法律行為による不動産に関する物権の得失変更は本法施行日から3年内に登記しなければその効力を失う」と規定した。その後，同項は1962年12月31日の改正（法律1250号）で登記期間を2年延長し，3年が5年となった。つづいて1964年12月31日の改正（法律1668号）で登記期間をさらに1年延長し，5年が6年に変更された。以来，登記期間延長の改正は行われず，限時法が3回ほど制定・実施されながら今日に至っている（詳細は，本節二参照）。

一　立法当時の「不動産登記法」

1　不動産登記法の主な内容

立法当時の不動産登記法の主な内容は以下のとおりであるが，それは今日まで続いている。

① 民法において新設された伝貫権（303条以下）を登記の権利対象とし，登記手続を定める（不登法2条）。

② 民法は不動産物権変動において登記を成立要件とする形式主義を採択することにより（186条），登記申請に必要な手続上の条件が備えないときには登記をすることができないようにし，請求権保全の仮登記のみを認める（不登法3条）。

③ 民法上共同所有形態の1つである総有が認められ（民法275条），宗中・門中その他法人でない社団または財団が所有する不動産をその団体名義で登記することができる（不登法30条「（法人でない社団等の登記申請人）① 宗中，門中その他代表者又は管理人がある法人でない社団又は財団に属する不動産の登記に関しては，その社団又は財団を登記権利者又は登記義務者とする。② 1項の登記は，その社団又は財団の名義でその代表者又は管理人がこれを申請する」）。

④ 民法上共同所有形態で共有と区別される合有が認められ（民法271条以下），登記する権利が合有財産であるときには，登記申請書にその旨を記載する。

⑤ 根抵当制度が明文化され（民法357条），抵当権の内容が根抵当である場合には設定登記申請書にその旨と債権の最高額（極度額に該当する）を記載する。

第四節　不動産登記制度　　201

⑥ 抵当権は被担保債権と分離して処分することができない (民法361条)。
　従って，抵当権の移転登記を申請する場合には被担保債権とともに
　移転する旨を記載する。

⑦ 登記簿が滅失した場合，その回復手続として申請書編綴制度を設け
　る。

⑧ 登記簿閉鎖制度を設ける。

　不登法制定当時の登記事項について，同法2条は「登記は次に掲げたる
権利の設定，保存，移転，変更，処分の制限もしくは消滅につき，これを
なす」と定めて，① 所有権，② 地上権，③ 地役権，④ 伝貰権，⑤ 抵当権，
⑥ 賃借権を列挙している。その後，同法の改正 (1983.12.31法律3692号)
により「権利質権」が追加された。

2　不動産登記法の構成

　不動産登記法は，物的編成主義をとっており (15条)，登記簿は土地登記
簿と建物登記簿の2種類で編成されている (14条)。また，共同申請主義の
原則をとっており (同法27条)，登記公務員は形式的審査権だけを有する (し
かし，現在，区分所有権登記申請の場合に必要なときは登記官に調査権が認められている。同
法56条ノ2)。登記事務は，不動産の所在地を管轄する地方法院 (司法府) を
管轄登記所として管掌している点 (同法7条) で朝鮮不動産登記令による場
合と異なる制度である。

　ここで注目すべきことは，次のいくつかの点である。すなわち，韓国民
法において不動産登記は不動産物権変動の成立要件とされている点，すな
わち，いわゆる成立要件主義をとっている点 (民法186条「不動産に関する法律
行為による物権の得失および変更は登記しなければその効力が生じない」) が，朝鮮不動産
登記制度とは著しく異なる点である。しかし，登記に公信力が認められな
い点は変わっていない。

　したがって，登記を物権変動の成立要件としている点はドイツ法と同様
であるが，登記の公信力を認めていない点はドイツ法と著しく異なる。ま
た，日本法は登記に公信力を認めていない点で韓国法と同様であるが，登
記を対抗要件としている点で韓国法と著しく異なる。

二　不動産登記法の主な改正とその内容

以下では，不動産登記法の主な改正とその内容について概観する。解釈論的側面の議論はここでは省略する（詳しくは高翔龍・物権法（法文社，2002年）77頁以下参照）。

1　1978年改正 (一部改正1978.12.6法律3158号) ────────

「検認契約書」を登記原因書面とする改正である。すなわち，不動産投機の加熱化につれて不動産の利用が阻害され，また国民経済に悪影響をおよぼしている実情に照らして，陰性的な取引を陽性化させて投機を抑制することによって不動産の取引および利用を正常化し，かつ課税の適正化を図る一方，所有権の売買または交換の場合に登記原因に関する紛争を可能な限り防止するために検認契約書により契約を締結するように改正したのである。

①　所有権の売買または交換の場合に，検認契約書の提出を登記申請の要件とする (40条2項)。

②　登記所が不動産所有権の保存または移転登記をするときは，税務署長に検認契約書写本を送付しなければならない。

③　検認契約書に関する規定の施行日は，大統領令により定める。

この検認契約書に関する規定の施行は，大統領令によるものと定められていたが，不動産投機が極に達した1988年にはじめて施行された。すなわち，1988年9月30日大統領12527号で「不動産登記法40条2項および45条但書の適用に関する規程」を制定して，検認契約書が1988年10月1日より使用された。それに従い，従来登記原因として使用された売渡証書の使用が廃止され，検認契約書が登記原因として使用されるようになった。

当時の検認契約書の作成方法は3種類あった。①政府が作成した標準検認契約書，②法務士（司法書士に該当する）または不動産公認仲介士が作成して事前に検認 (当該不動産の所在地の管轄市，郡，区の地籍課からその証書の形式的要件の具備を確認) を受けた検認契約書，③当事者が売買契約または交換契約を締結し，それを書面化した後に検認を受けた検認契約書である。実際には，③の方法による検認契約書だけが使用されていた。

第四節　不動産登記制度　　203

　しかし，その後の不動産登記法の一部改正（1991.12.14. 法律4422号）により検認契約書制の規定（40条2項）が削除され，その代わりに，不動産登記特別措置法3条に「検印契約書制」が設けられて今日に至っている。検印契約書制とは，契約を原因とする所有権移転登記を申請するときは，当事者，目的不動産，契約年月日，代金および評価額等，不動産仲介業者等が記載された契約書に検印申請人を表示し，不動産の所在地を管轄する市長，区長，郡守等の検印を受けて管轄登記所に提出（同法3条）しなければならないという制度である。

2　1983年改正（一部改正1983.12.31法律3692号）

　不動産登記法が制定された後，社会経済事情の変遷により不動産の活用度が高くなり，また不動産に関する権利の得失変更が頻繁に生じ，従前の規定だけではこれらを正確に公示するのに不十分である点を補完し取引の安全を図るために改正された。

① 登記業務処理の機械化と能率化をはかるために登記簿をカード化する。
② 虚無人名義登記の防止等のために，すべての登記に登記権利者（個人に限る）の住民登録番号を氏名に併記する（57条2項）。
③ 還買権（買戻権に該当する。民法590条以下）は譲渡性のある独立した権利であるから，これを独立登記として登記する。その公示方法を改善し，その登記および抹消に関する規定を新設する（43条）。
④ 民法が定めている権利質権（民法345条以下）の登記方式に関する規定を新設する（2条6号）。
⑤ 抵当権のみならず，所有権以外の権利の移転登記は，すべて附記によって明文化する。

3　1984年改正（一部改正1984.4.10法律3726号）

　民法の一部改正（1984.4.10法律3723号）および「集合建物の所有および管理に関する法律」（1984.4.10法律3725号）の制定に従い，区分地上権（民法289条ノ2）および区分所有権の登記に関する新しい規定を設けるために改正された。

経済発展と人口の都市集中により大都市にマンション等，共同住宅が急激に増加し，それに伴って高層建物の所有と利用の形態は，従来とは異なって，1棟の建物を数十ないし数百の区分所有者が共同利用するという新しい形態へと発展した。このような新しい生活関係を規律する規定が備えられていなかったし，登記方法も複雑であったために不動産登記公示制度の機能を十分発揮できなかった。ということで，不動産登記制度を改善して高層建物その他，集合建物内の共同生活を合理的に規律し，その権利関係を簡明に公示することができるようにすることが改正の目的であった。

① 区分建物に関する新しい登記用紙を創設する（一不動産一登記用紙主義原則に対する例外認定。15条1項但書）。

② 規約上共用部分の表題部登記方式を規定し，この登記のために表題部登記用紙を創設する（16条ノ2）。

③ 垈地権（敷地権に該当）登記を創設してその変更・更正・消滅に関する規定を設ける。

④ 区分建物の表題部に対する登記公務員の実質的調査権を認める（56条ノ2）。

4　1985年改正（一部改正1985. 9. 14法律3789号）

登記義務者の権利に関する登記済証が滅失した場合の登記手続を簡素化するために特則規定（49条ノ2）を削除する。また登記簿と登記申請書の記載には金銭その他の物件の数量，年月日と地番は必ず壱・弐・参などの漢字で表記するようにしていたが，これらの文字は一般国民になじみがなく，使用することが非常に不便であるから国民の便宜を図り，登記事務を能率化するために，アラビア数字など，他の文字によっても表示することができるようにして，漢字の強制使用規定を削除するとともに現行規定上の用語など，運営上生ずる一部未整備の点を整備・補完するために改正された。

5　1986年改正（一部改正1986. 12. 23法律3859号）

不動産に関する資料を電子化して多様な行政目的の遂行に役に立つように不動産登記の時に，個人の氏名とともに，住民登録番号の併記とあわせて，国家・地方自治団体・国際機関・外国政府・外国人・法人・法人でな

第四節　不動産登記制度　　205

い社団もしくは財団にも不動産登記用登録番号を附与して，これを登記す
るように改正された (41条2項。同項は第8次の改正 (1991.12.14) により廃止)。

6　1990年改正 (一部改正 1990.8.1 法律 4244 号)

　不動産投機を根本的に除去するために，合法的手段として利用されてい
る中間省略登記，登記原因の虚偽記載，名義信託などを禁止して，各種の
不動産に対する公法的規制の例外的な措置を悪用する脱法行為を根絶する
ために不動産登記特別措置法 (1990.8.1法律 4244号) が制定されたが (本節三
2参照)，同法による不登法の関連条項が改正された (附則4条)。すなわち，
不動産所有権移転登記申請を義務化し，不動産投機の手段として利用され
ている虚偽・不実登記申請行為と不動産投機を抑制するための取引制限法
令を回避する各種の便法・脱法行為を直接的に規制することによって登記
簿記載と取引の実際内容が一致するようにし，健全な不動産取引秩序を確
立しようとするものである。

7　1991年改正 (一部改正 1991.12.14 法律 4422 号)

　現行不動産登記手続の煩雑性を解消し，予告登記制度，保証書添付制度
等を改善・整備することによって国民の便宜を図るとともに不動産登記の
公示機能を強化するために改正された。

① 現行不動産登記の規定は，登記原因の無効等による登記の抹消もし
くは回復の訴が提起された場合に限って予告登記をすることができ
るようにしているが，敗訴した原告が再審の訴を提起した場合にも
予告登記をすることができるようにして，第三者が不必要な紛争に
巻き込まれないようにする (4条)。

② 登記義務者の単独申請による登記方法を認める。勝訴判決を得た登
記権利者が登記申請を遅らせた場合等には，登記義務者が租税上の
負担を負う等，不当な事態が発生しうる。かかる事態を防止するた
めに，判決による登記は登記義務者が単独でできるようにする (29条)。

③ 登記済証を滅失した時，成年者2人の保証書を添附するようにして
いる現行保証書制度は，登記の真正確保という本来の機能をあまり
遂行できないということだけでなく，保証書売買行為等の副作用が

憂慮されるから，この制度を廃止する。同時に，登記義務者が登記
所に直接出席して住民登録証等により登記公務員に本人であること
を確認するか，弁護士または法務士が登記義務者本人から委任され
たことを証明する場合等に限って登記をするようにする（49条）。

④ 現行不動産登記制度下では，無権限の者が定款や社員総会決議録等
を偽造して自分が真正たる代表者であるかのように登記申請をする
危険が非常に大きい。かかる危険を予防するために，それらの団体
名義の登記には，その代表者等の姓名・住所と住民登録番号を登記
事項として定めて，その団体に属する不動産の処分権限が誰にある
のかを登記簿を通して確認することができるようにする（41条3項）。

8 1996年改正（一部改正 1996.12.30 法律 5205 号）

登記申請時に，手数料を納めさせる根拠規定を設けるとともに「電算情
報処理組織による登記事務処理に関する特例」（不登法第4章ノ2（177条ノ2〜
177条ノ8））を新しく設けたのが改正の主な内容である。すなわち，

① 電算情報処理組織により登記事務を処理する場合に登記簿の謄本ま
たは抄本は，登記簿に記録された事項の全部または一部を証明する
書面をいうものとする。登記簿の閲覧は，登記簿に記録された事項
を記載した書面を交付するか，または電磁的方法によってその内容
を見せる方法による。

② 電算情報処理組織により登記事務を処理する場合に管轄税務署長に
対する課税資料の送付および台帳所管庁に対する登記済の通知を一
定の事項が記録された磁気ディスクまたはこれを記載した書面を送
付するか電子通信網によってその内容を電送する方法によってする。

③ 電算情報処理組織により登記事務を処理する場合の登記簿の保管，
管理およびその他，登記事務処理手続に関する具体的事項は大法院
規則で定める。

9 1998年改正（一部改正 1998.12.28 法律 5592 号）

不動産登記業務電子化事業を推進するに際し，現行規定の中で電算情報
処理組織による登記事務処理に適合しない条文と用語を整備し，また不動

第四節　不動産登記制度　　　207

産登記業務電子化事業の効率性と生産性を向上させるための関連規定を補
完して，情報化を通じた国家競争力を強化する目的で改正された（177条ノ
4，177条ノ5，2項ないし4項を新設，177条ノ6など）。

　不動産登記法の1996年改正と1998年改正により，現在，不動産登記の
閲覧，登記簿の抄本・謄本発給は各地方自治団体（例，区役所），不動産登
記所，一部の駅等に設置されている無人登記簿謄本発給機で提供されてい
る。また大法院ホームページ（http://www.iros.go.kr/）を利用してインター
ネット発給などのサービスを得ることができる。

10　2002年改正（一部改正2002.1.26法律6631号）
　未登記建物の中で建築法による建築申告または建築許可を得たが，使用
承認を受けなかったために保存登記ができなかった建物に対して，不動産
執行の方法で強制執行できるようにしている民事執行法81条の規定にし
たがい，不動産登記手続にこれを反映するように改正された（134条3項，
134条4項）。

11　2003年改正（一部改正2003.7.18法律6926号）
　集合建物の区分店舗について表示登記を申請する場合，区分店舗の境界
表示等に関する明確性を保つために必要な添附書類を補完する目的で改正
された（55条13号，132条3項）。

12　2005年改正（一部改正2005.12.29法律7764号）
　不動産取引の透明性を確保するために，売買を原因とする所有権移転登
記を申請する際には，登記申請書に取引申告済証に記載された取引価額を
記載し（40条1項9号新設），申請書に記載された取引価額を不動産登記簿甲
区の権利者およびその他事項欄に記載しなければならない（57条4項新設）
という規定が新たに設けられた。

13　2006年改正（一部改正2006.5.10法律7954号）
　不動産登記事務処理の効率化と登記申請に関する国民の便宜増進のため

に，電算情報処理組織を使用して登記を申請することができる根拠を備える（177条ノ8ないし10新設），重複登記の処理（15条ノ3新設），区分建物の垈地（敷地）使用権移転登記（57条ノ3新設）および合筆登記の運用過程で発生する問題点を改善（90条ノ4新設）する，等の目的で改正された。

特に，注目すべき改正点は電算情報処理組織を使用する登記申請である（177条ノ8ないし10新設。2006.6.1.施行）。すなわち，不動産登記申請の当事者および代理人は，先に使用者登録を済せた後，電算情報処理組織を使用して不動産登記を申請する方法である。このような電算情報処理組織を使用する登記申請方法は，日本の不動産登記法18条1号と類似するものであるが，手続上次のような点が異なる。すなわち，登記を電子申請する場合には，先に使用者登録をしなければならない点である。電子申請者は，使用者登録のために，登記所に行き，使用者登録申請書，印鑑証明および住所証明書等の書類を提出して，使用者登録を済まさなければならない。登記手続に慣れていない一般人にとっては，登記の書面申請の使用方法とあまり差がない。結局，弁護士や法務士（司法書士に該当）に依頼することになろう。

14　2011年改正（全面改正 2011.4.1 法律10580号，2012.6.11.施行）────

① 全面改正の理由

不動産登記簿電算化事業の完了によって登記事務処理は電算情報処理組織を利用して遂行されており，登記電子申請が全国的に施行されている状況である。したがって，紙登記簿を前提とした規定を整備し，また法律に直接規定するのが適しない事項を大法院規則に委ねるか，または削除して，彈力的に登記手続を営む。さらに，悪用の余地のある予告登記制度を廃止して不動産に関する国民の権利保全を図り，取引の安全性を高めるといった種々の目的のために全面改正が行われた。

② 主要内容

1．登記の効力発生時期を明確にするために登記官が登記を済ませば，その登記の効力は受理した時から生じる（6条2項）。

2．登記簿電算化の作業が完了され，すべての登記事務は電算情報処理

組織で処理されているので，このことを登記事務処理方式の原則として規定する。したがって，紙登記簿を前提とした規定または用語（登記用紙，記載，捺印等）は電算登記簿に適しないから，すべて削除した（11条2項）。

3．民法368条2項後段によれば，共同抵当が設定された場合に先順位抵当権者がその中の一部分の不動産について抵当権を執行して債権全部の救済をうけた場合，後順位抵当権者は共同担保として提供されている他の不動産について先順位抵当権者を代位して抵当権を行使することができるので，かかることについて登記できるように共同抵当代位登記の規定を新設した（80条）。

4．登記官が仮登記に基づいて本登記をなす場合において，仮登記後になされた登記が仮登記上の権利を侵害する登記であれば，その抹消手続を明確にするために登記官が仮登記に基づく本登記をなす際に，仮登記上の権利を侵害する登記を遅滞なく職権で抹消するように新たな規定を設けた（92条）。

5．予告登記は，本来，登記の公信力が認められていない法制下で取引の安佺を図るために認めた制度である。しかし，予告登記のために，登記名義人が取引上被る不利益が多く，また執行妨害の目的で訴えを提起して予告登記を行う事例も頻繁に生じるなどその弊害が多いので，予告登記制度を廃止した（現行4条，39条，170条，170条ノ2削除）。

三　不動産登記の特別法

不動産登記に関しては種々の特別法があるが，ここでは主な特別法だけをとりあげて紹介する。

1　不動産所有権移転登記特別措置法 ─────────────
(1)　趣　旨

既述したように，現行不動産登記法が実施（1960年1月1日）されるまでは，意思主義をとっている依用民法および朝鮮不動産登記法が適用されていたため，形式主義をとっている現行民法が施行（1960年1月1日）されて以来今日においても所有権移転登記等されていない不動産が相当多い状況

である。したがって，不動産所有権移転登記等に関する一連の特別措置法
は，法律の施行当時に所有権の保存登記をしていないかまたは登記簿の記
載が真実の権利関係と一致していない不動産について簡便な手続で登記す
ることができるように限時的に施行された法律である。過去，1977 年と
1992 年に制定された「不動産所有権移転登記等に関する特別措置法」に
よって以上のような措置がとられたことがあるが，かかる法律を知ること
ができなかったか，または登記することを怠っていて，今日に至るまで所
有権移転登記等をしていない不動産の実所有者が多い。このことに鑑み，
簡便な手続により登記させることによって真正な権利者の所有権保護およ
び国民の実質的権利を救済し，制度悪用の素地を最小化するために保証書
の真正性の確保法案を講ずる等，財産権としての機能を果たすことができ
るようにするという趣旨で「不動産所有権移転登記等に関する特別措置
法」(2005.5.26 法律 7500 号) が制定された。同法は限時法として 2006 年 1 月
1 日から 2007 年 12 月 31 日まで実施された。

(2)　2005 年同法 (一部改正 2006.12.26 法律 8080 号) **の主な内容**

同法の主な内容は，以下のとおりである。

① 同法の適用対象の不動産は，この法の施行日現在，土地台帳または
林野台帳に登録されている土地および建築物台帳に記載されている
建物とする (2条)。

② 適用範囲は，1995 年 6 月 30 日以前に売買・贈与・交換等の法律行
為により事実上譲渡された不動産，相続された不動産および所有権
保存登記がなされていない不動産である (3条)。

③ 適用地域および対象は，修復地区を除いた邑・面地域の土地および
建物と広域市および市地域の農地・林野および地価 1 ㎡当り 6 万
500 ウオン以下の全土地とし，広域市および人口 50 万以上の市に対
しては 1988 年 (2006 年一部改正) 1 月 1 日以後，直割市 (2006 年一部改
正により追加)・広域市またはその市に編入された地域とする (4条)。

④ 未登記不動産を事実上譲り受けた者等は，確認書を添付して当該不
動産の台帳所管庁に台帳上の所有名義人変更登録または復旧登録を
申請することができるようにし，変更登録または復旧登録された台
帳上の所有名義人は，その台帳謄本を添付して，自己名義で所有権

移転登記を申請することができるようにする（6条）。

⑤ 登記を申請する場合に，当該不動産の台帳所管庁が発給する確認書を添付する。その確認書の発給を受けようとする者は，市・区・邑・面長が当該不動産所在地の洞・里で大統領令が定める期間以上居住している者の中から委嘱した3人以上の保証書を添付して書面で申請する。台帳所管庁は，保証人らに虚偽保証にする処罰を知らせるとともに保証趣旨を直接確認した後，現場調査を経た後で確認書を発給する（9条，10条）。

⑥ 虚偽方法で確認書の発給を受けた者，行使の目的で確認書等の文書を偽造または変造した者，虚偽保証書を作成した者は，1年以上10年以下の懲役または500万ウォン以上1億ウォン以下の罰金に処する。この場合に，これらを併科することができる（13条）。

⑦ この法は，2006年1月1日より施行し，2007年12月31日まで効力を有する。同法の施行中に確認書の発給を申請した不動産について，有効期間経過後6月まで本法による登記を申請しなければならない（附則1条，2条）。

2　不動産登記特別措置法

(1)　趣　旨

不動産取引に関する実体的権利関係に合致する登記をするようにし，健全な不動産取引秩序を確立することを目的として「不動産登記特別措置法」（1990.8.1法律4244号）が制定された。同法の核心は，不動産投機の方法として利用されている不動産の未登記転売，すなわち中間省略登記の禁止である。同法は，その後5回にわたって改正され，今日に至っている。

(2)　主 な 内 容

同法の主な内容は，以下のとおりである。

① 不動産の所有権移転を内容とする契約を締結する者は，互いに対価的債務を負う場合には反対給付の履行が完了された日，または契約当事者の一方のみ債務を負う場合にはその契約の効力が発生した日より60日以内に所有権移転登記を申請しなければならない（2条1項）。

② 上記①の場合に，不動産の所有権が移転することを内容とする契約

を締結する者が，その60日以後その不動産に関し，さらに第三者との所有権移転を内容とする契約または第三者に契約当事者の地位を移転する契約を締結しようとする時には，その第三者との契約を締結する前に，先に締結された契約に基づいて所有権移転登記を申請しなければならない（2条2項）。

③ 上記 ①の場合に不動産の所有権が移転することを内容とする契約を締結する者がその60日以前に，その不動産に関し，さらに第三者との所有権移転を内容とする契約，または第三者に契約当事者の地位を移転する契約を締結しようとする時には，先に締結された契約の反対給付の履行が完了または契約の効力が発生した日より60日以内に，先に締結された契約に基づいて所有権移転登記を申請しなければならない（2条3項）。

④ 契約書等の検印に対する特例が設けられている。すなわち，「契約を原因とする所有権移転登記を申請するときには，次の各号の事項が記載された契約書に検印申請人を表示し，不動産の所在地を管轄する市長（区が設置されている市においては区長）・郡守（以下「市長等」とする）またはその権限が委任された者の検印を受けて，管轄登記所にこれを提出しなければならない」（3条1項）。

  1．当事者
  2．目的不動産
  3．契約年月日
  4．代金およびその支給日付等，支給に関する事項または評価額およびその差額の精算に関する事項
  5．不動産仲介業者があるときには，その不動産仲介業者
  6．契約の条件または期限があるときには，その条件または期限

⑤ 上記の②，③に違反した者は，3年以下の懲役または1億ウオン以下の罰金に処せられる（8条1号）。

このような検印契約書制度は，契約書上の価額を取得税，登録税の算出基準とし，かつ未登記転売を防止することを目的としたものであるが，検印申請を受理した市長等は，その証書の形式的要件を具備しているかどうかだけを確認し，その記載の欠陥がない場合には，直ちに検印して交付し

なければならない。

　既述したように，同法は，不動産投機の方法として利用されている不動産の未登記転売などを禁止する趣旨で立法されたものであるが，同法の禁止規定に違反して不動産売買契約が締結された場合に，その契約が無効となるか否かの問題が考えられる。かかる問題について，判例は「不動産登記特別措置法上，租税逋脱と不動産投機などを防止するための同法2条2項および8条1号は，登記せず第三者に転売する行為を一定目的範囲内で刑事処罰すると定めているが，これをもって順次売渡した当事者間の中間省略登記合意に関する私法上の効力まで無効とするという趣旨ではない」（大判 1993・1・26，92 다（ダ）39112）という立場をとっている。適切な判決ではないかと思われる。

3　不動産実名制法

(1)　はじめに

1)　立法趣旨

　政府は，不動産に関する所有権，その他物権を実体的権利関係に符合するように実質的権利者である実権利者名義に登記させることによって，不動産登記制度を悪用した投機・脱税・脱法行為などの反社会的行為を防止し，かつ不動産取引の正常化と不動産価格の安定をはかり，国民経済の健全な発展に貢献することを目的として，「不動産実権利者名義登記に関する法律案」を第173回臨時国会に上程した国会・法制司法委員会は，この法律案にいくつかの事項を追加または調整し，本会議で可決したこの「不動産実権利者名義登記に関する法律」（1995. 3. 30 法律 4944 号。以下，「不動産実名制法」とする）は 1995 年 7 月 1 日から施行され，その後 9 回にわたって改正されながら今日に至っている。

　以下では，この法律の主要骨子を紹介し，この法律の主な対象となる名義信託された不動産をめぐる法律関係を概観する。

2)　主な内容

　不動産実名制法は本文 15 箇条，附則 5 ヶ条（立法当時）から構成されている現在，この法律の主要骨子は以下のとおりである。

　① 1995 年 7 月 1 日施行以後，不動産物権変動の登記は実権利者名義で

なされなければならない（3条）。他人との名義信託約定は無効であり（4条1項），「契約型名義信託」の場合（後述）を除いて名義信託約定による不動産の物権変動は無効であるが（4条2項），4条1項および2項の無効はこれをもって第三者に対抗することができない（4条3項）。

② 他人名義で登記をした名義信託者には当該不動産価額の30％に該当する金額の範囲内の課徴金が賦課される（5条1項＜改正2002.3.30＞）。譲渡担保事実記載の義務に違反した債権者に対しては課徴金が賦課される（5条1項2号）。課徴金を賦課された者が実権利者の名義で登記をしない場合には1年目には当該不動産価額の10％に該当する金額を，2年目には当該不動産価額の20％に該当する金額をそれぞれ履行強制金として賦課される（6条）。

③ 名義信託約定により他人名義で登記した名義信託者と譲渡担保事実記載の義務に違反した債権者およびその教唆者等は5年以下の懲役または2億ウオン以下の罰金に処せられる。名義受託者およびその教唆者は3年以下の懲役または1億ウオン以下の罰金，またその幇助者は1年以下の懲役または3千万ウオン以下の罰金に処せられる（7条）。

④ 宗中（チョンジュン。宗中とは，共同祖先の墳墓守護と祭祀および宗員相互間の親睦をはかるために構成される自然発生的宗族団体をいう。大判2005・7・21，2002다（ダ）1178全員合議体（大法廷に該当））が保有している不動産の登記が他人名義で登記された場合，または夫婦が保有している不動産の登記が共同名義ではなく，いずれか一方の名義で登記された場合に，その登記が租税逋脱，強制執行の免脱または法令上の制限の回避等の違法を目的としなかったときは，その登記は有効であり，かつ課徴金の賦課および処罰はされない（8条）。

⑤ 不動産の取得日から60日以内に所有権移転登記をせず，現行不動産登記特別措置法にもとづいて過怠料の賦課対象になった者として3年以内に所有権移転登記をしなかった者（以下，長期未登記者という）は名義信託約定があった場合と同様に課徴金が賦課される（10条1項＜改正2002.3.30＞）。

⑥ 1995年6月30日以前の既存名義信託者は1995年7月1日から1年

以内に実名登記をするか，当該不動産に関する物権を売却処分しなければならない。もし，実権利者に帰責事由がなく，他の法律の規定により実名登記や売却処分をなすことができない場合には，その事由が消滅した後1年以内に実名登記または売却処分をしなければならない（11条）。その期間内に実名登記または売却処分をしなかった場合には，その名義信託約定は無効とし課徴金が賦課される（12条）。

⑦ 1995年6月30日以前に名義信託約定による登記が行われた事実がなかったにもかかわらず，実名登記を仮装し登記名義を移転した者は，5年以下の懲役または2億ウオン以下の罰金に処せられる（12条3項）。

⑧ 既存の名義信託約定による登記を実名登記をなすことによって，その前の租税を漏落した事実が立証された場合は，漏落税額が追徴される。この場合に実名登記された不動産が1件であり，その価額が5千万ウオン以下である場合は，過去に非課税とされた1世帯1住宅の譲渡所得税と贈与税漏落分については追徴されない。非業務用不動産が猶予期間中に業務用へと転換された場合にも取得税は課されない（13条）。

⑨ 1995年6月30日以前の既存の譲渡担保権者は，1995年7月1日から1年以内に債務者・債権金額および債務を弁済するための担保であるという旨が記載された書面を，登記公務員に提出しなければならない。これに違反した譲渡担保権者等に対しては当該不動産価額の30％に該当する金額の範囲内で課徴金が賦課される（14条2項＜改正2002.3.30＞）。

(2) 名義信託と不動産実名制法

このように不動産実名制法が規制しようとする主な対象は名義信託された不動産であるから，名義信託とはどのような制度であり，どのように生成・発展されて今日に至っているかにつき，先立って説明する必要があろう（詳細は，高翔龍「名義信託論の再検討小考」郭潤直教授華甲記念論文集（博英社，1985）177頁以下参照）。

1） 名義信託の意義

判例は不動産の名義信託に関して「当事者の信託に関する債権契約によ

り信託者が実質的には自分の所有に属する不動産の登記名義を実体的に取引関係のない受託者に売買等の形式で移転しておくことをいうものである」（大判 1972・11・28，72 다（ダ）1789，大判集 20 巻 3 号民事 151）と説いている。

したがって，「対内的関係においては信託者が所有権を保有し，それを管理・収益するから，公簿上の所有名義だけが受託者に移ること」（大判 1965・5・18，65 다（ダ）312）になる。それゆえに，対外的関係においては受託者が不動産の所有者となり当該不動産に対する「処分権」を有する。すなわち，判例は「宗中がその所有の不動産を宗会員に信託し登記簿上その宗中員の名義で所有権の登記を経たときは，宗中とその受託者である宗会員との間にいわゆる信託行為の法理が適用される。したがって，この受託者である宗会員からその不動産を譲受けた第三者は，その者の善意・悪意を問わず，適法に信託者である宗中の不動産の所有権を取得するものと解さなければならない。なぜならば，信託行為において受託者は，その対外的関係では完全な所有者としての権利を行使することができるからである」（大判 1959・1・15，4290 民上 667；同 1963・9・19，63 다（ナ）388，大判集 11・2・民事 114；同 1966・1・31，65 다（ダ）186；同 1966・2・15，65 다（ダ）2531 等）と判示していることは，受託者にその「処分権」を認めたものと解されよう。

このように，判例は「信託行為の法理」というものをとりあげて名義受託者に当該不動産に関する処分権を認め，その論理必然的な帰結として取引の相手方を無条件的（善意・悪意を問わず）に保護する立場をとってきており，今日，このような判例は確固たる判例法として形成されている。

それでは，「信託行為の法理」とはどのような法理であるか。学説は多様であるが，善意・悪意を問わず第三者が保護されるという信託行為の法理は，朝鮮高等法院判決（以下，「朝高判」とする）においてもみられない法理である。おそらく，朝高判当時の売渡担保の場合における法理ではないかと思われるが，その場合にも譲受人が善意である場合に限って，その所有権の取得を認めるという立場をとっていた（朝高判 1912（大正元）・10・29 民録 2 巻 43 頁）。結局，大法院はこのような理論的根拠を民法学上の「信託行為」理論からもちこんできたものと思われる。

第四節　不動産登記制度　　　217

　しかし，信託行為理論はいわゆる譲渡担保の場合に適用されている法理
であって，名義信託とは全く関係のない法理である。すなわち，その適用
領域が全く異なる他の法理であるということは既に明らかである。また，
悪意の第三者まで保護されるということも法の正義に反することとなろう。
不動産実名制法もそのようなあやまりを犯している。

　すなわち，名義信託約定は無効であるとし，その約定にもとづいて行わ
れた登記による不動産物権変動は無効であると定めているものの（4条1項
2項），そのような無効をもって善意・悪意を問わず第三者に対抗すること
ができないという規定（4条3項）があることは，はなはだ理解しがたい。

2）　名義信託の類型と不動産実名制法

　名義信託につき，宗中（門中）財産の名義信託（いわゆる，宗中財産型名義
信託）と不動産売買による名義信託（いわゆる，不動産売買型名義信託）に分類
し，それぞれ不動産実名制法の適用関係について概観する。

①　宗中財産型名義信託と不動産実名制法

(a)　宗中財産の名義信託

　韓国において，同一祖先をもつ自然発生的父系血族団体である宗中（門
中）は，その団体が所有している不動産を保全または保管するために，団
体構成員である宗中員の中の1人または数人の名義に所有権保存（または
移転）登記を行う場合多かった[1]。このような方法を不動産の「名義信託」

1）　現行韓国法は，姓（原則的に父系血統の表示）に「本」を付けるようにしてい
　る（民法781条）。本とは，自分が属する祖先の発祥地名を示すものをいうが，本
　貫，貫籍，籍貫ともいわれる。韓国では祖先を異にする同姓が多いので，これを区
　別するために「本」が付けられるものと解されている。本は血族系統を示す姓と不
　可分な関係にあり，同姓同本であれば，一応同一父系血族に属するものと解される。
　宗中とは，このような同一の始祖から生じたすべての者によって構成される最大の
　父系血族集団をいう。
　　1911年（明治44）に慣習調査を行った朝鮮総督府取調局長官回答によれば，宗
　中または門中（宗中よりその範囲が狭い団体。今日においては同じ意味で用いられ
　ている）という団体の人格に関し，「朝鮮ニ於テ一門或ハ門中ト称スルハ親族ノ団
　体ニシテ人格ヲ有セス而シテ門中所有ノ財産ハ其団体ヲ組織スル親族ノ共有ニ属シ
　門長ハ当然代表権ヲ有セス唯実際ニ於テハ門中協議ノ上門長ヲシテ代表セシムルコ
　ト多キモ是レ素ヨリ門中親族ノ委任ニ因ルモノナリ」（朝鮮総督府，民事慣習回答
　彙集（1922年）73頁）とし，その団体は法人格がないものとされた。

といい，宗中財産の名義信託が名義信託の主なものとなっている。このような名義信託は歴史的に避けられない背景をもっている。既述したように（第五章第一節四参照），韓日併合後，朝鮮総督府は土地調査事業（1910 年〜1918 年）の一環として 1912 年 8 月に土地調査令を発布し，さらに 1918 年 7 月に林野調査令を発布して，土地所有者，林野所有者はその所有関係を管轄機関に届け出るようにした。一定期間内に届け出をしなかった者は巨額の罰金に処せられた。問題は，その当時，法人ではない宗中（門中）の名義で宗中所有の財産を登記する方法がなかったということにある。

　すなわち，1912 年の朝鮮不動産登記令に宗中の名義で登記する規定がなかったために，やむをえず，宗孫，宗中員といった個人の名義で，または宗中の代表者である数人の名義で登記しなければならなかった。その後

　このような慣習は今日においてもあまり変りがない。すなわち，判例は一貫して「宗中は共同先祖の後孫中，成年以上の男性を宗員として構成される自然的集団で」「その目的である共同先祖の墳墓守護と祭祀および宗中員相互間の親睦を目的とする自然発生的な宗族集団体」（大判 1985・10・22，83 다카（ダカ）2396，2397）である，と定義している。しかし，2005 年に大法院大法廷は，共同先祖の後孫中，成年以上の男性を宗員として限定した慣習法は，男女平等の憲法精神に反するもので，共同先祖の後孫中，性別を問わず成年になれば，当然に宗中の構成員となる（大判 2005・7・21（全員合議体），2002 다（ダ）1178）と判示し，従来の判例を修正した。

　日本の判例もごく限られた血縁団体にせよ，沖縄における血縁団体であるいわゆる「門中」が権利能力なき社団にあたるとされた事例がある。

　すなわち「沖縄における血縁団体であるいわゆる「門中」が家譜記録等によって構成員の範囲を特定することができ，慣行により，有力家の当主を代表機関とし，かつ，毎年一定の時期に構成員の総意によって選任される当番員を日常業務の執行機関として定め，祖先の一人によって寄附された土地等の財産を門中財産として有し，これを管理利用して得た収益によって祖先の祭祀等の行事，門中模合（頼母子講の一種）その他の相互扶助事業を行ってきたなど，判示のような実態を有する場合には，門中は権利能力なき社団にあたる」（日本・最判 1980（昭和 55）・2・8 民集 34 巻 2 号 138 頁）と説いている。

　かかる血縁団体は，韓国における宗中（門中）と非常に似ていると思われる。歴史上なんらかのつながりがあるのではないか。今後，研究すべき，興味のある分野である（大村敦志「血縁団体・地域団体の構成員資格をめぐる問題の構造」ジュリスト No. 1345（2007・11・15）144 頁参照されたい）。

第四節　不動産登記制度　　219

1930 年に朝鮮不動産登記令が改正され，宗中（門中），その他法人でない
社団または財団に属する不動産に関してはその宗中，社団または財団が登
記権利者・登記義務者として認められてその代表者または管理人が所有関
係を届け出るようにした（同令 2 条ノ 2。この規定は現行韓国不動産登記法 30 条に当た
る）。

　しかし，同令の改正によってそのような個人名義の所有権移転登記を宗
中名義に移した例もあるが，むしろ，それをしなかった場合が大部分で
あった（金俊輔「日帝下の産業経済史(1)」韓国文化史大系（高麗大学校民族文化研究
所）476 頁）。問題は，宗中財産の所有名義が宗中員の個人名義のままに
残っていることをきっかけに，その者が宗中財産を売却処分してしまうこ
とがあり，結局これをめぐる紛争が頻煩に起こったということである。朝
高判は宗中財産の名義人と取引した第三者を保護するために共有という法
律関係で処理したが（朝高聯合部判 1923（大正 13）・12・26, 民録 11 巻 264 頁），
その後，他の宗中員を保護するために合有関係で処理した（朝高聯合部判
1927（昭和 2）・9・23, 民録 14 巻 32 頁）。解放後，大法院はこのような紛争を
解決するために「名義信託」という新しい法理を創出したのである。

　(b)　不動産実名制法 8 条

　同 8 条は，租税逋脱，強制執行の免脱，脱法の目的でない限り，宗中財
産の名義信託（同条 1 号）および夫婦間の名義信託（同条 2 号）を認めている。
同法の起草過程では，宗中財産型名義信託の問題に関して，賛成論と反対
論が鋭く対立していた。反対論の理由は，名義信託を認める合理的理由が
ない。むしろ，例外を認めた場合には，宗中による投機・脱法行為が予想
されるということであった。しかし，既に述べたように宗中財産の名義信
託は日帝時代の避けられない歴史的産物であり，投機や脱税とは全く関係
なしに生成され今日に至っている。このような名義信託は投機などの反社
会性がない限り，否認される理由がない。

　ちなみに，夫婦間の名義信託も例外的に認めた理由は，夫婦間の家事費
用は共同で負担し，財産取得時にも財産形成寄与度によって実質所有者を
明確に登記する夫婦間の財産を管理する慣行はなく，むしろ，その反対の
夫婦慣行でありそれは今日まで続いているということである。しかし，こ
のような賛成論に対し，反対論の理由は，民法は夫婦別産制（民法 830 条）

や離婚の時の財産分割請求権 (民法839条ノ2) を認めているから，夫婦間の名義信託を認めることは妥当でない，ということであった。しかし，反対論の立場によれば，夫婦の間で，ある日突然に財産を分けて別に登記しようと言い出した場合に，それは家庭の平和を破壊するきっかけとなることも考えられる。したがって，夫婦を家族共同体の構成員という次元で考えれば，夫婦間の名義信託を認めることは妥当であろう。

② 不動産売買型名義信託

不動産売買による名義信託は朝高判ではみられないが，結局，大法院が朝高判の宗中財産名義信託論を援用したことから形成されたものと思われる。一般的にこのような名義信託は，① 二者間名義信託，② 中間省略型名義信託，③ 契約型名義信託，④ 相互名義信託など，4つに分類されている。以下で，これらについて簡単に考察してみる。

(a) 二者間名義信託と不動産実名制法

(i) 二者間名義信託

不動産の所有者，その他の物権者がその登記名義を他人に信託することを内容とする名義信託約定を締結し，その登記を受託者に移転する形式をとった名義信託をいう。このような名義信託が元来の名義信託である (大判1972・11・28，72다 (ダ) 1789)。かかる名義信託を「移転型名義信託」ともいう。かかる場合の所有者は，所有権移転登記をする前の不動産の名義人，建物を新築した者の原始取得者，または民法187条にもとづいて所有権を取得した者を含む。

(ii) 不動産実名制法　4条1項，2項本文および3項

① 不動産実名制法は，このような二者間名義信託の約定およびその約定にもとづいて行われた不動産に関する物権変動は無効であるとし，二者間名義信託を禁止している (同法4条1項，2項本文)。したがって，二者間名義信託の場合，原権利者である名義信託者は依然として当該不動産の所有権を保有することになるから，名義信託者は名義受託者を相手として名義信託「解止」を原因とする所有権移転登記請求または所有権移転登記抹消請求をすることができない。またこのような所有権移転登記や抹消登記申請は，申請趣旨自体により法律上許容されないことは明白であるから，そのような申請を受理した登記公務員は不動産登記法55条2号に該当する

第四節　不動産登記制度　　221

という理由をもって申請を却下しなければならない（大決1997・5・1, 97 마
（マ）384）。

　問題は，名義受託者が自分の名義になっている不動産を第三者に譲渡し
た場合である。韓国においては不動産の登記は公信力が認められていない
から，第3者保護の問題が生ずる。かかる問題を解決するために，不動産
実名制法4条3項は，「1項および2項の無効はそれをもって第三者に対
抗することができない」とし，第三者は善意・悪意を問わず保護されると
いう確固たる判例理論を明文化した。しかし，名義信託の場合，悪意の第
三者まで保護すべき合理的な理由は全くない。また現行民法も取引の相手
方保護，第三者保護，取引の安全といった種々な制度を設けているが，い
ずれの場合も最小限の要件として善意を要する。したがって，「善意の第
三者に対抗することができない」と改正されるべきである（高翔龍・前掲物
権法405以下参照）。

　② 物権的請求権と信義則違反

　二者間名義信託において名義信託者は当該不動産の所有権を保有してい
るから，名義信託者は所有権にもとづく妨害排除請求として名義受託者に
対して受託者名義の所有権移転登記の抹消を請求することができる（大判
1980・12・9（全員合議体），79 다（ダ）634）。またかかる場合に名義信託者は真
正な登記名義の回復を原因とする所有権移転登記を請求することもできる
（大判1990・11・27（全員合議体），89 다카（ダカ）12398）。この場合，不動産実名
制法3条1項（「何人も不動産に関する物権を名義信託約定にもとづいて名義受託者
の名義で登記してはならない」）に違反して名義信託を約定した名義信託者が，
同法規に違反しているから無効であるという理由をもって妨害排除請求権
を行使することは，信義則に反するものではないかという問題がある。判
例は，農地改革法違反事件や国土利用管理法違反事件で，このような事情
だけでは信義則に違反しないという立場をとっている（大判1991・9・10,
91 다（ダ）19432；同1995・11・21, 94 다（ダ）20532 参照）。したがって，名義信
託者が不動産実名制法に違反する場合にも名義信託者の妨害排除請求権は
認められよう。

　③ 不当利得返還請求と不法原因給付の問題

　二者間名義信託の約定が無効である以上，受託者名義の登記は法律上の

原因なくしてなされたものであり，無効の登記名義も不当利得の利得に該当する。名義信託者は名義受託者を相手として不当利得返還請求権（民法741条以下）を行使し，登記の抹消または移転登記を求めうるという見解がありうるが，不当利得の返還は原物，即ち，受益者が受けた目的物を返還することが原則である。したがって，かかる場合には，その返還請求として，登記の抹消だけ請求することができる，と解するのが妥当であろう（大判2002・12・26，2000다（ダ）21123）。

　では，名義信託約定によって登記移転が不法原因給付（民法746条）に該当し，名義信託者は名義受託者に対して不当利得返還を請求することができないのか。判例は，強制執行を免れる目的で不動産所有者名義を信託した場合は不法原因給付に該当しないという立場をとっている（大判1994・4・15，93다（ダ）61307）。民法746条の「不法」という意味は，人格的に非難されるべき「悪」として解するのが妥当であると思われる。したがって，詐害行為や投機行為または他人の利益を害する行為などは746条の不法に該当しないから，名義信託約定による登記移転行為は不法原因給付に該当しない。

　(b)　中間省略型名義信託と不動産実名制法
　(i)　中間省略型名義信託
　中間省略型登記と名義信託が結合した名義信託をいう。例えば，C所有の不動産を買受けたAは，自分の名義に登記をせず，Bとの名義信託約定を締結した後に，Cから名義受託者Bに所有権移転登記が行われた場合を中間省略型名義信託という。三者間登記名義信託ともいわれる。このような名義信託は売渡人Cの協力によって行われるものであるから，主に投機や脱税等の方法として利用されている。したがって，このような弊害を防止するために，不動産実名制法は中間省略型名義信託を禁止している（同法4条1項，2項本文）。

　(ii)　不動産実名制法　4条1項，2項本文
　(ア)　適用上の問題
　中間省略型名義信託の場合も，不動産実名制法4条1項によりその名義信託約定は無効になる。しかし，同法4条2項本文がこのような「約定に従い行われた登記による不動産に関する物権変動は無効とする」という規

第四節　不動産登記制度　　　223

定自体を中間省略型名義信託の場合にも適用できるのかという疑問が生ずる。なぜならば，この規定はまさに物権変動の原因が゛約定゛であるかのような表現が用いられており，かかる約定が無効であるから，それにしたがい物権変動も無効であるというように読みとれるからである。しかし，名義信託者Ａと不動産所有者Ｃが不動産売買契約を締結するときに，その登記名義を当事者以外の第三者である名義受託者Ｂの名義でする旨を内容とする一種の特約をし，その履行として不動産所有者Ｃが名義受託者Ｂの名義で所有権移転登記をした，というように解することが妥当であろう。いずれにせよ，同法４条２項本文により，受託者名義の所有権移転登記も無効とするということは否定しえないが，法理論として定立することは難しい問題であろう。

　㈑　売渡人㈼の物権的請求権

　同法４条２項本文により名義受託者Ｂ名義の所有権移転登記は無効になるから，不動産売渡人Ｃはその所有権にもとづいた物権的請求権，すなわち妨害排除請求権にもとづいて，名義受託者Ｂに対して，その名義所有権移転登記の抹消を請求することができる。または真正登記名義回復請求権にもとづいて名義受託者Ｂに対して所有権移転登記を請求することができる。しかし，このような請求は売買契約の無効による原状回復請求ではないから，名義受託者Ｂは不動産売渡人Ｃが売買代金を名義信託者に返還するまで登記抹消または移転登記の履行を拒否できるという同時履行抗弁をなすことができない。

　㈒　名義信託者㈽の所有権移転登記請求の方法

　不動産実名制法は，名義信託者と名義受託者間の名義信託約定を無効とするだけであって，名義信託者と不動産所有者間に締結された売買契約を無効とするものではないから，その売買契約は有効である。したがって，名義信託者は不動産売渡人を相手として売買代金の返還を求めることはできないが，目的不動産を信託者自身の名義で登記するためには不動産売渡人を代位して，名義受託者を相手として無効である受託者名義の登記の抹消を求めた（大判1999・9・17，99다（ダ）21738）後に，不動産売渡人を相手として売買契約にもとづく所有権移転登記請求権を行使することができる。

　㈓　名義受託者㈾の売却処分行為と第三者

名義受託者が信託不動産を第三者に任意売却処分した場合，特別な事情がないかぎりその買受人は有効に所有権を取得することができる（同法4条3項）。売渡人(C)としては，名義受託者が信託不動産を他に処分しても，名義受託者からその所有名義を回復するまでは名義信託者に対して信義則ないし民法536条1項本文（同時履行の抗弁権）の規定にもとづいて同時履行の関係にある売買代金返還債務の履行を拒むことができる。その一方，名義信託者の所有権移転登記請求も許容されないから，結局，売渡人としては名義受託者の処分行為による損害を負うことはない（大判2002・3・15，2001 다（ダ）61654）。

最近に大法院全員合議体（大法廷に該当）は、名義信託者(B)が名義受託不動産を任意処分した場合には横領罪が成立するという趣旨の従来の判例を廃棄し、「いわゆる‘中間省略登記型’名義信託で名義受託者が信託不動産を任意に処分した場合、名義受託者が名義信託者の財物を保管する者とはいえない。したがって、名義受託者が信託を受けた不動産を任意に処分しても名義信託者に対する関係では横領罪が成立しない」（大判2016・5・19，2014 도（ダ）6992）という注目すべき判決を下している。

(C)　契約型名義信託と不動産実名制法

(ⅰ)　契約型名義信託

例えば，名義信託者Ａと名義受託者Ｂとの間に当事者の地位に関する名義信託を約定し，契約上の当事者地位の名義受託者Ｂが売渡人Ｃと売買契約を締結した後，名義受託者Ｂの名義に所有権移転登記をする場合を契約型名義信託いう（大判1993・4・23，92 다（ダ）909）。委任型名義信託ともいわれる。このような契約名義信託の場合に，売渡人は，買受人が名義受託者であることを知らず，名義受託者の所有権移転登記に協力することになる。このような方法は，主に企業が役員個人名義で不動産を取得する場合によく利用されている，といわれる。不動産実名制法4条2項但書はこのような契約名義信託に関する規定を定めて，売渡人が名義信託約定の事実を知らなかった場合には，その約定にもとづく物権変動の効力は有効である，という例外規定を設けている。このような例外規定があるために，はたしてどの程度不動産実名制法の実効性があるのかは疑問である。以下で若干立ち入ってみよう。

第四節　不動産登記制度　　225

(ii)　不動産実名制法　4条1項但書

(ア)　契約型名義信託約定の効力

　契約型名義信託約定とは，民法684条2項（「受任者が委任者のために自己の名義で取得した権利は委任者に移転しなければならない」）と同様に受託者がその名義で不動産を買受けて信託者に移転すべきことを内容とする一種の委任契約と買い受けた不動産を受託者の名義で登記することを内容とする名義信託約定で構成されている。このような契約型名義信託約定を構成する部分である名義信託約定は，不動産実名制法4条1項により無効となる。ところが，かかる名義信託約定は契約名義信託約定の重要な構成要素であるから，その名義信託約定が無効である以上，委任契約も民法137条本文の一部無効の法理にしたがい無効となる。したがって，名義信託者は，契約名義信託約定にもとづいて名義受託者に対して不動産に関する所有権移転登記を請求することができない。

(イ)　売渡人が善意である場合

　不動産実名制法4条2項但書は「不動産に関する物権取得の契約を締結する際に，名義受託者がその一方の当事者となり，その他方の当事者が名義信託約定があった事実を知ることができなかった場合」には，物権変動の効力が生ずると規定している。例えば，名義受託者Bがその一方の当事者となり，その他方の当事者である売渡人Cが，名義信託者Aと名義受託者Bとの間にその名義信託約定があったという事実を知ることができなかった場合（契約型名義信託の場合）には，名義受託者B名義の登記についての物権変動は有効である。したがって，名義受託者B名義になった登記は確定的に有効となる。

　かかる場合，名義信託者は名義受託者を相手にして名義信託約定によって所有権移転登記を請求することができない。ただし，名義信託約定が無効であるから名義信託者が名義受託者に提供した売買代金等は，法律上原因なくして給付したということになり，名義信託者は名義受託者に支給した売買代金等を不当利得として返還請求をすることができる（民法741条）。しかし，かかる場合，判例は不当利得における原物（当該の不動産自体）返還原則の立場をとっている。すなわち，名義受託者は名義信託約定にしたがって名義信託者が提供した費用を売買代金として支給し，当該不動産に

関する所有名義を取得したものである。しかし，名義信託者は，猶予期間（同法11条。同法施行日より1年内に実名登記をなすべきこと。その後，3回にわたって1年ずつ延長された）が経過する前までは，いつでも名義信託約定を解止して当該不動産に関する所有権を取得することができる。同様に，名義信託者がその猶予期間内に実名登記をせずにその期間を越したときも同法12条1項によって4条が適用されるから上記の法理がそのまま適用される。したがって，名義受託者は不動産実名制法施行によって当該不動産に関する完全な所有権を取得することによって当該不動産自体を不当利得したとみなければならない。同法3条および4条は，名義信託者に所有権が帰属することを防ぐ趣旨の規定ではないから，名義受託者は名義信託者に対して自分が取得した当該不動産を不当利得として返還する義務がある（大判2002・12・26，2000다（ダ）21123）と判示し，不当利得の原物返還原則の立場をとっている。

(ウ) 売渡人が悪意である場合

他方の当事者である売渡人Cが名義信託者Aと名義受託者Bとの間に名義信託約定があったという事実を知っている場合には，その物権変動の効力は生じないから当該不動産所有権は依然として前所有者であるCに属しているものと解される。この場合，名義信託者AはCに対していかなる権利も有しないと解されるが（AとCは契約当事者でない），名義受託者Bは，Cに対して，Cの利得金（例えば，支払った売買代金）の返還を請求することができると解されよう。

(d) 相互名義信託と不動産実名制法

判例は，土地所有者が土地の一部を売却したが，その全部に関し，買受人の名義で所有権移転登記がなされた場合に，売買されていない一部分に対しては，当事者間に相互名義信託関係が成立するという（大判1989・9・12，88다카（ダカ）33176；同1990・11・23，90다카（ダカ）17597等多数ある）。

数人が一筆の土地を各位置を特定しその一部ずつ買受けたが，便宜上その所有権移転登記だけは共有持分移転登記を済ませた場合に，関係当事者の内部関係においては各特定買受部分の所有権を取得するが，各共有持分登記は各者の特定買受部分に関し，各相互名義信託をなしているものと説かれている（大判1980・12・9，79다（ダ）634等多数ある）。このような相互名

義信託は，共有関係は持分を登記することができるだけであって具体的に分割・利用する関係を登記することができないから，不動産実名制法の規制対象から除外されている。

　なお，このような名義信託が許容されても投機などの問題を生ずる危険性はないといわれる。

第六章　家族法（民法親族・相続編）

第一節　家族法の法源

一　民法典の制定・施行以前までの家族法の法源

1　朝鮮時代

　朝鮮時代における家族関係は主に儒教倫理にもとづいた慣習法によって規律された。第一章第二節で述べたように，この時期にも経済六典（1397年），経国大典（1470年），大典続録（1493年），続大典（1746年），大典通編（1785年），大典会通（1865年），刑法大全（1905年）などの成文法典の中で家族関係に関する一部の規定を設けられていたが，それは断片的・制限的なものであって，現行民法典のような統一的・体系的法典ではなかった。

　朝鮮時代の家族法は，中国の影響を受けた宗法制による家族制度をもとにしており，その結果，男系血統中心の祭祀本位をその特徴としている。

2　日本植民地時代

(1)　朝鮮民事令第11条

　朝鮮民事令11条本文は，親族・相続について「朝鮮人ノ親族及相続ニ関シテハ別段ノ規定アルモノヲ除クノ外第1条ノ法律ニ依ラス慣習ニ依ル」と規定し，これをもって朝鮮民事令の公布当時，親族相続に関しては日本民法の規定が適用されず，韓国の慣習法が適用された。しかし，その後，日本の植民支配と同化政策が強化されるにつれて朝鮮民事令11条は4回にわたって改正された。それは以下のとおり，朝鮮の親族・相続関係まで日本民法の適用範囲を拡大する目的でその改正が行われたものと解さ

れている。

① 朝鮮民事令 11 条の第 1 回改正（1921 年 11 月 14 日）の主な内容は，親権（民法 877 条ないし 899 条），後見，保佐人（民法 900 条ないし 943 条），無能力者のために設けられた親族会（民法 949 条および関係規定）に関する日本民法規定が 1921 年 12 月 1 日から依用されたところである。

② 同令 11 条の第 2 回改正（1922 年 12 月 7 日）の主な内容は，婚姻年齢（民法 756 条，780 条および 781 条），裁判上の離婚（民法 813 条ないし 819 条。ただし，婿養子に関する民法 813 条 10 号および 818 条を除く），認知（民法 827 条ないし 836 条），第 1 回改正の時に除外されていた親族会に関するその他の規定全部（民法 944 条ないし 953 条），相続の承認（民法 1017 条ないし 1037 条。但し，相続の放棄に関する民法 1020 条は除外）および財産の分離（民法 1041 条ないし 1050 条）に関する日本民法規定が 1923 年 7 月 1 日から依用されると同時に分家，絶家再興，婚姻，協議上離婚，縁組，協議上離縁に対する従来の事実主義が申告主義に転換したことである。

③ 同令 11 条の第 3 回改正（1933 年 12 月 28 日）の主な内容は，分家，絶家再興，婚姻，協議離婚等家族法上の諸届出を面長（行政地域単位である面の長に当たる）に提出していたものを地方制度の改正によって，邑面長に届け出るようにした。

(2) 朝鮮民事令第 11 条の第 4 回改正

「朝鮮民事令中改正ノ件」（1939（昭和 14 年）11.10，制令 19 号）（以下，制令 19 号という）と「朝鮮人ノ氏名ニ関スル件」（1939（昭和 14 年）11.10，制令 20 号）（以下，制令 20 号という）という二つの法律（朝鮮総督府当時の「制令」は内地（日本）の法律に該当）の制定に伴い，朝鮮民事令 11 条による慣習法上の父系血統承継制度が大幅に改正された。その主な内容について若干ながめてみる。

① 異姓養子・婿養子制度の移植

日本（明治）民法典に定められている婿養子縁組の無効ないし取消に関する規定（明治民法 786 条および 858 条）が朝鮮に適用すると同時に「朝鮮人ノ養子縁組ニ存リテ養子ハ養親ト姓ヲ同シ縁組ノスルコトヲ要セス…略…。婿養子縁組ハ養子縁組ノ届出ト同時ニ婚姻ノ届出ヲ為スニ因リテ其ノ効力ヲ生ス。婿養子ハ妻ノ家ニ入ル」（制令 19 号，11 条ノ 2）という異姓養子と婿養子の規定が新設・追加された。このような改正によって，従来，絶対的

原則として受け継がれてきた同姓養子の原則は廃止され，日本の異姓養子・婿養子制度が移植された。

②「創氏改名」

制令19号は「氏」に関する日本民法の規定 (明治民法746条「戸主及ヒ家族ハ其家ノ氏ヲ称ス」) を朝鮮に適用し，「氏ハ戸主 (法定代理人アルトキハ法定代理人) 之ヲ定ム」という規定を朝鮮民事令11条1項後段に新しく付け加えた。さらに，新たに設けられた附則で「朝鮮人戸主 (法定代理人アルトキハ法定代理人) ハ本令施行後六月以内ニ新ニ氏ヲ定メ之ヲ府尹又ハ邑面長ニ届出ヅルコトヲ要ス」(制令19号，11条ノ2，附則1項) とし，当局に新たに「氏」を届出することが義務付けられた (これを「設定創氏」という)。さらに，この期間内に「氏」の届出がない場合には「戸主ノ姓ヲ以テ氏トス」(制令19号，11条ノ2，附則2項) とし，「戸主の姓」を「氏」とみなして戸籍管理者が職権で戸籍に「氏」を記載すること，戸主が女戸である場合は「前男戸主の姓」を「氏」とすることが定められた (これを「法定創氏」という)。

このように，制令19号による「創氏」は，朝鮮人にはなかった日本の「家」の名称である「氏」を戸主が届出するかどうかにかかわりなく，法的強制に新しく創設されたのである。結局，制令19号により，韓国の慣習法として受け継がれてきた「血統 (の表示＝姓) 中心の家族制度」は明治民法上日本の「家系 (の名称＝氏) を単位とする家制度」へ改めることを義務付けられた。

制令19号と同時に，制令20号「朝鮮人ノ氏名ニ関スル件」が制定・施行された。同制令2条は「氏名ハ之ヲ変更スルコトヲ得ズ但シ正当ノ事由アル場合ニ於テ朝鮮総督府ノ定ムル所ニ依リ許可ヲ受ケルトキハ此ノ限ニ在ラズ」とし，その手続について，朝鮮総督府令第222号 (1939(昭和14年)12.26.)「朝鮮人ノ氏名変更ニ関スル件左ノ通定ム」第1条は「氏名ノ変更ヲ為サントスル者ハ其ノ本籍地又ハ住所地ヲ管轄スル裁判所ニ申請シテ許可ヲ受クベシ」と定めているが，同条2項は，氏名変更の「不許可ノ裁判ニ対シテハ不服ヲ申立ツルコトヲ得ズ」と定めている。これらの規定により新たに設定された創氏と固有の自分の名は原則的には変更することができないが，「正当ノ事由アル場合」に朝鮮総督府の定める所 (裁判所) により許可を受けて変更することができる。例えば，法定創氏になった者が，

その後，日本人風の「氏」に改めたい，または従来の朝鮮人の名を日本人風の「名」に変更したいと申請する場合を想定した規定である。

以上のように，制令 19 号は「創氏」を法的強制に義務付けながら，他方，制令 20 号による「改名」の申請は任意であるにせよ，裁判所の許可を要するとし，その「不許可ノ裁判ニ対シテハ不服ヲ申立ツルコトヲ得ズ」という強力な裁判所の許可形式をとっている。その理由は，結局，制令 19 条により朝鮮人も日本人と同じく「氏」を付けるようになるが，名前の面では日本人と朝鮮人との差異を残すベクトルが働いていたと解されている（詳細は，高翔龍「韓国法における『家』制度」大東ロージャーナル 5 号（2009.3.）13 頁以下参照）。

以上のように，一連の制令・府令は，韓国の慣習法上朝鮮伝統の宗（チョン）と呼ばれる祖先祭祀を中心とした「男系血統中心の家族制度」が日本の「創氏」政策によって日本の家制度に改めたのは，日本政府が明治民法上の法律的内容の家制度をもって政治的観点から家制度の役割を果せる政策をとったといえよう。というのは，政治的には，日本の「家」制度は，戦前のいわゆる天皇制の支配体制を維持する一翼としての機能を持っており，朝鮮人を「血統中心主義」から脱却させて「天皇を中心とする団体」の観念，「皇室中心主義」を植え付けること，これが「創氏」の真のねらいたったからである（水野直樹「創氏改名」岩波新書（新赤版）(2008 年)，52 頁）。

3　米軍政時代

既述したように，韓国は 1945 年 8 月 15 日の解放後，同年 9 月 7 日から米軍政が始まった。米軍政当局は，同年 10 月 9 日，軍政法令第 11 号を発布し，38 度線以南で施行されていた従来の法令の中で朝鮮人に対する民族的差別と圧迫の目的で制定された政治犯処罰法，治安維持法，予備検束法，出版法，政治犯保護観察令等を廃止した。しかし，1945 年 8 月 9 日当時施行されていた法律的効力を有する規則，命令，告示，その他の文書については，その間に廃止されたものを除外して，軍政庁は，特別命令をもって，これらが廃止するまで完全な効力を有するものと宣言した。このことは，直ちに，日本植民地時代に韓国で効力を有していた法令の大部分が米軍政下においてもその効力を維持したということを意味する。

第二節　民法典の家族編制定とその改正　　　233

したがって，日本民法は朝鮮民事令によって依用されている限り，依然として，そのまま韓国で効力を有していた。他方，米軍政当局は，1946年10月23日，朝鮮姓名復旧令（軍政法令122号）を発布して日本植民地時代の創氏制度を廃止した。同法令は日本植民地時代の創氏制度にもとづいて日本氏名に変更された朝鮮姓名を祖先伝来の姓に復帰ならしめる目的で制定されたものである。1946年11月1日，同法令による届出および戸籍記載手続規定に関する朝鮮姓名復旧令施行規則が公布された。

4　政府樹立後民法典の施行前

1948年8月大韓民国政府が樹立された後も，一挙に日本植民地時代および米軍政時の法令を整理することができなかった。したがって，制憲憲法100条は「現行法令は憲法に抵触しない限りその効力を有する」と規定し，日本植民地時代および米軍政時代の法令の大部分はその効力を認められた。憲法に抵触したということでその効力を喪失した法令または法規定は実際に少ない。このような諸法令は，政府樹立後にも憲法に抵触しない限り依然として現行法としてそのまま効力を維持した。

第二節　民法典の家族編制定とその改正

一　家族編の制定

民法典の財産法編（第2編　物権，第3編　債権）が立法される際には，ドイツ民法・日本民法・スイス民法等，外国の民法典が多く参照されたが，民法典の第4編・5編である親族編・相続編（以下，「家族法」とする）が立法される際には，その保守的・慣習的特性が考慮され，主に韓国古来の慣習をもとにして制定された。その結果，親族・相続編は旧習である宗法制度の基本原理を骨組にすることによって，憲法および民主主義理念と相反する規定が多く設けられた。

したがって，民法が施行された直後から学界や女性団体を中心に，男女平等にもとづく民主的家族法への改正がたえず主張された。その後，1962年と1977年に2回にわたって一部改正が行われたが，1990年1月には大

幅に改正され，革新的な改正といわれた。

　さらに，2005年3月には戸主制度の全面廃止，姓不変原則の大幅な修正等，思いきった改正が行われた。

　以下では，家族法の改正過程における主な内容を概観した後に，現行家族法の特色に該当する制度と2005年3月の改正法を比較しながら若干詳しく考察する。

二　家族法の改正

1　法定分家制度の新設による一部改正(1962. 12. 29 法律 1237 号) ─────

　「家族は，婚姻すれば，当然に分家する。ただし，戸主の直系卑属長男子は，この限りでない」(789条)とし，法定分家制度が新しく設けられた。しかし，同条但書は，1990年度の家族法第3次改正により削除され，今日に至っている。

2　離婚意思確認制の新設などによる一部改正(1977. 12. 31 法律 3051 号) ───

　家族法第2次改正は，主に親族編の改正であった。その内容を要約すれば，以下のとおりである。

　① 成年者の婚姻には父母の同意不要 (808条1項)，② 婚姻による成年擬制制度の採用 (826条ノ2)，③ 夫婦間の所属不明財産は夫婦共有推定 (830条2項)，④ 協議離婚の場合に家庭法院の「離婚意思確認制度」の新設 (836条)(詳細は，第三節三参照)，⑤ 父母の親権共同行使の認定 (909条)，⑥ 法定相続分を調節することによって女子，特に遺妻の相続分を有利にしたこと (1008条，1009条)，⑦ 相続編第4章に遺留分制度の新設 (1112条ないし1118条)などである。

　その後，これらの制度は改正されず(法定相続分の規定 (1008条) を除く。同規定は1990年第3次改正法により改正。後述)，今日に至っている。

3　親族編の大改正(1990. 1. 13 法律 4199 号) ─────────────

　家族法第3次改正は，第2次改正の際に受け入れられなかった改正意見をほぼ全面的に取り入れたものである。以下では，家族法のどの部分がど

のような内容で改正または新設されたかにつき概観する。

(1) 親族関係

1) 姉妹の直系卑属と直系尊属の姉妹の直系卑属を血族に包含

第3次改正前の家族法（以下，改正前法とする）768条は，血族の定義について「自己の直系尊属と直系卑属を直系血族とし，自己の兄弟姉妹と兄弟の直系卑属，直系尊属の兄弟姉妹およびその兄弟の直系卑属を傍系血族とする」と規定していた。この規定によれば，「姉妹の直系卑属」，例えば，甥姪と直系尊属の「姉妹の直系卑属」，すなわち，内従兄弟姉妹・姨従兄弟姉妹は傍系血族から除外され，これを姻戚（姻族に該当）とした（改正前法771条参照）。この規定については，女系血族を無視したものであり，不当であるとし，激しい批判があった。旧慣習法では姉妹の直系卑属（甥姪）と姑母の直系卑属（内従兄弟姉妹）は本家の有服親（近世朝鮮の礼法に由来したもので，親族が死亡した場合に一定期間に一定喪服（5種類があり，親族関係の遠近を表示）を着る親族の総称。例えば，同姓同本の場合には，8親等以内の親族をいう）であり，姨母の直系卑属（姨従兄弟姉妹）は母家の有服親であった。このような旧慣習法を取り入れた改正法は，「姉妹の直系卑属」と「直系尊属の姉妹の直系卑属」を傍系血族に入れて，その血族範囲を拡大させ，今日に至っている。

2) 親族範囲の調整

親族の範囲について，改正前法777条は「8親等以内の父系血族・4親等以内の母系血族・夫の8親等以内の父系血族・夫の4親等以内の母系血族・妻の父母・配偶者」を親族と規定した。これは旧慣習法上の親族範囲である有服親を踏襲したものであり，父系血族と母系血族，夫族姻族と妻族姻族の間に著しい差別があるという批判が激しかった。改正法は，親族範囲においても男女平等をはかり「8親等以内の血族・4親等以内の姻族・配偶者」と調整し，今日に至っている。

このような改正法は，婚姻した女子の親族（姻族）の範囲を縮小したが，母系血族が4親等から8親等にまで拡大され，また妻の側にも妻の4親等までが親族範囲に入るので，親族範囲は全体的に拡大されたといえる。

3) 姻族範囲の調整

改正前法769条は「血族の配偶者，血族の配偶者の血族，配偶者の血族，

配偶者の血族の配偶者」を姻族としたが，改正法は「血族の配偶者の血族」を姻族から除外した (769条)。「血族の配偶者の血族」とは，例えば，親兄嫂または4親等兄嫂の実家の血族，姑母の娚宅（はなむこ家）の血族，親姉妹または4親等姉妹の娚宅血族等，いわゆる「査頓」(サドン)（縁家同士の呼び名）関係にある者をいう。

　韓国古来の慣習は査頓を姻族と認めなかったために，査頓の間でも婚姻することができた。改正法も「血族の配偶者の血族」を姻族から除外した結果，査頓の間での婚姻が可能になった。したがって，例えば，娚父と丈母間（典型的な査頓関係の事例）の婚姻などが可能となったために，韓国の倫理と法感情上受け入れることができないという批判が改正当時から生じ，今日に至っている。

　4）　継母子関係と嫡母庶子関係の廃止

　改正前法は継母子関係と嫡母庶子関係を認めていた (773条，774条)。すなわち，継母子関係とは，子の父が母でない他の女子と婚姻することによって，その女子（継母）と前妻の出生子の間には彼らの意思によらず法律上当然に母子関係が生ずるという法定母子関係をいう（改正前法773条は「前妻の出生者と継母およびその血族，姻族との間の親系と親等は，出生子と同一のものとみなす」と定めている）。嫡母庶子関係とは，父の認知を受けた婚姻外の出生子と父の妻の間に彼らの意思によらず法律上当然に母子関係が生ずるという法定母子関係をいう（改正前法774条は「婚姻外の出生子と父の配偶者，その血族および姻族との間の親系と親等は，その配偶者の出生子と同一のものとみなす」と定めている）。

　継母子関係と嫡母庶子関係が当事者の意思とは関係なく法定母子関係を成立させるということは，家父長的制度の名残りであり，特に嫡母庶子関係は妾制度の残存物として，妻の人格に対する侮辱であるという理由で，その廃止が主張されてきた。改正法はこのような主張を受け入れて，両制度は廃止され，今日に至っている。したがって，今日における彼らの関係は単なる姻族関係に過ぎない。

　しかし，他方，継母子関係と嫡母庶子関係を廃止したことに対し，継母や嫡母の権利も生母の権利と同じく重要であるという点，そして継母子や嫡母庶子の関係は伝統的にも出生子と同一の関係として扱われていたという点，さらに継母と前妻の子との間には相続も発生しないため，夫が死亡

した場合，前妻の子と継母だけが残ったとき，夫の遺産は継母と子の共同相続となるが，その後，継母が死亡すると，継母が相続した財産は，継母の実家の人に相続される結果になるという点などをあげて，批判する見解が一般的である。もちろん，このような場合にも，前妻の子を継母の養子にすれば，継母の財産を前妻の子が相続できるから問題はない，という見解もある（金疇洙「（家族法）改正意見」民事法改正意見書（1982年）116頁）。

5）　姻族関係消滅事由の改正

改正前法775条2項は，「夫が死亡した場合に妻が実家に復籍するかまたは再婚したときは姻族関係が終了する」と規定していた。この規定を反対解釈すれば，妻の死亡後，再婚した夫にとって亡妻に係る姻族関係は消滅せず，夫は二重の姻族関係を持つことにならざるを得ない。姻族関係の消滅において夫が死亡した場合と妻が死亡した場合とを差別する理由はない。また，妻が再婚せず，実家に復籍しただけで姻族関係が消滅するというようにみる必要もない。改正法はこのような問題を解決するために「夫婦の一方が死亡した場合において，生存配偶者が再婚したときも，1項と同様である」と定めることによって姻族関係の消滅を認め，今日に至っている。

(2)　戸 主 制 度

2005年の民法の大改正により，戸主制度は，全面廃止および戸主と関連する全ての制度が廃止され，2008年1月1日から施行される予定である（後述する第6次改正を参照）。韓国の伝統的家族関係を正確に理解するために，今日まで戸主制度が民法上どのように位置づけられていたかを知る必要があろう。以下では1990年の改正法における戸主制度について，ごく簡単に紹介する。

戸主とは家族の代表といえるもので，戸主制度の目的は祖先祭祀や血統の承継ないし永続性といったものを具体化するためのものである。したがって，改正前法では，戸主は祭祀相続を放棄することができず，分家や去家もできない。また養子にもなれなかった。しかし，今日において，このような戸主制度は現実的な必要性と実効性を失ったまま，男子中心思想維持のための非民主的・観念的な制度として機能し，その廃止は以前から主張されてきた。第3次改正案は，このような主張が受け入れられて戸主

制度を廃止することになっていた。しかし，国会の審議過程で戸主制度は家族法の根幹になっている制度であり，これを廃止する場合，法律体系と家族関係を中心とする社会全般におよぼす影響があまりにも大きい，という主張が強力に提起された。結局，第3次の改正では，戸主制度はなお存置するが，不合理な戸主の権利義務規定削除・男女不平等条項を改正するという代案が受け入れられ，その結果，改正法上の戸主制度は，以下で述べるように形式的に名だけ残ることになった。

1）　戸主の権利義務規定の削除

　家族の限定治産（準禁治産にあたる。9条）・禁治産宣告請求権（12条），夫の血族でない妻の直系卑属の入籍時における夫家の戸主の同意権（784条1項），家族を分家させる強制分家権（789条2項），家族に対する居所指定権（798条），戸主権の代行規定（799条），未成年者・禁治産者・既婚子の後見人になる権利（932条，933条，934条），家族に対する扶養義務（797条）などが削除された。さらに，家族のいずれに属するか明らかでない財産に対する戸主の所有権推定規定が，「家族の共有」推定規定に改正された（796条2項）。

　相続上の特権も喪失し，改正前法で戸主相続人に認められていた墳墓等に関する承継権（996条）と財産相続分の加給規定（1009条1項但書）が削除された。

2）　戸主の変更と女戸主規定（792条）の削除

　女戸主の家にその家の系統を継承する男子が入籍したときには，戸主の変更によって家族になるという規定（792条）が削除された。したがって，従来暫定的に認められていた女戸主の地位は永久的に認められることになった。これと関連し，戸主相続開始の原因の1つであった女戸主の家にその家の系統を継承する男子が入籍した時（980条4号）という規定が削除された。

3）　分家規定の改正

　強制分家規定（789条2項）が削除されることによって，任意分家と法定分家だけが残されたが，以下のような内容の改正がなされた。

　任意分家に関して，改正前法は，家族は分家することができるが，戸主の直系卑属長男子は分家することができない（788条1項）と規定していた。しかし，改正法は任意分家において戸主の直系卑属長男子の分家禁止規定

を削除し，その代わりに法定分家規定に但書を新設し，戸主の直系卑属長男子の法定分家を禁止した (789条)。改正前法によれば，戸主の直系卑属長男子は戸主相続のためにいかなる種類の分家もできなかった。ところが，改正法は法定分家の場合だけを明文上禁止し，任意分家の場合には制限していない。戸主の直系卑属長男について任意分家を許しながら法定分家を禁止する理由は，その長男は戸主承継人であるから一応，家族に残しておくという趣旨である。しかし，任意分家は可能であるからその意味はあまりないといえよう。

4）「戸主相続」制度から「戸主承継」制度へ

改正法は戸主相続制度を廃止し，その代わりに戸主承継制度を親族編 (第4編) に規定した。

戸主承継に関して改正法のもっとも重要な内容は，戸主承継権の放棄を認めたことである。改正前法991条は戸主相続権の放棄を禁止し，その相続を強制していた。しかし，改正法991条は「戸主承継権は，これを放棄することができる」と規定しているから，戸主の直系卑属長男子といっても戸主承継権を放棄することができるようになった。このような場合には，戸主承継順位に関する規定 (984条) にしたがい次順位の承継人がその地位を承継することができる。また胎児の戸主相続順位に関して既に生まれたものとみなす988条は削除され，胎児には戸主承継権が与えられない。戸主相続において代襲相続を認めた990条も削除された。その結果，嫡長孫の戸主承継権は認められなくなった。984条の承継順位にしたがい，次順位者が戸主承継人となる。

戸主承継開始の原因として規定されていた980条4号が削除された。したがって，既に述べたように，女戸主の家にその家の系統を継承する男子が入籍しても戸主承継は開始せず，女戸主がそのまま戸主の地位を有する。

改正前法によれば，養子は養父と同姓同本 (後述する) である血族の場合に限って戸主相続をすることができたが (877条2項)，改正法はその規定を削除した。さらに，改正前法は墳墓に属する1町歩以内の禁養林野と600坪以内の墓土である農地，族譜と祭具の所有権は戸主相続人がこれを承継すると規定していたが (996条)，改正法はこれを削除したために，戸主承継人が墳墓等を当然承継するのではなく，これらの所有権は祭祀を実

際に主宰する者が承継することになった（1008条ノ3）。

(3) 婚 姻

1) 婚約解除事由の改正

婚約（韓国では約婚という）制度（民法800条〜806条）は，日本民法には設けられていない制度であるが，韓国民法は婚約に関する保護規定を設けている。改正前法804条が婚約解除事由としてあげられていた「肺病」などの不治の疾患の例示は，今日の医療技術からみて不治の疾患の例示としては適切ではないとして，第3次改正法は「肺病」を削除し「不治の精神病」に代えた（804条3号）。また婚約後「2年以上」の生死不明は（離婚の場合は「3年以上」840条5号）長すぎるとして，これを「1年以上」に短縮し（804条6号），今日に至っている。

2) 同居場所規定の改正

夫婦の同居場所に対する改正前法は，夫の住所または居所（入夫婚の場合は妻の住所または居所）と規定していたが，これは家父長制的規範に基づいた規定であり，また実情からも離れた規定であるとされ，改正法では，これを夫婦の協議によって定めるが，その協議が調わなかった場合は，当事者の請求により，家庭法院が定めるとした（826条2項）。

3) 生活費用規定の改正

改正前法は，夫婦間に特約がない限り，婚姻生活費用は夫が負担するものと規定していた（833条）。しかし，夫婦はそもそも互に生活を維持する扶養義務があるから，これを共同負担することは当然であるということで，改正法は当事者間に特約がない限り夫婦が共同で負担するものと定めた（833条）。

4) 離婚と子の養育責任規定の改正

改正前法は，離婚の時に子がいる場合，その子の養育に関し，「当事者間でその子の養育に関する事項を協定しないときは，その養育の責任は，父が負う」とし，夫に第1次的な養育責任を負わせていた（837条1項）。しかし，これは父権優位思想の表現であって，夫婦平等の原則に反する。のみならず，子の福祉が全く無視されているという理由で，改正法は父母平等の原理にもとづいて，父母の協議により定めるとした（837条1項）。

5) 面接交渉権の新設

改正法は，離婚後「子を直接養育しない父母の一方は面接交渉権を有する」という規定を新設した（837条ノ2）。面接交渉権とは，離婚後，親権や養育権を有しない親がその子と会い，文通や電話，その他連絡をとることができる権利をいう。改正前法は，かかる権利を認める明文規定がなかった。しかし，離婚などで別居している親が子を養育していないということで子に会いたいという自然な感情を断絶させることは人倫に反する。このような理由から改正法はこれを明文規定したのである。しかし，面接交渉権にはいかなる制限もないということではない。すなわち，家庭法院は，子の福利のために必要があると認めるときは当事者の請求（2005年改正法により「または職権」が付け加えられた）によって面接交渉を制限し，または排除することができる（837条ノ2, 2項）。なぜならば，面接交渉権の問題は子女の健全な成長と人格の円満な発達，そして福利増進などを含めて総合的に考えなければならないものだからである。

6）　財産分割請求権の新設

離婚当事者にとって最も現実的な問題の1つは，離婚後の経済的生活の安定ということであろう。改正前法はこのような問題に関する積極的な保護策をとっていなかった。改正法はこの点を補完するために財産分割請求制度を新設し（839条ノ2），今日に至っている。

民法は，婚姻中に取得した財産はその財産が誰の名義になっているかによって所有者が定められる（830条）として夫婦別産制をとっている。しかし，夫婦共に生活しながら協力しあって取得した財産が夫婦の一方の名義になっているということで，その財産がその名義人一人の所有であるとはいえず，むしろ夫婦の共同財産としてみるべきである。特に，夫婦の財産の大部分は，夫の名義で登記されているという韓国の現実を考えた場合，離婚する妻は甚だ不利な立場に置かれる。このような不合理をなくしたのが財産分割請求権制度である。したがって，離婚するときは，有責性の有無を問わず，妻は夫の名義で取得した財産に対して自分が協力した部分の持分を請求することができる（後述 **【家判-2】** 参照）。その反対の場合も同様である。

請求の対象となる財産には婚姻中に取得したものであれば，いかなるものも含まれるが，相続または贈与による財産は，夫婦の協力によって取得

した財産ではないため，除外される。

財産分割の額数・方法などは，まず当事者の協議によるが，協議が調わないとき，または協議することができないときは，当事者の請求によって家庭法院がこれを定める（839条ノ2，2項）。

財産分割請求権に関する規定は，裁判上の離婚の場合にも準用される（843条）。ただし，この請求権は離婚（協議，裁判）した日から2年以内に行使しなければならない（839条ノ2，3項）。

(4) 養 子

改正法は，死後養子など家の承継を目的とする制度をすべて廃止した。すなわち，死後養子規定（867条）と死後養子選定権者（868条），死後養子の申告（879条），遺言養子（880条），戸主の直系卑属長男子の縁組禁止（875条），養父と同姓同本である養子の戸主相続（877条2項），戸主になった養子の協議上離縁禁止（898条2項），特殊養子制度として認められていた婿養子（876条）などの規定が削除された。また夫婦の共同縁組の規定（874条）が改正された。すなわち，「妻がある者は，共同でなければ，縁組をすることができず」という規定を「配偶者のある者が，縁組をするときは配偶者と共同でしなければならない」と改正され，名実共に夫婦が共同で縁組することができるようにした。

改正前法は，養子となる者が15歳未満であるとき，後見人が承諾する場合と後見人が被後見人を養子とする場合は親族会の同意を得なければならなかった（869条但書，872条）。しかし，改正法は前者の場合には「法定代理人」がこれに代わって養子縁組を承諾する（869条）とし，後者の場合には後見人が親族会の同意の代わりに「家庭法院」の許可を得るようにした（872条）。また後見人が未成年者の縁組を同意する場合には，家庭法院の許可を得なければならない（871条）と改正し，今日に至っている。

(5) 親 権

改正前法は，父母が婚姻中であるときには，親権は父母が共同で行使するが，父母の意見が一致しない場合には父が単独で行使することができると定めていたが（909条1項），改正法は当事者の請求により家庭法院がこれを定めるとした（909条2項）。また，改正前法は婚姻外の非嫡出子に対する親権を行使する場合において，親権を行使する者がないときは母を親権者

とし (909条3項)，また父母が離婚した場合，その母は前婚中に出生した子の親権者となることができなかった (909条5項)。しかし，改正法は「婚姻外の子が認知された場合および父母が離婚した場合には，父母の協議で親権を行使する者を定め (2005年改正法により下線部分は「親権者を定めなければならず」と修正—筆者)，協議できない場合あるいは協議が調わない場合には，当事者の請求により，家庭法院が親権者を定める。親権者を変更する必要性がある場合も同様である (2005年改正法により下線部分は「当事者は家庭法院にその指定を請求しなければならない」と修正—筆者)」(909条4項) と改められた。

改正法は，親権の効力に関し，共同親権者の一方が共同名義でなした行為の効力につき，新しい条文を設けた (920条ノ2)。すなわち，「父母の一方が共同名義で子を代理し，または子の法律行為に同意したとき」は，相手方が善意であれば「他の一方の意思に反したときでも，その効力を生ずる」。日本民法825条と同趣旨である。

(6) 相 続

既に述べたように，改正前法は相続編で戸主相続と財産相続を規定していたが，改正法は戸主相続を戸主承継に改めて，これを親族編に移した。したがって，改正法は相続編で財産相続のみを規定することになった。

改正法において重要な点は，相続順位と相続分が合理的に調整され，寄与分制度と特別縁故者に対する分与制度が新しく設けられた点である。

1) 相続順位の調整

改正前法は被相続人の8親等内の傍系血族までを相続人としていたが，改正法はこれを4親等内の傍系血族に縮小・調整した (1000条1項4号)。

さらに，改正前法は，夫と妻の間に相続順位の差を置いていた (1002条および1003条1項)。すなわち，配偶者も相続人となるが，被相続人が夫であるかまたは妻であるかによって相続順位の差があった。まず，被相続人が夫である場合は，妻は亡夫の直系卑属と同順位で相続人となり，直系卑属がないときは亡夫の直系尊属と同順位で共同相続人となる。これらの者がいない場合にはじめて妻は単独相続人となる (1003条1項)。これに対し，被相続人が妻である場合は，夫が亡妻の直系卑属と同順位で相続人となることは同様であるが，直系卑属がないときは，たとえ亡妻に直系尊属がいても夫は単独相続人となる (1002条)。このような夫婦間の不平等は家制度

に基づいたものであり，妻側への家産の流出を防ぐためのものであった。改正法は，妻が被相続人である場合の夫の相続順位に関する規定（1002条）を削除のうえ，1003条1項を改正し，「妻」の相続順位規定を「配偶者」の相続順位を定めた。すなわち，夫であれ，妻であれ，直系卑属のない場合は，死亡した配偶者の直系尊属とともに共同相続人となる（1003条1項）。

　また妻に限って認められていた改正前法上の代襲相続規定は改正され，夫にも代襲相続が認められて，夫・妻ともに代襲相続権を有することになった（1003条2項）。

　2）　法定相続分の調整

　改正前法は，同順位の相続人が数人ある場合，共同相続人の間に均分原則をとりながら，例外として戸主相続人には固有の相続分に5割を加算し（1009条1項但書），同一家籍内にない女子の相続分は男子の4分の1とする（同条2項）と定められていた。しかし，改正法は1009条1項但書と2項を削除することによって，これまでの例外的な取扱いを撤廃し，均分原則をとって今日に至っている。

　配偶者の相続分に関しては，改正前法は妻に限って直系卑属の相続分の5割加算を認めていたが（1009条3項），夫への配慮はなかった。改正法は夫にもその5割の加算を認めた（1009条2項）。この改正も，男女・夫婦の平等原則をはかったものである。

　3）　寄与分制度の新設

　改正法は寄与分制度を新しく設けた（1008条ノ2）。改正法によれば，寄与者とは「共同相続人のうち，被相続人の財産の維持または増加につき，特別に寄与した者（被相続人を特別に扶養した者を含む）（2005年改正法により「共同相続人のうち，相当の期間，同居・介護，その他の方法で被相続人を特別に扶養，または被相続人の財産の維持または増加に特別に寄与した者」と修正―筆者）」に限られている。したがって，例えば，内縁の配偶者，包括的受遺者など，非相続人については特別寄与は認められない。特別寄与者があるときは，「相続開始当時の被相続人の財産評価から，共同相続人の協議で定めたその者の寄与分を控除したものを相続財産とみなし」，本来の「算定した相続分に寄与分を加えた額をもってその者の相続分とする」（1008条ノ2，1項）。寄与分は，まず共同相続人の協議で定められるが，協議が調わないとき，ま

たは協議することができないときは，家庭法院が寄与者の請求により，寄与の時期，方法および程度，相続財産の額，その他の事情を参酌して寄与分を定める（1008条ノ2, 2項）。

4）　特別縁故者に対する分与制度の新設

改正法は特別縁故者に対する分与制度を新しく設けた（1057条ノ2）。この制度は，一定の期間内に相続権を主張する者がないとき，相続財産が国庫に帰属する前の段階で認められる制度である。すなわち，相続人の存否を知ることができない場合または一定の期間内に相続権を主張する者がいない場合に，被相続人と生計を共にしていた者，被相続人の療養看護をなした者，その他被相続人と特別の縁故があった者は，相続財産の全部または一部を家庭法院に請求することができる。この制度の新設によって，相続権のない事実上の配偶者，事実上の養子，そのほか被相続人を献身的に世話した被相続人の知人，隣人等が相続財産の分与を受けることができるようになった。

4　国籍法上父系血統主義条項の改正（1997. 12. 13 法律 5431 号）

(1) 国籍法の全文改正（1948. 12. 30 法律 16 号，全文改正 1997. 12. 13 法律 5431 号）に伴う民法の一部条項新設

現行民法上の父系血統主義条項は，憲法上男女平等の原則に違反しているという主張がなされてきた。政府は，女性に対するあらゆる形態の差別撤廃に関する 1984 年度の国連協約に加入する際の当時に留保していた国籍取得における男女平等条項に対する留保を撤回し，国際潮流に沿う必要性があるということで，現行法中の各種男女差別的要素を男女平等の原則に合致する方向で整備するとともに，1948 年制定以来，同一の骨組を維持してきた国籍法の内容の中で，現実に適合しないか，または立法上未整備であった点を合理的に改善・補完する改正を行った。以下で 1997 年に全文改正された国籍法の一部を紹介する（韓国国籍法については，奥田安弘／岡克彦・在日のための韓国国籍法入門（明石書店，1999 年）参照）。

1）　従来は，出生当時に父が大韓民国の国民である場合にその子に韓国の国籍を与える父系血統主義を採択してきたが，今後は，父または母のいずれかが大韓民国の国民であれば，その子に韓国籍を附与する父母両系

血統主義へと転換した（国籍法2条1項1号）。

2）　国籍取得を目的とする偽装婚姻を防ぐために，大韓民国国民の妻になった外国人に韓国の国籍を附与してきた従来の制度を廃止し，大韓民国の国民と婚姻した外国人は男女ともに婚姻後国内で2年以上居住するなど，一定要件を備えて法務部長官の帰化許可を得なければ，韓国籍を取得することができない（同法6条2項）とした。

3）　夫が韓国籍を取得した場合，その妻も自動的に大韓民国の国民になる随伴取得条項と妻の単独帰化を禁止する条項を削除した。よって，婚姻した女性についても独自的な国籍選択権が保障された（同法4条2項および8条1項削除）。

4）　20歳になる前に大韓民国の国籍と外国籍を共に有するに至った二重国籍者は，満22歳になる前までに，また20歳になった後に二重国籍者になった者は，その時から2年以内に（ただし，兵役未了者は兵役を終えた後2年内に）一の国籍を選択しなければならない。かかる場合に，韓国籍を選択しない者は，その期間が経過したときに韓国籍を喪失する，というように改正して国籍選択制度を新設した（同法12条ないし14条）。

5）　父母両系血統主義を採択することによって外国人の父と韓国人の母の間に出生した子は，母の姓および本に従うことができ，母の戸籍に入籍することができるように民法の内容が一部整備された（戸籍法附則8条）。しかし，現在は2005年の民法大改正により戸主制度の廃止にともなって戸籍法も廃止（2008.1.1）されて，「家族関係の登録等に関する法律」が制定・実施（2007.5.17法律8435号，2008.1.1.施行）実施され，同法により戸籍にかわって「家族関係登録簿」に入籍することができるようになった。

(2) 民法の一部条項の新設

民法781条1項に次のような但書を新設した。

781条（子の入籍，姓および本）において，同条1項に，子は，父の姓及び本を継ぎ，父家に入籍する。ただし，父が外国人である場合には母の姓および本を継ぎ，母家に入籍するという但書が新設された。しかし，この781条1項但書は，2005年の民法大改正により同条2項に変更されたが，その規定の内容は修正されてない。

5 相続回復請求権の出訴期間, 限定承認規定の改正(2002.1.14 法律 6591 号) ―

憲法裁判所が違憲決定を下した相続回復請求権に関する条項, 憲法不合致決定を下した相続の単純承認擬制条項について, 憲法裁判所決定の趣旨を反映し, 整備する目的で一部改正が行われた。以下がその主な内容である。

(1) 相続回復請求権の出訴期間の改正

第 5 次改正前民法 999 条 2 項は, 相続回復請求権の出訴期間について「前項の相続回復請求権は, その侵害を知った日から 3 年, 相続が開始した日から 10 年を経過したときは, 消滅する」と規定していた。しかし, 改正民法は, 同項を「第 1 項の相続回復請求権は, その侵害を知った日から 3 年, 相続権の侵害行為があった日から 10 年を経過したときは, 消滅する」と改正した。

憲法裁判所は, 2001 年 7 月 19 日の決定で,「相続が開始した日から 10 年」と定め権利行使期間を短期間に制限している現行民法 999 条 2 項の規定は「基本権制限の立法限界を逸脱した規定であり, 財産権を保障している憲法 23 条 1 項, 私的自治権を保障している憲法 10 条 1 項, 裁判請求権を保障している憲法 27 条 1 項, 基本権の本質的内容の侵害を禁止している憲法 37 条 2 項に違反する」とし, かかる規定は「合理的な理由なしに相続を原因として財産権を取得した者を, その他の事由を原因として財産権を取得した者に対して, 差別的に取り扱うものであり, それは憲法 11 条 1 項の平等の原則に違反する」と判示して違憲決定を下した(憲裁 2001・7・19, 99 憲바 (바) 9・26・84；同 2000 憲가 (가) 3；同 2001 憲가 (가) 23 (並合))。

(2) 限定承認規定の改正

改正前民法 1019 条 (承認, 放棄の期間) は「① 相続人は, 相続開始があったことを知った日から 3 月内, 単純承認もしくは限定承認または放棄をすることができる。ただし, その期間は, 利害関係人または検事の請求により家庭法院がこれを延長することができる。② 相続人は, 1 項の承認または放棄をする前に, 相続財産を調査することができる」という限定承認規定を設けていたが, 2002 年度の改正で以下のように同条 3 項が追加新設された。

「③　1 項の規定にかかわらず，相続人が相続債務が相続財産を超過する事実を重大な過失なく 1 項の期間内に知ることができず，単純承認（1026条 1 号および 2 号の規定により単純承認したものとみなす場合を含む）をした場合には，その事実を知った日から 3 月内に限定承認をすることができる」。

かかる追加新設規定は，相続人が単純承認したものとみなす法定単純承認に関する 1026 条 2 号（相続人が 1019 条 1 項の期間内に限定承認又は放棄をしなかったとき）の規定に対する憲法裁判所の憲法不合致決定に従った規定である。

憲法裁判所は，相続人が帰責事由なしに「相続債務が積極財産を超過する」事実を知らず，相続開始があったことを知った日から 3 月内，単純承認もしくは限定承認または放棄することができなかった場合にも単純承認をしたものとみなすことは，基本権制限の立法限界を逸脱した規定であり，財産権を保障する憲法 23 条 1 項，私的自治権を保障する憲法 10 条 1 項に違反するとし，その法律条項に関する憲法不合致決定を宣告し，立法者が民法 1026 条第 2 号を改正するまで，同条項の適用を中止しなければならないと付け加えた（憲裁 1998・8・27，96 憲가（ガ）22）。これにより，国会は，憲法裁判所の決定を受け入れて改正を行った。

日本民法 915 条 1 項（「相続人は，自己のために相続の開始があったことを知った時から三箇月以内に，相続について，単純若しくは限定の承認又は放棄しなければならない」本文）は，先に述べた改正前民法 109 条 1 項本文と同様の規定であるが，相続人は「自己のために……」という点が追加されている。この「自己のために」と関連して，日本判例は，「被相続人に相続財産が全く存在しないと信ずるにつき相当な理由があると認められるときには，本条の熟慮期間は，相続財産の全部又は一部の存在を認識した時又は通常これを認識し得べき時から起算する」（最判 1984（昭和 59）・4・27，民集 38・6・678）と判示している。このように，日本の場合は，判例を通して相続人を保護していると解されよう。

6　戸主制の廃止，子の姓と本の変更，同姓同本禁婚制の修正，特別養子縁組制の導入などによる大改正（2005. 3. 31 法律 7427 号）

先に述べたように，第 4 次，5 次改正を通して家族法は男女平等や財産

権保障といった憲法の基本精神に基づいて革新的に改正されたが，その後も，改正法に対して，全般的に社会的状況に適していないか，個別の制度が男女平等など憲法上保障されている基本権を侵害しているといった批判が絶えなかった．このような問題を解決するため，長い歴史の中で絶対不変的な制度として認識され，受け継がれてきた姓不変原則を大幅に修正する，またこの原則と不可欠な関係にある戸主制度を廃止すると同時に同姓同本不婚制度の修正を行うなどの思いきった改正が行われた（詳しくは，高翔龍「韓国家族法の大改革」ジュリスト No. 1294（2005. 7. 15）84 頁以下参照）。この家族法第 6 次改正により，現在，韓国の伝統的家族制度は大きな転換期を迎えようとしている。

　以下で，その改正理由および改正の主な内容について概観する。

　(1)　改正理由

　1)　現行民法の親族編の規定中，「戸主」を中心に家を構成する「戸主制度」および子女の「姓」と「本」に関する規定は，両性平等という憲法理念と時代の変化に適合しない。したがって，これらの制度を全面廃止また改善する必要がある。

　2)　「同姓同本禁婚制度」の規定（民法 809 条 1 項）および「親生否認の訴」（日本民法における「嫡出否認の訴」に該当）の除斥期間の規定（民法 847 条）は，それぞれ憲法違反であるという違憲決定が下されたが，その趣旨にしたがって合理的に調整する必要がある。

　3)　入養制度（日本民法における「養子縁組制度」に該当）の現実を反映し，養子の福利を増進するため，養親と養子に親族関係を認め，養子が養親の「姓」と「本」を継ぐようにするという親養子制度（日本民法における「特別養子縁組制度」に該当）を導入する必要がある。

　4)　共同相続人の間の実質的衡平および家族関係の健全な価値観を定立するため，相当期間にわたり同居し，被相続人を扶養した者についても寄与分が認められるようにする必要がある。

といったことが主な理由である。

　(2)　主な内容

　1)　「戸主」に関する規定と「戸主制度」を前提とする入籍・復籍・一家創立・分家等に関する規定が削除された（778 条・780 条および 782 条ないし 796

条)。その一方，戸主と家の構成員との関係として定義されていた家族に関する規定が新しく設けられた (779条)。

2) 子は，父の「姓」と「本」を継ぐことを原則とするが，婚姻届出のときに父母の協議により，母の「姓」と「本」を継ぐように定めることができる (781条1項)。

3) 子の福利のために子の「姓」と「本」を変更する必要があるときは，父もしくは母の請求により法院の許可を受けてこれを変更することができる (781条6項)。ただし，子が未成年者であって法定代理人が請求することができない場合には，777条 (親族範囲) の規定に従い，親族または検事が請求することができるようにしている (781条6項但書)。

4) 男女平等および婚姻の自由を侵害するおそれがある「同姓同本禁婚制度」を廃止し，「近親婚禁止制度」へと転換する。ただし，近親婚制限の範囲を8親等内の父系血族または母系血族とする (809条)。

5) 「父性」推定の衝突を避ける目的で定められていた，女性に対して6ケ月の再婚禁止期間を設けている規定を削除する (811条削除)。この規定は，女性に対する差別的な規定にみえるし，また親子関係鑑定技法の発達によりこのような制限規定を置く必要性がなくなったためである。

6) 今まで親生否認の訴 (嫡出否認の訴) は，夫だけが提起できた。その提訴期間も出生を知った日から1年内に制限されていた。それは，血縁真実主義および夫婦平等の理念に附合しない側面があるため，改正法は，夫だけではなく妻も提訴することができるようにする。その提訴期間も親生否認事由 (嫡出否認事由) を知った日から2年内に延長するなど，親生否認制度を合理的に改善する (846条および847条)。

7) 養子の福利を一層増進させるため，養親と養子を親生子関係 (嫡出親子関係) とみなし，従前の親族関係を終了させ，養親との親族関係だけを認めて，養親の「姓」と「本」を継ぐようにする親養子制度が新設された (908条ノ2ないし908条ノ8新設)。

8) 父母など親権者が親権を行使するに際して，子の福利を優先的に考慮しなければならないという義務規定が新設された (912条新設)。

9) 共同相続人間の実質的衡平を図り，家族関係の健全な価値観を定立するために，相当な期間同居しながら被相続人を扶養した相続人につい

第三節　親族法の特色　　251

ても，共同相続人の協議または法院によって寄与分が認められるようにした（1008条ノ2）。

7　離婚熟慮期間制の新設による改正(2007. 12. 21 法律 8720 号)

憲法上の両性平等の原則を実現するために，男女ともに婚約年齢は満18歳（801条）および婚姻年齢は満18歳（807条）に一致させる一方（改正前は男子満18歳，女子満16歳であった。），真剣に熟慮していない離婚を防止するために離婚熟慮期間制度を導入し，さらに，離婚家庭の子供の養育環境を改善するために協議離婚時に子供の養育事項の合意を義務化する（836条の2）（詳細は，本章第三節三参照）など，改正された。

8　成年後見制の導入による改正(2011. 3. 7 法律 10429 号)

既存の禁治産・限定治産（準禁治産）制度を廃止し，精神上の障害により判断能力が不十分な成年者の財産行為，治療・療養等の福利のために成年後見制を導入した。詳細は本章第三節四を参照されたい。

第三節　親族法の特色

憲法裁判所は，第6次改正前の2005年2月3日に，民法778条（戸主の定義），781条1項本文後段（子の父家入籍），826条3項本文（妻の夫家入籍）の規定の根拠と骨格になっている戸主制は，婚姻または家族生活において個人の尊厳または両性の平等を規定している憲法36条1項に違反していると決定し，戸主を基準として家別に編制されている現行戸籍法をそのまま維持することは難しいが，身分関係を公示・証明する公的記録に重大な空白が発生するおそれがあるために，戸主制を前提としない新しい戸籍体系で戸籍法を改正するまで審判対象の条項を暫定的に継続適用する必要がある，という理由から憲法不合致決定を宣告した（憲裁2005・2・3，2001憲가（ガ）9～15，2004憲가（ガ）5（並合））。

2005年3月の改正法が，施行時期を公布の日から施行する場合と施行しない場合に分けていることも，先に述べた憲法裁判所が憲法不合致決定を宣言した趣旨にしたがったものである。すなわち，戸主制と関係のない

同姓同本禁婚のような規定の修正は改正法の公布日から施行されたが，戸主制と関連のある改正対象の条項（戸主制度，姓不変更，養子制度）は，戸主制を前提としない新しい戸籍体系で戸籍法を改正するまで，暫定的に継続適用する（2007.12.31 まで）ということになっている。このように，2005 年改正法は戸主制度を全面廃止しているので，韓国家族制度の特色の 1 つとしてあげることがてきた儒教的思想の根強い戸主制度は完全になくなった（戸主制度に替わる「家族関係登録等に関する法律」（2007.5.17 法律 8435 号）が制定され，本人・父母・子だけの登録，「一人一籍」形態の家族関係登録制が導入，2008 年 1 月 1 日から施行）。

以下では，韓国親族法の特色ともいえるいくつかの原則をとりあげ，それらの原則が 2005 年 3 月の改正によってどのように廃止または修正されたかにつき，2005 年の改正前・後に分けて概観する（詳しくは，高翔龍・上掲論文，87 頁以下参照）。

一　姓不変原則とその修正

1　民法上の姓不変の原則 ─────────────

まず，「姓」と「本」の意味については，若干の説明が必要である。

(1) 「姓」と「本」の制度

「姓」とは出生の系統を示す標識である。古来より父系中心社会である韓国においては，「姓」は原則的に父系血統を表示するものであり，「姓」によって各個人の所属している血統を分別することができた。しかし，同一の血統を有する多くの人が各地に分散したとき，各地域に分散した各派を表示するための標識が必要となった。そのために生じたものが「本」である。すなわち，各地に分散した各派の祖先の発祥地名を意味するもので，通常は「本貫」と呼ばれている。

このように「本貫」は，父系血族系統を表示する際に「姓」と不可分な関係にある。というのは，「姓」だけで血族系統を表示することはできず，「本貫」を並称することによってはじめて同族であることが表示されるからである。すなわち，韓国には祖先の発祥地を異にする同姓が多く，これを区別する必要があるため，必ず「姓」に「本」を付ける（2000 年 11 月現

第三節　親族法の特色　　253

在，帰化姓を除いた固有の「姓」は286個，「本」は4,179個ある。その姓の中で「金」
という姓は992万6千人（21.6%），「李」は679万5千人（14.8%），「朴」は389万5
千人（8.5%）という順になっている。統計庁「報道資料」（2003.1.29）による）。例
えば，「金」という1つの姓をとってみても，その本貫は，「金海」，「慶
州」，「光山」，「金寧」，「安東」等，様々であり，「金」という「姓」をも
つ人でも，その本貫が「金海」なのか「慶州」なのかによって，祖先の父
系血統が異なるのである。このように，「本」は血族系統を示す「姓」と
不可分の関係にあり，「同姓同本」であれば，一応，同一父系血族に属す
るものとされる。

　しかし，「同姓同本」がすべての場合に同一父系血族（同族）を意味する
わけではない。「同姓同本」でありながら祖先を異にする場合，すなわち，
同一父系血族でない場合もある。例えば，新羅の敬順王を先祖に持つ金海
金氏（ここで「氏」とは一族を意味する。以下も同じ）と大駕洛の首露王を先祖
にもつ金海金氏，崔文漢を先祖に持つ江陵崔氏と崔立之を先祖に持つ江陵
崔氏等は「同姓同本」であっても，同一父系血族ではない。逆に，「異姓
同本」であっても同一の父系血族とされる場合もある。例えば，安東「金」
氏と安東「権」氏，金海「金」氏と金海「許」氏が同族とされていること
等が，よく知られている例である。

　民法は「姓」には必ず「本」を付けるようにしている（781条，戸籍法15条
4号）。すなわち，「姓」は父系血統を表示し（781条1項），「姓」の変更は特
殊な場合（父母の知らない子は法院の許可を得て，姓と本を創設する）の以外には
認められない（781条3項但書）とし，「姓不変の原則」をとっている。ただし，
「入夫婚姻」（夫が妻の家に入籍する婚姻）による出生子は母の「姓」と「本」
を受け継いで母家に入籍するものと規定し（826条4項），「姓」は父系血統
を表示するという大原則の例外を認めている。

　以上のように，「姓」と「本」の制度は，長い歴史の中で絶対的な不変
の制度として認識され，受け継がれて今日に至っている。このような「姓
不変の原則」は，次に概観する「夫婦別姓制」や「父系姓本継承制」（2005
年改正法により大幅修正。後述）といった原則を生み出した。

　（2）　夫婦別姓制

　「姓不変の原則」により，結婚しても「姓」は変わらない。先にも述べ

たとおり，「姓」とは，父系血統を表示 (781条1項) し，身分や戸籍の変動
があっても変わらない血統を標識するものであり，これが古来より伝わる
韓国の慣習法であった。したがって，「婚姻により他家に入籍しても，あ
えて姓を変えず，夫婦が姓を異にし，母子が異姓を称するのが通例」（李
光信・韓国民法上の姓氏制度研究［法文社，1973年］6頁以下参照）とされた。夫
の「姓」も妻の「姓」も，それぞれの父系血統主義思想の結果として，婚
姻後も変わらないのである。このように，韓国における「夫婦別姓制」は，
本来，「個人の尊重」や「男女平等」といった理念に基づくものではな
かったが，今日においては，これらの理念にも合致するため，2005年の
改正法においても「夫婦別姓制」は修正されなかった。

　日本の場合には，「夫婦は，婚姻の際に定めるところに従い，夫又は妻
の氏を称する」（日本民法750条）とし，韓国のような夫婦別姓制をとってい
ない。しかし，結婚した際に夫婦同姓か夫婦別姓を自由に選択できる「選
択的夫婦別姓制度」導入について，法務省は1996年の法制審議会の答申
を受けて，その法案化に着手し，自民党の推進派は，2002年と2004年に
家庭裁判所の許可を条件に例外的に夫婦別姓を認める妥協案を法務部会に
提出したが，了解は得られなかった。野党は，同制度導入の民法改正案を
10回以上国会に提出してきたが，2009年現在，与党になった民主党は，
できるだけ早くその法案提出をしたいという認識で一致しているようであ
る。しかし，選択的夫婦別姓制をとった場合に「家族の崩壊を招く」，「家
族の一体感が損なわれる」といった反対意見（毎日新聞1996.2.8朝刊，東京新
聞1996.6.27朝刊）も根強よく続いているようである。最近，日本・最高裁
大法廷（平成27年［2015］12月16日判決）は，いわゆる夫婦別姓訴訟で，「夫
婦同姓の制度は我が国の社会に定着してきたもので，家族の呼称として意
義があり，その呼称を一つにするのは合理性がある」などとして，民法
750条の規定は憲法に違反しないという判断を初めて示している。このよ
うな夫婦別姓制の問題は，家族や社会の枠組みの基本にかかわる制度の改
正でもあり，大変重要な問題であると思われる。

　(3)　父系姓本継承制（子の「姓」と「本」）

　改正前の民法は，「子は，父の姓および本を継いで父の家に入籍する。
ただし，父が外国人のときは，母の姓と本を継ぐことができ，母の家に入

籍する」(781条1項) と定め，父が韓国人であれば，子は父の「姓」と「本」を継ぐという父系血統尊重主義の不変原則である「父系姓本継承制」をとっていた。もちろん，父の知れない子は，母の「姓」と「本」を継いで母の家に入籍し (781条2項)，父母の知れない子は，家庭法院 (棄児は市・邑・面の長) の許可を得て，「姓」と「本」を創設するものとされ (781条3項本文家事訴訟法2条1項라 (ラ) 類事件4号)，「姓」と「本」を創設した後に父母のいずれかが判明したときは (棄児は市・邑・面の長の確認の下で)，父母のいずれかの「姓」と「本」を継ぐものとする等 (781条3項但書) の例外が認められていた。

　父の知れない子は母の姓と本を継ぎ，また，父母の知れない場合には姓と本を創設するということは，父姓主義に対する例外というより父を知ることができないために生ずる必然的な結果である。したがって，民法上の父姓主義は厳格に維持されているといえよう。ただし，前述したように，例外的に入夫婚姻による出生子は，父の姓と本ではなく母の姓と本を継ぐ (826条4項)。

　また，旧国籍法は出生当時に父が大韓民国の国民である場合に限り，その子に韓国籍を付与するという父系血統主義を採択していたため，外国人の父を持つ子は韓国籍を取得することができず，結果的に戸籍を持つことができなかったが，1997年12月13日に国籍法が改正され，父母のいずれかが大韓民国の国民であれば，その子に韓国籍を付与するという父母両系血統主義へと転換した (国籍法2条1号)。したがって，父が外国人である場合にも母が大韓民国の国民であれば，その間に出生した子は大韓民国の国籍を取得する。1997年の改正民法もそれに従って，そのような子は母の「姓」と「本」を継ぎ，母家に入籍することができるようになった (民法781条1項但書)。

　(4)　異姓養子の「姓」と「本」

　改正前民法は，異姓養子の「姓」と「本」に関する規定がないため，姓不変の原則にしたがって養子の「姓」と「本」は変わらないと解されていた。しかし，「入養 (縁組) 促進および節次 (手続) に関する特例法」(2005.3.31法律第7448号一部改正) (「入養 (縁組) 特例法」として1976.12.31法律第2977号で制定され，以後同法の9回の改正を通して現在の法律名となっている) によって縁

組した養子（この法律によって養子になった者は，18歳未満の要保護児童とする）は，養親の希望があるときは養親の「姓」と「本」を継ぐことができる（同法8条1項）。

2　改正民法上の姓不変原則の修正

父系血統尊重主義に基づく，子または養子の「姓」と「本」に関する制度は，2005年の改正法により，大幅に修正された。以下では子の場合と養子の場合に分けて概観する。

(1)　子の「姓」と「本」の変更

1)　子が母の「姓」と「本」を継ぐ場合

既に述べたとおり，改正前民法は子の「姓」と「本」について「姓不変の原則」を根幹として，父の「姓」と「本」を継ぐという原則を規定（改正前法781条1項本文）していたが，改正法は，781条1項但書を2項に移し，代わりに「ただし，父母が婚姻の届出の時に母の姓および本を継ぐよう協議した場合には，母の姓および本を継ぐ」（同条1項但書）という規定を新しく設けた。したがって，このような協議がある場合には，その父母から生まれる全ての子は，母の「姓」と「本」を継ぐことになる。この但書により，父系血統尊重主義は大幅に修正され，母系血統尊重主義への転換さえも可能にするような変化がもたらされたものと思われる。

2)　子の「姓」と「本」を変更しうる場合

改正法は「子の福利のために，子の姓および本を変更する必要があるときには，父，母または子の請求により法院の許可を得てこれを変更することができる」（781条6項本文）と定め，子の「姓」を変更する制度を新しく設けた。この新設規定は，「姓不変の原則」を根幹とする「父系姓本継承制度」を大きく変えることになる衝撃的なものであるといえよう。

問題は「子の福利のために子の姓および本を変更する必要があるとき」とはどのような場合であるかということである。ここでは2つのことが考えられる。まず，父の「姓」と「本」を継いでいた子が，母の「姓」と「本」に変更する場合を考えられるが，実父の「姓」から実母の「姓」への変更という意味で，上記1)のような場合と同様に考えてよいと思われる。問題は，子の母が再婚したときに，その子が義父の「姓」と「本」に

第三節　親族法の特色　　257

変更するような場合である。2005 年の改正の主目的の 1 つは，後者を認めることである。

改正過程において，主要な例として挙げられているものは，子の母が再婚した場合である。すなわち，母と一緒に住んでいる子は，たとえ母が再婚しても，実の父から受け継いだ「姓」と「本」は変わらないので，母の再婚相手の「姓」と「本」が異なる場合が生じる。例えば，改正前民法では，金 (キム) 姓の父と李 (イ) 姓の母の間に生まれた子は，原則的に金姓となる。父母が離婚しても，その子の「金」という「姓」は変わらない。たとえ，その子を養育する母が，朴 (パク) 姓の男姓と再婚したとしても，その子の姓が金であることには変わらない。ゆえに，母の再婚相手の姓 (朴) とは異なるわけである。

したがって，このような場合に，外見上は父子関係にみえても，姓が異なるため，その子の母が再婚したことが容易に知れてしまう。その結果，その子が幼稚園や小学校で"いじめ"の対象になりやすくなる等，父の「姓」と異なることにより子が被る精神的苦痛や社会的不利益等が大きいということが改正の主な理由であった（第 250 回国会「会議録」第 2 号 30 頁左段，法務部長官の答弁。第 250 回国会「会議録」（公聴会）第 14 号 5 頁以下，法務部審議官の陳述）。

もちろん，「姓」と「本」を変更するには，法院の許可を得なければならないが，子の母が離婚と再婚を繰り返すたびに，子の「姓」と「本」が変わる可能性もある。そもそも，「姓」とは本来，単純な個人の称号ではなく，出生の系統を表示するものであるという原則を守るのであれば，「姓」の継承には実親子関係が存在しなければならず，姻族に過ぎない義理の父の「姓」に従わせるということは問題であろう。さらに，本人の意思に関係なく，父祖から受け継いだ自分の「姓」が変更されることが，果して本当にその子の福利に適するものであるかどうかは疑問である。

子本人も法院の許可を得て姓を変更することができるが (781 条 6 項本文)，子本人が未成年者であり，または法定代理人が請求することができない場合には，777 条 (親族の範囲) の規定にしたがって親族または検事が請求することができる (781 条 6 項但書)。

〈子の姓・本の変更〉 (単位：件)

年度	受理件數	処理			
		合計 (%)	認容 (%)	棄却	其の他
2008	19,591	17,157 (100)	15,378 (89.6)	600	1,179
2012	7,354	7,533 (100)	6,498 (86.2)	394	641
2013	6,168	6,224 (100)	5,285 (84.9)	253	686
2014	5,756	5,668 (100)	4,785 (84.4)	277	606

＊大法院・2015年司法年鑑 (2016年)，同2010年司法年鑑，同2014年司法年鑑に基づいて作成。
＊2008年は2005年の民法改正により「子の姓・本」の変更申請制が施行された年度。

(2) 異姓養子の「姓」と「本」の変更

　改正法は，親養子制度 (特別養子縁組制度) を導入し，「親養子は夫婦の婚姻中の出生子 (嫡出子に該当—筆者) とみなす」(908条ノ3, 1項) として，法律上養親の嫡出子たる身分を取得できるようにした。したがって，親養子の「姓」については特別の規定がないが，781条に基づき，養父または養母の「姓」にしたがうということになる。最近，法院が受理した親養子縁組許可事件は，再婚した母が自分の子の姓と本を再婚相手の姓と本に変更するために親養子縁組制を利用する事件が大部分であるという。しかし，再婚夫婦が離婚し，さらに親養子関係が離縁された場合には，その子の姓と本 (主に養父) は元の姓と本に戻ることになる。このような過程のなかで未成年である子どもが被る激しいストレスや正体性の混乱が生じる事例が現実的に急激に増加している状況である (朝鮮日報2015.6.8. A12)。

　親養子制度において注意すべき点は，1年以上の婚姻中である夫婦の一方が，その配偶者の15歳未満の親生子 (嫡出子) を親養子として縁組する場合 (908条ノ2, 1項1号但書) には，夫婦共同ではなく単独で家庭法院に親養子縁組の請求をすることができるという点，また，親養子の従前の親族関係は，親養子の縁組が確定されたときに終了するが (908条ノ3, 2項本文)，夫婦の一方がその配偶者の親生子 (嫡出子) を単独で縁組した場合には，

第三節　親族法の特色　　259

その配偶者（親生子の父または母）と配偶者から見た親族関係は終了せずに
存続する（908条ノ3，2項但書）という点である。

二　同姓同本不婚の原則とその修正

1　2005年改正民法前の同姓同本不婚の原則

(1)　同姓同本不婚制の沿革

　同姓同本不婚制とは，同一の「姓」および同一の「本」を継承する父系
血族間における婚姻を禁止する制度である。この制度は，元来中国・周時
代に始まり，漢代に入ってはじめて確立した制度であるという（金疇洙，
親族・相続法（法文社，2003年）102頁以下。宗法制度が完成した周時代において同姓
者は必ず同宗として，同族という支配的観念が同姓婚を禁じさせた。礼記の曲礼では
「為其近禽獣也」といい，同姓者間で婚姻することは禽獣に近く，人倫を紊乱させる，
とされ同姓不婚原則を表明していた）。明朝律である大明律（1397年）は「凡同
姓為婚者各杖六十離異」とし，同姓間で婚姻した者はそれぞれ杖60の刑
に処し，離婚させるという同姓不婚制をとっていた。韓国では，朝鮮時代
（1392～1910年）に入って儒教思想を建国理念として中国の大明律を朝鮮の
法として依用することになり，それに従って同姓婚が徹底的に禁じられた
（韓琫熙・家族法論集（韓教授停年記念，1999年）401頁）。朝鮮末期に至り，刑法
大典（1905年）の572条は「氏貫が倶同である人が相婚したか，または妾
を娶した者は苔一百に処し，離婚させる」と規定し，同姓同本間の婚姻は
処罰の対象になった。以来，同姓同本の父系血族間の婚姻が禁じられた。

　2005年の改正前民法809条1項は，このような同姓同本不婚制を継承し
て，「同姓同本である血族の間では，婚姻をすることができない」と定め，
「同姓同本不婚制」をとっていた。

(2)　同姓同本婚姻禁止の根拠

　同姓同本の血族間における婚姻を禁止する根拠は，先に述べたように，
伝統的には儒教思想による美風良俗や倫理的理由であり，優生学的理由が
根拠となるのは終戦後ではないかと思われる。しかし，人口の激増，社会
活動領域の広域化，道義・美風良俗の内容が変化したこと等により，一定
の親等範囲外の同姓同本者間においては，倫理的・優生学的理由を禁婚根

拠とする妥当性が失われている。さらに，禁婚の範囲を父系血統に限ることは男女平等の原則にも反する。また，その範囲が広過ぎることで，個人の重大な権利である婚姻の自由を蹂躙するという結果をもたらしている。

このように，親等数の如何を問わずに，同姓同本の血族間の婚姻を禁止する改正前の809条1項については，制定当初から激しい賛成・反対の論議が展開され，その議論は最近まで続けられてきていた。その間に，同姓同本者間の事実婚の増大や，そのような内縁の夫婦間に生まれた子供を救済する必要性が重大な社会問題となり，国会は，そのような問題に対処するため，特別限時法を制定した。すなわち，1977年，1987年，1995年の3回にわたり，およそ1年限りの限時法（1995年法は1995.12.26～1996.12.31まで）として，「婚姻に関する特例法」という法律が制定され，その期間中は，同姓同本である男女間であっても，9親等以上であれば，婚姻届の提出を認めるという措置がとられた。

ところが，1997年7月，憲法裁判所は，同姓同本不婚規定である民法809条1項を違憲とする決定を下し，「同姓同本禁婚規制は，人間の尊厳と幸福追求権を保障する憲法理念に反すると同時に，婚姻の範囲を男系血族に限定した性差別は平等の原則に反する」ので，「現行民法条項が改正されるまで裁判所および行政機関はこの法律の適用を中止する」ものとし，「立法府が1998年末までにこの条項を改正しなかった場合には1999年1月1日よりその効力を失う」（憲裁1997・7・16，95憲가（ガ）6～13（並合））とした（詳細は【憲裁-3】参照）。

2 改正法における同姓同本不婚制の修正（近親婚等の禁止）

1997年の憲法裁判所の違憲決定により，同姓同本不婚規定（809条1項）はその効力を失ったため，改正法は，憲法裁判所の違憲決定に従い，改正法809条の標題も「同姓婚等の禁止」から「近親婚等の禁止」へと改め，同条1項は「8親等内の血族（親養子の縁組前の血族を含む）の間では，婚姻することができない」と改正された。したがって，今日においては，9親等以上であれば同姓同本血族間の婚姻が認められるようになった。

三　離婚意思確認制度

1　趣　旨

　家族法の第 2 次改正（1977 年）では，協議離婚の場合には必ず家庭法院の「確認」を受けなければならないという離婚意思確認制度を導入した。すなわち，第 836 条 1 項は「協議上の離婚は家庭法院の確認を受け，『戸籍法』に定めるところにより申告することによってその効力を生ずる」と定めている（2005 年の家族法改正により戸主制度の廃止に伴い「戸籍法」も廃止され，2007 年 5 月に「家族関係の登録等に関する法律」（以下「家族関係登録法」とする）が立法，2008 年 1 月 1 日より施行されている）。このような離婚意思の確認は，夫婦が所定の期日に家庭法院に出頭し，裁判官の面前で離婚意思の存否確認を受け，その時から 3 ケ月以内に離婚届とともに家庭法院の「離婚意思確認書」を提出しなければ，家庭法院の「確認」は失効する。

　この離婚意思確認制度は，破綻主義的な無因離婚方式である協議離婚の自由を直接・間接的に制限し，離婚に対する抑制と慎重さをはかるという趣旨で導入された制度である。従来，韓国において協議上の離婚のすべてが必ずしも当事者の自由意思に基づいてなされたとはいえず，そのために，1963 年の戸籍法改正により，戸籍史に協議離婚申告の実質的審査権が認められていた。このような実質的審査権は，家族法の第 2 次改正により戸籍史から家庭法院に移管されたのである。

　しかし，離婚意思確認制度を導入した協議離婚制度といっても，当事者の離婚意思の合致，家庭法院の離婚意思の確認，家族関係登録法による離婚届出など，簡便な手続で離婚の効力が生じるために，婚姻を保護するというより自由に解消できるという点で従来の協議離婚制度とあまり変わりがない。その結果，離婚後の子供の養育や親権者の指定といった問題が残され，離婚家庭の子供の養育環境が害されるといった深刻な問題が生じた。このような問題を解決するために，同制度において 2007 年 12 月 21 日に離婚熟慮期間制度が新設された（386 条ノ 2）。同制度は，2008 年 6 月 22 日から施行され，今日に至っている。

　日本の協議離婚制度におけるいわゆる「不受理申出制度」は韓国の離婚意思確認制度のような機能を担っているように見け受けられる。従来，法

律上の根拠はなく「昭和27年 (1952年) 7月9日民事局長回答」以来の実務上の扱いで，不受理申出制度と呼ばれる制度が運営されてきたが，戸籍法の一部を改正する法律 (平成19年(2007年)法律第35号) において，その取扱いが法制化 (27条の2，第3項) され，2008年5月1日から施行されている。同制度は，婚姻または離婚の意思がないのに届出が作成された場合や届出に署名した後に翻意した場合などに，届出を受理しないでくれと本籍地の市町村長に対して申し出ることを許したもので，受付時から半年以内の一定期間，届出がなされても不受理の扱いがなされる制度である (内田貴「民法IV」(補訂版) 2007年68，103頁)。

この不受理申出について，昭和52年 (1977年) に戸籍事件表に計上されて以来増加傾向にあったが，昭和56年 (1981年) からほぼ横ばいの状態に転じた。しかし，平成元年度 (1988年) (1万5,714件) から再び増加に転じ，平成18年度 (2006年) が過去最高となっている (「戸籍」823号 (平成21. 1) 57頁，下記の【日本・不受理申出事件数】参照)。この制度は協議離婚届をめぐるトラブルを契機に導入された経緯もあって，実際にも，9割以上は離婚の場合に使われているといわれている。しかし，協議離婚制度の問題点の是正は，不受理申出制度で十分カバーされているとはいえず，立法論として，韓国のように，離婚意思の確認に裁判所の関与を求めるべきだという主張が有力になされている。

【日本・不受理申出事件数】

年度(平成)	1998 (10)	1999 (11)	2000 (12)	2001 (13)	2002 (14)	2003 (15)	2004 (16)	2005 (17)	2006 (18)	2007 (19)
不受理申出	35,138	37,090	38,498	41,618	44,635	44,916	45,162	47,743	48,994	47,847

＊「戸籍」823号 (平成21.1) 56頁表6に基づいて作成。

2 主 要 内 容

(1) 協議上離婚しようとする者は，家庭法院が提供する離婚に関する案内を受けなければならず，家庭法院は必要な場合に当事者に対して相談に関する専門的知識と経験を備えた専門相談人の相談を受けるよう勧告することができる (836条ノ2第1項)。

(2) **離婚熟慮期間の導入**

第三節　親族法の特色　　263

　家庭法院に離婚意思の確認を申立てた当事者は，上記(1)の案内を受け
た日から一定期間，すなわち，養育を要する子供がいる場合（胎児を含む）
は3ケ月，養育を要する子供がいない場合は1ケ月が経過した後に家庭法
院から離婚意思の確認を受けることができる（836条ノ2）。ただし，家庭法
院は暴力により当事者の一方に堪え難い苦痛が予想される等，離婚せざる
をえない急迫な事情がある場合には，同条2項の期間を短縮または免除す
ることができる（同条3項）。

　このような熟慮期間制度の導入は真剣に熟慮していない離婚を防止する
という試みである。

(3)　協議離婚時の子の養育事項および親権者の指定合意の義務化

　協議離婚当事者について養育者の決定，養育費用の負担，面接交渉権の
行使可否およびその方法等が記載した養育事項と親権者決定に関する協議
書または家庭法院の審判正本を離婚確認の時に提出しなければならない
（同条4項）。さらに，このような養育費を効率的に確保するために，家庭法
院は養育費の負担について当事者が協議し，その負担内容が確定された場
合にその内容を確認する養育負担調書を作成しなければならない，という
規定（同条5項）が2009年5月8日の一部改正（法律9650号）によって新設さ
れた。

　以上のように，離婚家庭の子供の養育環境を改善するために，協議離婚
の際の子供の養育事項の合意を義務化したものである。

3　離婚意思確認及び離婚熟慮期間制度実施後の状況

　2005年以降、離婚件数は継続減少して2015年の離婚件数は10万9,200
組であり、前年より若干減少した（0.5%）だけである。しかし、2008年に
離婚熟慮期間制が実施された以降、全体的に裁判上の離婚は増加している
反面、協議上の離婚は著しく減少している状況である（下記の〈離婚種類別
離婚〉参照）。

　このように協議上の離婚件数が減少している背景には、①子供の養育問
題等を鑑み、離婚を慎重に考慮しなければならないといった社会的風潮が
広がっている点、②一部の裁判所で2005年度より協議上の離婚に対して
離婚熟慮及び相談制度が実施されていたが、民法改正（2007.12.21）により

2008 年より離婚熟慮期間制度が全国の裁判所で一斉に実施された点が挙げられる。

〈離婚種類別離婚〉 (単位：1,000 件)

年度	2005	2006	2007	2008	2009	2010	2011	2012	2013	2014	2015	前年対比増減率
総離婚件數	128.0	124.5	124.1	116.5	124.0	116.9	114.3	114.3	115.3	115.5	109.2	-5.5
協議離婚	110.7	107.9	105.1	90.8	94.4	87.8	86.4	86.9	88.6	89.7	84.6	-5.7
裁判離婚	16.4	16.4	18.9	25.8	29.6	29.0	27.8	27.4	26.6	25.8	24.5	-4.9

＊統計庁・「2015 年婚姻・離婚統計」報道資料（2016.4.7.）［表 24］に基づいて作成。

四　成年後見制度

1　成年後見制度の新設

　韓国は 2000 年に「高齢化社会」（65 歳以上の高齢者が全体人口の 7.0% を占める社会）へ進入（7.2%）した以降，急速度に高齢化が進行され，2015 年現在，高齢者は全体人口の 13.1% を占めており「高齢社会」（高齢者が全体人口の 14.0% を占める社会）に進入している。高齢者は毎年増加している趨勢で，今後 2020 年に韓国は高齢者が全体人口の 15.7% を占める「高齢社会」に進入し，さらに，2030 年に高齢者が 24.3% を占める「超高齢社会」（20%）に進入すると予測されている（統計廳・「高齢者統計」報道資料，2015.9.24.）。

　このような状況のなかで高齢による痴呆，知的障害，精神障害等の精神上の障害により判断能力が不十分な成年者が増えており，今後とも増え続けると予測されている。このような判断能力の不十分な成年者を保護するために，民法上の限定治産（日本民法の準禁治産に当たる）・禁治産制度は修正せざるをえない状況になった。というのは，民法の一部改正（2011.3.7.）前の限定治産・禁治産制度は，一般的に財産管理に重点を置いて本人とその家族を保護するための制度であり，後見人は法律規定によって定められているために，被保護人である本人と後見人である近親者（四親等内の親族）との利害関係をめぐる紛争が頻煩に発生した。さらに，限定治産・禁治産制度は，判断能力の不十分な成年者の人権に対する配慮や介護の問題につき全く考慮されず，最も本人の自己決定権が制限され，かつ画一的・定型

的な規定が定められているために，彼らの残存能力が無視され，再活の機
会が排除される結果をもたらした。

　以上のような問題について真剣に考え始められたのは，韓国社会が高齢
化社会に接する状況になって，高齢者の判断能力の衰退という現象は何人
にとっても起こりうる自然現状であることにつき，人々は遅かれ意識する
ようになってからである。したがって，このような高齢者を含めた精神的
障害者に対する財産管理のことだけではなく，介護まで含めた新たな法律
制度が必要となった。さらに，現在は必要な判断能力を有している者も，
将来を考えて後見事務の内容と後見する人を，自ら事前の契約によって決
めておくということも必要となった。

　以上のような事態に対処するために，欧米や日本では，1990 年前後に
成年後見制度が立法・施行されており，韓国では，2011 年になって民法
一部改正により，限定治産・禁治産制度の廃止とともに「成年後見制度」
が新設されたのである（2011.3.7. 法律 10429 号，2013.7.1. 施行）。

2　成年後見制度の主な内容

　成年後見は法定後見と任意後見に分類される。法定後見は，さらに成年
後見，限定後見，特定後見に分類される。以下で，これらの後見制につい
て主な内容だけをとりあげてみる。

　(1)　成年後見・限定後見・特定後見制度の導入（民法 9 条，12 条，14 条ノ 2）
先ほど述べたように，画一的に行為能力を制限する問題点のある既存の禁
治産・限定治産制度の代りに，もっと能動的であり，かつ積極的な社会福
祉システムである成年後見・限定後見・特定後見制度を導入し，既存の禁
治産・限定治産宣告の請求権者に「後見監督人」と「地方自治團体の長」
を追加するなど，後見を内実化するとともに成年後見等を必要とする高齢
者，障碍者等に対する保護を強化することに重点を置いている。

　(2)　制限能力者の能力の擴大（10 条，13 条）
成年後見開始の審判を受けた者（成年被後見人）が自ら行った法律行為と
して日用品の購入その他の日常生活に関する行為をなす場合（10 条 4 項）や，
家庭裁判所が取り消すことができない成年被後見人の法律行為の範囲を定
めた場合（10 条 1 項）に，その法律行為は取り消すことができない。限定

後見開始の審判を受けた者（限定被後見人）の法律行為は，家庭法院が限定後見人の同意事項として決定したものでない限り，確定的に有効な法律行為として認められる（13条）。勿論，限定被後見人が自ら行った法律行為のなかで日用品の購入など日常生活に必要であり，かつその代価が過度ではない法律行為は取り消すことができない（13条4項）。特定後見開始の審判を受けた者（特定被後見人）の法律行為は，如何なる法的制約もない。すなわち，特定後見は本人（特定被後見人）の意思に反して行うことができない（14条ノ2，2項）。

(3) 成年被後見人の福利，治療行為，住居の自由等に関する身上の保護規定の新設（947条，947条ノ2）

成年後見人は成年被後見人の福利に対して幅広い助力を可能ならしめるが，成年被後見人の身上に関する決定権は本人にあることを原則とし（947条ノ2，1項），成年後見人が任務を修行するに当たっては，成年被後見人の意思を尊重する義務を明示する（947条）等，被後見人の福利を実質的に保障できるようにはかっている。

(4) 複数成年後見人・法人成年後見人制度の導入及び同意権・代理権の範囲に対する個別的決定規定の新設（930条・938条，959条ノ4・959条ノ11）

後見人の法定順位を廃止し，家庭法院は被後見人の意思等を考慮して限定後見人の法定代理権（代理権・同意権・取消権）（959条ノ4）の範囲・特定後見人の代理権（959条ノ11）の範囲等を個別的に決定するようにはかっている。

成年後見人は被成年後見人の身上および財産に関する諸事情を考慮して複数の成年後見人の制度を導入し，さらに，法人も成年後見人になれる制度を導入した（930条2項，3項）。

(5) 後見監督人制度の導入（940条ノ2～940条ノ7，959条ノ5及び959条ノ10新設）

親族会が廃止され，その代りに家庭法院は事案にしたがって限定後見監督人（959条ノ5）・特定後見監督人（959条ノ10）を個別的に選任できるようにし，後見人の任務懈怠，権限濫用に対する実質的な牽制が可能なった。

(6) 後見契約（任意後見）制度の導入（959条ノ14～959条ノ20新設）

第三節　親族法の特色　　267

　後見開始の審判を受けようとする者が自ら事務を処理する能力（判断能力）が不十分な状況にいるか，またはその判断能力が不十分になる状況に備えて財産管理及び身上保護に関する事務の全部または一部を自らの意思で後見人に委託する内容の契約を締結できるようにし，自己決定の尊重をはかっている。このような後見契約は公正証書によって締結せれるが，その効力発生の時期は家庭法院の任意後見監督人の選任の 時とする等，被後見人の権益を保護できる制度的装置を設けられた。

(7)　第三者保護のために成年後見を登記をもって公示 (959条ノ15，959条ノ19及び959条ノ20 新設)

　取引の安全を保護し，被後見人との取引する相手の第三者を保護するために後見契約等を登記し公示するようにしている。

　以上の内容を整理すれば，以下の如くである。

〈後見制度の概要〉

後見（日本）／内容	成年後見（後見制に当たる）	限定後見（保佐制に当たる）	特定後見（補助制に当たる）	任意後見（同様）
開始事由	精神上の障害により事務処理能力を欠く常況	精神上の障害により事務処理能力が著しく不十分	精神上の障害により一時的後援（補助）または特定事務後援（補助）の必要	精神上の障害により事務処理能力の低下または低下後の状況に備える必要
後見開始申立権者	本人，配偶者，四親等内の親族，未成年後見（監督）人，限定後見（監督）人，特定後見（監督）人，検事または地方自治團体の長	本人，配偶者，四親等内の親族，未成年後見（監督）人，限定後見（監督）人，特定後見（監督）人，検事または地方自治團体の長	本人，配偶者，四親等内の親族，未成年後見（監督）人，検事または地方自治團体の長	後見契約は家庭法院が任意後見監督人を選任した時より効力発生（＊任意後見開始要件である任意後見監督人が請求権者）
公示方法	法院の登記嘱託	法院の登記嘱託	法院の登記嘱託	当事者の登記申請および法院の登記嘱託
本人の行為能力	原則的行為能力喪失者	原則的行為能力者	行為能力者	行為能力者

後見人の権限	原則的に包括的代理権，取消権	法院が定めた範囲内の代理権，同意権，取消権	法院が定めた範囲内の代理権	任意契約の内容に従う

　以上のように，2013年7月から施行されている韓国の成年後見制度は，被後見人（本人）の精神上の障害による状態及び保護の内容等を基準として種々の保護類型等を認める多元的な構成をとっている。これらの点は，2000年4月から施行されている日本の成年後見制度と同様である。

3　成年後見の実態と残された問題点

(1)　成年後見の実態

　成年後見制度の施行（2013.7.1.）以前の2012年度に家庭法院が受理した後見事件（後見人制度〈禁治産者・準禁治産者後見人，未成年者後見人〉）は，552件に過ぎなかった。しかし，成年後見人制度が施行された2013年7月から12月までの6ヶ月間に未成年後見を除いた成年後見開始審判請求の受理件数は900件（成年後見732件，限定後見111件，特定後見50件，任意後見7件）に増加し，さらに，1年半後の2014年度にはその受理件数が2,605件に増加しており，今後とも大幅に増加して行く趨勢である（以下の**〈成年後見受理状況〉**参照）。

〈成年後見受理状況〉　　　　　　　　　　　　　　　　　　　　　（単位：件）

年度＼後見	計	成年後見	限定後見	特定後見	任意後見
2013. 7. ～ 12.	900	732	111	50	7
2014. 1. ～ 12.	2,605	2,006	236	355	8

＊大法院・報道資料（2014.6.3.）9頁；同2015年司法年鑑（2016年）864頁に基づいて作成。
＊2013.7.1. 施行

(2)　残された問題

　今後，一般国民から信頼される成年後見制度になるための決定的な要因の一つは，良質の成年後見人を如何に確保するかという問題と選任された成年後見人に対する管理・監督の問題であろう。
　まず，良質の成年後見人の確保の問題である。後見事務に要求される法律知識と経験，財産管理，福祉，医療等の専門知識と高い倫理意識を兼備

する救護士や司法書士，または社会福祉士，医師等の専門成年後見人を確
保し，一定期間の研修教育を実施するなどの養成方案を講じるべきであろ
う。さらに，法人が成年後見人に選任される場合には，どのような法人に
後見業務を委託するのか，または新しい法人を設立しょうとすれば，どの
ような構成員で設立するのかといった問題も考えなければならない。

　さらに，成年後見事件が大幅に増加しながら，後見人に対する管理・監
督業務が最も重要視されている。家庭法院は成年後見人に対する管理・監
督のために基本後見監督事件制度を導入する一方，後見監督人力の確保，
後見事務報告書に対する審査強化等，多様な方案を講じているという。問
題は，刑事上の問題として成年後見人の相当數が親族後見人であり（日本
の場合には，2012 年現在，後見人に選任された者は，配偶者，父母，子女，
兄弟姉妹等の親族が 48.5%，第三者が 51.5% を占めており，このうち第三者が後見人
に選任される数が増えているという（新井誠「日本における成年後見法の課題」韓国比
較私法学会・2013 年秋季国際学術大会，発表資料 208 頁）），彼らが横領罪・背任
罪に該当する行為をした場合に，いわゆる，刑法上「親族相盗例」の規定
（親族間の犯罪に関する特例。刑法 328 条 1 項〔直系血族，配偶者，同居親族，家族又
はその配偶者間の第 323 条の罪は，刑を免除する。〕）を準用して刑事処罰を免ず
ることができるのかといった問題が起りうるということである。成年後見
制の施行（2013.7.1.）以降，このような問題はまだ生じていないが，家庭
裁判所から選任された成年後見人の後見事務は公的性格を有するものであ
るから，成年後見人と被後見人との親族関係があっても刑法上の処罰を免
ずることが不可能であるとした日本判例（平成 24 年 10 月 9 日決定）のように，
対処して行くのではないかと思われる。

第四節　相続法の特色

　韓国の相続法は，相続人・相続分・代襲相続などの部分で，日本の相続
法とかなり異なる点がある。2005 年改正法は，相続編については，親族
編の場合と異なって根本的な修正がなかった。以下では，相続法の主な制
度につき概観する。

一　相続人の順位と範囲

1　相続人の順位

民法 1000 条は血族相続人の相続順位を定めており，被相続人の配偶者の相続順位は 1003 条に定められている。

(1)　相続人の順位 (1000 条 1 項)

　　第 1 順位…被相続人の直系卑属

　　第 2 順位…被相続人の直系尊属

　　第 3 順位…被相続人の兄弟姉妹

　　第 4 順位…被相続人の 4 親等以内の傍系血族

(2)　胎児の相続順位

胎児は，相続順位に関しては，既に出生したものとみなす (同条 3 項)。これは，日本と同様である (日本民法 886 条)。

(3)　被相続人の配偶者の順位 (1003 条 1 項)

被相続人の配偶者は，被相続人の直系卑属がある場合には，その直系卑属と同順位で共同相続人となり，直系卑属がないときは，直系尊属と同順位で共同相続人となる。さらに，直系尊属がないときは単独相続人となる。

　では，相続人の範囲につき，若干触れてみる。

2　相続人の範囲

(1)　第 1 順位の直系卑属

被相続人の直系卑属であれば，父系血族と母系血族を区分しない。子女・孫子女・曾孫 (男系 3 代目子孫) 子女等はいうまでもなく，外孫子女・外曾孫 (女系 3 代目外孫) 子女等も 1 順位の直系卑属に含まれる。自然血族だけでなく，法定血族もこれに含まれる。したがって，養子女およびその直系卑属もこれに含まれる。

　ここで注意すべきことは，韓国では縁組前に出生した子，すなわち，いわゆる連れ子は養親との間に法定血族関係を生ずるから，養親の直系血族，すなわち，2 親等の直系卑属である孫となり，相続人になるということである。したがって，かかる者は 1 順位の相続人になると同時に自分の実父母を代襲して被相続人の代襲相続人になることも可能であるということに

注意しなければならない。ただし，2005年の改正法は特別養子制度をとっており，特別養子の場合，親養子の縁組前の親族関係は親養子の縁組が確定したときに終了する (908条ノ3, 2項本文)。したがって，その養子は原則として実父母の相続人にはなれない。

(2) 第2順位の直系尊属

父系血族と母系血族を区別しない。父母・祖父母・曾祖父母 (男系3代目祖先) はいうまでもなく，外祖父母・外曾祖父母 (女系3代目祖先) も第2順位の直系尊属に含まれる。養子女は，養父母および養父母の血族との間に法定血族関係を生ずるが，親生父母とその親族との血族関係にはいかなる影響も及ぼさない。したがって，養父母とその直系尊属のみならず，親生父母とその直系尊属はすべて養子女の直系尊属として相続人となる。ただし，上記(1)に述べたように特別養子の縁組の場合は例外である。

(3) 第3順位の兄弟姉妹

父と母を同じくする兄弟姉妹，いわゆる全血兄弟姉妹のみならず，父または母のいずれかを同じくする半血兄弟姉妹も同順位で相続人となる。また養子女と親生子女との間も，ここでいう兄弟姉妹となる。

(4) 4親等以内の傍系血族

被相続人の3親等から4親等以内の傍系血族であれば，父系傍系血族と母系傍系血族などを問わず，すべて相続人となる。日本民法は，その相続人の範囲を被相続人の兄弟姉妹まで認めているが (887条, 889条)，韓国の場合は，被相続人の4親等内の傍系血族まで認めている点で異なる。1990年の改正前民法は，もっと広く「8親等内の傍系血族」まで認めていたが，1990年の改正法は親族範囲の調整に伴い，相続人の範囲を縮小した。

ここで注意すべきことは，4親等内の傍系血族は被相続人の直系卑属・直系尊属・配偶者・兄弟姉妹がいない場合に限って相続人になるということである。この場合に，親等の異なる4親等内の傍系血族の間では (例. 3親等と4親等は同順位の親等の異なる相続人に当る)，その近い者を先にする。同親等の相続人が数人であるときは共同相続人となる (1000条2項)。このような相続人が存在しないとき，または相続欠格・相続放棄により相続することができないときは，相続財産は相続人の不存在の規定 (1053条～1059条) により国庫に帰属する。ただし，特別縁故者の財産分与請求制度 (1057条

ノ2) が認められているが，既述したように相続人の範囲が広く認められ
ているから，その実効性は疑問視されており，実際上ほとんど適用されて
いないのが実情である。

二　相 続 分

1　均分の原則

　同順位の相続人が数人であるときは，その相続分は均分とする (1009条1
項)。男・女，嫡・庶，未婚・既婚，自然血族・法定血族を区分せず，相
続分は均分とする。嫡・庶の差別はないため，婚姻外の出生子であっても
婚姻中の出生子と相続分は同一である。

　被相続人の配偶者の相続分は，直系卑属と共同相続する場合には，その
直系卑属の相続分の5割が加算される。直系尊属と共同相続する場合には，
その直系尊属の相続分に5割が加算される。直系卑属および直系尊属がい
ない場合には単独相続する (1009条2項)。

2　寄 与 分

　1990年の改正法が寄与分制度を新しく設けて (1008条ノ2)，寄与者とな
る者は「共同相続人のうち，被相続人の財産の維持または増加につき，特
別に寄与した者 (被相続人を特別に扶養し者を含む)」に限ると定めたことは，
既述したとおりである。2005年の改正法は，共同相続人の間の実質的衡
平を図り，家族関係の健全な価値観を定立するために，相当な期間同居し
ながら被相続人を扶養した相続人についても，共同相続人の協議または法
院によって寄与分が認められるようにした (1008条ノ2)。いわゆる「孝道寄
与分」というものである。

三　代襲相続 (特に，配偶者の代襲相続)

　韓国の相続法も諸外国の場合と同様に代襲相続を認めている。すなわち，
相続の開始以前に推定相続人である被相続人の子または兄弟姉妹が死亡も
しくは相続欠格事由によりその相続権を失ったときは，その者の子と配偶

者は相続権を失った者を代襲して相続する（1001条，1003条2項），という代襲相続制度が設けられている。

　韓国相続法の特徴の1つは配偶者の代襲相続である。すなわち，諸外国の立法例とは異なって，稀れにみられる推定相続人の配偶者の代襲相続が認められているということである。したがって，血族相続の原則とはなれた姻族である被代襲者の配偶者にも代襲相続権が認められる。しかしながら，代襲相続人がその子になる場合と代襲相続人がその配偶者になる場合とを同様に扱うことは，一般人の法感情に適しないという心理的な抵抗感がある。このため，配偶者の代襲相続と直系卑属の代襲相続を別の規定とするべきであるという立法論も提起されている（詳しいことは，安栄夏，代襲相続に関する研究（韓国・成均館大学博士学位論文，2005年）参照）。

　(1)　被代襲者に関する要件

　被代襲者が被相続人の死亡以前に，すなわち，相続の開始以前に死亡または相続欠格にならなければならない。被代襲者は，第1順位相続人である被相続人の子と第3順位相続人である被相続人の兄弟姉妹である。「相続の開始以前」とだけ規定（1001条，1003条2項）されており，同時死亡の場合の規定はないが，かかる場合にも代襲相続が認められている（いわゆる，グアムKAL機墜落死事件。【家判-6】参照）。

　(2)　代襲相続人に関する要件

　代襲相続人は被代襲者の子または配偶者である。元来，民法制定当時には嫁についてのみ代襲相続が認められていたが，1990年の民法改正にもとづいて婿にも代襲相続が認められ，その範囲が拡大された。また代襲相続人は被代襲者・被相続人に対して相続権を有しなければならない。すなわち，代襲相続人が被代襲者・被相続人に対して相続欠格者であるときは代襲されない。ただし，遺言に関する相続欠格規定により，被代襲者について欠格事由があった場合には，代襲される。

　(3)　代襲相続の効果

　代襲相続が開始した場合，代襲相続人の相続分は被代襲者の相続分による（1010条1項）。

第五節　主　な　判　例

　以下では，主な判決または著名事件と思われるものをいくつかとりあげる。

【家判-1】　当事者の一方が死亡した場合の事実婚（内縁）関係存否確認請求（大判1995・3・28，94ㅂ（ム）1447，大判集43巻1輯，民153頁）

　〈事案〉　原告Xと訴外亡Aは事実婚（内縁をいう）関係であったが，Aが産業災害で死亡した。Xは，産業災害補償保険法上の遺族給与の受給権を確保するために，被告Y（管轄検察庁の検事）を相手に過去の事実婚関係存在確認請求をした。これにYは，Xの訴えが過去事実の確認を求めることであるから，それは不適法であり，また検事を相手にすることができる明文の規定もないと抗弁した。

　原審（大邱高等法院）は，この事件の訴えは確認の利益があり，その請求には親生子（嫡出子をいう）関係否確認請求に関する民法865条と認知請求に関する民法863条の規定を類推適用することができるとし，Yの抗弁を排斥した。Yは上告。上告棄却。

　〈判示〉　① 一般的に過去の法律関係は確認の訴えの対象にならないが，婚姻・縁組のような身分行為や会社の設立，株主総会の決議無効・取消のような社団的関係，行政処分のような行政関係などは，それを前提に数多くの法律関係が発生しており，それに関して個別的に確認を求める煩わしい手続が繰り返されることから，過去の法律関係それ自体の確認を求める方が関連する紛争を一挙に解決する有効適切な手段になりうる場合には，例外的に確認の利益が認められる。

　② 事実婚関係にあった当事者の一方が死亡したとしても，現在または潜在的法的紛争を一挙に解決する有効適切な手段になることができる限り，その事実婚関係存否確認請求には確認の利益が認定され，このような場合，親生子関係存否確認請求に関する民法865条と認知請求に関する民法863

条の規定を類推適用して，生存当事者は他方の死亡を知った日から1年以内に，検事を相手に，過去の事実婚関係に関する存否確認を請求することができるものと見るべきである。

【家判-2】 離婚時有責配偶者の財産分割（分与）請求権（大決1995・5・11，93ス（ス）6，大判集41巻2輯，特414頁）

〈事案〉 相手方Y（夫）は，請求人X（妻）と1977年6月19日婚姻した。Y（夫）は元来，大工の仕事をしていたが，その後土地を買って住宅を建築し売却するなど，建売住宅事業を営んでいた。ところが，X（妻）は子供が小学校に入学した1987年3月ごろからダンスホールに出入りしはじめ，そこで知りあった訴外Aと遊びまわり，結局，Yとの間に夫婦喧嘩がたえなかった。同年8月17日Xは，Yが銀行に預金していた事業資金2,400万ウォンをYに知らせずに銀行から引き出し，家出をした後，Aと部屋を借りて暮らしはじめた。しかし，Yの説得で家庭にもどったが，その後も数回にわたって家出をした。1990年12月3日Yが銀行に預金するためにXに預けた金1,570万ウォンをもちだして再び家出をし，連絡を絶ってしまった。同年12月28日Xは，Yから姦通罪（刑法241条）で告訴されたが，1991年2月26日，Yに会い告訴取下と協議離婚を要求し，結局，Yと協議離婚をした。その後，XはYに対し民法839条ノ2所定の財産分割（分与）を請求した。

原審（釜山高法）はXの請求を棄却した。これに対してXは再抗告。大法院は原審を破棄差戻。

〈判示〉 ① 婚姻中に夫婦が協力して得た財産がある場合は，婚姻関係の破綻につき責任がある配偶者であっても財産の分割を請求することができる。

② 民法839条ノ2で定めている財産分割制度は，夫婦が婚姻中に取得した実質的共同財産を清算分配することを主な目的としているので，夫婦が協議によって離婚する際，双方の協力によって得た財産がある限り，妻が家事労働を分担する等の内助をして夫の財産の維持または増加に寄与したとしたら，双方の協力によって得た財産として財産分割の対象となる。

＊＊既述したように，民法は夫婦間の財産問題に関して基本的に夫婦別産制を採択しており各自の名義になっている財産は名義者の所有であると定めている（830条1項）。ただし，夫婦のいずれの所有であるか明らかでない財産は夫婦の共有と推定して（同条2項），持分によって分割することになっている。ところが，韓国の家父長制伝統と慣習によって，婚姻中に夫婦が共に努力して取得した不動産など大部分は夫の名義にされ，離婚の際に，夫の名義の財産は夫の所有と認められてきた。経済的弱者の立場にある妻は，夫を相手に慰謝料を請求するしかなく，夫婦が共に努力して取得した財産のごく一部だけを受けることが精一杯であった。これさえも，妻が家庭破綻の責任がある有責配偶者に認定された場合には，全く慰藉料請求などを行使することができなかった。第3次改正による民法839条ノ2，843条によってはじめて韓国の法制度史上最初に協議上又は裁判上の離婚時に，一方から他方配偶者に対する財産分割請求権が認められるようになった。夫婦間の財産分割問題と関連して，実務上提起された問題のうちの1つは姦通など，離婚に決定的な帰責事由がある有責配偶者にも財産分割請求権が認められるかという点であった。結局，伝統的に婚姻中取得した大部分の財産を夫の名義にしていた韓国の家庭現実の状況のなかで，財産分割請求権に対するこのような判例の態度は，離婚の際に夫婦のいずれに離婚の責任があるかを問わず，夫婦が協力して形成された財産は適正に分割するとして，現実的に女性の社会的・経済的地位を向上させたということで評価されている。

本件決定後に大法院（大判1995・5・25，92ㅁ（ム）501）は，従来下級審で多少複雑であった財産分割の法的性格，分割範囲および分割方法などに関する問題をほとんど解消した。つまり，この判決は，分割の対象になる財産の範囲について「夫婦の一方の特有財産は原則的に分割の対象ではないが，特有財産でも他方が積極的にその特有財産の維持に協力してその減少を防止したか，または増加に協力したと認められる場合には，分割の対象となる。さらに，夫婦の一方が婚姻中に第三者に負担した債務は日常家事に関するもの以外は原則的にその個人の債務であり，清算の対象にならないが，それが共同財産の形成に伴って負担した債務である場合には，清算の対象になる」と判示した。さらに，その裁判の審理および分割方法については「財産分割の方法，比率または額数については，当事者双方の協力で形成した財産の額数その他の重要なことを明示してするべきであるが，それらをすべて個別的・具体的に特定して説示するべきものではない」と判示した。

【家判-3】 過去の養育費請求（大決1994・5・13，宣告92ㅅ（ス）21，大判集42巻1輯，特586頁）

〈事案〉 請求人X（妻）は，相対方Y（夫）と1986年1月29日婚姻し，1987年4月29日，Aが生まれたが，1990年8月4日離婚審判（離婚原因：

Yの帰責事由）が確定，同年12月6日に離婚届を出した。Aが生まれた当時からXとYとの仲がよくなかったために，YとXは別居しながらそれぞれの職場に通い，XはAを養育していたが，離婚後も引きつづきAを養育した。1992年2月現在，Aは幼稚園に通っており，養育に要する費用は毎月金25万ウォンぐらいであった。XはYに対して，自分を養育者に指定することと，離婚当時から現在までの養育費と将来の養育費の支払を請求した。

原審（大邱地方法院）は，養育者をXに指定し，養育費に関しては，XとYの財産・収入など諸般の事情を参酌して，YはXに離婚した時から現在まで，それからAが10歳になる時まで毎月Aの養育に必要な25万ウォンの費用のうち8万ウォンの支給を命じた。これに対して，Xは，YがAの養育費の3分の1だけを負担する決定は不当であるとして再抗告。大法院は再抗告を棄却。

〈判示〉　① 事情によって父母の一方が子を養育することになった場合に，その一方による養育がその養育者の利己的な目的または動機から始まったとか，子の利益のためにならないとか，または養育費を相手方に負担させることがむしろ公平に適しないなど，特別な事情がある場合を除いては，養育する一方は相手方に対して現在および将来の養育費中の適正金額の分担を請求しうることはもちろん，父母の子の養育義務は，特別な事情がない限り，子の出生と同時に発生することであるから，過去の養育費に対しても相手方が分担することが相当と認められる場合には，その費用の償還を請求することができる。

② 一方の養育者が養育費を請求する前の過去の養育費の全部を相手方に負担させる場合，相手方は予想しなかった養育費を一時に負担することになって苛酷であり，信義誠実の原則や衡平の原則に反するので，このような場合には，必ずしも履行請求以後の養育費と同一の基準で定める必要はなく，父母中の一方が子を養育することになった経緯とそれに所要された費用の額数，相手方が扶養義務を認識していたか否か，その時期，それが養育に要された通常の生活費か，それとも例外的に避けられない多額の特別な費用（治療費等）か否か，当事者の財産状況や経済的能力と負担の衡平性など，諸般の事情を考慮して適切であると認められる分担の範囲を

定めることができる。

〈反対意見〉 養育に関する法院の審判手続は相当な時間を要するから，養育に関する法院の審判が告知される前のことでも，養育に関する協議の要請があった時から，または審判請求書の副本が相手方に送達された時からの養育費は相手方に負担させてもよいが，協議の要請とか審判請求がある前の期間に支出した養育費に対しては，法院の審判で相手方にその負担を命ずることはできない。なぜならば，民法837条，家事訴訟法2条，同法第3編の諸規定を総合してみると，離婚した当事者の子の養育につき家庭法院の非訟事件で行う審判は，あくまでも子の現在および将来の養育に関する事項を定めるか，または既に定めた事項を変更する手続であって，過去に履行すべき扶養に関する事項を再び定めるかまたは既に支出した費用の分担に関する事項を決定する手続でないからである。

＊＊離婚した父母中の一方が子を養育することになった場合，養育費請求以前の過去の養育費の償還請求を認めるか否かにつき，学説の対立があるが，本判決は過去の養育費の償還を認めた最初の判決として意義がある。

【家判-4】 夫婦関係が断絶した状態での出産と夫の親生子（嫡出子に
　　　　　　該当）推定（大判1983・7・12，宣告82ロ（ム）59，大判集31
　　　　　　巻4輯，特5頁）

〈事案〉 請求人Xは請求外A（妻）と婚姻して，届け出（1931.5.30）もしたが，Aが請求外B（男）と家出（1941.10）をしたので完全に別居の状態になった。1944年1月15日，AはBとの間に被請求人Yを出産したが，その時にもまだ戸籍上でXとAが夫婦となっていた。1980年2月29日，Xは別居状態にあったAと裁判上の離婚をして離婚届を出した。このような状況において，XはYを相手とする嫡出子関係不存在確認の訴を提起したが，第1審および第2審では不適法という理由で却下された。これに対してXは大法院に上告。大法院は原審を破棄差戻。

〈判示〉 嫡出の推定に関する民法844条は，夫婦が同居して妻が夫の子を懐胎できる状態で子を妊娠した場合に適用される規定である。したがって，夫婦の一方により長期間にわたって海外に滞留した場合とか，事実上

の離婚で夫婦が別居している場合など，同居の欠如で妻が夫の子を妊娠することができないことが外観上明白であるような事情がある場合には，その推定が適用されず，嫡出子関係不存在確認の訴訟を提起することができる。

　＊＊嫡出子推定の原則（民法844条）と関連して，従来，大法院は夫婦が事実上離婚して数年に渡って別居生活をしている間に，妻が子を妊娠した場合でも，その子は夫の嫡出子と推定され（民法844条1項（日本民法772条1項に該当)，夫が子の嫡出を否認する場合には，子の出生の事実を知った時から1年以内に，同法847条1項（日本民法777条に該当）にもとづく嫡出否認の訴を提起する方法による外はないという立場で，いわゆる無制限説をとっていた。ところが，本判決は，このような問題に関する従来の見解を変更して，いわゆる制限説をとった。

　その後の1997年3月27日，憲法裁判所は，847条1項（嫡出否認の訴）（「否認の訴は，子または親権者である母を相手として，その出生を知った日から1年内に提起しなければならない」）は以下のような理由から違憲であるという決定を下した（憲裁1997・3・27，95헌가（ガ）14）。すなわち，「……その提訴期間は，あまりにも短期間であるか不合理であるため，夫が子の嫡出であるか否かに対する確信前に，その除斥期間が過ぎてしまうので，嫡出否認の訴えを顕著に困難にするか，事実上不可能ならしめる。その結果，真実の血縁関係に反する親子関係否認の機会を極端に制限することにより，自由意思にもとづいて嫡出関係を否認しようとする夫の家庭生活と身分関係で享有する人格権，幸福追求権および個人の尊厳と両姓平等を基礎とした婚姻と家族生活に関する基本権を侵害することとなる。したがって，この法律条項は，立法裁量の限界を越えたものになるので違憲であるといわざるをえない」という。

　2005年の改正民法847条1項は，上記の違憲決定を受けて「嫡出否認の訴は，夫または妻が他の一方または子を相手として，その事由があることを知った日から2年内に提起しなければならない」と改正し，今日に至っている。

【家判-5】 虚偽の出生届による入養縁組の成否（大判1977・7・26，77다（ダ）492，大判集25巻2輯民211頁）

〈事案〉　訴外Aは，訴外B（妻）との間に子がなく，9親等の甥である訴外Cを養子にしたが，養子縁組届を出さず，Bとの間に生れた実子として出生届を出した。その後，訴外Eが，Aとその訴外D（妾）との間に生まれた。その後，Bが死亡し，AはDと婚姻の届出をしてEが戸籍上嫡出の次男になった。1944年5月2日Aが死亡した。Aが死亡した時，Cは

Eと共に喪主をし戸主相続届も出した。Eはその後の祭祀などを行い，かつAの遺産も管理してきたが，EはAから本件林野を買い受けた事実がなかったにもかかわらず，亡A所有の本件林野に関する売渡証書・委任状および印鑑証明などを偽造して，1968年7月15日所有権移転登記を済ませ，同日に訴外Fに売渡し，Fは同日に被告Yにそれぞれ売り渡して所有権移転登記を済ませた。ところが，Cが1966年12月21日に死亡し，Cの共同相続人であるG₁，G₂らは本件林野を1974年11月26日に原告Xに売渡した。Xは，Y（登記名義人）に対してY名義の所有権移転登記抹消請求訴訟を提起した。

　原審（大邱高法）は，AがCを実子として出生届を出したことは，強行法規に反した無効の出生届出になり，養子縁組届出としての効力も認められない。したがって，AとCとの間には嫡出子関係は勿論，養親子関係も成立しないとして，Cの相続を前提としたXの請求を棄却。これに対して，Xは大法院に上告。大法院は全員合議体判決で従来の大法院判例を破棄し原審を破棄差戻。

　〈判示〉　当事者の間に養子関係を創設しようとする明白な意思があり，さらに，その他に縁組の成立要件がすべて具備されている場合において養子縁組届出のかわりに嫡出子の出生届出があった場合には，形式的には多少の誤りがあっても，縁組の効力があるものと解するのが妥当である。

　＊＊本判決は民法138条（無効行為の転換）に関する代表的な判例として挙げられている。

【家判-6】　同時死亡と代襲相続（大判 2001・3・9，99 다（ダ）13157，大判集 49 巻 1 輯民 203 頁）

　〈事案〉　被相続人訴外Aは，その妻訴外Bとの間に娘訴外Cと子訴外Dをおいている。さらに，Aの娘訴外Cは，被告Yと婚姻しその間に娘訴外Eと子訴外Fがいる。Aの子訴外Dは，その妻訴外Gとの間に娘訴外Hをおいている。ところが，被相続人Aはその全家族とともにグアム旅行に出発したが，その旅行に同伴しなかった被相続人Aの婿である被告Yを除いて家族全員が搭乗したKAL航空機が1997.8.6米国の自治領グアムのニ

ミッヒル（Nimitz Hill）に墜落し，家族全員が死亡し，同時に死亡したと推定された。

被告Yは，婿としての代襲相続を主張して被相続人Aの財産を自分の名義に移転登記をした。これに対して被相続人の兄弟姉妹である原告Xらが，同時死亡の場合には代襲相続が生じないという理由などで被告Yに対して所有権移転登記の抹消を請求した事件である。

原審は原告Xの請求を排斥，Xは大法院に上告，大法院は上告棄却。

〈判示事項〉

(1) 被相続人の婿が被相続人の兄弟姉妹より優先して単独に代襲相続すると定めている民法1003条2項の違憲性について（消極）

(2) 同時死亡と推定される場合に代襲相続が認められるか（積極）

(3) 被相続人の子らが相続の開始以前に全員死亡した場合の，被相続人の孫らの相続の性格（代襲相続）

〈判示〉 (1) ① 我が国においては伝統的に長い間に嫁の代襲相続が認められてきており，1958年2月22日に制定された民法も嫁の代襲相続を認めている。ところで，1990年1月13日の改正民法は，嫁のみに代襲相続が認められるということは男女平等・夫婦平等に反するという根拠にもとづいて，婿に対しても代襲相続を認めた。

② 憲法11条1項は「すべての国民は，法の前に平等である。何人も性別，宗教又は社会的身分により，政治的，経済的，社会的，文化的生活のすべての領域において差別を受けない」と規定しており，憲法36条1項は「婚姻及び家族生活は，個人の尊厳及び両性の平等を基礎として成立し，維持されなければならず，国はこれを保障する」と規定している。

③ 現代社会において娘や婿が親家の父母ないし実家の父母を扶養，看護することや経済的に支援する場合が稀れなことではない。

④ 配偶者の代襲相続は，血族相続と配偶者相続が衝突する部分であるが，これと関連する相続順位と相続分は，立法者が立法政策的に決定する事項として原則的に立法者の立法形成の裁量に属するものである。

⑤ 相続順位と相続分は，その国の固有の伝統と文化にしたがい決定される事項であり，他の国の立法例に大きく左右されるものではない。

⑥ 被相続人の傍系血族に過ぎない被相続人の兄弟姉妹が被相続人の財

産を相続すると期待する地位は，被相続人の直系血族のそのような地位ほど立法的に保護すべき当為性は強くないという点などを総合してみれば，外国において婿の代襲相続権を認める立法例は少なく，被相続人の婿が被相続人の兄弟姉妹に優先して単独で代襲相続することが必ずしも公平であるかという疑問があるとはいえ，かかる理由がただちに被相続人の婿が被相続人の兄弟姉妹に優先して単独で代襲相続することができると規定された民法1003条2項が立法形成の裁量の範囲を逸脱して幸福追求権や財産権保障等に関する憲法規定に違背するものとはいえない。

(2)　元来，代襲相続制度は代襲者の相続に対する期待を保護することによって公平をはかり生存配偶者の生計を保障しようとする制度であり，かつ同時死亡の推定規定も自然科学的に厳密な意味の同時死亡は想像しがたいが，死亡の先後を立証することができない場合に，同時に死亡したものとして扱うのが結果的にはもっとも公平で，かつ合理的であるということがその立法の趣旨である。相続人となる直系卑属や兄弟姉妹（被代襲者）の直系卑属または配偶者（代襲者）は，被代襲者が相続の開始以前に死亡した場合には代襲相続をし，なお被代襲者が相続の開始以後に死亡した場合には被代襲者を経て被相続人の財産を本位相続する。このような2つの場合には，すべて相続することができるが，もし，被代襲者が被相続人の死亡，すなわち，相続の開始と同時に死亡したと推定される場合にだけに，その直系卑属または配偶者が本位相続と代襲相続のいずれもできないとすれば，同時死亡推定以外の場合に比して著く不公平で，かつ不合理であろう。このことは，先に述べた代襲相続制度および同時死亡の推定規定の立法趣旨にも反するから，民法1001条の「相続人となる直系卑属が相続の開始以前に死亡した場合」には「相続人となる直系卑属が相続開始と同時に死亡したと推定される場合」も含む，というように合目的的に解釈するのが相当である。

(3)　被相続人の子全員が相続の開始以前に死亡した場合，被相続人の孫は本位相続ではなく代襲相続をする。

〈参考文献〉

1　金容漢・親族相続法（博英社，2003年）

第五節　主な判例　　283

2　朴秉濠「家族法の改正私案」民事法学（韓国民事法学会）6号（1986年）

3　金疇洙・親族相続法（法文社，2003年）

4　郭潤直・親族法（博英社，2004年）

5　金疇洙・韓国家族法と課題（1993年）

6　李勝雨「寄与分制度に関する研究」成均館大学博士学位論文（1995年）

7　金容旭・韓国家族法の法と歴史（1996年）

8　韓琫熙・家族法論集（定年記念論文集）（1999年）

9　鄭鐘休・改正韓国法の解説（信山社，1991年）

10　山田＝青木＝青木(清)・韓国家族法入門（有斐閣，1986年）

11　利谷信義ほか編・離婚の法社会学（東京大学出版会，1988年）

12　宮田節子＝金英達＝染泰昊・創氏改名（明石書店，1996年）

13　高翔龍「韓国家族法の大改革」ジュリスト No.1294（2005年）

14　金疇洙＝金相瑢・注釈大韓民国親族法（日本加除出版，2007年）

15　水野直樹・創氏改名（岩波新書・新赤版）（2008年）

16　高翔龍・韓国社会と法（信山社，2012年）

17　高翔龍「韓・日両国の婚姻法文化」日本民法学の新たな時代（星野英一先生追悼）（有斐閣、2015年）

18　滝沢聿代・選択的夫婦別氏制（三省堂・2016年）

19　青木清・韓国家族法（信山社、2016年）

第七章　不動産賃貸借制度

第一節　はじめに

　政府統計庁の「2005 年度人口住宅総調査結果―世帯・住宅部分」(2006. 7. 27 報道資料) によれば，自己所有の住宅に居住する全国世帯は 882 万 8,000 世帯であって全国 1,588 万 7,000 世帯の 55.6％を占めており，非持家世帯は全世帯の 41.4％を占めている。2000 年度の「人口及び住宅センサス」では非持家世帯の比率が 43.0％を占めたことと比較した場合に，2005 年度の非持家世帯は 1.6％減少したというものの，住宅不足の問題は依然として深刻な社会問題の 1 つであることには変わらない状況である。このことは，いうまでもなく他人所有の住宅を賃借し (以下，「伝貰 (チョンセ)」を含む。詳しくは後述) 居住する世帯があまり減少していないということを意味すると同時に，賃借人が自己所有の住宅でなくとも安定した住居生活を営むことができる法律的制度の必要性を意味するものである。

〈居住形態（1980 ～ 2010 年）〉　　　　　　　　　　　　　　　　（単位：1,000 世帯、%）

区分 ＼ 年度	1980	1985	1990	1995	2000	2005	2010
一般世帯（％）	7,969 (100.0)	9,571 (100.0)	11,355 (100.0)	12,958 (100.0)	14,312 (100.0)	15,887 (100.0)	17,339 (100.0)
持家	4,672 (58.6)	5,127 (53.6)	5,667 (49.9)	6,910 (53.3)	7,753 (54.2)	8,828 (55.6)	9,390 (54.2)
伝貰	1,904 (23.9)	2,202 (23.0)	3,157 (27.8)	3,845 (29.7)	4,040 (28.2)	3,557 (22.4)	3,766 (21.7)

月貰 (=賃借)	1,231 (15.5)	1,893 (19.8)	2,173 (19.1)	1,536 (11.9)	1,803 (12.6)	2,728 (17.2)	3,490 (20.1)
サグル貰	—	—	—	339 (2.6)	310 (2.2)	284 (1.8)	230 (1.3)
無償	162 (2.0)	350 (3.7)	358 (3.1)	328 (2.5)	406 (2.8)	490 (3.1)	464 (2.7)

＊統計庁・2010年度人口住宅総調査結果［世帯·.住宅部分］（報道資料2011.7.7.）〈表24〉引用.
＊1980年、1985年、1990年の月貰に「サグル貰」（普通何ヵ月分の金を賃貸人に預け、その預けた金から毎月家賃を控除していく方式）を含む。

　このような問題に対処するために早い時期から，韓国民法（1960年1月1日施行）は従来の慣行により行われてきた伝貰（チョンセ）を物権である伝貰権（303条以下）として定めるとともに，月貰（ウォルセ）を債権である賃借権（618条以下）として定め，さらに賃借権強化の一環として賃借権を登記した場合には第三者に対抗できるとし（621条2項），非持家賃借人を保護するための制度的装置を設けたのである。しかし，伝貰権，賃借権のいずれの場合も登記をしないかぎり，伝貰権は物権として，また賃借権は対抗力のある債権として認められないために，住宅賃借人の居住保護はその住宅所有者の恣意により左右されるという深刻な問題が生じたわけである。結局，伝貰や賃貸借を登記しない場合にも賃借人の居住及び保証金（以下，「伝貰金」を含む。詳しいことは後述）の返還を確保しうる法律的装置を講ずべき切実な要求が強力に主張された。これらの問題に対処するために特別法として「住宅賃貸借保護法」（1981.3.5法律3379号）および「商街建物賃貸借保護法」（2001.12.29法律6542号）が制定された。

　一般的に賃貸借法の基本趣旨は，如何にして賃借権の存続保護を図るかである。すなわち，賃貸人が，賃借人が義務違反をしない限り，その者の意思に反して賃貸借契約を解約するかまたは期間更新請求を拒絶することができないようにして賃借人を保護するところにある。しかし，韓国の場合には，賃借権の存続保護よりもっと重大な問題がある。それは保証金の返還確保の問題である。というのは，後述するように伝貰金は当該住宅価額の約60％（時期や地域等により一律的ではない）に相当するほど巨額であり，賃借人にとっての全財産であるといっても言い過ぎではない。したがって，

賃貸借関係が終了する際に，賃借人が如何にして賃貸人に寄託した伝貰金の返還を確保するかということは重大な問題になる。このように，韓国賃貸借法は賃借権の存続保護と伝貰金の返還確保という2つの柱で構成されているが，後者のほうに力点がおかれているのが韓国法の特色であろう。

　以下では，このような不動産（主に建物）の賃貸借制度がどのような変遷過程を経て今日に至り，その過程の中でどのような問題が生じ，どのように対処してきたかについて概観する。

第二節　賃貸借制度の沿革

一　慣行上の伝貰および月貰(1945年以前)

　この時期には，他人所有の建物を賃借する方法として，「伝貰」と「月貰」という慣行があった。伝貰は主に住宅用建物の賃借方法として，月貰は主に営業用建物の賃借方法として利用されてきた（朝鮮総督府，慣習調査報告書（1912年）243頁；京城帝国大学社会調査部法律学班「伝貰慣行の実証的研究」司法協会雑誌23巻4号（1944年）57頁）。これらが，どのような慣行であったのかにつき概観する。

1　慣行上の伝貰(チョンセ)

　賃貸借に関する最初の慣行調査は日帝時代の朝鮮総督府により行われたが（慣習調査報告書，237頁以下；朝鮮総督府，民事慣習回答彙集（1933年）94頁以下），朝鮮高等法院の判例により，はじめて伝貰に関する法的性質などが明らかにされた（朝高判1943（昭和18）・6・22，朝高判録第30巻（1943年）33頁）。

　朝鮮総督府の慣行調査によれば，「伝貰ハ朝鮮ニ於テ最モ普通ニ行ハルル家屋賃貸借ノ方法ニシテ賃借ノ際借主ヨリ一定ノ金額（家屋ノ代価ノ半乃至78分ナルヲ通例トス）ヲ家主ニ寄託シ別ニ借賃ヲ支払フコトナク家屋返還ノ時ニ至リ其返戻ヲ受クルモノナルコト」（慣習調査報告書243頁）をいう。朝鮮高等法院の判例も，「朝鮮における伝貰契約とは伝貰権者から相手方に対し，伝貰金を交付し，所定期間相手方所有の家屋を占有使用させ，その家賃と伝貰金の利息を相互相殺するのを内容とする双務契約をいう」

（朝高判 1943（昭和 18）・6・22 朝高判録 30 巻 33 頁）と，判示している。

　当時このような伝貰が慣行として行われたのは，いうまでもなく，他人の家屋を使用する方法は伝貰契約によってするほうが両当事者にとって便宜であり，有利であるということが，その理由になろう。すなわち，家屋所有者の立場からみれば，毎月家賃を受けるかわりに一時払で受けた伝貰金の利息で充当すれば，家賃請求の煩雑性と家賃不払の危険性を避けることができる。さらに，その実質的な面で家屋の代価の半額ないし 7 〜 8 割に当たる巨額の金額を一種の金融として借りる方法をとれるということは，家屋所有者にとっても非常に便利であり，かつ有益である。これに対し，伝貰者の側においても，賃借人であると同時に金銭債権者でありかつ担保権者であるという地位を有するから本人にとっても有利な契約になる。このような側面からみた場合に，当時の伝貰契約が家屋を賃借する際にいかに重要な位置を占めていたかを知ることができよう。

　当時の伝貰の法的性質は，ある意味では二元的性質を有していた。その一は，伝貰者は家屋所有者の承諾を得ず，伝貰を第三者に譲渡し，またはその伝貰家屋を転貸することが朝鮮における慣習である（朝高判 1912（大正元）・3・8 朝高判録 1 巻 443 頁）ということから，おそらく伝貰に物権的要素があったのではないかと思われる。その二は，伝貰は一定の要件（家契の県録，文券記入）なくしては家屋の新所有者に対し，自己の権利を主張することができない（慣習調査報告書 243 頁）ということから，伝貰には債権的性質の要素もあったといえるであろう。したがって，伝貰(権)とは韓国における一種の特殊な(韓国型)賃借権であるといえよう。

2　慣行上の月貰(ウォルセ)

　慣行上の月貰は，現行民法上の賃貸借に当たるものである。慣習調査報告書によれば，「月貰ハ月極家賃ノ謂ニシテ金銭ヲ以テ借賃ヲ定メ旧時ハ店鋪ノ外此種ノ賃貸借ヲ為スコト殆トナカリシカ十数年来一般ニ行ハルルニ至レリ借賃ハ前払タルコトアリ後払タルコトアリ畢竟契約ノ如何ニ因ルモノニシテ一定セス」（慣習調査報告書 244 頁），ということであった。なぜ月貰が営業用建物の賃借方法として行われたかについては明らかでない。おそらく，月貰の方法は，賃借者側からみれば営業をなすためには多額の

資産を必要とするから毎月少額の家賃を払うほうが本人にとって有利である，ということが考えられる。その反面，建物所有者側にしてみれば，伝貰金のような多額の一時払いを必要としない立場にあり，毎月家賃をもらうほうが本人にとっても有利である，ということではなかっただろうか。

当時の月貰の法的性質は伝貰の場合とは著しく異なり，現行民法上の対抗力のない賃借権と非常に似ているといえよう（詳しくは，尹大成「伝貰権の歴史と解釈」21世紀の日韓民事法学〈高翔龍先生日韓法学交流記念〉（信山社，2006年）373頁以下参照）。

二　旧民法時代(1945～1959年)の伝貰および月貰

現行民法は1960年1月1日から施行されたために，1945年8月15日に解放後現行民法が施行されるまでの時期には日本民法中の財産法がそのまま適用された。そこで，解放後現行民法が施行されるまでの旧民法時代において判例・学説は，特に伝貰についてどのように対処したかにつき概観する。

1　判　例

大法院は，上に述べた朝高判の立場をとり，伝貰契約を双務契約とし，一種の賃貸借であると解した。すなわち，「近来，世間に流行する伝貰契約は一種の賃貸借であり，その期間の定めのない伝貰契約を解約する特別な慣習は認められないから，民法617条による」（大判1955・1・27，4287民上236，大判集1巻10集民事39頁）と解した。しかし，朝高判の判例は伝貰契約が「双務契約として伝貰権者が月貰（家賃）を支払わない慣習があるから……（略：筆者）……家屋の使用は伝貰契約によるのではない。その使用が普通の賃貸借契約によるものであるということが認められなければ…（略：筆者）…月貰金の支払を命じることができない」（朝高判1943・6・22，朝高判録第30巻33頁）と解している。したがって，大法院の判決も朝高判と同じく伝貰を旧民法上の賃貸借とはいちおう区別していたようである。これに対し，月貰は旧民法上の賃貸借であるという立場をとっていた。そこで，伝貰を「一種の賃貸借」であると解した場合，これはどのような賃貸

借であるかという問題が生ずる。明らかなのは，伝貰の法律構成を一種の物権として構成していなかったということであるが，民法施行後の登記のない伝貰，いわゆる「債権的伝貰」（後述）と関連して，さらに検討しなければならない。

2 学 説

賃貸借制度に関する学説は，民法草案が国会に上程（1954年10月12日）されて，はじめてあらわれた。すなわち，民法草案は第2編物権編に「伝貰権」という章を設け伝貰を物権の一種として定めた。これに対し，学説は賛成論，反対論が対立した。では，当時の学説は伝貰をどのように理解していたかを考察してみよう。

(1) 賛 成 論

立法当時，不動産利用者を厚く保護しなければならないという立場から，伝貰権を物権として認めるのが物権法におけるもっとも重要かつ緊急な課題を解決する意味を有するという見解があった（張庚鶴「物権における現代的課題」法政10巻2号（1955.2）参照）。しかし，この見解は慣行上の伝貰の法的性質をどのように理解するかを明らかにしていない。

(2) 反 対 論

伝貰を物権として認めるべきではないという見解があったが，その理由は次のとおりであった。

① 伝貰は慣習上家屋の一部の使用を目的とする場合が多いので，登記の履行が不可能であること。② 伝貰の慣行はまだ全国にわたって普遍的に行われているとはいえないこと。③ 慣行の伝貰は一種の特殊な賃貸借であると解しうるから，これを改編し強いて物権として定める積極的な理由がないこと。④ 伝貰権者を保護するための対策は伝貰を債権として規定してもある程度は可能であること等である（朱宰璜の見解，民事法研究会編，民法案意見書（1957年）184頁以下）。

結局，この見解は伝貰を債権編の典型契約の一種として規定しなければならないと主張し，大法院判例の立場と同様に伝貰を一種の賃貸借として法律構成した。

反対理由として立法的な不備を挙げる見解もあった（鄭熙喆「物権として

登場した伝貰権」法政 10 巻（1955）5 号 13 頁）。すなわち，伝貰を用益物権化するのは賃借権の物権化という時代的潮流に積極的に歩調をあわせる立法ではあるが，特別に伝貰権だけをとり出して物権化するというのは，その合理性も効用性もないということである。

以上のとおり，当時の学説の中にも判例と同じ立場をとった見解がみられる。しかし，これらの学説は，立法過程における見解であっただけで，朝高判時代または立法される前の大法院時代の伝貰については触れていない。

第三節　民法上の賃貸借制度

現行民法は，慣行上の伝貰を「伝貰権」という 1 つの物権として定め，また月貰を「賃貸借」という 1 つの債権として定めた。以下では，民法上の伝貰権と賃借権について概観する。

一　伝貰権制度

1　伝貰権制度の概要

民法は慣行として行われてきた伝貰を利用権の強化という要請に応じて物権（186 条により登記を要する）として構成し，303 条ないし 319 条に同制度を設けている。主要なものをあげれば，以下のとおりである。

(1)　伝貰権の内容について，民法 303 条 1 項は「伝貰権者は，伝貰金を支払って他人の不動産を占有し，その不動産の用途に従い使用・収益し，その不動産全部につき後順位権利者その他債権者より伝貰金の優先弁済を受ける権利を有する」と定めている。

すなわち，伝貰権者には，伝貰権設定者に伝貰金を寄託してその者の不動産を占有し，その不動産の用途に従い使用・収益する権利があり，伝貰権設定者はその寄託された伝貰金の利息に該当する金員をその不動産の使用料（賃料に該当）に充当させる。伝貰契約の終了の時には，伝貰権者は伝貰権設定者に対して，その不動産を返還すると同時に，その者に寄託していた伝貰金の返還を，その不動産全部に対する後順位権利者その他債権者

に優先して受ける権利がある。かかる場合に，もし，伝貰権設定者が伝貰金の返還を遅らせたときは，伝貰権者は民事執行法の定めるところにより伝貰権の目的物の競売を請求することができる (318条)，ということを主な内容とするものが伝貰権である。このように，民法が伝貰権者が伝貰権設定者に寄託した伝貰金の返還を確保することに，如何に徹底しているかということをうかがうことができよう。

(2)　伝貰権は物権であるため，伝貰権には新所有者その他第三者に対抗できる強力な絶対的・排他的効力があり，伝貰権者は伝貰権設定者の承諾を得ずに伝貰権を他人に譲渡または担保に供することができる。また，その存続期間内に目的物を転伝貰または賃貸することもできる (306条)。

(3)　伝貰権の存続保護の問題と関連する伝貰権の存続期間については，最短存続期間の規定がなく，最長存続期間の規定だけが設けられており，それは 10 年に制限され，当事者の約定期間が 10 年を超えるときは，これが 10 年に短縮される (312条1項)。ただし，建物に関する伝貰権の存続期間を 1 年未満と定めたときは，これを 1 年とする (同条2項)。最も重要なことは期間更新のことであるが，これについては「伝貰権の期間はこれを更新することができる」(312条3項前段) という規定しかなく，伝貰権設定者が期間更新を拒絶した場合には，それに対処する方法がない。

(4)　当事者の伝貰金増減請求権が認められている。すなわち，伝貰金が目的不動産に対する租税・公課金その他負担の増減又は経済事情の変動により相当でなくなったときは，当事者は，将来に対して，その増減を請求することができる。ただし，増額の場合には，大統領令が定める基準に従った比率を超えることができない (312条の2)。

(5)　伝貰権者は，伝貰権が消滅したときは，原状回復義務を負い，附属物買受請求権を有する。すなわち，伝貰権がその存続期間の満了により消滅したときは，伝貰権者はその目的物を原状に回復しなければならず，その目的物に附属させた物は収去することができる。ただし，伝貰権設定者がその附属物の買受けを請求したときは，伝貰権者は，正当な理由なく拒絶することができない。かかる場合に，その附属物が伝貰権設定者の同意を得て附属させたものであるときは，伝貰権者は，伝貰権設定者に対して，その附属物の買受けを請求することができる。その附属物が伝貰権設定者

から買い受けたものであるときもまた同様である（316条）。

以下では，伝貰権制度を理解するに際し，明らかにしなければならない5点ほどの問題をとりあげる。

2　伝貰権の法的性質

伝貰権とはどのような法的性質を有する権利であるかという問題をめぐり，従来より議論されてきた問題の1つである。すなわち，いわゆる特殊用益物権説と担保物権説の対立である。

(1)　学　説

伝貰権特殊用益物権説とは，伝貰権は「用益物権と担保物権の性格を備えているが，その主たる性格は用益物権である」という見解である（李英俊・物権法（1996年）723頁）。というのは，元来，伝貰権は用益物権であるが，伝貰保証金の確保のために必要な範囲内で担保物権の要素を有するものであるということである。または，伝貰権の本体は使用・収益にあるために主として用益物権であり，同時に担保物権であるという見解（張庚鶴・物権法（1987年）607頁）も同様の考え方であると解されよう。

この見解に対し，伝貰権担保物権説は，伝貰権には優先弁済的効力が認められているために伝貰権は担保物権であるとする見解である（金基善・韓国物権法（1990年）307頁；黄迪仁「民法中改定法律解説」改定民事法解説41頁）。

(2)　判　例

判例は「伝貰権は用益物権的性格と担保物権的性格を兼備している」（大判1995・2・10，94다（ダ）18508）と判示しているところからみれば，伝貰権は二元的要素で構成されており，いずれかの要素に力点をおく立場ではないと解されよう。

伝貰権の法的性質に関する以上のような議論の発端は，外国の立法例にはみられない韓国固有の慣習上の特有な制度が近代法の形で立法されたことからはじまったのではないかと思われる（慣習法としての伝貰制度に関する詳しくは，尹大成，韓国伝貰権法研究（1988年）31頁以下参照）。しかし，かかる問題を考える際には，実際上伝貰制度が果たしている社会的機能や伝貰権の立法趣旨にもとづいて考えるのが望ましいものと思われる。したがって，伝貰契約が行われている取引の実情をみれば，不動産（主に建物，特に住宅）

所有者である伝貰権設定者は自分の所有住宅を担保にして簡単にその住宅価額に相当する金融（住宅価額の6〜7割）を伝貰権者から得ることができる，伝貰権者は毎月の家賃を支払う面倒がなく，その住宅を使用・収益することができるから用益権者になると同時に担保権者にもなる。したがって，伝貰権は用益物権性が主であり担保物権性がそれに随伴するものでもなければ，その反対に担保物権性が主となり用益物権性がそれに随伴するものでもない。用益物権性と担保物権性が同等な要素で構成されている韓国特有の物権であると解するのがよいのではないかと思われる。

3 伝貰金の法的性質

　伝貰金は保証金の性質を有するとともに信用授受の性質を有する。判例は登記されてない伝貰，いわゆる「債権的伝貰」の伝貰金に関する事案で「伝貰契約における伝貰金とは，伝貰権者の故意・過失による目的物の損害を担保するものであって差押債権者の支給命令を争うことができるにもかかわらず，争わないことによって生ずる強制執行の危険まで担保するものとはいえない」（大判 1968・7・24，68 다（ダ）895）と判示し，伝貰金によって担保される債務の範囲は，目的物の滅失による損害賠償債務に限定していることを明らかにしている。このような判例の態度は，登記されている伝貰，すなわち物権である伝貰権の伝貰金に関しても同様であると解されよう（李英俊・前掲書 727 頁）。

　しかし，判例は明らかにしていないが，伝貰権には担保的要素があり，また民法 303 条 1 項は伝貰権者の優先弁済権を認めているために伝貰金は信用授受の性質も有するものと解されよう。したがって，判例のように目的物の滅失の場合だけでなく目的物の毀損等によって伝貰権設定者に損害を与えたときには損害賠償債務まで伝貰金により担保されるので，伝貰金は保証金の性質も兼有するものと解される。ただし，伝貰金による損害賠償への充当は伝貰権の消滅後でなければならない（315 条 2 項）。

4 伝貰権者の競売請求権と伝貰金の優先弁済

(1) 伝貰権者の競売請求権

　伝貰権設定者が伝貰金の返還を遅滞したときは，伝貰権者は伝貰権の目

的物となっている不動産の競売を請求することができる (318条)。すなわち，「伝貰権者の伝貰目的物引渡義務および伝貰権設定登記抹消義務と伝貰権設定者の伝貰金返還義務は，互いに同時履行の関係にあるために，伝貰権者である債権者が伝貰目的物に対する競売を請求しようとする場合には，まず，伝貰権設定者に対して伝貰目的物の引渡義務および伝貰権設定登記抹消義務の履行提供を完了して，伝貰権設定者が履行遅滞になるようにしなければならない」(大決 1977・4・13，77마 (마) 90)。

　問題は建物の一部 (例，1つの部屋) について伝貰権が設定されている場合である。このような場合に，その伝貰権者が伝貰権の目的物でない他の部分の競売を申請することができるかということであるが，判例は否定している。すなわち，「建物の一部について伝貰権が設定されている場合，その伝貰権者は民法 303条1項，318条の規定によってその建物全部について後順位権利者その他債権者より伝貰金の優先弁済を受ける権利があり，伝貰権設定者が伝貰金の返還を遅滞したときには伝貰権の目的物の競売を請求することができる。

　しかし，伝貰権の目的物ではない他の建物部分については優先弁済権は別論として競売申請権はない」(大決 1992・3・10，91마 (마) 256・257) と判示し，競売申請権の対象範囲は伝貰権が設定された部分に限定していることを明らかにしている。したがって，「建物の一部を目的とする伝貰権は，その目的物である建物部分に限ってその効力がおよぼすから，建物中の一部を目的として設定された伝貰権が競落によって消滅しても，その伝貰権より後に設定された伝貰権が建物の他の部分を目的物としていた場合には，そのような事情だけでは，まだ存続期間を有する後順位の伝貰権まで競落によりともに消滅するとはいえない」(大判 2000・2・25，98다 (다) 50869)。

　(2)　伝貰金の優先弁済

　伝貰権者は，目的不動産の全部について後順位権利者その他債権者に優先して伝貰金の弁済を受ける権利がある (303条1項後段)。伝貰権は物権であるために，伝貰権者は一般債権者に対して常に優先する。しかし，対抗力を具備した債権，例えば，登記のある賃借権 (621条) や住宅賃貸借保護法上の対抗要件を具備した賃借権 (本章第四節一参照) が伝貰権と競合した場合には，その順位によって優先順位が決定される。

伝貰権と抵当権が競合した場合に，① 伝貰権が先に設定され，その後抵当権が設定されたときに，伝貰権者が競売申請をした場合は，両者ともに消滅し，配当順位は設定登記の順位によって決められる（民事執行法145条2項）。しかし，後に設定された抵当権者が競売を申請したときは，伝貰権は消滅しない（民事執行法91条4項）。

というのは，伝貰権は担保物権であると同時に用益物権でもあるから，伝貰権者の用益権を確保するためである。② 抵当権が先に設定され，その後に伝貰権が設定されたときには，抵当権者または伝貰権者のいずれかが競売を申請しても，両者ともに消滅し（民事執行法91条3項），配当順位は設定登記の順位によって決められる。

伝貰権設定者が破産した場合には，伝貰権者は別除権を有する（破産法84条）。

5 伝貰権といわゆる「債権的伝貰」

民法は，既述したように従来の慣行で行われてきた伝貰を伝貰強化の一環として物権として認めており（303条），必ずその登記をしなければならない（186条）。しかし，ほとんどの場合，伝貰権の登記が行われていないのが現在の状況である。その理由は，さまざまであるが，賃借人が伝貰権の登記をする場合には不動産所有者の協力を得なければ登記することができない（不動産登記法28条。共同申請主義）というところにある。結局，建物（主に住宅）所有者にとって，物権である伝貰権を設定することが賃貸借契約を締結することよりも非常に不利であるために，伝貰者は建物所有者の協力を得ることができず，登記のない伝貰契約を締結せざるをえないということになる。判例は，このように伝貰権の登記が履行されていない未登記伝貰を「債権的伝貰」と判示している（大判 1967・4・25, 67 다（ダ）328；同 1976・10・26, 76 다（ダ）1184；同 1990・8・28, 90 다카（ダカ）10343）。

このような「債権的伝貰」は民法上の伝貰権とはどう違うのか。先に若干触れたが，債権的伝貰は債権であり，伝貰権は物権であるために，債権と物権の差であるといえる。したがって，債権的伝貰は賃借人にとって非常に不利な立場になる。判例も早い時期から債権的伝貰契約は「一種の賃貸借契約」であるという立場をとっている。

第三節　民法上の賃貸借制度　　297

　すなわち,「近来,世間に流行している家屋の伝貰契約は一種の賃貸借契約であり,その解約に関する特別な慣習があることを認めることができず,特別な事情がない限り,解約に関する旧民法617条 (現行民法635条に該当—筆者) を適用するのが妥当であろう」(大判1956・1・27,民上236,大判集1・10・39) と判示している。

6　今日における伝貰制度の社会的機能

　伝貰権と債権的伝貰との比較で理解できるように,伝貰権者は,たとえ自分の所有不動産ではないにせよ,所有者と同様に目的不動産についての排他的な使用・収益の権限を有し,伝貰権設定者の同意を得ずに伝貰権を譲渡・担保提供することができる。なお,伝貰権の目的物を転伝貰・賃貸することができ,また伝貰権の消滅時に伝貰権設定者が伝貰金の返還を遅延した場合には,伝貰権者は伝貰権の目的物を競売し,優先弁済を受けることができる。

　このように,伝貰権は,不動産利用者にとっては非常に有利な制度であるが,その反面,不動産所有者にとっては非常に不利な制度である。結局,不動産所有者は自分に不利な物権である伝貰権を避けて (伝貰権登記の回避),一種の賃貸借である未登記の債権的伝貰を選ぶことになる。もちろん,民法も,不動産賃借権強化の一環として賃借権の登記があるときは,その対抗力があると定めているが (621条1項。日本民法605条に該当),賃借権の登記による賃借権の強化も賃貸人にとって不利であるから,不動産所有者は賃借権の登記協力を回避する。

　結局,他人所有の不動産を利用しようとする者は,登記のない債権的伝貰契約または賃貸借契約を締結せざるをえない。現実的に登記のない賃借権を含む債権的伝貰の場合が大部分であるということは,伝貰権の社会的機能は喪失しつつあることのあらわれと考えられる。このような現象は,特に目的不動産が住居用建物の場合には居住者の生存の問題と直結する問題であるから,民法では解決できない深刻な社会的問題が生ずることを意味する。このような問題を解決するため,非常に遅れた対策ではあったが,伝貰または賃貸借は,その登記がなくても,一定の要件を備えたときは,第三者に対して効力が生ずるということを主な内容とする特別法が制定さ

れた。

　すなわち，住宅の賃借権（債権的伝貰を含む）は登記がなくても住宅の引
渡と債権的伝貰者の住民登録を終えたときは，賃借権の対抗力を認めると
いうことを主要な骨子とする「住宅賃貸借保護法」(1981年3月5日法律3379
号) が制定され，さらに，営業用建物の場合にも賃借権の登記なくても建
物の引渡と事業者登録を終えたときは，賃借権の対抗力を認めることを主
要骨子とする「商街建物賃貸借保護法」(2001年12月29日法律6542号) が制定
された（詳細は，本章第四節参照）。

二　賃貸借制度

　既に述べたが，慣行上の月貰は伝貰の場合とは異なり，毎月家賃を支払
うなど，旧民法上の賃貸借に似ていた。民法は，このような月貰を近代法
における賃貸借として618条ないし654条に規定した。主要なものをあげ
れば，以下のとおりである。

1　賃貸借の意義

　賃貸借の意義について，民法618条は「賃貸借は，当事者の一方が相手
方に目的物を使用・収益させることを約定し，相手方がこれに対して借賃
を支払うことを約定することによりその効力を生ずる」と定めている。賃
貸借の意義に関する日本民法601条の内容とあまり異ならない。

2　賃借権の対抗力

　民法上の賃借権の対抗力につき，「不動産の賃貸借を登記したときは，
その後第三者に対し効力を生ずる」(621条2項) とし，賃借権の登記が要求
されている。賃借権は伝貰権とは異なって，債権であるため，賃借権の登
記がない限り，第三者に対する対抗力がない。この点は，日本民法605条
と同様である。

　しかし，民法は土地賃貸借につき，「建物の所有を目的とする土地賃貸
借はその登記がなくとも，その地上の建物の登記をしたときは第三者に対
して賃貸借の効力を生ずる」(622条1項) と規定している。このような民法

上の制度は，日本においては，借地借家法 10 条 1 項に定められているが，その意味・内容は同様である。しかし，建物を所有する土地賃借人の保護という制度があるにもかかわらず，これと関連する事件は非常に稀なことであって（判例は 2 件ほどあるが，いずれも地上建物登記前にその土地に関し第三者が物権を取得した場合である。大判 2003・2・28，2000 다（ダ）65802，65819），あまり，その機能が果されていない。この点は日本の場合と異なる。その機能が果たされていないというのは，土地と建物を 1 つの不動産として認識してきた古来の韓国人の意識（第五章第一節三参照）もあって，今日においても，まず，他人の土地を賃借して自分所有の建物をたてるという意識はあまりない。その反面，土地所有者が他人の建物をたてるための土地を賃貸するという意識もあまりない。すなわち，建物をたてるためには，まずその土地を買って，建物をたてるというのが韓国人の一般意識だからであろう。

3 賃借権の存続保護

　民法上の賃借権の存続保護については，日本民法上の賃借権の存続保護の場合と同様に，あまり保護されていない。すなわち，最長存続期間について，651 条は「① 石造り，石灰造り，れんが造り若しくはこれと類似する堅固な建物その他の工作物の所有を目的とする土地賃貸借又は植木，採塩を目的とする土地賃貸借の場合を除くほかは，賃貸借の存続期間は，20 年を超えることができない。当事者の約定期間が 20 年を超えるときは，これを 20 年に短縮する。② 前項の期間はこれを更新することができる。その期間は，更新した日から 10 年を越えることができない」と規定している。これは日本民法 604 条とほぼ同様の規定である。しかし，最近に，憲法裁判所は，このような土地賃貸借の存続期間を制限した 651 条 1 項（「石造り，石灰造り，れんが造り若しくはこれと類似する堅固な建物その他の工作物の所有を目的とする土地賃貸借又は植木，採塩を目的とする土地賃貸借の場合を除くほかは，賃貸借の存続期間は，20 年を超えることができない。当事者の約定期間が 20 年を超えるときは，これを 20 年に短縮する」）は，その立法趣旨が不明確でありかつ契約の自由を害するという理由で憲法違反の決定を下した（憲裁 2013.12.26，2011 헌바（バ）234）。その決定により 651 条 1 項が廃止されるとともに，651 条 2 項（「前項の期間は，これを更新することができる。その期間は，

更新した日から 10 年を越えることができない」）を存置する必要がないとして，
651 条を削除する民法一部改正が行われた（2016.1.6. 法律 13710 号，2016.1.6.
施行）。

4　賃借権の譲渡および転貸

賃借権の譲渡および転貸について，629 条は「① 賃借人は，賃貸人の同
意なくしてその権利を譲渡し又は賃借物を転貸することができない。②
賃借人が前項の規定に違反したときは，賃貸人は契約を解止することがで
きる」と定めている。この規定は，日本民法 612 条と同様であり，賃借人
が第三者に賃借権を譲渡または転貸する場合には，賃貸人の同意を得なけ
ればならない。

5　賃借人の賃料減額請求権

賃借人の賃料減額請求権について，628 条は「賃貸物に対する公課負担
の増減その他経済事情の変動により約定した借賃が相当でなくなったとき
は，当事者は，将来に対する賃料の増減を請求することができる」と規定
し，強行規定として定めている。したがって，同条に違反し，賃借人に
とって不利な約定は無効となる（652条）。例えば，判例は「賃貸借契約の
ときに，賃貸人が一方的に賃料を引上げることができるが，賃借人はそれ
について異議を提起することができないという約定がある場合は，それは
強制規定の本条に違反した約定であり，賃借人にとって不利であるがゆえ
に民法 652 条により，その効力を生じない」（大判 1992・11・24，92 다（ダ）
31163）という立場をとっている。それに対し，賃料不増額特約が締結され
た場合に，その特約が賃貸人にとって，そのまま維持させることが信義側
に反すると認められる程度の事情変更がある場合には，衡平の原則上，賃
貸人に賃料増額請求が認められる（大判 1996・11・12，96 다（ダ）34061）。

日本民法には，賃借人の賃料減額請求権に関する規定がないが，収益を
目的とする土地賃貸借の場合には賃借人の賃料減額請求権に関する規定が
ある（日本民法 609 条）。しかし，土地賃貸借の場合に限って，なお不可抗力
という厳格な要件が要求されている。賃借物の一部滅失による賃料の減額
請求について，日本の場合（611条）と同様の規定は韓国民法にもある（627

第三節　民法上の賃貸借制度　　301

条)。

6　賃借人の費用償還請求権および付属物買受（造作買取）請求権

　民法は，賃借人が賃借物の保存に関する必要費を支出したとき，賃貸人に対してその償還を請求することができる (626条1項) と定め，また，賃借人が有益費を支出した場合は，賃貸人は賃貸借終了時にその価額の増加が現存するときに限り，賃借人の支出した金額又はその増加額を償還しなければならない (626条2項) と定めて，賃借人の必要費および有益費償還請求権を認めている。

　さらに，民法は，このような費用償還請求権の対象とならない物 (付属物と呼ばれる。日本の造作に該当) について，形成権として賃貸人に買い取ることを請求することができると規定している。すなわち，646条は，「①建物その他の工作物の賃借人が，その使用の便益のために賃貸人の同意を得てこれに付属させた物があれば，賃貸借の終了時に賃貸人に対してその付属物の買受けを請求することができる。② 賃貸人から買い受けた付属物についても，前項と同様である」と規定している。このような規定は，日本の民法にはなく，借地借家法33条に規定されている。

　この制度の本来の趣旨は，これらの造作は取外しが容易であり，本来は収去義務があるが，その家屋用に備えたものであるから，収去すると価値が大きく減ずるので，備えつけたままの価値で買い取らせようという点にある。しかし，最近，日本の賃貸住宅ではクーラー等も備えつけた場合が多いので，今日では造作買取請求権はあまり大きな意味を持たなくなっている (内田貴・民法Ⅱ (債権各論) [第2版] 206頁)。韓国においては，クーラー付き賃貸住宅などはあまりなく，主に営業用建物の場合に生ずることが多い。したがって，今日においても，647条は強行規定であり，形成権として認められている状況である。

　なお，賃貸借契約が賃借人の債務不履行により解約された場合には，賃借人の民法646条による造作買取請求権は認めないというのが判例の立場である (大判 1990・1・23. 88 다카 (ダカ) 7245, 88 다카 (ダカ) 7252)。

第四節　住宅賃貸借保護制度

一　住宅賃貸借保護法の制定

1980年，全斗煥保安司令官（その後，大統領になる）を中心とした新軍部は非常戒厳令を発布し，それにもとづいて国会を解散させ，その機能を代行する国家保衛立法会議（以下，国保会議とする）を設けた。国保会議は「住居用建物の賃貸借に関し民法の特例を規定することによって，国民の住居生活の安定を保障することを目的」として住宅賃貸借保護法（以下，住宅賃貸借法とする）を1981年3月5日に制定・公布した。国保会議が住宅賃貸借法を立法する過程において，どのような問題が提起されたかについては，その会議録を入手することができず，全く知ることができないが，拙速立法だという批判は免れなかった。そのような理由で，その後，同法は1983年12月30日（法律3682号），1989年12月30日（法律4188号），1997年12月13日（法律5454号），1999年1月21日（法律5641号），2001年12月29日（法律6541号），2002年1月26日（法律6627号），2005年1月27日（法律7358号），2006年1月27日（法律7358号），2007年8月3日（法律8583号），2008年3月21日（法律8923号），さらに，最近2009年5月8日の一部改正で法務部（省）に住宅賃貸借の関連のある専門家で構成された住宅賃貸借委員会が新設された。同委員会は審議を経て優先弁済を受ける賃借人および保証金中の一定額の範囲と基準を大統領令で定められるようにし，かつ賃貸借契約が黙示的に更新された場合に賃貸借の存続期間について改正前の「定めのない期間」は「存続期間は2年とみなす」（6条2項）と改正され，今日に至っている。

立法当初の住宅賃貸借法は8ヶ条，附則2ヶ項から構成された。同法の主要骨子になるものは，以下のとおりである。

① 本法の適用範囲は，住居用建物の全部または一部の賃貸借に限定される（2条）。

② 賃借権の対抗力について，賃貸借はその登記がなくても，賃借人が住宅の引渡と住民登録をしたときには，その翌日から第三者に対し

て効力を生ずる。この場合，転入の届をしたときは住民登録をしたものとみなす（3条1項）。

③ 賃貸借の存続期間について，1年未満の期間の定めのある賃貸借は，期間の定めのないものとみなし，最小限度1年は保障される（4条，5条）。

二　住宅賃貸借保護法の基本構成

　住宅賃貸借法は基本的に2つの柱で構成されている。1つは，賃借権（以下，登記のない「債権的伝貰」を含む）の対抗力に関するものであり，もう1つは保証金（以下，「伝貰金」を含む）の返還確保に関するものである。実際上，賃借権の対抗力をめぐる問題は，如何に保証金の返還を確保するかという1つの方法の問題として考えられる。したがって，基本的に賃借権の存続保護に重点を置いている外国の立法例（日本，ドイツ，イギリスなど）とは著しく異なる制度である。

　既に述べたように，賃貸借契約，特に伝貰契約の場合に，賃借人が賃貸人に寄託する保証金，特に伝貰金は，賃借住宅価額の半額ないし60〜70％に該当する巨額である。その伝貰金は賃借人の全財産に相当するものであるがゆえに，賃貸借関係の終了時または賃貸借の期間中に，当該賃借住宅について物権を取得した者に対し，または一般債権者が当該賃借住宅を差押えた場合に，如何にしてその伝貰金の返還を確保するかは，賃借人にとって生存にかかわる重大な問題である。

　したがって，賃借人が第三者に対抗することができる（対抗力を有する）という意味は，賃貸借期間の間に当該賃借住宅での居住を継続することができるという意味だけでなく，保証金の返還を請求することができるという意味も含むものとして解されている（判例・通説）。

　以下で，同法の特色ともいえるいくつかのものをとりあげて述べよう。

三　賃借権の対抗力

1　2つの対抗要件

賃貸借法の制定当初から，同法の核心たる規定は，既に述べたように，3条1項である。繰り返しになるが，賃貸借はその登記がない場合でも，賃借人が住宅の「引渡」と「住民登録」をしたときには，その翌日から第三者に対して効力を生ずるとし，賃借権の対抗要件として，「引渡」と「住民登録」を必要としている。問題は，「引渡」のほかに「住民登録」（住民は，住民登録法により，必ず居住地の管轄機関に住民登録をすべき義務がある）が賃借権の対抗要件として要求されているため，住民登録をめぐる被害が同法施行当時から今日に至るまで引き続き生じているということである。その主な被害類型を挙げれば，① 入居（引渡）後住民登録をする「前」に当該住宅の売買，担保権などが設定された場合，② 当該住宅に居住しながら住民登録だけを一時的に他の住所に移した場合の賃借権の対抗力喪失，③ 住所をまちがえて転入届をした場合，またはアパートの棟・号数を明示せず転入届をした場合の賃借権の対抗力否認，等である。では，なぜ住宅賃貸借法は「住民登録」という要件を要求しており，これに対して判例がどのような立場をとっているかをみる必要があろう。

2　立 法 趣 旨

住宅賃貸借法の立法当初の住民登録とは，賃貸借とは全く関係のない，もっぱら行政上の目的で要求された制度である。すなわち，「住民の居住関係を把握し，常時人口の動態を明確にし，行政事務の適正と簡易な処理を図ることを目的」（住民登録法1条参照。1997年一部改正により「住民生活の便益を増進し」という文句が「行政事務の適正」の前に挿入された）としたものである。1983年の第1次改正過程においても，住民登録という対抗要件は，その目的が異なるから，住民登録関係で賃借人が保護されない理由はない，ということで住民登録要件を削除すべきである，という意見が強力に出された。しかし，政府側の強力な反対により削除されず，今日に至っている。

3　判例の立場

　判例は，1987年以後今日に至るまで「住民登録は取引の安全のために
賃借権の存在を第三者が明らかに認識しうる公示方法として備えられたも
のである」とし，住民登録を賃借権の公示方法と解している。

　すなわち，「住宅賃貸借保護法3条1項が，住宅の引渡しとともに対抗
力の要件として規定している住民登録は，取引の安全のために賃貸借の存
在を第三者が明白に認識することができるようにする公示方法として備え
たものである。その住民登録が，どの賃貸借を公示する効力を有するかは，
一般社会通念上その住民登録が当該賃貸借建物に賃借人が住所または居所
を有する者として登録されているかを認識することができるかどうかにし
たがって決定される」（大判1987・11・10, 87 다카（ダカ）1573；同2005・5・16,
2003 다（ダ）10940）という確固たる立場をとっている。

　さらに，判例は，住民登録を賃借権の対抗力の存続要件と解している。
その判決の事案はこうである。被告Yは当時の住宅所有者であった訴外A
と当該住宅の賃貸借契約を締結し，住宅の引渡と住民登録をおえた。その
後住民登録だけを一時的に他の処に移したが，まもなくして，もとの住所
に住民登録をもどした。その住民登録を移した間に設定された抵当権の実
行により所有権を取得した原告XがYに対し，当該住宅の引渡を請求した。
これに対し，大法院は賃貸借法3条1項は登記されている物権の次の順番
に当たる強力な対抗力を与えた規定であるということを前提としたうえで，
「住宅の引渡及び住民登録という対抗要件はその対抗力取得時に備えるだ
けでは足りず，その対抗力を維持するためには，引き続き存続しなければ
ならない」（大判1987・2・24, 86 다（ダ）1695）と説き，住民登録の要件を厳
格に解している。

　また，住民登録がどのような賃借権を公示しているかにつき，判例は
「一般社会通念上その住民登録に，当該賃貸借建物に賃借人が住所または
居所を有する者として登録されていることを認識できるかどうかによって
決定される」（大判1978・11・10, 87 다카（ダカ）1573；同1990・5・22, 89 다카（ダ
カ）18648；同1995・4・28, 94 다카（ダカ）27427）とし，アパートの場合に，転
入届の際，住民登録上，正確な棟と号数が記入さなかった場合には，賃借
権の対抗力を否定している。

4 残された問題

住宅賃貸借法が住民登録を要求する立法趣旨は，既に述べたように，賃借権の公示方法ではなく，住民移動の把握という純粋な行政上の目的によるものであるから，判例が住民登録を登記にかわる公示方法と解したり，存続要件と解釈していることは，3条1項の趣旨を誤解しているように思われる。

さらに，1991年1月14日の住民登録法の改正により「住民登録票の閲覧または謄・抄本の交付申請は本人または世帯員がなす。代理人が申請する場合には本人または世帯員の委任を得なければならない」(同法29条2項前段) という住民登録非公開原則が採択されている。この原則は，判例の立場とは著しく異なる。

すなわち，住民登録法は住民登録の非公開原則をとっているにもかかわらず，判例がそのような住民登録を賃借権の公示方法と解していることは，はなはだ疑問である。民法621条2項 (「不動産賃貸借を登記したときは，その時から第三者に対して，その効力を生ずる」) が登記を賃借権の公示方法として要求したために生じた問題を解決するために，住宅賃貸借法が制定された，ということは繰り返し述べてきた。このように，賃借権の対抗要件として「引渡」だけでなく，さらに「住民登録」という要件を要するということは，なお残された大きな問題の1つである。

もちろん，韓国の賃貸借制度には，外国ではみられない伝貰制度があるということは否定できない。しかし，伝貰制度という理由だけで賃借権の対抗要件として登記でもない住民登録を要求するということは納得しがたい。特に，非持家庶民である伝貰入居者の全財産ともいえる伝貰金の返還確保が，転入届が遅れたという理由だけで，または正確な転入届をしなかったという理由だけで，否定されるとすれば，誰のための住宅賃貸借法であるかわからない。したがって，住民登録という対抗要件に関し，立法論としてはその要件を削除すべきであり，解釈論としては，同法の基本精神である社会法的次元で，柔軟に解さなければならないものと思われる。

第四節　住宅賃貸借保護制度　　307

四　保証金(伝貰金を含む)の返還確保

1　保証金の優先弁済

(1)　抵当権と賃借保証金の優先弁済

第2次改正法 (1989.12.30法律4188号) により「3条1項の対抗要件及び賃貸借契約証書上の確定日付を備えた賃借人は，民事執行法による競売又は国税徴収法による公売時賃借住宅 (垈地を含む) の換価代金から後順位権利者その他債権者に優先して保証金の弁済を受ける権利がある」という規定が新たに設けられ (3条ノ2)，対抗要件及び賃貸借契約証書上の確定日付を備えた賃借人の優先弁済権が認められた。

例えば，一番抵当権と二番抵当権の間に，対抗力のある賃借権 (住宅の引渡しと賃借人の住民登録した賃借権。同法3条1項参照) を取得した者 (いわゆる，中間賃借人) は，二番抵当権が実行された場合にも，その賃借権に優先弁済権を認める明文規定がないため，全く保護されないというのが判例の態度であった (大判1987・2・24, 86다카 (ダカ) 1936)。現実的に国民住宅型アパート (専用面積24坪以下のアパートをいう)，連立住宅 (区分所有権が認められる1戸建の住宅をいう)，または新築される小規模単独住宅は，ほとんど例外なく銀行等からの建築融資により，根抵当権が設定されている。その被担保債権額は住宅価格に比べれば少額であり，その償還期間も長期 (10年ないし20年) であるのが一般的である。しかし，このような住宅を賃借する者は，その後の後順位抵当権が設定され，それが実行されると，その後順位抵当権者との関係でも全く保護されない (保証金に関する優先弁済権が否定) という深刻な問題が生じた。これは，第1次改正法施行後に生じたもっとも深刻な問題の1つであった。

以上のような問題を解決するために，第2次改正が行われた。この改正の核心部分は，いわゆる中間賃借人をいかに保護するかということであった。したがって，賃借人が対抗要件 (引渡と住民登録) 及び賃貸借契約証書上の「確定日付」を備えた場合 (例えば，賃借人は居住する洞事務所 (地方行政単位である町にあたる事務所) に住民登録 (外国人は外国人登録) をしなければならないが，その届を出す時に賃貸借契約証書上の「確定日付」の手続をとる) は，その賃借人は債権である賃借権または債権的伝貰であっても，優先弁済権のある

伝貰権（民法303条）の場合と同様に，保証金の優先弁済権を有することになる。

(2) 賃貸人の破産と優先弁済権のある賃借保証金

賃貸人が破産した場合に，賃借権の対抗要件と確定日付を備えた住宅賃借人の保証金返還債権は破産手続上どのように保護されるのかをめぐり，議論がなされてきた。従前の実務は，競売開始決定日までに確定日付を備えた賃借人に，競売目的物売却代金に関して保証金の優先弁済権を認めていることを，破産手続きにおいてもそのまま反映し，競売法院が直接賃借人に配当し，その残額を管財人に交付していた（林治龍・破産法研究Ⅱ（2006年）139頁以下）。

最近新たに立法された「債務者回生および破産に関する法律」（一部改正 2006.3.24法律7895号）は，従来の実務を反映して対抗要件と賃貸借契約証書上の確定日付を備えた住宅賃借人（後述する「商街建物賃貸借保護法」上の賃借人も同様）は，破産財団に属する住宅（垈地を含む）の換価代金から後順位権利者その他の債権者に優先して保証金の弁済を受ける権利があると規定（同法415条1項，3項）し，立法的に解決された。

2 少額保証金（「一定金額」）の最優先弁済

(1) 抵当権と少額保証金の最優先弁済

既に述べたように，第1次改正法は極めて貧しい非持家庶民である賃借人の保護の一環として，いわゆる少額保証金保護制度を新たに設けた（8条）。しかし，非持家庶民側は，このような制度は実効性がないとして，保証金「全額」の優先弁済を強く要求してきた。政府は，こうした要求の一部を受け入れ，第2次改正法は「少額保証金」保護制度を「一定金額」保護制度に転換させ，その保護範囲を拡大した。すなわち，賃借人は保証金のうち「一定金額」を他の担保物権者との先後を問わず，最優先的に弁済を受ける権利を有する（住宅賃貸借法8条1項前段）と改正し，その優先弁済を受ける賃借人および保証金中一定額の範囲および基準は，住宅価額（垈地の価額を含む）の2分の1の範囲内において，大統領令で定められる（同条3項）。このような制度は，まさに先取特権に類似したものと解されよう。

現在，最優先弁済を受ける賃借人の範囲と最優先弁済を受ける保証金中

一定額の範囲は，以下のとおりである。

① 優先救済を受ける賃借人の範囲（施行令11条）

住宅賃貸借法8条の規定にもとづいて優先救済を受ける賃借人は，保証金が次の各号の区分による金額以下の賃借人とする〈改正 2016.3.31〉。

1　ソウル特別市：1億ウォン

2　首都圏整備計画法による首都圏中の過密抑制圏域（ソウル特別市を除く）：8,000万ウォン

3　広域市（首都圏整備計画法による過密抑制圏域に含む地域と郡地域を除く）安山市，龍仁市，金浦市，広州市：6,000万ウォン

4　その他の地域：5,000万ウォン

② 優先救済を受ける保証金中一定額の範囲（施行令10条）

同8条の規定にもとづいて優先救済を受ける保証金中一定額の範囲は，次の各号の区分による金額以下とする〈改正 2016.3.31〉。

1　ソウル特別市：3,400万ウォン

2　首都圏整備計画法による首都圏中の過密抑制圏域（ソウル特別市を除く）：2,700万ウォン

3　広域市（首都圏整備計画法による過密抑制圏域に含む地域と郡地域を除く）安山市と，龍仁市仁，金浦市，広州市：2,000万ウォン

4　その他の地域：1,700万ウォン

ここで注意を要するのは，少額保証金の賃借人も，抵当権者等の住宅に対する競売申立ての登記前に，住宅の引渡と住民登録または転入届といった対抗要件を備えなければならないということである（同法8条1項後段）。

(2) 賃貸人の破産と最優先弁済権のある少額保証金

賃貸人が破産した場合に，住宅賃借人（後述する「商街建物賃貸借保護法」上の賃借人も同様）のうち，上記のような少額保証金に関する優先弁済権者が，競売手続で配当に参加するためには競売開始決定時まで対抗要件を備えなければならず，破産手続に参加し優先弁済を受けるためには破産申請時までに対抗要件を備えなければならない（債務者回生および破産法415条2項）。賃貸目的物が競売されれば，賃貸借契約証書上の確定日付を備えた賃借人または少額保証金賃借人は競売手続に参加し，競売法院から直接配当金の交付を受けるという点では別除権者の地位に類似する。したがって，

別除権者に準じて取り扱ってもよいのではないかと思われる。

(3) 今後の課題

このような制度は外国の立法例にはみあたらない画期的な制度であるが，今後の問題として，これを拡大すれば取引秩序を根本的に破壊してしまう結果をもたらす危険性がある。少額保証金の範囲を拡大した場合には，当該住宅の担保価値が減少するから，住宅所有者は住宅を賃貸せず（韓国においては日本のような民間住宅賃貸業者は少なく，金融を得るために自分が住んでいる家屋またはその一部を貸すのが一般的である），その結果，非持家庶民に被害をもたらす。結局，少額保証金保護範囲を超える保証金の引上げの要因になるから，賃借人が保護されないという結果をもたらす，などといった問題が生じうる。さらに，賃貸人が抵当権設定後に多数の少額保証金賃借人を仮装させ，仮装賃借人の優先弁済請求を利用して利益を得るなどの方法により，濫用されるおそれもあろう。

最近、住宅価格の不安定のために、一般の無住宅者は、借金してローンで住宅（主にアパート）を買うより伝貰で住宅を借りて居住することを望む。しかし、現在政府が実行している金融利息の低下政策にともない、住宅所有者（伝貰権設定者）は、伝貰金の利息で家賃に賄う伝貰型賃貸借を好まない。その結果、伝貰賃貸住宅の供給は著しく減少し、深刻な社会的問題が生じた。ソウルでは、伝貰保証金額が当該住宅売買価格の83％まで上昇しており、ある地域では、90％を越すところもある状況である（朝鮮日報2016.3.22.、2頁、A8）。このような状況のなかで、例えば、伝貰金の2分の1に当たる金額を通常の伝貰金とし、残る2分の1に当たる伝貰金の代りに、毎月支払う家賃に転換する、いわゆる「半伝貰」という新たな類型の賃貸借契約がソウルを中心に盛んに行われている。かかる場合の大部分の賃借人は伝貰金の一部しか有しないので、このような賃借人を保護するために、住宅賃貸借法は、伝貰金の全部または一部を月借賃（毎月払う家賃）に転換する時に算定率を制限する規定を設け、「保証金の全部または一部を月単位の借賃へ転換する場合には、その転換になる金額に次の各号中（省略—筆者）低い比率を掛算した月借賃（家賃）の範囲を越えることができない」（7条ノ2〈改正2010.5.17.、2013.8.13.、2016.5.29.〉）と定めた。ともに保証金中の「一定額」の優先弁済を受ける賃借人の範囲を拡大し、保証金

第四節　住宅賃貸借保護制度　　　　　　　311

中一定額を増額した（以下にその変転過程を整理した〈少額保証金及び保証金中「一定額」の優先弁済〉を参照）。

〈少額保証金及び保証金中「一定額」の優先弁済〉（施行令）　　（単位：10,000 ウオン）

項目／改正年度	適用地域	賃借人の範囲	少額保証金	保証金中「一定額」の範囲
1984. 6. 14.（施行令3条）	1）ソウル特別市，直轄市 2）其他 地域	－	1）300 2）200	－
1987. 12. 1.（同3条）	々	－	1）500 2）400	－
1990. 2. 19.（同4条，3条）	々	1）2,000 2）1,200	－	1）700 2）500
1995. 10. 19.（同4条，3条）	1）ソウル特別市，広域市（郡地域 除外） 2）其他 地域	1）3,000 2）2,000	－	1）1,200 2）800
2001. 9. 15.（同4条，3条）	1）首都圏中 過密抑制圏域 2）広域市（郡地域.仁川市 除外） 3）其他 地域	1）4,000 2）3,500 3）3,000	－	1）1,600 2）1,400 3）1,200
2008. 8. 21.（同4条，3条）	々	1）6,000 2）5,000 3）4,000	－	1）2,000 2）1,700 3）1,400
2010. 7. 21.（同4条，3条）	1）ソウル特別市 2）過密抑制圏域 3）広域市（郡地域除外），安山市，竜仁市，金浦市，広州市 4）其他 地域	1）7,500 2）6,500 3）5,500 4）4,000	－	1）2,500 2）2,200 3）1,900 4）1,400
2013. 12. 30.（同11条，10条）	々	1）9,500 2）8,000 3）6,000 4）4,500	－	1）3,200 2）2,700 3）2,000 4）1,500
2016. 3. 31.（同11条，10条）	々	1）10,000 2）8,000 3）6,000 4）5,000	－	1）3,400 2）2,700 3）2,000 4）1,700

五　賃借権登記命令制

第4次改正法 (1999. 1. 21 法律 5641 号) により，新しく賃借権登記命令制 (3条ノ3) が設けられた。すなわち，賃貸借関係が終了した後，保証金の返還を受けることができない賃借人は，法院に賃借権登記命令を申請し，賃借権登記を済ませれば，登記と同時に対抗力または優先弁済権を取得する。もし，賃借人が既に対抗力と優先弁済権を取得した者である場合には，従前の対抗力と優先弁済権を維持し，賃借権登記以後には住宅の占有と住民登録の要件を備えてなくても賃借人は従前の対抗力と優先弁済権を維持することができる。かかる措置によって，賃借権登記の効力が強化され，賃借人が自由に住居を移転することができるようになった (3条ノ3)。さらに，民法 621 条 1 項の規定による賃貸借登記にも，この法に規定された賃借権登記命令による賃借権登記と同一の効力を持たせることにより優先弁済権が付与された (3条ノ4，1項)。

近年，経済事情の悪化により賃貸借関係が終了したにもかかわらず，賃借人が賃貸人から賃借保証金の返還を受けることができない場合が頻繁に生じ，さらに，勤務地の変更等により引越しをする必要がある場合にも，保証金の返還を受けることができないという憂慮で，引越しをすることができない等の問題が生じた (占有は賃借権の対抗力の存続要件であるために，引越しは対抗力の喪失を意味する)。かかる問題を解決するため，賃借人が単独で賃借権の登記をすることができる「賃借権登記命令制度」が導入された。

六　賃借権の存続保護

賃貸借の期間が定められていないか，2年未満であるときには，その期間を2年とみなすという規定が新設された (4条1項)。第2次改正前の住宅賃貸借法には賃借権存続保護の規定がなかったが，この新設規定により，賃借人は最低限2年間は賃借住宅で安定した生活ができるようになった。しかし，日本の借地借家法 28 条のような賃貸人の更新拒絶権の制限に関する規定は，住宅賃貸借法に設けられていない。

七 賃借権の承継

(1) 以上のように, 賃借人を保護するために種々の制度が設けられているが, それらの制度の対処すべき重要な問題の1つは, 居住用建物の賃借人 (以下, 借家人とする) が死亡した場合に, その借家人 (以下, 死亡借家人とする) と同居していた家族は, 従前通り当該住宅に居住を続けることができるのか否か, がある。ここに問題になるのは, 死亡借家人と同居していた家族が相続人でない場合 (例えば, 内縁関係にある者, 事実上の養親子), または後順位相続人である場合に, 死亡借家人の相続人の有無にかかわらず, 当該住宅で居住を続けることができるか, ということである。もし, それらの同居家族が, 相続人でないという理由で, または後順位相続人であるという理由で, 賃貸人または先順位相続人からの住宅明渡請求を受け, 結局, 住みなれた住宅から立ち退かなければならないということになれば, 同居していた死亡借家人の家族にとって重大な問題となる。このような家族の居住をいかに保護するかということが,「賃借権の承継」という問題である。

(2) 賃借権の承継問題については, ヨーロッパでは早い時期 (1920年代初期) から立法化され, 相続の原理と異なった原理に基づく賃借権の承継制度が確立されている。以来今日に至るまで死亡借家人の同居家族の居住は保護されている (詳しくは, 高翔龍「借家権の承継」法学協会雑誌96巻4号49頁以下, 7号1頁以下参照)。日本の場合においても, 1966年 (昭和41年) の借家法改正によって賃借権の承継規定が新しく設けられた (同法7条ノ2。現在は, 借地借家法36条)。

しかし, 同条は,「賃借人が相続人なしに死亡した場合」に限り, 同居していた事実上夫婦または事実上養親子の賃借権の承継が認められるので, もし, 相続人がいる場合にはどうなるのかにつき, 依然として複雑な問題が残されたままになっている (高翔龍・上掲論文96巻3号6頁以下参照)。

(3) 韓国の住宅賃貸借法は9条に住宅の賃借権の承継制度を設けて,「賃借人が相続人なしに死亡した場合において, その住宅で家庭共同生活をしていた事実上の婚姻関係にある者は, 賃借人の権利および義務を承継する」(同条1項)。

もし，「賃借人が死亡した場合に，死亡当時相続人がその住宅で家庭共同生活をしていないときは，その住宅で家庭共同生活をしていた事実上の婚姻関係にある者と2親等内の親族は，共同で賃借人の権利および義務を承継する」（同条2項）と規定して，死亡借家人の相続人がいる場合でも，その相続人が賃借人の死亡当時にその住宅で家庭共同生活をしていない限り，相続人の賃借権の承継は認めないとし，同居家族の居住を積極的に保護している（詳しくは，高翔龍「住宅賃貸借保護法」註釈民法［債権各論(3)]（韓国司法行政学会，1999年）573頁以下参照）。

第五節　商街(営業用)建物賃貸借保護制度

一　商街建物賃貸借保護法の制定

住居用建物の賃貸借については，上記一で述べたように民法の特例として規定された住宅賃貸借保護法が1981年に制定・施行され，今日に至っているが，商街（営業用）建物の賃貸借については特別法がなく，民法の賃貸借規定が適用されていた。住宅賃貸借保護法の第2次一部改正（1983.12.30）の過程において，営業用建物に関する賃貸借保護法の立法論が提起された。しかし，その当時には，拙速に立法された住宅賃貸借保護法それ自体が多くの欠陥を抱えたまま施行された結果，それらを早急に補完する改正作業を始めなければならなかった。

なお，施行されて間もない住宅賃貸借保護法に関する国民の意識も定着していないこともあって，営業用建物の賃貸借に関する特別法を立法できる状況にはなかった。以来，2000年代に入って本格的に立法論が展開され，2001年に国会に提案された商街賃貸借法と関連のある法案は5つに達した。それらの提案理由は，主に商街（営業用）建物の賃貸借で，一般的に社会的経済的弱者たる賃借人を保護し，賃借人の経済生活の安定を図るため，民法の特例を規定する必要があるということであった。このような趣旨で議員立法案が国会に提案され，2001年12月29日，「商街建物賃貸借保護法」（法律6542号）（以下，商街賃貸借法とする）が制定され，2002年11月1日に施行された。その後，同法は2002年8月26日（法律718号），2009年1

第五節　商街（営業用）建物賃貸借保護制度　　315

月 30 日（法律 9361 号）に一部改正され，さらに，2009 年 5 月 8 日（法律 9649 号）に一部改正（賃貸借契約が黙示的に更新された場合（10 条 4 項但書）に「賃貸借の存続期間を 1 年とみなす」と改正）された。最近に，商街（営業用）建物賃貸借契約の締結の際に商慣行上形成された，いわゆる「権利金」の授受をめぐる紛争が頻繁に生じ，これらの問題を立法的に解決するために，同法の一部改正（2015.5.13. 法律 13284 号，2015.11.14. 施行）が行われた。以来，今日に至っている。

　同法は，18 カ条と附則 3 カ項から構成されている。同法の基本構成は，住宅賃貸借保護法の場合とほぼ同様である。以下，主要な内容につき概観する。

二　適用範囲

(1)　同法適用対象になる賃貸借保証金の範囲（施行令 2 条）

　同法の適用範囲について，2 条 1 項は「商街建物（3 条 1 項の規定により事業者登録の対象となる建物をいう）の賃貸借（賃貸借目的物の主たる部分を営業用として使用する場合を含む）について適用する。ただし，大統領令が定める保証金額を超過する賃貸借については，この限りでない」と規定している。

　事業者登録の対象となる建物とは，所得税法 168 条 1 項（「新しい事業を開始する事業者は，事業場所在地管轄税務署長に登録しなければならない」），附加価値税法 5 条または法人税法 111 条の規定により事業者登録された建物をいう。したがって，これらの税法に登録されていない零細規模の営業用賃貸借建物は同法の保護対象から除外される。実際上，建物の一部を借りて営業している者の大部分は，その規模が 1 ～ 2 坪ぐらいの広さで，なお，事業者の登録をするにも適しない建物の一部を賃借し，営業を営んでいる場合が非常に多い状況である（例，南大門地下商街）。このような賃借人が同法の保護対象から除外されることは，同法の立法趣旨に合致しない。

　その反面，施行令が定める保証金額を超過する賃貸借は同法の保護対象から除外された。その「保証金額」（保証金額を定める際において保証金の外に賃料が有する場合，その賃料額には銀行法による銀行の貸出利息を考慮して施行令が定める比率を掛け算し換算した金額を含めなければならない。同法 2 条 2 項）とは，以

下の各号の区分による金額をいう（施行令2条1項）〈改正 2013. 12. 30.〉。

1　ソウル特別市：4億ウォン

2　首都圏整備計画法による首都圏中過密抑制圏域（ソウル特別市を除外）
　：3億ウォン

3　広域市（首都圏整備計画法による過密抑制圏域に含む地域と郡地域を除く）
　安山市，龍仁市，金浦市，広州市：2億4,000万ウォン

4　その外の地域：1億8,000万ウォン

　上記のように，商街賃貸借法の適用基準になる保証金額は，商街賃借人の保護と他の法益間の均衡を保ちながら，相対的に零細賃借人の保護範囲で適正に定めた金額という。しかし，保護対象になりうる保証金額からみた場合に，果たして零細規模の商街（営業用）賃貸借の保護であるのか，甚だ疑問である。勿論，同法の保護対象になる建物とは営業用だけでなく事業用の建物も含む意味である。

(2)　保護対象から除外された賃貸借の保護（2条3項）〈2013.8.13.　新設）

　商街賃貸借法は施行令が定める保証金額を超過する賃貸借を同法の保護対象から除外している（2条1項但書「大統領令が定める保証金額を超過する賃貸借については，この限りでない」）。しかし，2013年8月13日の一部改正（法律12042号）により，このような同法の保護対象から除外された賃貸借についても，賃貸人は正当の事由がない限り，賃借人の契約更新請求を拒絶できないと定めた規定（10条1項，2項，3項本文）が適用するという新しい規定が設けられた（2条3項，20条ノ2，5条7項～9項など，新設）。その改正（新設）理由は，商街賃借人の保護を最も強化しようと図った改正であるという（法務部の提案理由，2013. 8. 13.）。

　しかし，商街賃貸借法の立法趣旨は，本来，保証金の高額賃貸借契約の締結は当事者に委ねで，経済的弱者たる賃借人を保護するために，同法の大統領令（施行令）で定める一定保証金額以下の賃貸借を保護対象にしている。それにも拘らず，同法の保護対象から除外された保証金の高額賃貸借について契約更新要求権を認めるなどは，結局，保護対象を制限している2条1項但書と矛盾した改正ではないかと思われる。結果的には，商街（営業用）建物賃貸借は保証金額による制限がなく，同法の適用対象になるということである。

第五節　商街（営業用）建物賃貸借保護制度　　317

　最近に，ソウル市が発表した「2015 年ソウル市商街賃貸及び権利金の
実態調査結果」（ソウル市・報道資料 2015. 12. 2.）報告（以下，「2015 年報道資料」
とする）によれば，商街賃貸借法の適用対象である換算保証金（保証金＋賃
料）4 億ウォン以下の商街賃貸建物（ソウル都心〈光化門・東大門・明洞・ソウ
ル駅・鐘路・忠武路〉，江南地域，新村・麻浦地域，その他の地域に所在）は，全体
の 77.7% を占めており，4 億ウォンを超過する商街賃貸建物は 22.3% を
占めているという。したがって，2013 年 8 月 13 日の改正により，4 億
ウォンを超える高額賃貸借も商街賃貸借法の適用対象になるので，保証金
額による商街賃貸借法の適用範囲を定めた 2 条の立法趣旨は失っていると
考えられる。

三　賃借権の対抗力

　賃借権の対抗力について，3 条 1 項は「賃貸借は，その登記がない場合
にも賃借人が建物の引渡および附加価値税法 5 条，所得税法 168 条または
法人税法 111 条の規定による事業者登録を申請したときには，その翌日か
ら第三者に対する効力が生ずる」と規定し，賃借権の対抗要件として「建
物の引渡」と「事業者登録」という 2 つの要件を要求している。賃借権の
対抗要件として建物の「引渡」を要することは，住宅賃貸借保護法の場合
と同様であるが，もう 1 つの要件である賃借人の「住民登録」の代わりに，
賃借人の「事業者登録」を要件としている点が異なる。賃借権の公示方法
として，事業者登録という要件を要するものと解される。
　賃借権の対抗力の発生時期は，建物の引渡および事業者登録を申請した
日の翌日であるから，登録を済ませた時ではないということが明らかであ
る。問題は，賃借人の「事業者登録」が対抗力の存続要件であるか否かで
ある。判例は，賃借人の事業者登録は賃借権の対抗要件であると同時に存
続要件であるという立場をとっている（大判 2006・1・13，2005 다（ダ）64002）。
　したがって，事業者が当該事業を開始していないか，事実上廃業してい
る場合には，その事業者登録は附加価値税法および商街建物賃貸借保護法
が商街賃貸借の公示方法として要求する適法な事業者登録とはいえないの
で，賃借人は同法が保護している賃借権の対抗力および保証金の優先弁済

権などを失ってしまう。たとえ，賃借人である事業者が廃業申告をした後に，再び同じ商号および登録番号で事業者登録を済せても，商街建物賃貸借保護法上の対抗力および優先弁済権は廃業の申告以前のまま存続することはできない（大判 2006・10・13，2006 다（ダ）56299）ということである。賃借権の対抗力が失われるということは，保証金などの返還回収が非常に難くなり，かつ一方的に賃貸人側が有利になるという甚だ不公平な結果を生ずる。

四　保証金の返還確保

1　賃借人の優先弁済権

　賃借権の対抗力とは，賃貸借期間に当該建物を使用収益することができる権利があることを示すと同時に，賃貸借関係終了時に保証金の返還を請求することができるという意味をもつ。後者も賃借人にとって非常に重要な意味を有する。しかし，これは，賃借人の賃貸借契約当時，当該建物にどのような担保物権も設定されていないことを前提とするときに意味がある。なぜなら，当該建物に既に抵当権が設定された後に，賃貸借契約が締結された場合（対抗要件具備）にも，さらに，後順位抵当権が設定され，かつその後順位抵当権者が抵当権を実行したときは賃借人はその者に優先して保証金の返還を請求することができないためである。住宅賃貸借の場合と同様に，賃借権の優先弁済権を認める規定がないからである。このような場合に，賃借人を保護するために，5条2項は「3条1項の対抗要件および管轄税務署長からの賃貸借契約書上の確定日付を備えた賃借人は，民事執行法による競売または国税徴収法による公売時賃借建物（賃貸人所有の垈地を含む）の換価代金から後順位権利者その他債権者に優先して保証金を弁済受ける権利がある」と規定し，保証金の回収を確保している。したがって，賃借人は賃借権の対抗要件を備えると同時に管轄税務署長による賃貸借契約書上の確定日付を備える必要がある。

2　少額保証金（「一定金額」）の最優先弁済

　零細事業者たる賃借人保護の一環として，いわゆる少額保証金保護制度

が設けられている（14条）。すなわち，賃借人は保証金中の「一定金額」を他の担保物権者との先後を問わず，最優先的に弁済を受ける権利を有する（14条1項）。その優先弁済を受ける賃借人及び保証金中一定額の範囲及び基準は，賃貸建物価額（賃貸人所有の敷地価額を含む）の2分の1の範囲内において，当該地域の経済状況，保証金および借賃等を考慮し，大統領令で定められる（同条3項）。

　現在，優先弁済を受ける賃借人の範囲と保証金中の一定額の範囲は，以下の通りである。

　(ア)　優先救済を受ける賃借人の範囲（施行令6条）〈改正 2013. 12. 30.〉

　商街賃貸借法14条の規定に基づいて優先救済を受ける賃借人は，保証金と賃料が有する場合に同法2条2項の規定（「その賃料額に銀行法による銀行の貸出利息を考慮して施行令が定めた比率を掛け算し換算した金額を含む」）により換算した金額の合計が以下の各号の区分による金額以下である賃借人とする。

　1．ソウル特別市：6,500万ウォン
　2．首都圏整備計画法による過密抑制圏域（ソウル特別市を除外）：5,500
　　万ウォン
　3．広域市（首都圏整備計画法による過密抑制圏域に含む地域と郡地域を除く）
　　安山市，龍仁市，金浦市，広州市：3,800万ウォン
　4．その外の地域：3,000万ウォン

　(イ)　優先救済を受ける保証金の範囲等（施行令7条）〈改正 2013. 12. 30.〉

　①　商街賃貸借法14条の規定により優先弁済を受ける保証金中の一定額の範囲は，次の各号の区分による金額以下とする。

　1．ソウル特別市：2,200万ウォン
　2．首都圏整備計画法による首都圏中の過密抑制圏域（ソウル特別市を除外）：1,900万ウォン
　3．広域市（（首都圏整備計画法による過密抑制圏域に含む地域と郡地域を除く）安山市，龍仁市，金浦市，広州市：1,300万ウォン
　4．その外の地域：1,000万ウォン

　②　賃借人の保証金中一定額が商街建物の価額の2分の1を超過する場合は，商街建物の価額の2分の1に該当する金額に限って優先弁済権があ

る。

③ 1つの商街建物につき賃借人が2人以上であり，その各保証金中の一定額の合算額が商街建物の価額の2分の1を超過する場合には，その各保証金中の一定額の合算額に対する各賃借人の保証金中の一定額の比率で，その商街建物の価額の2分の1に該当する金額を分割した金額を各賃借人の保証金中の一定額とする。

ここで注意を要するのは，少額保証金の賃借人も賃借建物に対する競売申立ての登記前に引渡を受け事業者登録を届けなければならないということである (同法14条1項後段)。

(3) 賃貸人の破産と最優先弁済権のある少額保証金

賃貸人が破産した場合，商街建物賃借人の中で上記のような少額保証金に関する優先弁済権者が，競売手続で配当に参加するためには，競売開始決定時まで対抗要件を備えなければならず，破産手続に参加し優先弁済を受けるためには破産申請時までに対抗要件を備えなければならない (債務者回生および破産法415条3項)。賃貸目的物が競売されれば，少額保証金賃借人は競売手続に参加し，競売法院から直接配当金の交付を受けるという点では別除権者の地位と類似する。したがって，住宅賃借人の場合と同様に別除権者に準じて取扱ってもよいのではないかと思われる。

ここで注意を要するのは，少額保証金の賃借人も賃借建物に対する競売申立ての登記前に引渡を受け事業者登録を届けなければならないということである (同法14条1項後段)。

五 「権利金」の回収確保

1 慣行上権利金

判例は，「営業用建物の賃貸借に伴って行われている権利金の支払いは，賃貸借契約の内容を構成するものではない。権利金自体は，営業施設・備品等の有形物であるか，取引先，信用，営業上のノウ－ハウあるいは店舗の位置にしたがう営業上の利点等，無形の財産的価値の譲渡または一定期間の利用代価である」(大判 2008. 4. 10, 2007 다 (ダ) 76986, 76993) とし，賃借人が賃貸借契約に伴って賃貸保証金または賃料外に払う金銭であるという。

このような権利金の授受は慣行上行われているものの，慣習法までには至っていないという立場をとっている（大判 2005.7.21, 2002 다（ダ）1178 大法廷）。学説も判例の立場をとり，商街賃貸借契約の締結の際に，権利金の授受は商取引慣行上または民法 106 条の事実上慣習として行われていると解している（ハ・ヤンミョン「賃借権の承継に伴う権利金の支給実態」裁判資料 7 集（1980 年）32 頁など）。

上記「2015 年報道資料」によれば，ソウル圏域で行われている平均権利金は，ソウル都心（光化門・東大門・明洞・ソウル驛・鐘路・忠武路）は 5,975 万ウォン，江南地域は 9,875 万ウォン，新村・麻浦地域は 9,272 万ウォン，その他の地域は 9,241 万ウォンである。単位面積 1 平方メートル当たり，平均権利金（一階基準）は 145 万 9,000 ウォンなど，権利金は相当な高い金額であることがわかる。

2　権利金制度の新設

従来より関係当事者間に権利金の授受をめぐる紛争が頻繁に生じていた。すなわち，現行法は賃借人が投資した費用または営業活動によって形成された知名度あるいは信用等の経済的利益が，賃貸人の契約解止（解約），または期間更新拒絶により侵害されていることをそのまま放置されていた。その結果，賃貸人は，新しい賃貸借契約を締結しながら直接に権利金を受けるか，賃借人が積み重ねて形成した営業的価値を如何なる制限もなしに利用できるようになる。しかし，賃借人は，新たに施設費を投資し，信用確保と知名度の形成のために相当期間の営業損失を負わなければならない，といった様々な問題が頻繁に生じていた。

このような問題を解決するために，賃借人の権利金回収の機会を保障し，賃貸人に対しては正当の事由なしに賃借人の新規賃借人との賃貸借契約の締結を妨げないように妨害禁止義務を課するなど，政府は，2015 年 5 月に権利金に関する法的根拠を備えるために同法の一部改正を行い，権利金制度を新設したのである（法務部の改正提案理由）〈改正 2015.5.13. 法律 13284 号，2015.11.14. 施行〉。

3　主な内容

(ア)　権利金とは，賃貸借目的物である商街建物で営業を営んでいる者，または営業を営むようとする者が，営業施設・備品，取引先，信用，営業上のノウ‐ハウ，商街建物の位置にしたがう営業上の利点等，有形・無形の財産的価値の譲渡または利用代価として，賃貸人，賃借人に保証金と賃料外に支給する金銭等の代価であると定義している（10条ノ3，1項）。

(イ)　権利金契約とは，新規賃借人になろうとする者が賃借人に対して権利金を支給する契約をいう（同条2項）。

(ウ)　賃貸人は，賃貸借期間の満了3カ月前より賃貸借終了時まで，権利金契約に基づいて賃借人が斡旋した新規賃借人になろうとする者から支給される権利金を受けることを妨げることはできない。これに違反して損害が生じた場合は賠償しなければならず，その反面，賃借人は新規賃借人になろうとする者に対する情報を賃貸人に提供するように定めた（10条ノ4，1項本文）。

六　賃借権登記命令権

住宅賃貸借保護法の場合と同様に，賃借権登記命令制度が設けられている（6条）。すなわち，賃貸借が終了した後，保証金の返還を受けていない賃借人は，賃借建物の所在地を管轄する地方法院・地方法院支院又は市・郡法院に，賃借権登記命令を申請することができる（同条1項）。賃借権登記命令の執行による賃借権登記が終了すれば賃借人は，3条1項の規定（引渡および事業者登録）による対抗力及び5条2項の規定（賃貸借契約書上の確定日付）による優先弁済権を取得する（同条5項本文）。

七　賃借権の存続保護

契約に賃貸借期間が定められていないか，またはその期間を1年未満に定めた賃貸借は，その期間を1年とみなす（9条1項本文）と規定し，このような場合にも，賃借人は，最低限1年間は当該建物で営業することができる。ただし，賃借人は，1年未満に定めた期間が有効であることを主張

することができる (同項但書)。

　しかし，同法は住宅賃貸借保護法とは異なって，賃貸人による賃借人の契約更新要求に対する拒絶を制限し，賃借人を積極的に保護する立場をとっている (10条)。

　10条1項は，賃貸人は，賃借人が賃貸借期間満了前6ヶ月から1ヶ月までの間にする契約更新要求に対して次の各号の場合を除いて，「正当の事由」なしにこれを拒絶することができない，と規定している。

1　賃借人が3期の借賃額に達する借賃を延滞した事実がある場合
2　賃借人が虚偽その他不正な方法で賃借した場合
3　双方合意の下で賃貸人が賃借人に対して相当の補償を提供した場合
4　賃借人が賃貸人の同意なしに目的建物の全部または一部を転貸した場合
5　賃借人が賃借した建物の全部または一部について故意または重大な過失により破損した場合
6　賃借した建物の全部または一部が滅失したために賃貸借の目的を達成することができない場合
7　賃貸人が以下の各号の一つに該当する事由で目的建物の全部または大部分を撤去または再建築のために目的建物の占有回復が必要である場合〈2013.8.13改正〉。
　　(ア)　賃貸借契約締結の当時に，工事時期及び所要期間等を含めた撤去または再建築の企画を賃借人に具体的に告知し，その企画にしたがう場合
　　(イ)　建物が老朽・毀損または一部滅失等，安全事故の憂慮が有する場合
　　(ウ)　他の法令にしたがい撤去または再建築がなされる場合
8　その他，賃借人に賃借人としての義務につき顕著な違反がある場合，または賃貸借を存続することが困難な重大事由がある場合

　しかし，賃借人は，契約更新要求権を，最初の賃貸借期間を合わせて全体賃貸借期間が5年を超過しない範囲内でのみ行使することができる (同条2項) とされ，5年という期間の制限を設けているが，おそらく賃貸人との利害調節といったものを考慮したのではないかと思われる。

第七章　不動産賃貸借制度

　このような賃貸人の更新拒絶権制限は，賃借人を過度に保護し，賃貸人の財産権を過度に制限する制度であると批判する見解（尹喆洪。民事特別法研究（法元社，2003年）294頁以下）があるが，賃貸人は例外規定によって十分保護されていると思われる。

第八章　消費者法

第一節　はじめに

　韓国においては，1960年代以後の急速な経済成長により大量生産および大量取引が展開するようになるとともに金融・保険業の発達および販売方法の多様化により，約款の利用が一般化した。このような約款を利用した消費者契約における共通の問題は，消費者にとって不利な不公正約款が使用されても，これを規制する法的根拠がなかったことである。このため商品取引だけでなく，サービス取引に至るまで不公正約款を利用する取引が拡大した。その結果，両当事者の利害関係の均衡は破壊され，特に，銀行・保険などの専門的な取引の場合には，約款の利用による不公正が著しく多かった。このような問題は，契約自由の原則の名の下で法規制の外に放置され，健全な取引秩序を阻害する要因となった。1980年以後，法学者・法曹人・消費者団体などにより現行法の限界が指摘され，取引秩序の破壊を是正する法律を制定すべきであるという意見が強く主張された。その結果，約款を包括的に規制する一般法として「約款の規制に関する法律」(1986.12.31法律3922号) が制定され (以下,「約款規制法」とする)，1987年7月1日より施行されて今日に至っている。

　約款規制法は，事業者がその取引上の地位を濫用して不公正な約款を作成・使用することを防止するとともに，このように約款を規制することにより，健全な取引秩序の確立と消費者の保護をはかり，国民生活の均衡をはかることを目的として立法されたものである (同法1条参照)。同法は，消費者保護関係法規である「消費者保護法」(1980.1.4法律3257号，現行は「消費者基本法」(2006.9.27法律7988号))，「独占規制および公正取引に関する法律」

(1980. 12. 31 法律第 3320 号, 全文改正 1990. 1. 13 法律第 4198 号), 「割賦取引に関する法律」(1991. 12. 31 法律 4480 号), 「製造物責任法」(2000. 1. 12, 法律 6109 号), 「訪問販売等に関する法律」(1991. 12. 31 法律第 4481 号, 全文改正 2002. 3. 30 法律 6688 号) などの一つとしてとらえられる。

　日本においては, 約款規制の一般法が存在せず, また, 独占禁止当局に約款規制を担当させるという議論も現在のところ見当らない。しかし, 継続的役務取引等の約款には, 事業者が, 一般消費者の取引内容に関する知識・情報の不足につけ込んで不利益を与える可能性がある。こうした消費者の被害を防止し, かつ取引の危険性を除去して, 市場メカニズムの機能を確保する必要性から有効な約款規制の在り方としては, どのようなものがあるのか (本城昇「韓国における約款規制」国際商事法務 Vol. 23, No. 3 (1995) 287 頁参照)。80 年代から 90 年代にかけては, 極めて限定的に適用されていた民法上の法理が契約の公正をはかるための内容規制の道具として様々な形で使用され, それらの問題に対処していた。

　すなわち, 契約の不成立に関する法理を消費者保護のために変用する方法 (大村敦志「契約成立時における給付の均衡(4)」法学協会雑誌 104 巻 4 号 25 頁以下), 契約の解釈という方法によって契約内容の公正性を確保する方法 (河上正二・約款規制の法理 (1988 年) 272 頁以下)。あるいは, 社会秩序違反および信義誠実の原則にもとづいて契約の一部を無効とし, 契約内容を規制する方法 (大村敦志「契約内容の司法的規制(2)」NBL, No. 474 (1991) 33 頁以下) 等によって消費者を保護している状況であった。

　しかし, 2000 年代に入り, 直接的に約款を規制する法律は制定されていないものの, 「消費者契約法」(平成 12 (2000 年). 5. 12 法 61) が立法された。同法は, 消費者が事業者に対して一定の場合に消費者契約の申込または承諾の意思表示を取消すことができる規定 (4 条) を設けており, 事業者の損害賠償の責任を免除する条項 (8 条), 消費者が支払う損害賠償の額を予定する条項 (9 条), 消費者の利益を一方的に害する条項 (10 条) などを無効として, 消費者の利益を保護するようになった (1 条)。

　さらに, 同法は, 2006 年の改正 (平成 18 年法 50, 56) により, 国が認定した適格消費者団体 (13 条) が, 被害に遭った個人に代わって不当な勧誘をやめさせたり, 契約条項を変えさせたりできる (12 条)「消費者団体訴訟制

度」を導入し，2007 年 6 月 7 日から実施している。

第二節　約款規制法

一　約款規制法の立法および改正過程

1　立法過程

　約款規制に関する立法の議論は 1980 年代の初頭からはじまり，1985 年には約款規制法を制定するための「約款法制定委員会」が発足した。同委員会は，立法の必要性および具体的な立法事項等に関する各界の意見を聴取するとともに国内外の論文等を検討し，各種約款の実態調査（すでに，それ以前に経済企劃院において旅行・月賦販売等の品目別に全国的地方組織を有する消費者団体に委託して約款の実態調査を行っていた）を整理し，約款法の試案を作成した。

　約款に関する設問および実態調査で明らかになった問題は，事業者が民・商法上の責任免除，法定猶予期間を短縮・排除，事業者側の契約解除権を非常に容易にすること等であった。このように，事業者は私法の任意法規的性格を悪用し，企業の不当な利益を追求して，均衡関係を破壊するなどの例が少なくない。調査の結果，明らかになったことは，韓国においても約款をこれ以上，法の外に放置することはできず，いかなる形であれそのような約款を法的に規制しなければならないという点であった。

　同委員会は，ドイツ約款規制法（AGB-Gesetz）をはじめとする各国法制の比較をし，国内の学界・法曹界・業界の意見を聴取して草案を作成し，この草案についての検討と修正を重ねる過程で第 2 修正案を作成した。主務当局（経済企劃院）は，この案をもとにして当時の与党であった民主正義党の立法政策当局と協議をなし，1986 年 7 月 30 日に党政策委員会の主催で開かれた公聴会で各界代表者の意見を聴取した後，党政協議（法務部・財務部・商工部・法制処等参与）を経て第 2 修正案を再修正した。

　この案が民政党案として定期国会に提出され，1986 年 12 月 18 日に本会議で「約款の規制に関する法律」として可決された。この約款規制法は同年 12 月 31 日に公布され，1987 年 7 月 1 日から施行された。その後，

数回にわたって改正されながら今日に至っている（立法過程については，李銀栄・約款規制法（1994 年）51 頁以下参照）。

(1) 包括的規制方法の採択

約款法制定委員会は，韓国社会の現実に適合する最も効果的な法律がどのような形態であるかを検討し，すべての約款を適正水準に引き上げることを目的とする「包括的規制法」にするか，個別の特殊取引形態（例えば，割賦販売，クレジットカード取引，訪問販売など）の内容を規律する「個別的規制法」にするか，という議論がなされた。

結局，同委員会は，韓国の約款取引実態・外国の立法例・専門家の意見書・学説・判例などを分析した結果，当時の与件の下においては包括的規制法を制定することが適当と判断し，以下のような理由を挙げて包括的規制方法が採択された。

① 約款の利用実態を分析した結果，約款の利用はすべての取引形態に普及している点，これらの約款には相当数の不公正条項が含まれている点が明らかになった。もし，このような不公正約款の横暴をそのまま放置した場合，その波及効果によって今後の取引秩序はさらに乱れるおそれがあると判断した。包括的規制方式を通じてすべての約款の内容を一定の適正水準に引き上げ，取引秩序を改善して行くことにより経済成長および取引量の増加にともなう副作用を減少させることができると判断した。

② 個別的規制方法は，特定業種に対しては強力な規制効果をあげることができるが，取引の形態および内容が確立しておらず（割賦販売・クレジットカード取引等の取引種目においては毎年その形態が変わっていた），かつ業界状況の把握もできなかったため，個別的規制という方法をとることはできなかった。また，先進国における各業種別の消費者保護制度（例えば，cooling-off 制度など）を急速に導入した場合に生ずる副作用も懸念された。

③ 各種の契約ごとに特別法を制定した場合，専門家でなければそのような複雑な法律制度を理解できないようになり，国民を法から遠ざける結果になる。また，法律の統一性をはかることも難しい。これに対し，包括的規制方法をとる場合には約款に対する諸法律問題も一つの法律で解決できるから，法律を施行することが容易であり，国民にとっても親しみやすい法律となる。

④ 1970 年以後消費者運動は本格化し，現行法の盲点を突かれて消費者
の被害が増加しているという激しい批判が生じた。このような消費者の要
請に応じて，取引の全分野にわたる消費者被害を救済することが可能な法
律を制定しなければならなかった。

(2) 行政規制型の採択

約款規制法は，ドイツ約款規制法の規定と大体似ているが，規制手続に
おいては著しい差がある。すなわち，ドイツ約款法は団体訴訟制度を導入
しており，司法規制型を原則としているが，韓国約款法 (1992年改正前) は
約款審査委員会の審議・議決を経て，経済企劃院長官が不公正約款の是
正・勧告をすることができるという行政規制型を採択した。

2 約款規制法の改正

(1) 第 1 次改正 (1992. 12. 8 法律 4515 号)

(a) 是正命令制度の導入

立法当初の約款規制法では，約款規制法上無効とされる約款条項によっ
て取引を行った事業者に対して，行政当局 (当時は経済企劃院長官) は，そ
の削除・修正など修正勧告することしかできなかった。すなわち，約款規
制の行政当局は，約款審議委員会の約款審査手順を経て，違反事業者に対
して是正を勧告するだけで，これに応じない事業者に対しては，是正を強
制する措置をとる権限を有しておらず，もっぱら事業者の自発的な協力に
依存せざるをえなかった。このような不当約款条項に対する是正勧告制度
の限界のため，不公正約款規制の実効性を確保することができなかった。
そこで，約款規制法の制定から 6 年後の 1992 年 12 月に大幅な改正が行わ
れた。

すなわち，① 約款審査委員会は「公正去来委員会」(「去来」とは日本語の
「取引」に該当する韓国語である。以下，「公正取引委員会」とする) という準司法
的行政機構に移行し，事業者に対する独占規制と約款規制の業務を一元化
した。② 新たに是正命令制度が導入され，行政当局は一定の事業者に対
して不公正約款条項 (かかる条項は同法において無効とする旨が定められている)
の削除・修正等の是正措置を命じることができるように権限が強化された。
また，これに併せて，是正命令に違反した事業者に対する罰則規定が設け

られた。

(b) 標準約款審査制度の導入

そのほかに，標準約款審査制度が導入された。事業者および事業者団体は，一定の取引分野において標準となる約款を定めることができるとし，かつ行政当局に対して，作成した標準約款が約款規制法に違反しているか否かを審査するよう請求できることになった。

(2) 第2次改正 (1997. 12. 31 法律 5491 号)

公正取引委員会は，行政官庁が作成した約款または金融機関の約款が不公正な約款である場合に，公正取引委員会が当該行政官庁または金融監督院にそれぞれ通報し，必要な措置を要請することができることを定めた条項が新設された (18条1項改正)。

(3) 第3次改正 (2001. 3. 28 法律 6459 号)

同法施行以後，公正取引委員会は不公正約款に対して是正命令よりも是正勧告によって処理することが多かったが (〈約款表-2〉参照)，問題は，是正勧告を受けた事業者が法的拘束力のない是正勧告に従わない場合に，同法では如何なる措置もとることができないという点にあった。

すなわち，約款規制の実効性確保に問題があったため，約款規制の実効性を確保し，消費者を保護するために是正勧告に従わない事業者に対する是正命令ができるようにする根拠規定が設けられた (17条ノ2, 2項)。

(4) 第4次改正 (2004. 1. 20 法律 7108 号)

消費者団体および韓国消費者保護院 (現，韓国消費者院) が公正取引委員会に対して標準約款の制定を要求することができるとするなど (19条ノ2, 2項)，不公正約款をめぐる消費者の被害と紛争を予防するために標準約款の普及を促進すると同時に，現行標準約款制度の運営上生じた一部の未整備点を改善・補完するための改正がなされた (19条ノ2)。

(5) 第5次改正 (2005. 3. 31 法律 7491 号)

約款の違法性の有無を確認するために必要な調査を行う公務員に対して証票の携帯・提示義務を課することにより消費者および事業者の権益保護を図った (20条2項新設)。

(6) 第6次改正 (2006. 9. 27 法律 7988 号)

消費者基本法の改正 (後述) にともなう一部改正で，19条のうち「消費

者保護法」を「消費者基本法」に，「韓国消費者保護院」を「韓国消費者院」に改正した。

(7) 第7次改正 (2007. 8. 3 法律 8632 号)

約款の作成および説明義務に関する第3条の一部改正で，大部分の約款は漢字及び専門用語が多く使われているために顧客にとっては非常に難解である。そのような約款を理解しやすく作成するように事業者に義務付けた改正である。

(8) 第8次改正 (2008. 2. 29 法律 8863 号)

「金融監督機構の設置等に関する法律」を「金融委員会の設置等に関する法律」への名称変更にしたがう一部改正である。

3 約款規制法の構成

約款の規制に関する法律は以下のとおり構成されている。

第1章「総則」では目的 (1条)，定義 (2条)，約款の明示・説明義務 (3条)，個別約定の優先 (4条)，約款の解釈 (5条)。第2章「不公正約款条項」では，信義誠実の原則 (6条)，免責条項の禁止 (7条)，損害賠償額の予定 (8条)，契約の解除・解止 (9条)，債務の履行 (10条)，顧客の権益保護 (11条)，意思表示の擬制 (12条)，代理人の責任加重 (13条)，訴えの提起の禁止等 (14条)，適用の制限 (15条)，一部無効の特則 (16条)。第3章「約款の規制」では，不公正約款条項の使用禁止とその是正措置 (17条, 17条の2, 20条)，官庁認可約款等 (18条)，約款の審査請求 (19条, 19条の2, 21条, 22条)，意見陳述等 (22条)。第5章では，適用範囲 (30条)。第6章では罰則 (32条以下)に関する規定が置かれている。

二 主要内容

約款規制法には，不公正約款を規制するための実体法的規定と手続法的規定がともに設けられているという特色がある。そのほかに，不公正約款を利用する事業者を懲戒するための刑罰と過料に関する規定が設けられている。

約款に関する法律問題として最も重要なことは，両当事者が契約締結ま

たは契約内容の決定に同一の影響を及ぼしうる対等な地位に立っていないという点である。約款を提示する企業側は能動当事者であり，約款を受諾する顧客側は受動当事者であるため，このような特殊な地位を考慮し，約款規制法は，「事業者」とは自己の取引のために約款を提案するかまたは提案しようとする者（2条2項）であり，「顧客」とは約款を契約の内容にすることを提案される者（同条3項）であると規定している。したがって，消費者ではない商人も，ある取引を行なう際に契約内容の決定に関して受動的な当事者であれば，顧客に含まれる。

　以下では約款規制法の主な内容について概観する。

1　約款の内容統制

(1)　約款の編入統制

　約款は契約の草案に過ぎないものであるから，当事者の合意により約款が契約に編入されるときにはじめて契約の内容となる。約款規制法は，約款の編入統制のために，事業者が顧客に約款を明示または交付して約款の重要な内容を説明するように定めている。

　1）　事業者の明示・説明義務（3条）

　約款の明示・説明義務について，同法3条は「事業者は，契約締結に当たって顧客に契約の内容を契約の種類により一般的に予想される方法で明示し，顧客が要求するときは，当該契約の写しを顧客に交付し，これを知らせなければならない」（1項）とし，「約款に定められている重要な内容」については，事業者が「顧客が理解することができるように説明しなければならない」（2項）と定めている。問題は，何が「重要な内容」に当るかということであるが，それは一律ではなく契約の種類によって異なる。判例は，説明義務の対象となる約款の重要部分について，顧客が当該約款の内容に関する説明を受けて理解していれば，当該契約を締結しなかったであろうということが認められる事実を重要な内容とみている（大判1995・12・12，95다（ダ）11344）。すなわち，社会通念に照らして，顧客が契約を締結するかどうかや代価を決定する際に直接的影響を及ぼす事項を意味する（権五乗・経済法（2003年）502頁）。もし，このような明示・説明義務に違反して契約が締結されたときは，その約款の拘束力は否認される（大判1998・

6・23, 98 다（ダ）14191）。問題は，どのような場合に明示・説明義務が履行
されたといえるかという点である。例えば，保険約款の重要な内容に該当
する事項であっても，保険契約者がその内容を十分に知っている場合には
当該約款がただちに契約の内容となり当事者に対して拘束力を有するから，
保険者は保険契約者またはその代理人に対して約款の内容を別途に説明す
る必要がない（大判 2003・8・22, 2003 다（ダ）27054）。

　以上のような説明義務は，契約の性質上説明が顕著に困難な場合には免
除される（3条2項但書）。

　明示方法には印刷された約款を顧客に交付する方法，取引場所に目立つ
ように掲示する方法，口頭で知らせる方法などがあるが，重要なことは，
当該取引種目に照らして予測想可能な方法をとり，実際に顧客がわかるよ
うに明示するという事実である。ただし，他の法律の規定により行政官庁
の認可を受けた約款であって取引の迅速のために必要であると大統領令で
認められた約款については，明示義務が免除される（3条1項但書）。このよ
うな特則が認められる契約には，通常，大衆交通に属する乗客の運送約款
等がある。施行令では，① 旅客運送業，② 通信業，③ 電気・ガスおよび
水道事業中の一つに該当する業種の約款について明示義務などを免除して
いる（施行令2条2項）。

　このような約款の明示・説明義務に違反した事業者は，公定取引委員会
により 500 万ウオン以下の過怠料に処せられる（34条2項）。

　2） 個別約定の優先（4条）

　約款は一方性・多数性・抽象性を有し，契約当事者が個別的な相談を通
して定めた契約内容とはその性格を異にする。当事者が契約内容を正確に
知り個別的な事情に適した合意をする場合，その個別約定が約款に優先し
て契約内容を構成することは当然である。約款規制法4条は「約款で定め
ている事項に関して，事業者と顧客が約款の内容と異なる合意をした事項
があるときは，当該合意事項は，約款に優先する」と定め，個別約定が優
先することを明かにしている。

　個別約定は書面による場合はいうまでもなく，口頭ですることも可能で
ある。特に事業者またはその被傭者（外務社員を含む）が顧客に約款の内容
と異なる説明を行い，顧客がそれを契約内容であると思って契約を締結し

た場合，その説明の内容は個別約定とされ，当事者を拘束する。個別約定に対しては，原則として約款規制法（特に約款条項の無効に関する規定）が適用されず，民法または商法の一般原則が適用される。しかし，事業者が不公正な約款条項の無効化を免かれるために，その条項と同じ内容を顧客との個別約定の形式で強要したときには，その個別約定は不公正な契約として，約款条項と同じく無効とされる。

(2) 約款の解釈 (5条)

約款の解釈について，5条は「約款は，信義誠実の原則により公正に解釈されなければならならず，顧客により異なって解釈されてはならない」(1項) とし，さらに，「約款の意味が明白でない場合は，顧客に有利になるように解釈されなければならない」(2項) と定め，「作成者不利益の原則」をとっている。しかし，合理的な理由がある場合には，顧客グループごとに異なる解釈をすることも可能である。その他，免責約款の縮小解釈の原則と関連して，判例は，保険契約者から退社した者が無断で保険契約者所有の車輌を無免許運転して事故を誘発した事案につき，約款の無免許運転免責条項が，無免許運転が保険契約者または被保険者の支配または管理可能な状況で生じた場合に限って適用される条項であるために修正解釈をする必要があるとして，縮小解釈をしている（大判 1991・12・24, 90 다카（ダカ）23899)。

約款解釈条項は事前的規制とみることもできるが，実際に適用されるのは，事後的であることが多い。

(3) 不公正条項の無効

約款規制法は公正な内容の約款を通用させることを目的とする。いいかえれば，不公正な内容の約款が通用しないようにすることを目的とする。約款規制法は当事者の契約内容に関与するが，その契約内容に積極的に介入するのではなく，不公正条項を調査し，それを無効とする消極的介入だけを行なう。不公正条項の私法上の効果を否認する立法形態としては，① 一般規定（信義誠実の原則）による規制方法，② 禁止条項（免責条項の禁止等）の列挙による規制方法があるが，約款規制法はこの二つの方式をとっている。

第二節　約款規制法

1)　一般規定（信義誠実の原則）による不公正条項の無効事由（6条）

約款規制法は，一般条項の規定として次のようなことを定めている。すなわち，同法6条1項は「信義誠実の原則に反し，公正を失った約款条項は，無効である」（1項）とし，次の各約款条項は公正を失したものと推定される（2項）。

① 顧客に対して不当に不利な条項（1号）

② 顧客が契約の取引形態等の諸般の事情に照らして予想し得えない条項（2号）

③ 契約の目的を達成することができない程度に，契約に伴う本質的権利を制限する条項（3号）。

しかし，一般条項による規制方法をとった場合，ある具体的な条項が不公正であるか否かを判断する基準は甚だ抽象的であるから，結局，そのような条項を審査する者の裁量の範囲が広くなり，場合によっては審査人の恣意に左右されるおそれもあろう。また，事業主や顧客などの一般人の立場においても，はたして，いかなる条項が不公正条項として無効となるかを予測することが難しい。このようなことは，約款取引の法的安定性を失わせ，かつ取引秩序を不安定にするおそれがある。

2)　禁止条項の目録による不公正条項の推定規定

(a)　免責条項の禁止（7条）

約款規制法は，予想される不公正条項の事例を類型別に分類・列挙することによって，どのような約款条項が無効となるかを明らかにする規制方式をとっている。すなわち，禁止される免責条項を列挙して，その条項に該当するものを無効としている。

契約当事者の責任に関して定めている約款の内容のうち，以下の内容を定めている条項は無効である。

① 事業者，履行補助者または被用者の故意または重大な過失による法律上の責任を排除する条項（1号）。このような内容の条項は常に無効とするから，これは絶対的無効条項であると解されよう。

② 相当な理由なく事業者の損害賠償範囲を制限し，または事業者が負担すべき危険を顧客に移転させる条項（2号）。相当な理由があれば，許容されることから，これは相対的無効条項であると解されよう。相当な理由

の存否は取引におけるすべての事情を考慮して判断しなければならない。

③　相当な理由なく事業者の担保責任を排除もしくは制限し，もしくはその担保責任に伴う顧客の権利行使の要件を加重する条項または契約目的物に関して見本が提示され，もしくは品質・性能などに関する表示がある場合にその保障された内容に対する責任を排除もしくは制限する条項（3号）

(b)　不当な損害賠償額の予定（8条）

約款規制法は，顧客に対して不当に過重な遅延賠償金などの損害賠償義務を負担させる約款条項を無効とすると定めている（8条）。このような場合，無効とされる部分は適正な金額を超過した部分に限られず，その約款条項自体が無効とされるから，あたかも予約がなかったようなことになる。このときには，一般的な損害賠償の原則により賠償額が決定される。

(c)　契約の解除・解止に関する不当な条項（9条）

約款規制法は，顧客の解除・解止権の制限と事業者の解除・解止権の拡大を規制している。すなわち，契約の解除・解止に関して定めている約款の内容の中で，次の内容を定めている条項は無効となる（9条）。

ⓐ　法律の規定による顧客の契約解除権もしくは解止権を排除し，またはその行使を制限する条項（1号）

ⓑ　事業者に法律で規定していない解除権・解止権を付与し，または法律の規定による解除権・解止権の行使要件を緩和し，顧客に対して不当に不利益を与えるおそれのある条項（2号）

ⓒ　契約の解除または解止による顧客の原状回復義務を相当な理由なく過重に負担させ，または原状回復請求権を不当に放棄させる条項（3号）。例えば，割賦売買約款の失権条項は後者の例である。失権条項とは契約が解除された場合にその法的効果として買受人から商品を回収し，買受人が既に支払った契約金と月賦金は返還しないことを定めた約款条項である。したがって，売渡人は商品の返還請求をする時に，既に受領した契約金と割賦金から商品の使用料および損害を控除した金額を返還しなければならない。これら両者の返還義務は同時履行の関係にある。

ⓓ　契約の解除・解止による事業者の原状回復義務または損害賠償義務を不当に軽減する条項（4号）

ⓔ 継続的債権関係の発生を目的とする契約において，その存続期間を不当に短かく，もしくは長く定め，または黙示による期間延長もしくは更新を定めることにより，顧客に不当な不利益を与えるおそれのある条項（5号）。このような条項により，継続的契約においてその存続期間を不当に長く定めることは，あたかも顧客の契約解止権を制限するのと同じ効果を生ぜしめる。他方，不当に短か定めること，顧客の地位を不安定にするおそれがある。したがって，期間延長または契約更新の場合には，必ず顧客の明示の意思表示を要する。

(d) 債務の不履行に関する不当な条項（10条）

債務の履行に関連して，事業者に給付の決定・変更権を付与する約款条項は無効である。すなわち，債務不履行に関して定められている約款の内容のうち，次の内容を定める条項は無効である（10条）。

ⓐ 相当な理由なく，給付の内容を事業者が一方的に決定し，または変更することができるような権限を付与する条項（1号）

ⓑ 相当な理由なく，事業者が履行すべき給付を一方的に中止することができるようにし，または第三者に代行させることができるようにする条項（2号）

これらの条項に関連して，判例はコンピュータ通信・情報サービス利用約款上利用者が掲載する内容物が公共秩序および美風良俗に違反するなどの一定の事由がある場合に，会社が利用者に事前通知することなしに掲示物を削除することができると定めた規定について，約款規制法10条第2号に該当せず有効であると判示した（大判 1998・2・13, 97 다（ダ）37210）。

(e) 顧客の権益に対する不当な侵害（11条）

顧客の権益に関して定められている約款の内容のうち，次の内容を定めている条項は無効である。

ⓐ 法律の規定による顧客の抗弁権，相殺権などの権利を相当な理由なく排除または制限する条項（1号）

ⓑ 顧客に付与された期限の利益を相当な理由なく剥奪する条項（2号）

ⓒ 顧客が第三者と契約を締結することを不当に制限する条項（3号）

ⓓ 事業者が業務上知り得た顧客の秘密を正当な理由なく漏らすことを許す条項（4号）

（f） 不当な意思表示の擬制 （12条）

意思表示に関して定められている約款の内容のうち，次の内容を定める条項は無効である。

ⓐ 一定の作為または不作為があるとき，顧客の意思表示が表明され，または表明されなかったものとみなす条項 （1号本文）。このような意思表示の擬制条項は，事業者が一方的に約款を変更し，それに対する顧客の同意を擬制するために多く利用されているが，約款の一方的変更禁止の原則に基づいてそのような条項を原則的に無効とした。ただし，顧客に対して相当の期間内に意思表示をしなかったときは意思表示が表明され，または表明されなかったものとみなす旨を明確に別途告知し，またはやむをえない事由により，その告知をすることができなかった場合は，この限りでない （1号但書）。

ⓑ 顧客の意思表示の形式または要件に対して不当に厳格な制限を加える条項 （2号）。例えば，顧客に対して意思表示を必ず公証することを要求するような条項は無効とする。

ⓒ 顧客の利益に重大な影響を及ぼす事業者の意思表示が相当な理由なく顧客に到達したものとみなす条項 （3号）

ⓓ 顧客の利益に重大な影響を及ぼす事業者の意思表示に，不当な長期の期限または不確定の期限を定める条項 （4号）

（g） 代理人の責任加重 （13条）

顧客の代理人によって契約が締結された場合に，顧客がその義務を履行しないときは，代理人にその義務の全部または一部を履行する責任を負わせることを内容とする約款条項は無効である。元来，法律効果本人帰属原則上，一旦成立した契約が後に無効とされ，または取消されても，それは本人と相手方の法律問題であって代理人は原則的にその責任を負わない。ところが，もし契約が無効とされ，または取消された場合，その代理人が相手方に対する無過失損害賠償責任を負うことや，この場合に代理人と相手方との間に同一内容の契約が締結されたものとみなすといった内容を約款に定める場合がある。このような約款条項は無効である。

（h） 訴え提起の不当な制限 （14条）

顧客にとって不当であり不利な訴え提起禁止条項もしくは裁判管轄合意

条項，または相当な理由なく顧客に立証責任を負担させる約款条項は無効
である。

訴訟に関連して約款に定めている管轄合意条項が事業者にとって便利な
ものである場合は，顧客にとって不当であり，不利なる約款であるといえ，
その約款は無効である（大判1998・6・29，98 마（マ）863）。

(4)　一部無効の特則（16条）

韓国民法は「法律行為の一部分が無効であるときは，その全部を無効と
する」（137条本文）と規定しているが，約款規制法は「約款の全部またはそ
の一部の条項が3条3項の規定により契約の内容とすることができない場
合，または6条ないし14条の規定により無効となる場合，その契約は残
りの部分のみが有効に存続する」（16条本文）と規定し，一部無効の特例を
認めている。このように，民法上の契約に対する約款契約関係の特例を認
めたのは，約款による契約を可能なかぎり維持することが顧客にとっても
有益である場合があるということであろう。

禁止条項の限定列挙による規制方法は，ある約款条項が禁止条項として
列挙されていないが，不公正な条項であると思われる場合に，これを規制
する方法がない。取引の実態は急速に変わりつつあるから，すべての考え
うる不公正条項を挙げることは不可能である。また，現在通用している約
款も非常に多様であるから，実態を完全に把握することも難しい。した
がって，約款規制法に規定されている禁止条項は限定列挙ではなく例示列
挙であり，その上位規範として約款の無効に関する一般条項が設けられた
ものと思われる。

2　不公正な約款に対する行政的統制

(1)　不公正な約款条項の使用禁止（17条）

約款規制法は，一定の要件に該当する事業者（17条1号～5号）に対して，
不公正な約款条項を契約の内容として使用することを禁止している（17条）。
これに違反した事業者に対しては公正取引委員会が是正勧告または是正命
令などの行政的規制をすることができる。

(2)　公正取引委員会の是正措置

不公正約款条項の是正措置には，是正命令，是正勧告および是正要請の三つがある。

(a) 是正命令は，17条（不公正な約款条項の使用禁止）に違反した事業者が17条ノ2，2項各号（1号～6号）に該当する場合に，公正取引委員会が当該約款条項の削除・修正等の是正に必要な措置を命ずるものであり，不公正約款条項を確実に是正させるための制度として，1992年12月の改正で導入されたものである。改正前は，当時の約款審査委員会が，単に是正を勧告できるにとどまり，是正を強制できなかった。

(b) 是正勧告は，事業者が同法17条の規定に違反した場合に，公正取引委員会がその事業者に対して当該不公正約款条項の削除・修正等の是正に必要な措置を勧告できる制度である（17条ノ2，1項）。

(c) 是正要請とは，行政官庁が作成した約款または他の法律にもとづいて行政官庁の認可を受けた約款が同法6条ないし14条の規定に違反する事実があると認められる場合に，公正取引委員会が当該行政官庁にその事実を通報し，その是正に必要な措置を要請することである（18条1項）。是正要請がなされた場合には，是正命令または是正勧告をすることができない（18条2項）。

(3) 約款の審査

(a) 約款の審査請求

約款の審査請求とは，約款条項に関して法律上の利益がある者，消費者保護法に基づいて登録された消費者団体，韓国消費者保護院および事業者団体が，約款がこの法律に違反しているか否かについての審査を公正取引委員会に請求することができるという制度である（19条）。

(b) 審査手続

審査請求を受けた公正取引委員会は，是正命令または是正勧告をするための調査が必要と認められる場合に，約款が法律に違反しているか否かを確認するための必要な調査をすることができる（20条）。公正取引委員会は，約款を審査する前に，当該約款にもとづいて取引をした事業者または利害関係人に対し，当該約款が審査対象になった事実を通知しなければならない（22条1項）。その通知を受けた当事者または利害関係人は，公正取引委員会に出席してその意見を陳述し，必要な資料を提出することができる

（22条2項）。また，同委員会は，審査対象となる約款が他の法律に基づいて行政官庁の認可を受けた場合，または受けなければならないものである場合には，審議に先立ち，その行政官庁に対して意見を提出することを要求できる（22条3項）。専門的な事項については，同委員会が約款審査諮問委員に委嘱して約款審査に関する諮問をすることができる（31条ノ2）。

(4) 是正措置に対する不服手続

公正取引委員会の処分に不服がある者は，その処分の告知を受けた日から30日以内にその理由を付して同委員会に異議の申立てをすることができる。不服の訴えを提起するときは，処分または異議申立てに対する裁決書の正本の送達を受けた日から30日以内に提起しなければならない（30条ノ2）。

3 補 則

(1) 適用範囲（30条）

約款規制法は，原則的にすべての約款に適用され，約款に関する一般法としての性格を有している。したがって，特定の取引分野の約款について他の法律に特別規定がある場合には，その規定が優先される（30条3項）。また，約款が会社法，労働基準法，その他大統領令で定められた非営利事業の分野に属する契約に関するものである場合には，約款規制法の適用を受けない（30条1項）。そのほかに，一定の場合には明示義務が免ぜられ（3条1項），国際的に通用する約款，その他特別の事情がある約定として大統領令に定められている①国際的に通用する運送業，②国際的に通用する金融および保険業，③輸出保険法による輸出保険に関する約款は，約款無効条項の制限（15条）を受けない。

(2) 準用規定（30条ノ2）

事業者が公正取引委員会の是正命令に対して不服申立てをする場合には，「独占規制および公正取引に関する法律」の手続規定が準用される。したがって，公示のあった日から30日以内に異議申立てをすることができ，さらに，その検討の結果出された同委員会の措置に不服がある場合は，公示のあった日から30日以内にソウル高等法院に訴えを提起することができる。

4　罰　則

(1)　懲役または罰金

　事業者が公正取引委員会の是正命令に違反した場合には，2年以下の懲役または1億ウオン以下の罰金に処せられる (32条)。このとき，法人とその代表者の両者に罰則が課される (33条)。

(2)　過　料

　事業者が約款の明示・説明義務に違反したとき，または公正取引委員会の調査を拒否・妨害したときには，過料処分の対象となる。この過料の賦課と納付は同委員会で行われる (34条)。

三　公正取引委員会の組織

　公正取引委員会は「独占規制および公正取引に関する法律」(1990. 1. 13.制定)，「下請負取引公正化に関する法律」(1984. 12. 31.　制定) および「約款の規制に関する法律」を施行するために，政策樹立と法違反事項を審議・議決し，これを執行する中央行政機関である。

　公正取引委員会の構成は，委員長1人，副委員長1人を含む9人の委員で構成され，そのうち4人は非常任委員である。委員長は国務総理の申立により，委員は委員長の申立により大統領が任命する。任期は3年であり1期に限って連任することが可能である。

　公正取引委員会の主要な機能は，(1)市場構造の競争化を促進するために，① 競争制限的な政府規制の緩和，② 経済力集中の抑制および企業結合の制限，③ 競争制限的な法令および行政処分の協議・調整をすること。(2)公正な競争を阻害する取引形態を改善するために，① 市場における支配的地位の濫用の抑制，② 不当な共同行為および事業者団体の競争制限行為の規制，③ 不公正取引行為および不公正な下請負取引行為の防止，④ 不当な国際契約締結の監視，⑤ 不公正な約款を規制すること，などであり，実に広い範囲にわたってその機能をはたしている。

四　不公正約款の是正措置状況

1　約款審査請求

　約款規制法の施行以後今日に至るまでに公正取引委員会が審査した約款審査件数は，職権調査を含めて約12,400件に達している。約款に対する消費者の関心が高って不公正約款と関連する相談および約款審査請求の件数が増加しており，相互サービス，インターネットポタル，貸付取引等その審査分野も継続拡大されている。

　その間の請求実績をみると，1987年から2008年までの間に計12,408件の審査請求があった。請求人別に分析すると，消費者等の利害関係人の審査請求が11,065件で全体の89.1％を占めており，最も多く，次に韓国消費者院を含む消費者団体が341件（2.8％），職権審査が1,001件（8.1％）となっている（以下の**〈約款表-1〉**参照）。

〈約款表-1〉　請求人別約款審査請求　現況　(単位：件数)

年度\請求人	'87~'95	'96	'97	'98	'99	'00	'01	'02	'03	'04	'05	'06	'07	'08	合計(%)
利害関係人	710	338	296	538	626	580	755	1,132	1,223	1,129	987	909	913	918	117,065 (89.1)
消費者団体	62	14	7	16	24	12	16	18	23	67	18	24	27	12	342 (2.8)
職権調査	58	4	47	92	987	69	96	75	40	28	81	33	169	100	1,001 (8.1)
計	830	356	350	646	748	661	867	1,225	1,286	1,224	1,086	966	1,109	1,030	12,408 (100.0)

＊公正取引委員会，公正去来（取引）白書（2009年）293頁表4-5-1より引用。

2　是正実績

　約款審査の年度別処理実績は下記の**〈約款表-2〉**のとおりである。すなわち，1987年から2008年までの間に計1,726件の是正措置がとられているが，是正措置類型別にみれば，是正命令が377件で全体の21.8％を占めており，是正勧告は1,266件で全体の73.3％を占め最も多く，是正要請が57件で3.3％を占めている。是正措置の中で是正勧告が70％以上を占め

ているということは，事業者に対する規制を最小化し，事業者の自律を最大限に保障しようとする公正取引委員会の約款審査における基本原則に基づいた判断によるものと考えられる。

〈約款表-2〉　措置類型別不公正約款　是正実績　　　　（単位：件数）

措置要請＼年度	'87～'95	'96	'97	'98	'99	'00	'01	'02	'03	'04	'05	'06	'07	'08	合計(%)
告発	—	—	—	—	1	—	—	—	—	—	—	—	—	—	1 (0.1)
是正命令	36	8	46	56	100	21	12	60	33	2	—	—	3	—	377 (21.8)
是正勧告	138	44	96	43	149	35	84	110	79	70	134	118	90	76	1,266 (73.3)
是正要請	20	4	10	5	4	—	4	5	2	1	—	1	—	1	57 (3.3)
警告	—	—	—	8	1	—	—	—	—	6	10	—	—	—	25 (1.8)
計	194	56	152	112	255	56	100	175	114	79	144	119	93	77	1,726 (100.0)

＊公正取引委員会，公正去来（取引）白書（2009年）294頁表4-5-2より引用。

　1987年以降，是正命令，是正勧告，是正要請によって是正された不公正約款を韓国標準産業分類に基づいて分類した産業別の実績は，下記の〈約款表-3〉のとおりである。1987年から2008年までの間に計1,726件の是正措置のうち，通信・電気・旅行斡旋・運送・運動・健康・娯楽等のサービス業種が全体是正実績の746件（43.2％）を占め最も多く，住宅・商街（店舗）分譲または商街・アパート・事務室賃貸借等，不動産売買，賃貸借契約にに関連する不動産業種が451件（26.1％），金融・保険・信用カード・リース契約などの金融・保険業が259件（15.1％），フランチャイズ，割賦売買，事務用器売買，学習誌などの配達販売契約などを含む御・小売業種が270件（15.6％）などを占めている。

第三節　消費者基本法　　345

〈約款表-3〉　業種別不公正約款　是正措置実績　　　　　　　　　（単位：件数）

年度 業種	'87〜'95	'96	'97	'98	'99	'00	'01	'02	'03	'04	'05	'06	'07	'08	計(%)
不動産業 (分譲・賃貸借等)	69	37	57	33	34	18	26	47	16	21	32	17	24	20	451 (26.1)
金融・保険業 (リース・カード等)	31	1	40	37	57	1	—	43	13	7	15	6	2	4	259 (15.1)
御・小売業 (フランチャイズ・割賦売買等)	50	6	18	15	82	15	—	23	25	—	2	10	11	10	270 (15.6)
サービス業 (通信・娯楽等)	44	12	37	19	75	45	63	62	43	24	93	86	56	43	746 (43.2)
計	194	56	152	112	255	56	100	175	114	79	144	119	93	77	1,726 (100.0)

＊公正取引委員会，公正去来（取引）白書（2009年）294頁表4-5-3より引用。

〈参考文献〉

1　消費者問題を研究する市民の集い，約款規制の立法（1986年）
2　李銀栄・約款規制法（博英社，1994年）
3　公正去来（取引）委員会・公正取引白書〈2003年版〉
4　公正去来（取引）委員会・公正取引委員会審議録14巻下（1995年），15巻下（1996年），16巻1輯（1996年）
5　本城昇・「韓国における約款規制」日本・国際商事法務 Vol. 23, No. 3（1995），287頁
6　権五乗・経済法〈第3版〉（法文社，2003年）493頁以下
7　厳基燮ほか・経済法原論〈第5版〉（JUSTINIANUS, 2003年）597頁以下
8　公正去来（取引）委員会・公正去来（取引）白書（2009年）

第三節　消費者基本法

一　消費者基本法の制定および改正

　大衆消費時代において消費者の被害は広い範囲にわたってひろがっており，経済的弱者に転落した消費者の保護問題は重大な社会的問題の1つとして生じている。かかる問題を解決する1つの方法として消費者保護政策

を推進すべき国家の介入が必要となる。韓国の場合も 1970 年代の大衆消費時代に入り消費者保護政策を推進する手段の 1 つとして法律の制定が要請された。1975 年に韓国婦人会が消費者保護基本法 (案) を作り，政府に対して同法の制定を促した。1977 年 9 月に政府の経済企劃院物価政策局は全文 24 条附則で構成された消費者保護基本法 (案) を，同年 10 月に経済法令整備委員会が全文 18 条で構成された消費者保護法 (案) を作った。つづいて 1978 年に当時の与党である共和党が上記の各消費者保護法 (案) を綜合，検討・整理して消費者保護法 (案) を成案した。共和党はこの法律案をもって 1979 年 9 月に消費者保護法 (案) に対する公聴会を開き，公聴会で議論された重要事項を同法律案に補完して 1979 年の年末に国会に上程し，議決された同案が「消費者保護法」(1980. 1. 4 法律 3257 号) である。しかし，同法はただちに施行されず，結局，「独占規制および公正取引に関する法律」(1980. 12. 31 法律 3320 号) の制定とともに 1982 年 9 月 13 日消費者保護法施行令 (1982. 9. 13 大統領令 10907 号) によってはじめて施行されるようになった。

　以後，消費者保護法の宣言的規定についてより実効性があるように改正され，消費者保護に関する基本法としての性格を明白にし，法体系を体系的に整備するなど消費者保護法の未整備点を補完する一方，多様に分散されていた消費者保護事業の専任推進体として「韓国消費者保護院」が設立されるなど，急速に増加する消費者の欲求に能動的に対処する方向で消費者保護法は全面的に改正された (1986. 12. 31 法律 3921 号)。さらに，同法は1995 年 12 月 6 日 (法律 4980 号)，1995 年 12 月 29 日 (法律 5030)，1997 年 12 月 13 日 (法律 5453 号)，1999 年 2 月 5 日 (法律 5748 号)，2001 年 3 月 28 日 (法律 6431 号)，2003 年 7 月 29 日 (法律 6946 号)，2004 年 1 月 20 日 (法律 7064 号)，2005 年 12 月 29 日 (法律 7796 号) と，8 回にわたって改正されてきたが，2006 年 9 月 27 日に全面改正され，2007 年 3 月 28 日から施行されている (同法 70 条ないし 76 条の改正は 2008. 1. 1 から施行)。

　同改正により「消費者保護法」は「消費者基本法」(2006. 9. 27 法律 7988 号) という名称に変更するとともに大幅な改正が施された。すなわち，同改正法である消費者基本法は，経済発展および消費者意識の向上等，消費者の地位変化と電子商取引および国際取引の活性化等，消費生活の変化に対応

するために，従来消費者の保護を主な目的とした消費者政策から脱皮して，中・長期の消費者政策の樹立，消費者の安全・教育の強化等で市場経済主体としての消費者の権益増進を図る。なおかつ，消費者の被害を迅速かつ効率的に救済するために，一括的集団紛争調停および団体訴訟を導入して消費者被害救済制度を強化する等，現行制度の運営上生じる一部の未整備点を改善・補完したものである（17代第261回国会，財政経済委員会，議案4798号「消費者保護法全部改正法律案（代案）」2006.8.29議決）。さらに，消費者の権益増進施策を効果的に推進するために設立された「韓国消費者保護院」は「韓国消費者院」という名称に変更された（同法33条以下）。

消費者基本法は，その後4回にわたって改正され，今日に至っている。主な改正は83条の改正である（2008.3.21法律8983）。同改正趣旨は，韓国消費者院に設置されている消費者安全センターが制限なしに消費者に正確な情報を提供するために，韓国消費者院に検査権を委託することができる機関および委託事由を拡大する必要性から，公正取引委員会の外に消費者安全に関連する業務を遂行している中央行政機関の長も検査権等を韓国消費者院に委託することができるようにし，また委託することができる事由も消費者安全警報発令のために必要な場合などに拡大した改正である。

最近，他の法律（「新聞等の自由と機能保障に関する法律」）の改正に伴って一部改正（2009.7.31法律9785号 2010.2.1施行予定）が行われた。

二　消費者基本法の構成

消費者基本法は，消費者の基本権益を保護するために，国家・地方自治団体および事業者の義務と消費者および消費者団体の役割を規定することと合わせて，消費者保護施策の総合的推進のための基本的事項を定めることにより消費生活の向上と国民経済の発展を図ることを目的とし（1条），以下のような全文11章84ヶ条と附則で構成されている。

第1章「総則」では目的（1条），定義（2条）。第2章「消費者の権利と責務」では消費者の基本的権利（4条），消費者の責務（5条）。第3章「国家および地方自治団体の義務など」第1節では国家および地方自治団体の責務（6条），地方行政組織に対する支援（7条），危害の防止（8条），計量

および規格の適正化（9条），表示の基準（10条），広告の基準（11条），取引の適正化（12条），消費者への情報提供（13条），消費者の能力向上（14条），個人情報の保護（15条），消費者紛争の解決（16条），試験・検査施設の設置（17条），第2節では消費者権益の増進施策に対する協力（18条），事業者の責務（19条），消費者の権益との関連基準の遵守（20条）。第4章第1節では消費者政策の樹立（21条，22条），第2節では，消費者政策委員会（23条～26条），第3節では国際協力（27条）。第5章では消費者団体の業務等（28条～32条）。第6章第1節では韓国消費者院の設立等（33条～37条），第2節では役員および任期（38条～40条），第3節では会計・監督等（41条～44条）。第7章「消費者安全」第1節では脆弱階層の保護（45条），是正要請等（46条），第2節では消費者安全措置等（47条～50条），第3節では危害情報蒐集等（51条，52条）。第8章「消費者紛争の解決」第1節では事業者の不満処理等（53条，54条），第2節では韓国消費者保護院の被害救済（55条～59条），第3節では消費者紛争調停等（60条～69条），第4節では消費者団体訴訟（70条～76条）（2008.1.1. 施行）。第9章では調査手続等（77条～79条）。第10章「補則」，第11章「罰則」で構成されている。

三　主要内容

1　消費者の基本的権利と責務，消費者個人情報の保護 ————————

消費者は，自分の安全及び権益のための種々の基本的権利を享有する（4条）とともに，消費の正しい選択と正当な権利行使，資源節約的・合理的消費行動等をその責務とする（5条）。国家および地方自治団体は，それらに必要な教育を行わなければならない（14条）。同時に消費者の個人情報保護施策を講じなければならない（15条）。国家・地方自治団体の消費者能力向上プログラム開発等を通して消費者が教育を受ける権利を制度的に裏付ける一方，デジタル消費生活環境への政策的対応を強化している。

2　財政経済部の資料提出要請権 ————————————————

消費者の権益増進および消費生活の向上に関する基本的政策と関連して総括・調停の機能を強化するとともに，財政経済部（部は省に該当）と公正

取引委員会の円滑な業務協力体系を構築するために，共同幹事制度を導入している（24条5項）。実際，消費生活と関連する情報取得が難くなった財政経済部の業務を補完し，関係部処の評価機能の遂行等，消費者政策委員会の機能を実質化するために，財政経済部長官が関係行政機関に対して資料提出を要請することができるようにした（26条2項）。

3 韓国消費者院の管轄権および消費者団体の登録審査・取消権限の公正取引委員会への移管

消費者政策の1つである執行機能を強化するために，消費者によって設立され，実際上消費者と密接な関係のある消費者団体の登録および登録取消と関連する権限を公正去来委員会に移管している（29条，30条）。さらに，消費者の被害救済を活性化するために韓国消費者院の人事・監督・予算・監査等の諸般事項を公正去来委員会に移管している（38条，42条）。

4 消費者安全の強化

国家・地方自治団体は，子供，老弱者，障害人等の安全脆弱階層に対して優先的に保護施策を講じる義務を負う（45条）。財政経済部長官は，事業者が提供した物品等によって消費者に危害発生の憂慮がある場合には，関係中央行政機関の長に対して補充的是正措置を要請することができる（46条）。韓国消費者院に設置された消費者安全センターが明文化される（51条）とともに，危害情報の蒐集，消費者安全警報の発令等，消費者安全に関する事項，中央行政機関の長の危害物品等に対する調査権が定められている（52条，77条2項）。

市場監視活動の強化および危害要素の早期発見・対応によって消費者被害の拡散を予防し，消費生活の安全性を確保するとともに，事業者の自発的な欠陥是正を誘導するという趣旨である。

5 事業者の消費者相談機構の設置と奨励

事業者または事業者団体は，消費者相談機構の設置および専任職員の配置に積極的に努力しなければならない（53条）。さらに，財政経済部長官は，同相談機構の運営に関する勧奨基準を定めて，それを告示することができ

る (54条)。

消費者相談機構の設置・運営を奨励することによって，企業の自発的な消費者問題解決等，消費者中心の企業経営を営むように誘導したものである。

6 消費者紛争調停委員会の一括的紛争調停（集団紛争調停）の実施

韓国消費者院に設置されている消費者紛争調停委員会 (60条) は，多数の消費者に発生する同じ被害またはそれに類似する類型の被害に対して，一括して紛争調停を実施することができる。紛争調停の実施は，大統領令で定める一定期間以上公告するようにする等，既存の紛争調停手続の特例を設けている (68条)。

紛争調停内容の通知を受けた当事者は，その通知を受けた日から15日以内に同委員会に受諾の可否を通報しなければならず，その15日以内に意思表示がないときには，受諾したものとみなされる (67条2項)。このように，受諾するか，受諾したものとみなされるときには，その紛争調停の内容は裁判上の和解と同一の効力を有する (同条4項)。

このような特例を設けたのは，費用負担，手続遅延，感情対立等，訴訟による副作用を防止するとともに，少額多数の被害発生という特性をもつ消費者の問題の一括的・効率的解決することを図るものである。

7 消費者団体訴訟制度の導入

一定要件を備える消費者団体・事業者団体・非営利民間団体は，消費者の生命・身体・財産等，消費者の権益を侵害する事業者の違法行為に対して法院に禁止・中止を請求することができる消費者団体訴訟制度を導入した (70条) (2008.1.1施行)。同制度の導入の趣旨は，質の低い輸入商品等からの消費者の安全のために，悪徳商法・誇張広告等の不公正取引行為による消費者の権益侵害行為を防止すると同時に，団体訴訟の提起を憂慮する事業者の自発的な違法行為の中止，製品の品質および安全性の向上と製品欠陥の事後是正等の活性化を図る目的である (前掲，財政経済委員会，議案4798号「消費者保護法全部改正法律案（代案）」6頁)。

旧「消費者保護法」の全面改正の過程でもっとも大きな争点となったの

は，消費者団体訴訟の導入をめぐる問題であった。国会法制司法委員会では，むしろ団体訴訟の代わりに集団訴訟制度を導入するほうが団体訴訟制度より消費者の保護を強化することになる（*）という見解が議論された。しかし，団体訴訟制度の導入自体も，消費者保護を強化する趣旨であるから，消費者保護の内容やその精神が弱化されるのではなく，むしろ強化されるということで，結局，消費者団体訴訟制度が採択された（第17代261回国会，法制司法委員会会議録2号（2006.8.28）9頁）。ただし，このような団体訴訟は濫訴の可能性があるから，その濫訴を防止するために，訴提起の当事者要件，訴訟許可申請，確定判決の効力等，消費者団体訴訟の要件・手続に関する種々の措置をとっている。それは，以下のとおりである。

(*) ［集団訴訟と団体訴訟の比較］

区　分	集団訴訟	団体訴訟
目的／効果	金銭的損害賠償	違法・侵害行為の禁止・中止
請求権者	一定規模の被害者 （全被害者を代表）	公益消費者・事業者団体 （訴訟遂行権を付与）
長・短所	・消費者被害救済の効果が大きい（賠償額を被害者に分配） ・巨額の被害賠償で企業負担 ・濫訴の可能性	・消費者被害救済効果が小さい（個人的損害賠償が不可） ・訴訟遂行団体が制限され，相対的に企業負担が小さい

(1) 原告適格制限 (70条)

団体訴訟提起の当事者要件が厳しく定められている。例えば，原告が消費者団体の場合に，同団体は公正取引委員会に登録されている団体として(29条)，① 定款にしたがい常時消費者の権益増進を主な目的とする団体であること，② 団体の正会員数が1,000名以上であること，③ 消費者団体登録後3年が経過すること，といった要件を備えた消費者団体でなければならない(70条1号)。

非営利民間団体の場合は，「非営利民間団体支援法」2条の規定に基づいた非営利民間団体として，① 法律上または事実上同一の侵害を被った50名以上の消費者から団体訴訟の提起の要請があること，② 定款に消費者の権益増進が団体の目的として明示された後，最近3年以上，そのための活動実績があること，③ 団体の構成員数が常時5千名以上であること，

④ 中央行政機関に登録されていること，という要件を備えた団体でなければならない (70条3号)。

(2)　訴訟許可制導入 (73条)

消費者基本法は団体訴訟の許可制を導入している。すなわち，団体訴訟を提起する団体は，訴状とともに所定の事項 (原告およびその訴訟代理人，被告，禁止・中止を求める事業者の消費者権益侵害行為の範囲) を記載した訴訟許可申請書を法院に提出しなければならない。法院は，所定の要件 (74条1項1号〜3号) を備えた場合に限り，決定で団体訴訟を許可する。この場合に，法院による団体訴訟の許可または不許可の決定に対して即時抗告することができる (73条2項)。

(3)　原告に対する弁護士代理強制 (72条)

団体訴訟の原告は，弁護士を訴訟代理人として選任しなければならない (72条)。弁護士代理を強制する趣旨は，その濫訴を防止するのが主な目的であるが，専門性を要するものであり，第三者の不正介入などの可能性があるからである。

(4)　既判力の主観的範囲制限 (75条)

原告の請求を棄却した判決が確定された場合に限って既判力が認められる。すなわち，原告の請求を棄却する判決の場合に，再び争うことができないように，団体訴訟の提起を禁じている。したがって，既判力の主観的範囲が狭くなる。事実上，原告の請求が認容された場合には，その外の団体が訴を提起する実益がないから，そのような場合には，あえて既判力を認める必要があるのかという側面から棄却判決に限って既判力の範囲を確定したのである (上掲「会議録」10頁)。

第四節　割賦取引法

一　割賦取引法の制定および改正

韓国では1960年代以降，産業化による商品の大量生産がはじまるとともに，これらの商品を消費者に購買させるための方法として売渡人が買受人に信用を供与する割賦売買が盛んに行われはじめた。しかし，割賦売買

においては，もっぱら買受人の債務不履行に備えるために代金債権を確保する手段を講ずるなど，割賦販売業者の利益だけを考慮する側面があったために，経済的弱者である消費者を保護して適切な取引秩序を確立するための制度が切実に要請されていた。1980年代に入ると，割賦売買は「独占規制および公正取引に関する法律」(1980.12.31法律3320号) および「約款の規制に関する法律」(1986.12.31法律3922号) によって間接的に規制された。また割賦販売などの特殊売買に関する法律である「御・小売業振興法」(1986.12.31法律3896号) が制定され，割賦販売に関する事項を部分的に直接規制することになったが，その内容は甚だ不充分であった。1990年代に入って，割賦契約による取引を公正にすることにより消費者等の利益を保護し，国民経済の健全な発展に寄与することを目的として「割賦取引に関する法律」(1991.12.31法律4480号)(以下，「割賦取引法」とする) が「訪問販売等に関する法律」(1991.12.31法律4481号) と同時に制定され，1992年7月1日から施行されて今日に至っている。

その間，割賦取引法は，適用範囲 (2条)，割賦取引の表示 (3条)，割賦契約の書面主義 (4条) を中心に1993年3月6日 (法律4541号)，1997年8月28日 (法律5374号)，1997年12月13日 (法律5454号) で改正された。1999年5月24日 (法律5982号) の改正は内容の改正ではなく，行政組織の改編にしたがう主務官署の変化による改正であった。その後，不景気が長期化し，事業者の倒産または廃業で消費者が契約の目的を達成することができないという被害が毎年増加した。消費者の多くが，買受人が売買契約の内容または目的物に対する不満があるときまたは売渡人が債務を履行しない場合に，買受人が残余割賦金の支払を拒絶することができるという抗弁権が法的に附与されているという事実を知らなかったために，結果的に救済されないという事例が多くなった。

このような問題に対応するために割賦契約書の法定記載事項に「消費者の抗弁権およびその行使方法」を記載することで割賦取引による消費者の被害を減らすという趣旨から2005年3月31日の一部改正 (法律7489号) により4条1項11号が新設された。

さらに，売渡人が遅延損害金に関する事項を契約前に買受人に対して表示および告知することを義務付け，かつ契約書の法定記載事項とすること

により売渡人の一方的な遅延損害金の引上げから消費者を保護する。なお，私的自治の原則を修正して割賦手数料の実質年間料率および遅延損害金の算定時に適用する率の最高限度を法律に明示するため，2005年12月29日一部改正 (法律7793号) で3条7号が新設された。

最近に至り，1条から16条まで一部改正 (2008. 3. 28法律9084号) が行われたが，特に買受人の撤回権を定めた5条の改正が注目される。すなわち，割賦取引の買受人は目的物の引渡が契約書の交付を受けた時より後にあった場合には目的物の引渡を受けた日から，また，売渡人の住所が記載されていないために撤回権を行使することができない場合には住所を知った日または知ることができる日から7日以内に割賦契約に関する申立みを撤回することができるとし，割賦取引の買受人の撤回権行使を保障している点である。さらに，割賦取引の表示に関する義務等を違反した売渡人に対する過怠料の賦課・徴収の強化などが強調されている。

二　割賦取引法の構成

割賦取引法は，経済的弱者である買受人を適切に保護し，適正な割賦取引秩序を確立するために不当な約款条項を規制すると同時に，割賦売買という信用取引の特性により消費者が衝動買いすることから消費者を保護する制度 (撤回権および抗弁権) などを設けて，割賦取引の公正性を維持し，かつ消費者の保護を追求することを目的としており，取引秩序法的な性格と消費者保護法的な性格を兼ね備えている。

同法は，以下のとおり全文16ヶ条と附則3条で構成されている。

同法の主要内容を概観すると，総則として同法の目的 (1条) とその適用範囲 (2条)，割賦取引の表示 (3条)，割賦契約の書面主義 (4条)，買受人の撤回権 (5条)，その行使の効果および撤回の通知 (6条，7条)，売渡人の割賦契約解除 (8条)，売渡人の損害賠償請求金額の制限 (9条)，買受人の期限利益の喪失 (10条)，買受人の期限前支払 (11条)，買受人の抗弁権 (12条)，買受人に不利な契約の禁止 (13条)，過怠料および賦課手続 (14条，15条)，専属管轄 (16条) などが規定されている。

第四節　割賦取引法　　355

三　主要内容

1　適用範囲

　割賦取引法は，契約の名称・形式の如何を問わず動産または用役（一定
の施設を利用し，または用役の提供を受ける権利を含む）に関する割賦契約に適用
する（2条）。ここで割賦契約とは，① 契約の名称・形式の如何を問わず，
消費者である買受人が売渡人に動産の代金または用役の代価を 2 月以上の
期間にわたり，かつ，3 回以上分割して支給して，目的物の代金の完納前
に動産の引渡または用役の提供を受けるようにする契約（2条1項1号），②
買受人が信用提供者（売渡人・買受人との各約定により目的物の代金に充当するた
めに信用を提供する者をいう）に目的物の代金を 2 月以上の期間にわたり，か
つ，3 回以上分割して支給して，目的物の代金の完納前に売渡人から目的
物の引渡等を受けることを目的とする契約（同条1項2号）をいう。

　しかし，動産または用役であっても性質上同法を適用することが適当で
ない大統領令で定める目的物は，同法の適用対象から除外される（2条1項
但書，同法施行令2条）。例えば，農・水・畜・林・鉱産物や医薬品，保険な
どがその例である。また，消費者である買受人を保護する法律であるから，
商人が営利を目的とする商行為を行う場合には，当事者が自主的に解決す
ることが合理的であるがためこれを適用しない（2条2項）。

　韓国の場合と異なり，日本の割賦販売法は指定商品制を採択して殆んど
の商品を指定している（2条1項）。

2　割賦取引の表示および割賦契約の書面主義

(1)　割賦取引の表示

　割賦契約を締結する前に売渡人は，買受人が割賦契約の内容を理解する
ことができるように総理令（日本の省令に該当）で定めるところにより目的
物の種類および内容，現金価格と割賦価格，各割賦金の金額・支給回数お
よび時期，割賦手数料の実質年間料率，契約金などの事項を表示して買受
人に告知しなければならない（3条）。

　これらの表示すべき事項のうち，割賦手数料の実質年間料率は，基本的
には消費者が現実に信用の提供を受ける金額およびその金額が信用提供を

受ける期間に厳密に比例するように算出される。実質年間料率は算定方法により大きな差異を生じるため，別の方法により計算されるものが表示された場合，買受人である消費者は売渡人が提示した販売条件のうちどの条件によるかを判断することができない。このため，同法施行令附則3条別表で「割賦手数料の実質年間料率の計算方法」が定められている。

(2) 割賦契約の書面主義

割賦契約の締結において経済的弱者である買受人の立場からみれば，割賦契約は買受人に信用提供の要素が含まれているため，現金売買に比して価格や契約条件などで買受人にとって不利な点がある。このような問題に関して割賦取引法は，まず買受人が割賦契約の内容を事前に理解することができるように事業所に対して掲示または書面で提示することを義務付けている。

とくに，現金価格と割賦価格，割賦手数料の実質年間料率，所有権留保に関する事項，期限利益の喪失などに関して書面で契約を締結するようにし，紛争の防止と契約の公正化を図っている（4条）。

具体的には，割賦契約においては，① 売渡人・買受人および信用提供者の姓名および住所，② 目的物の種類および目的物の引渡などの時期，③ 現金価格，④ 割賦価格，⑤ 各割賦金の金額，支給回数および時期，⑥ 割賦手数料の実際年間料率，⑦ 目的物の所有権留保に関する事項，⑧ 買受人の申込みの撤回権とその行使方法に関する事項，⑨ 期限利益の喪失などに関する事項を記載した書面で作成されなければならない。売渡人は割賦契約を締結するときには遅滞なく契約書1通を買受人に交付しなければならず，⑩ 割賦契約の無効・取消等の一定の場合（12条参照）に買受人は売渡人に対して割賦金の支払を拒絶することができるという事項を割賦契約書面に記載しなければならない。

3 割賦取引の法律関係

(1) 所有権留保

割賦取引において売渡人は買受人が代金を完納する前に目的物を引き渡すことから，代金債権を確保するために売買代金の完済まで売渡人に目的物の所有権を留保させ，代金完済と同時に買受人に所有権が移転するとい

う所有権留保の約定が一般的に行われる。したがって，当事者は目的物の所有権が売買代金の完済時に買受人に移転するという合意をなし，買受人の終局的な所有権取得は代金の完納という停止条件の成就による。このような割賦売買の所有権留保は，当事者間の合意と契約書で明示されなければならない（4条1項7号）。

(2) 買受人の権利

(ア) 買受人の撤回権とその行使方法

撤回権とは，買受人が契約を締結した後，一定の期間，不利益を負わずに申込みまたは契約締結の意思表示を撤回することができる権利をいう。割賦取引法は，5条に買受人の撤回権を定めている。すなわち，買受人が契約書の交付を受けた日から7日以内に割賦契約に関する申立みを撤回することができる（5条1項1号本文）。しかし，その契約書の交付を受けた日より後に目的物の引渡を受けた場合には，その目的物の引渡を受けた日から7日以内に割賦契約に関する申立みを撤回することができる（5条1項1号但書）。さらに，買受人が契約書の交付を受けていない場合，売渡人の住所等が記載されていない契約書の交付を受けた場合，または売渡人の住所変更等の事由で1号の期間（7日）以内に申立みを撤回することができない場合には，その住所を知った日または知ることができる日から7日以内に割賦契約に関する申立みを撤回することができる（5条1項2号）。この期間をいわゆるクーリングオフ（cooling-off）期間または再考（熟慮）期間という。撤回の意思表示の効力発生時について発信主義をとっている（5条3項）。このような撤回権が買受人に認められる理由は，割賦取引で商品を購入する場合に，一般消費者は衝動買いをしやすく，かつセールスマンの積極的な販売攻勢に対処するのが難しいという点などに鑑みて買受人に熟慮期間を与え，不本意に締結した契約関係からの離脱を保障することにより，売渡人と買受人の間の均衡を維持するということである。

信用提供者が介入した割賦取引である金融割賦取引において買受人が割賦契約に関する申込みを撤回する場合には，熟慮期間内に信用提供者に対して撤回の意思表示が記載された書面を発送しなければならない（7条1項）。仮に，信用提供者に対してその書面を発送しない場合には，買受人は信用提供者の割賦支払請求に対抗することができない。ただし，信用提

供者が熟慮期間内に売渡人に目的物の代金を支給した場合には，買受人が
その書面を発送しない場合であっても信用提供者の割賦金支給請求に対抗
することができる（同条2項）。

しかし，買受人の使用によりその価値が著しく減少されるおそれがある
目的物（例えば，自動車，冷蔵庫および洗濯機，密封された音盤など），設置する
場合にその分野の専門職人の人力や附属資材などが要求される目的物（例
えば，エアコン），または割賦価格が10万ウォン以下の目的物である場合に
は，買受人は撤回権を行使することができない（同法施行令4条）。また，買
受人の帰責事由により目的物が滅失・毀損した場合には，買受人は，契約
に関する申込みを撤回することができず，撤回権は消滅する（5条4項）。

買受人の撤回権行使の効果として，① 買受人が契約に関する申込みを
撤回した場合には，買受人は既に引渡を受けた動産又は提供を受けた用役
を返還しなければならず，売渡人は既に支払われた割賦金を同時に返還し
なければならないという同時履行の関係が生じる（6条1項）。② ただし，
売渡人は既に用役（一定の施設を利用し，又は用役の提供を受ける権利を除外する）
が提供されていた場合には，既に提供されていた用役及び同一の用役の返
還又はその用役の代価又はその用役により得られた利益に相当する金額の
支払を請求することができる（同条2項）。③ 目的物の返還に必要な費用は，
売渡人がこれを負担する。また，売渡人は，買受人に違約金又は損害賠償
を請求することができないとしている（同条3項）。

(イ)　割賦金支払拒絶の抗弁権

買受人は，以下のような場合に売渡人に割賦金の支払を拒むことができ
る（12条1項）。

① 割賦契約に無効・取消又は解除事由がある場合，② 目的物の全部又
は一部が目的物の引渡等の時期までに買受人に引渡又は提供されていない
場合，③ 売渡人が瑕疵担保責任を履行しない場合，④ その他，売渡人の
債務不履行により割賦契約の目的を達成することができない場合である。

ただし，信用提供者のある割賦取引においては，割賦販売価格が大統領
令で定められた金額（10万ウォン）以上の場合に限り，かつ信用提供者に
割賦金支払拒絶の意思を通知した後でなければ，上記事由による抗弁権を
行使することができない（12条2項）。また，買受人が信用提供者に支払を

拒むことができる金額は，割賦金の支払を拒んだ当時において未だ買受人
が信用提供者に支払っていない残りの割賦金であるとされる（同条3項）。

(ウ) 期限の利益

買受人は，以下のような場合には割賦金の支払に対する期限の利益を主
張することができない（10条）。

① 買受人が割賦金を次の支給期日まで連続して2回以上支払わず，未
弁済の金額が割賦価格の10分の1を超過する場合（同条1項），② その他生
業に従事するために外国に移住する場合と外国人との結婚及び縁故関係に
より移住する場合にも期限の利益を主張することができない（同条2項）。

他方，売渡人の期限の利益と関連して，買受人の期限前の割賦代金支払
は認められる。この場合に買受人が支払うべき残金額は，残りの割賦金か
らその期間に対する割賦手数料を控除した金額とする。

(3) 売渡人の権利

(ア) 売渡人の割賦契約解除

法定解除権のほかに，約定解除権と関連して買受人に不当な不利益を与
えるおそれのある特約が締結される場合がありうる。そこで，買受人を保
護するために割賦取引法は買受人が割賦金支払義務を履行しない場合に売
渡人が割賦契約を解除することができるとする。この場合，売渡人はその
契約を解除するに際して，14日以上の期間を定めて買受人にその履行を
書面で催告しなければならないとしている（8条1項）。契約が解除された
場合には，各当事者はその相手方に対して原状回復義務を負う。この場合，
契約当事者は相手方が履行の提供をするときまで自らの履行を拒むことが
できるという同時履行の関係にある（同条2項）。

他方，買受人が契約上の債務を履行しない場合に，売渡人は契約を解除
せずに留保されている所有権に基づいて自力で回収するという趣旨の特約
がなされることが考えられるが，同法は目的物の所有権が売渡人に留保さ
れている場合であっても，売渡人はその契約を解除せずにその返還を請求
することができないと定めている（同条3項）。

(イ) 売渡人の損害賠償請求金額の制限

契約が解除された場合の損害賠償の範囲について，代金債権を確保する
ために買受人にとって不利な特約がなされることと関連して，売渡人また

は信用提供者が割賦金支払義務の不履行を理由として買受人に請求する損害賠償額は，遅延した割賦金に大統領令が定めた率（年4割を限度に公正取引委員会が定めた最高利率の範囲内で売渡人または信用提供者が買受人と約定した率）を乗じて算定した金額に相当する遅延損害金の合計額を超過することができないとする（9条1項）。債務不履行を理由として契約を解除する場合には，上記の遅延利息と目的物の返還や原状回復がなされたかどうかなどの諸事情（同条2項1号ないし3号）に応じて定められた金額の合計額を超過することができない（同条2項）。

4　その他

(1)　専属管轄

割賦契約に関する訴訟は，提訴当時の買受人の住所を，住所がない場合には居所を管轄する地方法院の専属管轄とする。ただし，提訴当時買受人の住所または居所が明らかでない場合には，この限りでない（16条）。買受人に不利な管轄合意をすることはできない。

(2)　過料および賦課手続

取引条件の表示義務違反および実質的な割賦手数料の年間最高限度額違反，書面交付義務違反等をした者は500万ウォン以下の過料に処せられる（14条）。過料の賦課手続は，① 大統領令が定めるところにより，ソウル特別市長・広域市長または道（県に該当）知事が賦課・徴収する。② その過料処分に不服がある者は，その処分の告知を受けた日から30日以内に市・道知事に異議を申し立てることができる。③ 市長・道知事は，遅滞なく管轄法院にその事実を通知しなければならず，その通知を受けた管轄法院は，非訟事件手続法による過料の裁判を行う。異議申立て期間内に異議を提起せずに過料を納付しないときは，地方税滞納処分の例によりこれを徴収する（15条）。

第五節　訪問販売法　　361

第五節　訪問販売法

一　訪問販売法の制定および改正

　訪問販売，通信販売，多段階販売（「連鎖販売」に類似した販売）といった新しい販売方式の登場とそれをめぐる法的紛争が急増した。このような紛争を解決するために，1991年7月1日「御・小売業振興法」の改正により，消費者に契約撤回権を認めて訪問販売による被害者救済を図ったが，それは事後的な救済策であって根本的な解決策にはならなかった。

　その後，商工部（省）を中心に訪問販売，通信販売および多段階販売に関する取引の公正をはかり，消費者の利益保護と健全な取引秩序を確立するために，訪問販売等に関する法律の制定に着手した。その結果，訪問販売，通信販売および多段階販売取引に一定の規制を設けて販売業者と消費者間に生じうる紛争を事前に防止すると同時に既に，被害が生じた場合には消費者の被害を最小化し，消費者の利益を保護して商品の流通及び用役の提供を円滑にすることにより国民経済の健全な発展を促す目的で「訪問販売等に関する法律」(1991.12.31法律4481号)（以下，「訪問販売法」とする）が制定された。

　以後，同法は，1993年3月6日（法律4541号），1995年1月5日（法律4896号），1995年12月29日（法律5086号），1997年8月28日（法律5374号），1997年12月13日（法律5453号），1999年2月5日（法律5771号），1999年5月24日（法律5982号），2002年3月30日（法律6688号），2004年12月31日（法律7315号），2005年1月27日（法律7344号），2005年3月31日（法律7490号），2005年12月29日（法律7795号），2007年1月19日（法律8259号），2007年7月19日（法律8537号）と，14回にわたって改正されて，今日に至っている。

　特に2002年3月30日には大幅な改正がなされた。すなわち，既にあった訪問販売等に関する法規が訪問販売および多段階販売との関連部分を中心に改編された。他方，消費者の被害が頻繁に生じる電話勧誘販売および継続取引が新たに同法の適用対象に含められ，また多段階販売について消費者被害補償保険契約等への加入を義務化することにより特殊販売分野での公正な取引秩序を確立して消費者保護を強化した。

さらに，インターネットの発達および普及，拡大にしたがって電子商取引を介する経済活動の比重が高くなり，それにより消費者の被害が発生する可能性も高くなったが，訪問販売法は電子商取引を従来のカタログ通信販売の延長線上で訪問販売および多段階販売とともに規律していた。特に，訪問販売法はインターネットの普及および経済のデジタル化を予想できなかった状況下で制定された関係で，急速に変化・発展するインターネット商取引上の消費者保護の機能を果たすことが難しくなったため，既存の訪問販売法から電子商取引と通信販売関連事項を分離して「電子商取引等における消費者保護に関する法律」(2002. 3. 30 法律 6687 号) が制定された。

2007 年 1 月 19 日になされた改正は，消費者の権益保護を強化するために，消費者の申込み撤回（クーリングオフ）制限事由 (8条2項) のうち，消費者の申込み撤回を制限する場合には，販売者が申込み撤回制限事実を明記または試用商品の提供等の事前措置をとらなければならないとし，消費者の申込み撤回事由の範囲を拡大した (8条2項但書新設)。さらに，多段階販売による消費者および多段階販売員の被害を予防するとともに，公正な取引秩序を確立するために，多段階販売に関する規定を整備するなど，現行制度の運営過程で生じる一部の未整備点が改善・補完された。

二　訪問販売法の構成

訪問販売法は，訪問販売・通信販売・多段階販売による商品の販売および用役の提供に関する取引を公正にし，消費者の利益を保護して商品の流通および用役の提供を円滑にすることにより国民経済の健全な発展に寄与することを目的として (1条)，以下のような全文9章58ヶ条と附則で構成されている。

第1章「総則」では目的 (1条)，定義 (2条)，適用除外 (3条)，他の法律との関係 (4条)。第2章「訪問販売および電話勧誘販売」では訪問販売業者等の申告および名簿の備置き (5条, 6条)，契約締結前の情報提供および契約締結にともなう契約書交付義務 (7条)，申込みの撤回 (8条, 9条, 12条)，損害賠償請求金額の制限 (10条)，訪問販売業者の禁止行為 (11条)。第3章「多段階販売」では多段階販売業者の登録，欠格事由，後援手当支給，

責任（13条以下），多段階販売員（16条，23条），契約締結前の情報提供および契約締結にともなう契約書交付義務（17条），申込みの撤回（17条，18条），損害賠償請求金額の制限（19条），多段階販売者の禁止行為（23条）。第4章「継続取引等」では契約締結前の情報提供および契約締結にともなう契約書交付義務（28条），解止・解除（29条，30条），継続取引業者の禁止行為（32条）。第5章では消費者保護指針制定（33条），消費者被害補償保険契約（34条），共済組合（35条）。第6章では調査および監督の手続。第7章では是正措置および過徴金賦課と関連する事由および手続。第8章では補則，第9章では罰則等が規定されている。

三　主要内容

1　訪問販売および電話勧誘販売

(1)　意　義

訪問販売とは，商人が財貨または用役（一定の施設を利用し，または用役の提供を受けることができる権利を含む）の販売（委託および仲介を含む）を業とする者が訪問の方法でその者の営業所代理店その他総理令で定める営業場所以外の場所で消費者を勧誘して契約の申込みを受け，契約を締結して財貨を販売し，または用役を提供することをいう（2条1号）。

電話勧誘販売とは，電話により消費者を勧誘して契約の申込みを受け，または契約を締結するなどの総理令で定める方法により財貨などを販売することをいう（2条3号）。同法は，電話勧誘販売を，販売員の積極的接近性に鑑み，訪問販売に準ずるものとして規定している（5条ないし12条）。

(2)　規　律　事　項

(ア)　申告義務および訪問販売員の名簿の備置き等

訪問販売業者等は，商号・住所・電話番号・電子メールアドレス等の事項を公正取引委員会と広域自治団体に申告しなければならない（5条）。ただし，大統領令で定める販売員を置いていない小規模訪問販売業者の場合には，その限りでない。申告した訪問販売業者等は，公正取引委員会の認可を得て消費者被害補償のための共済組合を設立することができる（35条）。後述する多段階販売業者および継続取引業者にも同様に適用される。また

訪問販売業者等は，訪問販売員の名簿を作成して事業場に備置しなければならないとする (6条1項)。それは，消費者被害の防止または救済のために必要な場合に，消費者が訪問販売員の身元を確認することができるようにしたものである。訪問販売者等が訪問販売をしようとする場合には，消費者に事前に該当訪問が販売の勧誘のためであること及び訪問販売者の姓名，販売する財貨等の種類及び内容を明らかにするなどの明示義務を負う (6条3項)。

(イ) 契約締結前の情報提供義務

訪問販売者等は，財貨等の販売に関する契約を締結する前に消費者が契約の内容を理解できるように次の事項を説明しなければならない (7条1項)。主なものをあげると，① 訪問販売業者及び訪問販売員の姓名・名称・住所，② 財貨の名称・種類および内容，③ 代金と支給方法及びその時期，④ 申込みの撤回及び契約解除とその効果に関する事項，⑤ 財貨等の供給方法及びその時期，⑥ その他，訪問販売条件または被害者救済に必要な事項として大統領令が定めた事項等を説明しなければならない。

(ウ) 契約書の交付義務

訪問販売者等は，訪問販売契約を締結するに際して事前に説明した事項を記載した契約書を消費者に交付しなければならない (7条2項)。電話勧誘販売に関する契約書の場合には，消費者の同意を得て契約の内容を模写電送 (ファクス) または電子文書 (電子メール) で送付することができる (同条4項)。

(エ) 申込みの撤回権

訪問販売等における消費者は，割賦取引の場合と同様に販売員の強要または甘言利説により衝動買いをするおそれがあり，販売員の積極的攻勢に弱いという点等がある。したがって，このような衝動買いから消費者を保護するために，消費者は契約書の交付を受けた日から 14 日以内に一切の不利益を受けずに契約の申込みを撤回することができる (8条1項)。その内容は，割賦取引法の場合と同様である。

しかし，次のような場合には，消費者は訪問販売者の意思に反して申込みの撤回をすることができない (8条2項)。①消費者の責任ある事由で商品が滅失・毀損された場合 (同項1号)，②消費者の財貨等の使用または一

部消費によりその価値が顕著に減少した場合（同項2号），時間の経過により再販売が困難な程度に財貨等の価値が顕著に減少した場合（同項3号），複製が可能な財貨等の包装を毀損した場合（同項4号）である。しかし，財貨等の内容が表示広告の内容と異なるか，または契約内容と異なる履行があった場合には，撤回期間は上記の撤回期間（14日）より長い。すなわち，消費者は当該財貨等の供給を受けた日から3ヶ月以内に，その事実を知った日または知ることができた日から30日以内に申込みの撤回をすることができる（8条3項）。また，販売者が申込み撤回制限事実を明記または試用商品の提供等の事前措置（6条）をとらなかったときは，消費者は上記②～④に該当する場合にも申込みの撤回をすることができる（8条2項但書）。

消費者が申込みを撤回した場合には既に供給を受けた財貨等を訪問販売者等に返還しなければならず（9条1項），訪問販売者等は，既に支給された代金等を財貨等の返還を受けた日から3営業日以内に返還しなければならない（同条2項）。もし，消費者がクレジットカード等を使用した場合には，代金の還付に関連して決済業者は財貨等の代金請求の停止または取消等の一定の措置をとらなければならない（同条3項）。

(オ)　訪問販売者等の損害賠償請求権の制限

同法は，訪問販売等による消費者の不利益を防止するために，訪問販売等に関する契約が解除された場合にも，販売者が消費者等に請求しうる損害賠償または違約金の最高限度額を法定し，その額を超過することを強行法的に制限している（10条）。

2　多段階販売

(1)　意　義

多段階販売とは，販売業者または用役業者が特定人に対して一定の項目（2条5号가（ガ）나（ナ））に該当する活動をすれば一定の利益を得ることができることを告げて勧誘し，販売員が連鎖的（販売組織に加入した販売員の段階が3段階以上の場合いう）に組織された多段階販売組織を通じて財貨等を販売することをいう（2条5号）。この場合において，販売組織に加入した販売員の段階が2段階以下である販売組織であっても，事実上3段階以上の販売組織として管理・運用されるているものも多段階販売組織に含まれる。

多段階販売者とは，多段階販売を業とするために多段階販売組織を開設・管理・運営する多段階販売業者と多段階販売組織に販売員として加入した多段階販売員をいう（6号）。

(2) 規律事項

(ア) 多段階販売業者

多段階販売業者は，公正取引委員会または広域地方自治団体に登録しなければならない。この場合，公正取引委員会は多段階販売業者の情報を公開することができる（13条）。多段階販売業者は，多段階販売員を募集するに際して平均的な後援手当（販売手当・斡旋手数料・奨励金・後援金等その名称および支給形態を問わず，多段階業者が下位販売員に対する組織管理および教育訓練実績，財貨等の販売実績などと関連して多段階販売員に支給する経済的利益をいう。2条7号参照）の支給水準等に対する正確な情報を提供しなければならず，告知した後援手当と異なる支給または差別待遇をしてはならない（20条，21条）。このことは，虚偽・誇張広告にだまされて多段階販売員に加入させられることを防ぐためである。多段階販売において消費者の被害を迅速かつ効率的に救済する手段として多段階販売業者の消費者被害補償保険等への加入が義務化されている（34条）。

多段階販売業者および多段階販売員である多段階販売者は，財貨等の販売契約を締結する際に威力または強要行為等の行為をしてはならない（23条）。したがって，多段階販売業者は，多段階販売員がその下位販売員を募集するときまたは多段階販売業者が財貨等を消費者に販売するときに当該多段階販売員に対してその禁止行為をしないように告知しなければならない。告知義務を怠った場合には責任を負う。

(イ) 多段階販売員

多段階販売組織に多段階販売員として加入しようとする者は，その組織を管理・運営する多段階販売業者に総理令で定めるところにより登録しなければならない（15条1項）。多段階販売員は，多段階販売業者から交付された登録証と多段階販売手帖を所持しなければならない（同条4項）。しかし，同条4項について判例は，取締規定であると把握しており，多段階販売業者が認定した登録，登録証および手帖所持の要件を備えていない場合であっても多段階販売員の地位は失われない（大判2002・10・11，2001 다（ダ）

62374) いう立場をとっている。登録した多段階販売員はいつでも脱会することができる。多段階販売業者は多段階販売員の脱退に条件を付してはならない。

多段階販売の方法により財貨等の購買に関する契約を多段階販売業者と締結した多段階販売員は，多段階販売業者に対して財貨等の在庫量を偽って知らせることにより在庫を過剰に保有した場合，再販売が困難な程度に財貨等を毀損した場合，その他，大統領令で定めるところの一定の場合を除いては，契約を締結した日から３ヶ月以内に書面で当該契約に関する申込みを撤回することができる (16条2項)。

(ウ) 消　費　者

多段階販売による取引はその構造や内容が複雑・多様なものであるため，相手方である消費者としてはその実体を把握することが難しく，また勧誘者の甘言利説にだまされやすく，十分な検討または調査をせずに当該取引を承諾する場合が多い。したがって，多段階販売業者との間に紛争が発生し，消費者が予想することのできなかった多くの損害を被むる場合が増加している状況である。そごて，同法は，商取引に慣れていない消費者を保護するために，消費者が契約を締結した後であっても一定の期間内契約の申込みを撤回することができる権利を与えている (17条)。すなわち，多段階販売の相手方は，同法 13 条の規定による契約書の交付を受けた日から，または契約書の交付を受けない場合には商品の引渡または用役の提供を受けた日から 14 日以内に，書面で当該契約に関する申込みの撤回をすることができるという規定を設けている。その他，申込みの撤回の効果等の具体的な事項については，訪問販売の規定が準用される (18条)。

(エ) そ　の　他

訪問販売等の場合に認められている契約締結前の情報提供義務，訪問販売者等の損害賠償請求権の制限は多段階販売にも準用される (19条)。多段階販売業者の違法行為により利益を侵害された場合または侵害されるおそれがある場合に，消費者または大統領令が定める消費者団体は公正取引委員会に対して当該違法行為の停止に必要な措置を要請することができる (24条)。

3 継続取引等

(1) 意 義

継続取引とは，大統領令で定める一定の期間以上継続して財貨等を供給する契約であり，中途に解止する場合に代金還付の制限または違約金に関する約定のある取引をいう（2条8号）。一定期間継続して財貨等を供給する契約（継続取引契約）は同法の適用対象に含まれる。

(2) 規 律 事 項

継続取引業者は，継続取引等に関する契約を締結する場合に，契約を締結する前に消費者が契約の内容を知ることができるように当該継続取引に関する主要な事項を説明しなければならず，その事項を記載した契約書を消費者に交付しなければならない（28条）。

継続取引業者と契約を締結した消費者は，他の法律の規定または大統領令で定める一定の場合を除いて何時でもその契約を解約することができる（29条）。

4 消費者権益の保護

公正取引委員会は，訪問販売等において健全な取引秩序の確立と消費者保護のための消費者保護指針を制定することができる。また，公正取引委員会は消費者保護のために多段階販売業者が必ず締結しなければならない消費者被害補償保険契約を他の訪問販売，電話勧誘販売および継続取引等の場合にも締結するよう勧奨することができる（34条）。

また，訪問販売業者，電話勧誘販売業者，多段階販売業者および継続取引業者等は，消費者被害補償のための共済事業を営むように，公正取引委員会の認可を得て共済組合を設立することができるようにしている（35条）。

5 調査および制裁

同法は，各種の違法行為を公正取引委員会で直接調査・制裁することができるように職権調査，是正命令，課徴金制度を導入した（37条，41条ないし43条）。具体的には，訪問販売，電話勧誘販売，多段階販売および継続供給等と関連して事業者と消費者間の紛争が生じ，消費者の被害救済申請があった場合に，公正取引委員会は，同法に基づいく是正勧告または是正

命令をする前に，消費者被害紛争調停機構にその紛争の調停を依頼することができる（43条）。当事者がその調停の結果を受諾した場合には是正措置と同一の効力を有する。

6　その他

(1)　専属管轄

訪問販売等，特殊販売業者と関連する訴訟は，提訴当時の消費者の住所を，住所がない場合には居所を管轄する地方法院が専属管轄となる。ただし，提訴当時消費者の住所または居所が明らかでない場合にはその限りでない（46条）。

(2)　罰　則

同法第9章（51条ないし58条）は，同法の違反の程度により各々刑事処罰または行政規制を定めている。権限の委任（49条）等は行政規制の対象である。また行為者を罰する以外に，その法人または個人に対しても罰金刑等の両罰規定を定めており（57条），過料の賦課規定も定めている（58条）。

四　訪問販売法違反行為の是正措置状況

2002年の訪問販売法の改正により公正取引委員会が本格的に執行した2003年以後2008年までの多段階被害に対する是正措置は社会的関心を高めた。主に多段階販売に関連する法執行が多い。具体的な是正措置の内容および法違反類型は，以下の〈訪表-1〉，〈訪表-2〉のとおりである。

〈訪表-1〉　取引分野別是正措置等（警告を含む）内訳　　　　　　（単位：件）

年度 分野	2003	2004	2005	2006	2007	2008
訪問販売	2	7	32	7	18	23
電話勧誘販売	2	5	2	21	2	1
多段階販売	19	89	22	49	44	18
事業勧誘販売	—	14	7	3	—	2
継続取引	—	—	—	2	1	1

| 計 | 23 | 115 | 63 | 82 | 65 | 45 |

＊公正取引委員会，公正去来（取引）白書（2009年）306頁表4-6-4より引用。

〈訪表-2〉 措置類型別内訳 （単位：件）

措置＼年度	2003	2004	2005	2006	2007	2008
警告	6	17	5	9	21	8
是正勧告	3	16	12	13	1	―
是正命令	14	74	46	51	29	34
告発	―	8	―	9	14	3
計	23	115	63	82	65	45

＊公正取引委員会，公正去来（取引）白書（2009年）306頁表4-6-5より引用。

第六節　製造物責任法

一　製造物責任法の制定

　大量生産体制により生産された製品に欠陥がある場合に，契約責任また
は一般不法行為責任で救済されない事例が少なくない。契約責任は，消費
者と製造業者の間に直接的な契約関係が存在しない場合に，これらの間で
適用することができず，不法行為責任も，製造業者の故意・過失の立証が
難しいために，追求するのが非常に困難だからである。このような問題を
解決するために，韓国においては1970年代から製造物責任法の制定に関
する議論が始まったが，実際に制定されるまでに20余年の時間がかがっ
た。まず，1982年に国会議員の発議で製造物責任法案が国会に提出され
たが，結局否決された。1994年11月には行政刷新(改革)委員会が製造物責
任法を消費者制度の改善課題と選定して立法・制定を決議した。1995年
11月には韓国開発研究院と韓国消費者保護院が共同で製造物責任法の導
入にともなう経済的，社会的波及効果の分析を研究・発表した。1998年
11月には韓国消費者保護院が製造物責任法立法試案を発表し，公聴会を
開催した。1999年1月には製造物責任法立法に関連する関係部署の協議

が行われ，同年3月に財政経済部(省)と法務部(省)は，共同で立法を推進することに合意し，同年7月13日「製造物責任法試案」の立法を予告し，同年10月にその立法予告の結果として法律的検討を経た政府案を確定した。しかし，当時の与党である国民会議が立法案を提案したために，政府は政府案を国会に上程しないことを決定する。結局，「製造物責任法」は，1999年11月5日に国民会議所属国会議員の発議で国会に提出され，同年12月17日に国会で議決された (2000.1.21 法律6109号)。同法は，2002年7月1日より施行され，今日に至っている。

二　製造物責任法の構成

　製造物責任法は，製造物の欠陥によって生じた損害に対する製造業者等の損害賠償責任を規定することにより被害者の保護を図り，国民生活の安全向上及び国民経済の健全な発展に寄与することを目的とし (1条)，以下のような本文8ケ条と附則2条で構成されている。

　1条は，同法の目的として欠陥製造物による被害者の保護を宣言し，その損害賠償の根拠を備えることを明示している。2条は，定義規定で製造物，欠陥および製造業者に関する概念を定めている。3条は，製造業者と製造物供給者の製造物責任を規定している。3条は製造物責任に対する責任事由，4条は損害賠償責任者の免責事由を定めている。5条は連帯責任，6条は免責特約の制限，7条は消滅時効および除斥期間，8条は本法の規定以外の事項に対する民法の適用などを規定している。附則には議論が多かった施行時期 (附則1条)と適用例 (附則2条)が規定されている。

三　主 要 内 容

1　製造物の範囲

(1)　製造物責任法は，2条1号で製造物とは「他の動産または不動産の一部を構成する場合を含む製造または加工された動産をいう」と規定し，製造物を動産に限定している。したがって，不動産は原則的に製造物の範囲から除外される。これと関連してアパートのような大量供給住宅に同法

が適用されるか否が論議された。大量に建築・分譲される供給住宅は，現在の供給慣行と取引実態を参酌した場合に，被供給者が供給住宅の欠陥を判断することができない。また民法上の瑕疵修補請求権は，不動産自体の瑕疵に限定されているため，それによる拡大損害には認めることはできない。かかる問題については，大量供給住宅が現在一つの製造物のように商品化されている現実の状況を考慮しなければならないということから，大量供給住宅も同法の適用範囲に含めるべきであるという見解もあった。しかし，製造物責任法は機械的・自動的作業を経て大量に生産，販売される特性のある動産をその通常の適用対象としているが，住宅については欠陥による拡大損害問題よりも住宅機能自体から発生する瑕疵が大部分であるから，都給（請負に該当する）または売買に基づく契約上の責任または工作物責任による被害者の救済が相当の部分において可能となる。元来の法案では，不動産が製造物の範囲に含まれていたが，国会での議論過程で削除され，不動産の一部を構成する場合を含めた法文が挿入されたのである。このように大量供給住宅を製造物の範囲に含まない立法下で，被害者が損害賠償を請求することができるのは工作物責任によることが可能な場合であるが（民法758条），このような場合の賠償義務者は大量供給住宅の建築業者または分譲業者ではなく現在の住宅所有者または占有者になる結果となり，そのことから賠償能力または責任分担の衡平という問題が生じる。

（2）　未加工の１次産品（農・水・畜産物）は，その性質が動産ではあるが，製造物責任法は製造または加工された動産だけを対象としているために除外される。したがって，遺伝子が組み換えられた１次商品，残留農薬または抗生物質を含有している１次商品も，現在の製造物責任法では製造物の概念に含まれない。

（3）　サービスも製造物の範囲には入らない。サービスは，他人の便宜をはかるための有形・無形の努力であって，その結果が確定しているものではないから，場合によってまたは利用者の判断によって，異なる結果が発生しうる。したがって，このようなサービスを製造または加工された動産として把握することは難しい。このことと関連して，ソフトウエアが製造物の範囲に含まれるか否かという問題がある。ソフトウエアの欠陥が既存のデータまたはハードウエアに損害をおよぼした場合に，そのソフトウエ

アの製作者に製造物責任を負わせることができるかという問題である。この点につき，立法では明文化されていないが，法案の審査過程でソフトウエアは管理可能な無体物として動産とみなし，ソフトウエアの欠陥により既存データまたはハードウエアに損傷をおよぼした場合に，製造物責任を負わせるべきであるという見解が提起された。科学技術の発達とともにこれに関する議論が拡大する可能性もあろうかと思われる。

2　欠陥の概念

　欠陥の概念について同法2条2号は，製造上の欠陥，設計上の欠陥，表示上の欠陥，通常期待することができる安全性の欠如の4つに類型化して把握している。

　(1)　製造上の欠陥とは，製造業者の製造物に対する製造・加工上の注意義務を果たしたかどうかにかかわらず，製造物が元来意図された設計と異なって製造・加工されたことにより安全でなくなった場合をいう。

　(2)　設計上の欠陥とは，製造業者が合理的な代替設計を採用していたならば被害又は危険を減少させ，又は避けることができたにもかかわらず代替設計を採用せず，当該製造物が安全でなくなった場合をいう。

　(3)　表示上の欠陥とは，製造業者が合理的な説明・指示・警告その他の表示をしていたならば当該製造物によって発生しうる被害又は危険を減少させ，又は避けることができたにもかかわらず，これをしなかった場合をいう。

　(4)　その他，通常期待することができる安全性が欠如していることも欠陥と認められている。したがって，上記の3つの類型に属しないすべての形態による安全性の欠如を欠陥と認定しているわけである。同法の制定前の判例であるが，安全性と関連して，「およそ品物を製造・販売する製造業者等は，その製品の構造，品質，性能等においてその流通当時の技術水準と経済性に照らして期待可能な範囲内の安全性と耐久性を備えた製品を製造・販売しなければならない責任がある」（大判2000・2・25，98다（ダ）15934）と判示している。

3 責任主体

同法は，製造業者として ① 製造物の製造を業とする狭義の製造業者，② 加工食品等のように自然生産物等の動産に価値を加えて新しい物を作りだす加工を業とする加工業者，③ 外国からの商品の輸入・供給を業とする輸入業者，④ OEM (Original Equipment Manufacturing) 方式または PB (Private Brand) 方式のように，製造物を直接製造しない場合であっても，その製造物に姓名・商号・商標およびその他識別可能な記号等を使用して自身を製造業者として表示した者，または製造業者と誤認させうる表示をした表示製造業者 (2条3号)，⑤ 製造物を営利目的で販売・貸与等の方法により供給した製造物供給者 (3条2項) 等を，責任主体として認めている。

製造業者，加工業者または輸入業者は業を要件としているが，業とは，同種の行為を反復・継続することをいう。製造物供給者は業ではなく，営利目的を要件とする者であるから製造物の供給が反復的・継続的である必要はない。一方，表示製造業者とは基本的に商標権者と契約を締結して商標権者の商標を付けて供給する者をいうが，消費者が製造物の外観または商標権者の商標を信頼して製品を購入した場合であって，製造元が表示されていない場合に製造物責任を負担する。製造元が表示されている場合には商品を実際に製造した製造業者のみならず，自身の製品として販売した者 (表示製造業者) も責任を負う。

4 製造物責任

(1) 無過失責任

同法は，製造業者は製造物の欠陥によって生命・身体または財産に損害を受けた者に対して，その損害を賠償しなければならないと規定している (3条1項)。したがって，同法は不法行為法上の過失立証責任を廃止し，無過失責任を導入して被害者を保護するものである。すなわち，製造業者が自己の過失がないことを立証してもその責任を免れることはできない。ただし，具体的な無過失責任の認定は，同法4条で製造業者の免責事由が定められているために，その範囲との相関関係において決せられる。

(2) 損害賠償請求権者

同法3条は，製造物責任の対象者を明示しており，製造業者は損害を受

けた者に対して賠償責任を負う。同法の損害賠償請求権の相続問題は，民法上の一般的な損害賠償請求権の相続問題と同様に解される（8条）。

(3)　製造物責任の範囲

同法3条1項は，製造業者は被害者の生命・身体または財産上の損害を受けた者に対して損害賠償義務を負うと定めている。精神的損害に対する賠償請求も認められる。しかし，同条は当該製造物に対してのみ発生した損害は除外されると規定して，瑕疵担保責任に関しては同法が適用されない。なぜならば，製造物責任制度は，歴史的に拡大損害の填補を目的として発展してきたものであるからである。ただし，瑕疵担保責任も無過失責任的な性格を有するから，両者は法的性質の面においてあなり差がない。

損害賠償の範囲と関連して，同法は損害賠償の下限および上限に対する制限を設けず，製造物の欠陥による損害賠償責任に関して同法に規定されたものを除いては民法の規定による（8条）と定めているから，損害賠償の範囲は基本的に民法の場合と同一である。したがって，通常損害と特別損害の基準により損害賠償の範囲が決定される（民法393条参照）。すなわち，損害賠償は通常の損害をその限度とし，特別な事情による損害は加害者がその事情を知り又は知ることができたときに限って賠償の責任があるということになる。

(4)　製造物供給者の責任

被害者が製造物の製造業者を知ることができない場合において，① 供給者が製造物を営利目的で販売・貸与等の方法により供給し，② その者が製造物の製造業者または製造物を自身に供給した者を知り，または知り得たにもかかわらず，③ 相当な期間内に被害者またはその法定代理人に告知しなかったときは，④ 製造物責任の一般的要件が認められれば，製造物供給者は製造物責任を負う（3条2項）。

5　免責事由およびその制限

同法は，製造業者が厳格な責任を負うという事実を考慮して一定の場合におけるその者の免責の抗弁を認めている。しかし，以下のような免責事由は民法その他法律に基づく損害賠償責任についてまでその効力をおよぼすものではない。

(1) 免 責 事 由

(ア) 製造業者が当該製造物を供給しなかったという事実

製造業者が製造物責任を負うためには自己の意思により製造物を供給するのが必要である。例えば，製造物の盗難または遺失等の場合においては，製造業者は免責される。

(イ) 製造業者が当該製造物を供給した当時の科学・技術水準では欠陥の存在を発見することができなかったという事実

これは開発危険の抗弁といわれるものであるが，もしこの規定がなければ，製造業者が研究開発または技術開発に消極的となり，究極的には消費者の被害へと転嫁される可能性があるためであるとされる。

(ウ) 製造物の欠陥が，製造業者が当該製造物を供給した当時の法令で定められた基準を遵守することによって発生した事実

このような場合には，製造業者が製造物を供給するためには法令による基準を遵守するほかなく，もしそのようにして供給された製造物の欠陥で発生した損害を製造業者に負わせることは不当であるためであるとされる。

(エ) 原材料または部品の欠陥による場合には，当該原材料または部品の供給を発注した製造物製造業者の設計または製作に関する指示によって欠陥が発生したという事実

これは，中小企業が原材料または部品の設計または製作で大企業または大型流通業体の統制下にあるという実情を考慮して認められた免責事由である。かかる免責事由が認められるためには，強制的または統制的方法による設計または製作に関する指示がなければならない。もし，そのような状況ではなく独自的な取引当事者として当該原材料または部品を供給した場合には，製造物責任の主体としての責任は免れ得ない。

(2) 免責事由の制限

製造物責任を負う者が製造物を供給した後に当該製造物に欠陥が存在するという事実を知り，または知り得たにもかかわらず，その欠陥による損害の発生を防止するために適切な措置を採らなかったときは，4条1項2号ないし4号の規定による免責を主張することができない（4条2項）。例えば，製造業者または製造物供給者が製造物の欠陥を知りながら，リコール等の適切な被害予防措置を故意にとらなかった場合などである。

第六節　製造物責任法　　　　377

6　連帯責任

　同じ損害に対して賠償する責任のある者が2人以上いる場合には，連帯してその損害を賠償する責任を負う（5条）。このように，製造物の欠陥による責任に数人の賠償義務者が存在する場合には共同不法行為（民法760条参照）が認められることになる。5条の「連帯して」の意味は，民法760条における「連帯して」の意味と同様に解してよいであろう。したがって，このような場合においても不真正連帯債務と解することができる。

7　免責特約の制限

　製造業者と消費者または利用者間の製造物責任法上の損害賠償責任を排除し，または制限する特約は無効とされる（6条本文）。かかる規定は，製造業者等が自身の優越的地位，老錬な経営的技術または法律的知識等を利用して，予め契約または約款等の形態で特約を締結することによって自身の責任を制限または排除しようとする場合を考慮して，被害者保護という側面から契約自由の原則を制限したものである。ただし，自身の営業に利用するために製造物の供給を受ける者が自身の営業用財産に対して発生した損害に関する免責特約を締結した場合には，その特約は有効とされる（同条但書）。

8　消滅時効と除斥期間

　同法による損害賠償の請求権は，被害者またはその法定代理人が製造物責任法上の損害および損害賠償責任を負う者を知った日から3年間，これを行使しないことで時効により消滅する（7条1項）。また同法による損害賠償請求権は，製造業者が損害を発生させた製造物を供給した日から10年以内に，これを行使しなければならない。ただし，身体に累積して人の健康を害する物質により発生した損害又は一定の潜伏期間が経過した後に症状が現われる損害に対しては，その損害が発生した日から起算する（同条2項）。例えば，少量の有害物質が長時間にわたって人体に累積される場合，枯葉剤のように長期間の潜伏期間を経て症状があらわれるような場合に，製造物が供給された日から除斥期間を起算すると，通常の除斥期間が経過した後に損害が発生する可能性もあることから，同法はその期間を延

長したのである。

9　民法の適用

　製造物の欠陥による損害賠償責任に関して製造物責任法に規定されたものを除いては，民法の規定が適用される。例えば，金銭賠償の原則 (民法394条)，過失相殺 (民法396条)，損害賠償の範囲 (民法393条) 等が適用されることになろう。

〈参考文献〉

1　李銀栄・約款規制法 (博英社，1994年)
2　権五乗・経済法〈第4版〉(法文社，2003年)
3　朴尚龍／厳基燮・経済法原論〈第5版〉(JUSTINIAUS，2003年)
4　延基栄「韓国製造物責任法の制定過程と主要内容」比較法学 (早稲田大学比較法研究所) 37巻2号 (2004年)

補　章　インターネットによる
韓国法の調べ方

第一節　はじめに

　日本において，最初に韓国法の調べ方については紹介したのは，1996年7月13日に1996年度日本全国文献・情報センター共催セミナーの一環として東京大学法学部附属外国法文献センターの「外国法の調べ方：欧米・東アジア」のセミナーであった。その紹介資料をまとめたのが，本書の旧版に相当する『現代韓国法入門』（信山社，1998年）で紹介したものである。同書で紹介した主な内容は，韓国において従来（終戦）から今日に至るまで，どのような法律文献があり，現在どような法令が制定されて施行されているのか，また判例集はどのようなものが出版されているのかといった文献中心としたものである。

　というのは，その当時までに，韓国の法律文献が総合的に紹介されたことがなかったからである。

　しかし，その後，種々のCD-ROMやインターネットといった電子媒体による調べ方が開発されたので，刊行法律文献とともに，これらの電子媒体を利用する調査方法について，比較的詳しく紹介したのが，北村一郎編『アクセスガイド外国法』（東京大学出版会，2004年）所収の「韓国法」である。最近に至り，韓国法の調べ方は大転換を迎えて，インターネット上の検索が主になっている。制定法や判例のような公式的情報は，関連機関が直接ホームページで提供しており，論文や単行本のような法関連情報は，該当資料の発行所がホームページで有料サービスを通して提供している状況である。

　これらの検索方法を紹介するに先立って，参考として2点ほどあげる。

1点は，韓国語の文字である한글（ハングル）を読めることが求められる。該当サイトに入れば，指示する検索語は大部分한글で書かれており，その内容もほとんど한글文字で書かれているからである。もちろん，例外的に日本語または英語で書かれている場合もある。もう１点目は，可能な限り，「한글hwp」ソフトウェアを設置することが望ましいということである。文書作成者が使っているほとんどのソフトウェアは「한글hwp」であり，利用者も検索した文献の原文をそのままダウンロードできるからである。しかし，最近，原文資料がPDF形式で提供されている場合が増加している。

　以下では，これらの検索方法について紹介する。

第二節　国家・公共機関サイト

　現在，国家・公共機関が運営しているサイトにつき，検索対象を法令，判例，立法関連資料，学術関連資料に分類して検索方法を紹介する。

一　法令の検索

(1)　法制処総合法令情報センター

　法制処総合法令情報センターは，従来，法制処サイト（http://www.moleg.go.kr/）で提供されていた法令情報を，より拡充して提供する独立したホームページであり，政府が公式に提供するサービスである。

　① URL：http://www.klaw.go.kr/（国家法令情報センター：http://www.law.go.kr/）

　② 収　録　資　料

　2007年2月現在，公布後施行中の法令の中で，法律は2007年1月までの，その施行令および施行規則は2006年12月までの全法令が収録されている。その外に，各改正法令の全文と改正当時の改正理由，沿革法令情報が収録されており，各法令に含まれている「別表」と「書式」も提供している。

　最近の改正法令と立法予告情報とともに月刊法制，法律教育資料，法令

解釈質疑応答，大韓民国法制 50 年史といった関連情報を提供している。さらに，大法院が提供する判例情報と外交通商部(省)が提供する条約情報と連動されている。現在，同サイトが提供している現行法令，沿革法令，近代法令 DB は，65,000 余件に達しており，今後，1894 年以後 1948 年までの近代法令情報を 2008 年まで段階的に提供する予定である。

③ 検 索 方 法

法制処総合法令情報センターが提供する法令情報を検索する基本的方法は，検索語を利用する検索である。すなわち，法令名，主題語，公布日，公布番号を指定・入力して検索する。また，検索対象を現行法令または現行＋沿革法令の中で選択することができるし，検索単位を法令単位または条文単位で検索することもできる。

詳細な検索方法は，検索対象をもっと具体化した「辞典式検索」，「法区分別検索」，「法分野別検索」，「所管部処別検索」，「公布日別検索」を通して段階別に検索する方法である。この方法を利用したほうが非常に検索しやすい。というのは，法令名を入力して検索する場合には，正確な法令名を入力しなければ検索することができないが，これらの検索方法は正確な法令名を知らない場合にも利用できるからである。例えば，"仮登記担保に関する法律"を検索する場合に，「辞典式検索」に入って同法律の頭文字である"가 (仮) (ガ)"をクリックすれば，"가 (ガ)"からはじまる多数の法律が列挙される。その多数の法律の中から探している法律をクリックする。

立法予告は，公告番号，立法予告題目，立法予告内容別に任意語を入力して検索する。日付別にも検索できる。最近改正法令は，法令の種類 (法律，大統領令，総理令・部令) 別に，それから公布番号・法令名・法令内容別に任意語を入力して検索する。日付別にも検索できる。

条約に関する情報は，外交通商部 (省) サイト (http://www.mofat.go.kr/) にリンクされており，多国間条約と二国間条約の区分下に発効日別・署名日別・分野別・締結国別・条約番号別・告示番号別にツリー型式をもって検索することができる。

(2)　国会法律知識情報システム

① URL：http://likms.assembly.go.kr/law/

② 収 録 資 料

立法資料概観，現行法令，現行法律審査沿革，最近議決法律案，最近受理法律案，新法律紹介，法制懸案など，その他の法律関連情報を提供する。

③ 検 索 方 法

現行法令と現行法律審査の沿革は，한글（ハングル）の가，나，다，라……（ガ，ナ，ダ，ラ……）順で検索する。または任意語を入力して検索する。最近に議決された法律や最近受理された法律案は法律名を入力して検索することができる。

二　判例の検索

(1)　大法院綜合法律情報システム

大法院綜合法律情報システムは，大法院，法院図書館，法制処から提供された判例，法令，文献，規則，例規・先例情報を統合・提供し，法律情報を速やかにかつ正確に検索できるようにした情報検索システムである。

① URL：http://glaw.scourt.go.kr/，jbsonw/jbson.do/

② 収 録 資 料

「법고을（ボップゴゥル）LX*DVD*2009」(*) に収録されている資料を基本にして全沿革法令の資料と大法院判決の原審判決，判例評釈を要約した抄録など拡充された資料が収録されている。2009 年 12 月現在，1962 年以後宣告された大法院判例および 1992 年以後，宣告された下級審判決の全文が提供されており，その他，判決は要旨だけが提供されている。憲法裁判所判例の場合，1989 年設立以後 2008 年 10 月まで憲裁公報に掲載された判例のみ収録されている。

文献は，論文と単行本の目録および要約情報が収録されいる。さらに，例規集全部が収録されている。

③ 検 索 方 法

判例の場合には，大法院・憲法裁判所・下級審別，民事・刑事・税務・行政・家事・特許事件別，各級法院別に選択して検索する。また，宣告

時・参照条文・事件番号・事件名および任意語・同形語を入力して検索することができる。法令の場合には，法律・大統領令・総理令・部令別に，現行・沿革法令別に選択して検索することができる。また，公布日・施行日，法令名，任意語を入力して検索することができる。なお，条文単位の検索も可能である。文献の場合には，単行本・論文・評釈別に，国内書・日書・洋書別に選択して検索する。また，発行年度・出版社・著者・題目，または任意語を入力して検索することができる。そのほかに，大法院規則，行政例規，登記例規，戸籍例規，登記先例，戸籍先例，供託先例を現行・沿革別に選択して日付・例規番号・任意語を入力して検索することができる。法令，文献，規則・例規・先例はツリー (tree) 型式をもって検索することも可能である。

＊「법고을（ボップゴウル）LXDVD2009」は，大法院図書館が製作したものである。1998 年から毎年アップグレードされた CD-Rom が製作・配布されている（注文の問い合せは，法院図書館閲覧課／ E-mail：won@scourt.go.kr／）。
① 使用環境：Windows 98，ME，2000，XP，Vista
② 収録資料：大法院の場合には，1948 年から 2009 年 1 月 1 日までの判例公報に掲載されたすべての判例が収録されており（4 万 5,721 件），下級審の場合は，1948 年から 2008 年 12 月までの判例が収録されている（1 万 2,629 件）。憲法裁判所の判例は，同裁判所が開設された 1989 年 1 月から 2008 年 10 月までに公刊された判例が収録されている（2,356 件）。また，大法院規則・例規，供託・登記・戸籍が収録されている（1 万 2,425 件）。

さらに，2009 年 1 月 11 日現在の法令と法令沿革，施行令，規則が収録されている（7 万 8,190 件）。そのほかに，文献として，法院図書館所蔵図書（単行本および論文）目録が収録されており（51 万 9,498 件），電文資料（司法行政刊行物および著作権同意論文）が収録されている（4 万 4,217 件）。

以上のように，総計 71 万 5,036 件（7.92GB）の資料が収録された CD-Rom である。この外にも，多数の CD-Rom が販売されているが，この CD-Rom1 枚で十分検索できると思われる。
③ 機能・検索方法：判例の場合は，任意語・法条文・事件番号等で検索する。検索された判例の閲覧中に参照条文と参照判例の閲覧，関連判例の検索，参照文献の内容等の検索も可能である。

法令の場合は，法律名・法令内容中の任意語で検索する。検索された条文と関連判例の検索，下位法令との同時対照が可能である。

文献の場合は，題目または著者名の欄に任意語を入力して検索できる。全文が収

録されている場合には，全文検索が可能であり，検索された文献を参照しながら参照条文と参照判例を検索することもできる。

(2)　憲法裁判所の憲法裁判情報

① URL：http://www.ccourt.go.kr/

② 収 録 資 料

法令関連事件の受理現況（事件検索），判例，宣告目録，事件統計，宣告の様子を録画した映像（動画）などを提供する。

③ 検 索 方 法

事件検索は，事件名・審判対象条項・違憲提請法院・終局結果別に任意語を入力して検索する。判例は，検索語・事件番号・事件名・終局日付・終局結果・判例集別に入力して検索する。また任意語を入力して憲法裁判情報を統合検索することができる。

三　立法関連資料の検索

国会法律知識情報システムとして，国会（http://www.assembly.go.kr/）が提供する予決算情報システム（http://likms.assembly.go.kr/budget/），国政監査情報システム（http://likms.assembly.go.kr/inspections/），法律知識情報システム，議案情報システム，国会会議録システム，国会メディア資料館（http://w3.assembly.go.kr/multimedia/），インターネット議事中継放送（http://assembly.webcast.go.kr/）などで構成されていたが，最近統合され，国会情報システム（http://likms.assembly.go.kr/）に窓口を一元化して，それらの情報が提供されている。

以下では，特に法律と関連している法律知識情報システム，議案情報システム，国会会議録システムについて紹介する。なお，国会法律知識情報システムについては，既に紹介したので（法令の検索(2)），ここでは省略する。

(1)　議案情報システム

① URL：http://likms.assembly.go.kr/bill/

② 収 録 資 料

議案の意義，種類および審議手続などを案内する議案概要，処理された議案と繋留中である議案，議案統計，請願およびその統計などに関する情報を提供する。また，最近議決された議案と最近受理された議案の情報も提供する。

③ 検 索 方 法

議案の提案代数（例，第17代国会）と議案種類別に検索する。任意語を入力して検索することも可能である。最近議決された議案と最近受理された議案は議案名を入力して検索することができる。

(2)　国会会議録システム

① URL：http://likms.assembly.go.kr/record/

② 収 録 資 料

会議録の意義，作成時の適用法規，種類，作成・発刊手続，関連書式などについてガイドになる会議録概要と国会会議録の情報を提供する。

③ 検 索 方 法

国会会議録は，本会議・常任委員会・予算決算特別委員会・特別委員会・国政監査・国政調査別または代数別に選択して検索する。また，任意語，案件名を入力して検索することもできる。詳しく検索するには，基本検索機能以外に検索期間・回数・案件・発言者・内容を入力して検索することができる。その他，ツリー型式をもって検索することも可能である。

(3)　国会知識 DB

１）　憲法知識 DB

① URL：http://w3.assembly.go.kr/costitution/

② 収 録 資 料

制憲憲法より現行憲法に至るまでの条文，改正の沿革，条文別説明，国会会議録，憲法判例，北韓（北朝鮮）関連資料，主要外国憲法および関連サイトに関する情報を提供する。

③ 検 索 方 法

現行憲法の場合，条文内容，条文改正の沿革，条文別の説明，条文別の

会議録，条文別の判例および当該規定と関連のある外国規定例を検索することができる。条文別ツリー型式をもって検索することも可能である。改正の沿革についても改正の回別，条文別，内容別に検索することができる。憲法知識DBに収録された内容は，互いにハイパーリンク（hyperlink）されているために，綜合的・有機的に検索することができる。任意語を入力して統合検索することもできる。

　2）　国会関連法知識DB

① URL：http://search.assembly.go.kr/assembly/

② 収 録 資 料

現行国会法の条文・説明・先例，改正の沿革，国会会議録，主要外国議会法，関連寄稿文および関連サイトに関する情報を提供する。

③ 検 索 方 法

国会関係法知識DBに収録された内容は，互いにハイパーリンクされているために綜合的・有機的に検索することができる。任意語を入力して統合検索することもできる。例えば，現行国会法を検索しようとする場合に現行国会法メニューをクリックすれば，条文，条文別改正の沿革・説明・先例をツリー型式をもって検索することができる。

　3）　政治関連法知識DB

① URL：http://search.assembly.go.kr/election/

② 収 録 資 料

「公職選挙および選挙不正防止法」，「政党法」，「政治資金に関する法律」の現行規定と改正の沿革，法律の説明，関連判決例，国会会議録，外国規定例および関連サイトに関する情報を提供する。

③ 検 索 方 法

政治関係法知識DBに収録された内容は，互いにハイパーリンクされているために綜合的・有機的に検索することができる。任意語を入力して統合検索することもできる。例えば，現行公職選挙法（条文別）メニューをクリックすれば，条文，条文別の判決例・説明・改正の沿革をツリー型式をもって検索することができる。

四 学術関連資料の検索

(1) 韓国法制研究院電子図書館

① URL：http://www.klri.re.kr/

② 収 録 資 料

韓国法制研究院が出刊した研究報告書,「法制研究」（雑誌）の全文，法制資料の目録を提供する。

③ 検 索 方 法

研究報告書は分野別・年度別に検索する。分野別としては，研究報告・懸案分析・行政法制分析・経済法制分析・社会文化法制分析・外国法制分析・国際法制分析・最近外国立法動向・北韓（北朝鮮）法制分析・立法意見調査・受託研究課題・ワークショップ等を選択して検索することができる。法制研究は発刊号数別に検索する。その他，報告書題目・研究者・要約文別に任意語を入力して検索することも可能である。

(2) 情報通信政策研究院知識センター

① URL：http://www.kisdi.re.kr/

② 収 録 資 料

情報通信政策研究院の刊行物である研究報告書，情報通信政策，情報通信政策イシュー，郵政情報，情報社会研究，情報通信産業動向，情報通信ニュースおよび情報通信関連法律ウェブマガジンである CLIS Monthly の目録および全文などを提供する。

③ 検 索 方 法

収録されている情報は，題目順・著者順・出版日順に検索する。任意語を入力して検索することができる。全文は PDF ファイル形態で提供される。但，CLIS Monthly は目録順に検索するか，題目・著者別に任意語および発刊日付を入力して検索する。

(3) 서울 （ソウル） 大学校法学図書館

① URL：http://library.snu.ac.kr/law/

② 収 録 資 料

서울（ソウル）大学校の法学図書館が出刊した法律文献索引Ⅰ・Ⅱ・Ⅲ・Ⅳ・Ⅴの文献索引情報を検索しやすくデジタル化して提供している。

③ 検 索 方 法

一般検索は，書名／キーワード・著者名／キーワード・雑誌名・発行所・主題別に任意語および発行年度を入力し，単行本・連続刊行物・学位論文・判例・記念論文別に選択して検索する。主題別検索は，法律文献を法一般，憲法，行政法，民法，商法，民事訴訟法，刑法，刑事政策，刑事訴訟法，司法制度，国際法，国際私法，労働法，社会保障法，経済法，国際経済取引法，法史学，税法，無体財産権法に分類して段階別に検索することができる。

(4)　国家電子図書館

① URL：http://www.dlibrary.go.kr/

② 収 録 資 料

全国図書館を連結して，国家文献情報流通体制を構築する情報化基盤を確立し，超高速情報通信網の構築計画にしたがい推進された国家電子図書館ウェブサイトは，国立中央図書館，国会図書館，法院図書館，韓国科学技術院科学図書館，韓国科学技術情報研究院，韓国教育学術情報院，農村振興庁農業科学図書館，国家知識Portalなど，その計画に参加した8個図書館がそれぞれ提供している資料を連動して単一窓口で提供している。

③ 検 索 方 法

基本検索は，原文目録または全体目録を選択した後にキーワードを入力して検索する。詳細検索は，各提供機関別に提供する資料類型を個別的に選択することができるし，原文目録と全体目録の選択，検索制限時間の選択，画面出力個数の選択等のOptionが提供される。

(5)　KERIS 学術研究情報サービス

① URL：http://www.riss4u.net/

② 収 録 資 料

教育人的資源部（文部科学省に該当）の出捐機関である韓国教育学術情報院（KERIS）が提供するサービスで，全国大学の所蔵資料を原文または要

約形態で検索することができる。また，海外電子情報として，海外学術誌論文，海外修士・博士学位論文，海外 eBook。原文，海外学術誌評価情報（JCR）と引用索引情報（Scopus），英文学情報サービス（LION），教育学情報サービス（Sage Education），医学情報サービス（PML），法学情報サービス（Westlaw），Oxford English Dictionary が提供されている。

③ 検 索 方 法

基本検索方法は，統合検索として検索項目を全体，題目，著者，発行所，抄録，目次を選択した後に，キーワードを入力して検索する。個別検索方法は，学術誌論文，学位論文，単行本，学術誌，日本大学所蔵資料検索メニューを選択して検索する。検索用語は，基本的に한글であるが，日本語または英語入力も可能である。

第三節　商用サイト

(1)　로앤비（ローエヌビ／ lawnb）

法務法人太平洋が，主に導いて，いわゆる韓国 LEXIS・Westlaw を図って構築した有料サービス（一部無料）である。法律情報・生活法律・企業法務・Law セクション・コミュニテイ・教育センター・アカデミア・税務情報を提供している。

① URL：http://www.lawnb.com/

② 収 録 資 料

法令・判例・註釈書（韓国司法行政学会出刊）・学会論文（法学および関連分野の 180 個学会誌）・論文・評釈・法律用語・書式・ウェブ法律情報などを提供する。特に法令と判例の最新情報がアップデートされている。例えば，2007 年 2 月 13 日現在，2 月 11 日付の官報と 1 月 15 日付の判例まで収録されている。その他，日本の法律情報については新日本法規の判例MASTER に収録されている判例・法令が原文および自動翻訳文で提供されている。

③ 検 索 方 法

法令は，法令・法令用語・条約・最近制定または改正された法律・立法予告別に任意語を入力して検索する。法条文を入力して検索することもで

きる。また，法律・施行令・施行規則の対照の便利をはかるための３段比較機能がある。判例は，検索語・事件番号・事件名を入力した後に検索範囲を大法院，憲法裁判所，下級審，公刊外判例を選択（全体選択可能）して検索する。註釈書は，任意語または法条文を入力して検索する。目次を入力して検索することも可能である。学会誌は，検索語・題目・著者・発行機関・年度を入力して検索する。その他，任意語を入力して法律情報の綜合検索も可能である。

(2)　NetLaw

㈜넷로（(株) ネットロー／NetLaw）が提供する有料サイト（一部無料）である。総合法律検索，法律文書作成，法律相談などのサービスを提供している。

① URL：http://www.netlaw.co.kr/

② 収 録 資 料

判例公報に掲載された大法院判例，下級審判例，憲法裁判所判例，登記先例，労動部質疑／回信，法律関連書式，契約書様式（英文），条約，論文全文などの情報が収録されている。

③ 検 索 方 法

現行法令は，任意語を入力するか，またはカテゴリーを選択して検索する。判例は年度別に任意語を入力するか，またはカテゴリーを選択して検索する。その他，任意語を入力して総合的に検索することも可能である。

(3)　인터넷（インターネット）法律新聞

法律新聞社が提供するサイトである。既刊の法律新聞をオンラインで提供する。ニュース，コラム時論，判例論壇，法律情報なども提供する。

① URL：http://www.lawtimes.co.kr/

② 収 録 資 料

ニュースは，法院・検察・憲裁・法曹団体・学会ゼミ別に提供する。判例論壇では判例速報・各級判例全文・判例評釈・研究論壇，法律情報では法律常識・法律書式・法律用語辞典・法曹閲覧などの情報が提供される。

③ 検 索 方 法

オンライン新聞形態で提供する。任意語を入力して総合検索することが可能であり，判例は題目または事件番号を入力して検索する。すべての情報がテキスト形式になっているが，判例は pdf ファイル，法律書式は「한글 hwp」ファイルで提供する。

第四節　個人提供サイト（韓国ウェブ六法）

韓国 Web 六法は日本で藤本明夫氏が無料で提供しているサイトであり，大韓民国の各種の法律が日本語に翻訳されて掲載されているものである。

① URL：http://www.geocities.co.jp/WallStreet/9133/

② 収 録 資 料

大韓民国憲法，憲法裁判所法，国会法，政党法，法院組織法，弁護士法，行政手続法，行政審判法，国家公務員法，民法，不動産登記法，商法，民事訴訟法，刑法，刑事訴訟法等，2009 年 10 月 4 日現在，344 個の法律が日本語に翻訳されて掲載されている。

③ 検 索 方 法

掲載されている翻訳法律は，分野別（公法，民事法，刑事法，社会法，国際法，経済法，税法等）および五十音順に検索する。

事項・人名索引

あ 行

アーノルド（Arnold）少将 ……… 28
安岳事件……………………………… 18
安重根*（アン・ジュングン）……… 14
違憲決定の効力………………… 95
違憲不宣言決定………………… 93
違憲法律審判権………………… 92
違憲法律審判事件……………… 103
違憲法律審判
　　——の対象………………… 92
　　——の申立………………… 92
意思表示………………………… 170
維新憲法…………………………… 81
異姓養子……………………… 255, 258
李成桂*（イ・ソンゲ）……………… 6
一部違憲決定……………………… 94
一部無効の特則………………… 339
一括的紛争調停（集団紛争調停）… 350
伊藤博文*……………………… 14
李完用（イ・ワニョン）……… 17
姻族範囲………………………… 235
月貰（ウォルセ）…………… 286, 288
　慣行上の——………………… 288
梅謙次郎*……………………… 16
売主の瑕疵担保責任…………… 193

か 行

買受人の撤回権………………… 357
外国法の調べ方………………… 379
買戻し…………………………… 193
俄館播遷………………………… 12

学術関連資料の検索…………… 387
家族共同体………………………… 37
割賦契約解除…………………… 359
割賦契約の書面主義…………… 356
割賦取引
　　——の表示………………… 355
　　——の法律関係…………… 356
割賦取引法……………………… 352
　　——の構成………………… 354
家庭法院………………………… 131
韓国ウェブ六法………………… 391
韓国消費院……………………… 331
韓国消費者保護院……………… 331
韓国人
　　——の権利意識…………… 63
　　——の遵法精神…………… 56
　　——の伝統的法意識……… 31, 32
　　——の法意識……………… 32, 34
韓国不動産ニ関スル調査記録…16, 155
韓国法の調べ方………………… 379
慣習調査報告書……… 16, 25, 287, 288
慣習法…………… 153, 168, 174
慣習法上の法定地上権………… 175
韓日議定書……………………… 14
議院内閣制改憲………………… 79
機関間の権限争議審判権……… 100
期限の利益……………………… 359
既判力の主観的範囲制限……… 352
金大中*（キム・テジュン）……… 36
金炳魯*（キム・ビョンノ）……… 161
金泳三*（キム・ヨンサム）……… 36
行政規制型……………………… 329

行政法院	130	憲法訴願事件	114
供託方法	165	憲法訴願審判権	101
寄与分	272	憲法訴願の対象	102
寄与分制度	244	憲法不合致決定	94
禁止条項の目録	335	憲法保障型	89
近親婚等の禁止	260	権利能力	168
均分の原則	272	行為能力	168
具体的規範統制	89	高句麗 (コグリョ)	4
百済 (ペクチェ)	4	甲午改革	10, 11, 154
区分所有権	203	甲午更張 (カボギョンジャン)	10
クーリングオフ (Cooling-off)	357	公 示	172
軍国機務処	11	光州学生運動 (1929年)	23
軍事政権	80	公正取引委員会	339, 342
軍政裁判所	123	工 典	8
経国大典	6-9, 153	高等法院	129
刑 典	7, 9	洪範十四条	12, 13, 154
継母子関係	236	皇民化政策	19
契約型名義信託	214, 220, 224	皇民臣民ノ誓詞	19
契約型名義信託約定の効力	225	高麗 (コリョ)	5
契約の解除・解止	192, 336	高麗時代の法	5
契約の効力	191	高麗律	5
血縁団体	218	顧客の権益に対する不当な侵害	337
欠陥の概念	373	国政監査権	85
権限争議事件	113	告発精神	33
原告適格制限	351	国民政府	36
原告に対する弁護士代理強制	352	戸 主	249
現実的履行の強制	188	戸主承継	239
限定違憲決定	95	戸主制度	237
限定合憲決定	95	──の目的	237
限定承認	247	戸主相続	239
検認契約書	202	国会権限	85
憲法改正	84	戸 典	7, 9, 153
憲法裁判	87	子の「姓」と「本」	250, 256
憲法裁判所	89, 90	子の養育責任	240
──の権限	92	個別的規制方法	328
──の構成	90	個別約定の優先	333
──の審判と効力	102		

事項・人名索引

さ 行

債 権
　——の効力……………………… 186
　——の譲渡……………………… 190
　——の消滅……………………… 190
　——の目的……………………… 186
債権者代位権…………………… 189
債権者遅滞……………………… 188
債権者取消権…………………… 189
債権譲渡および債務引受………… 190
債権的伝貰………… 290, 294, 296
債権的伝貰契約………………… 296
財産訴請委員会………………… 125
財産分割請求権………………… 241
財政経済部の資料提出要請権…… 348
裁判所構成法…………………… 119
債務の引受……………………… 190
債務の不履行に関する不当な条項
　………………………………… 337
債務不履行……………………… 187
作成者不利益の原則…………… 334
3・1独立運動 ………… 17, 18, 82
三国時代………………………… 3, 4
三選改憲………………………… 80
参与政府………………………… 36
事業者登録……………………… 315
事業者の明示・説明義務………… 332
市・郡法院……………………… 132
四捨五入改憲…………………… 79
事務管理………………………… 197
社会的基本権…………………… 83
借家権の承継…………………… 313
従軍慰安婦……………………… 19
自由権的基本権………………… 83
住宅の「引渡」………………… 304
住民登録………………… 305, 317

取得時効と登記………………… 173
種類売買………………………… 193
遵法精神………………………… 33
少額保証金の最優先弁済…… 308, 318
消費者安全の強化……………… 349
消費者基本法…………………… 345
　——の構成……………………… 347
消費者個人情報の保護………… 348
消費者団体訴訟制度…………… 350
消費者の基本的権利と責務……… 348
消費者の申込み撤回（クーリング
　オフ）………………… 362, 364
消費貸借………………………… 194
消滅時効………………………… 171
　——と除斥期間………………… 377
商用サイト……………………… 389
条 理…………………………… 168
所有権…………………………… 177
所有権留保……………………… 356
新軍部政権……………………… 81
新羅（シルラ）………………… 4
親 権…………………………… 242
親生否認の訴…………………… 249
親族範囲………………………… 235
信託行為の法理………………… 216
信託行為理論…………………… 217
審判事件の状況………………… 95
親養子制度……………… 249, 258
姓………………………………… 252
請求権的基本権………………… 83
制憲憲法………………………… 77
制憲国会………………… 27, 77
政治的基本権…………………… 83
製造物供給者の責任…………… 375
製造物責任……………………… 374
　——の範囲……………………… 375
製造物責任法…………………… 371

製造物の範囲……………… 371

政党解散審判権……………… 99

「姓」と「本」……………… 252

姓不変の原則……………… 253

責任財産の保全……………… 189

責任主体……………… 374

是正勧告……………… 340

是正命令……………… 340

是正命令制度……………… 329

是正要請……………… 340

選択的夫婦別姓制度……………… 254

占有権……………… 177

占有取得時効……………… 173

相互名義信託……………… 220, 226

創氏改名……………… 19, 25

相続回復請求権……………… 247

相続順位……………… 243

相続人

　——の順位……………… 270

　——の範囲……………… 270

総督政治……………… 18

即時取得……………… 173

続大典……………… 8

徐戴弼*（ソ・ジェピル）……………… 13

訴訟許可制導入……………… 352

訴訟件数　→日本の訴訟件数との比較

損害賠償……………… 188

た行

第1次韓日協約……………… 14

第2次韓日協約（乙巳条約）… 14, 15, 20

第3次韓日協約（丁未7条約）… 14, 20

大韓帝国……………… 12

大韓民国……………… 28

対抗要件……………… 173

代襲相続……………… 272

大統領の地位……………… 86

代物代替……………… 194

代物返還の予約……………… 195

大法院……………… 127

代理……………… 171

代理人の責任加重……………… 338

多数当事者の債権関係……………… 189

多段階販売……………… 365

建物の引渡……………… 317

弾劾審判権……………… 98

弾劾審判事件……………… 107

単純違憲決定……………… 94

単純合憲決定……………… 93

担保物権……………… 178

崔圭夏*（チェ・ギュハ）……………… 81

父の「姓」と「本」……………… 250

知的財産権……………… 164

地方自治制……………… 87

地方自治団体

　——の権限……………… 88

　——の種類……………… 88

地方法院……………… 130

地方法院支院……………… 130

嫡母庶子関係……………… 236

中間省略型名義信託……………… 220, 222

中間賃借人……………… 307

抽象的違憲審査制……………… 89

朝鮮（チョソン）……………… 6, 17

朝鮮高等法院……………… 287

朝鮮総督府……………… 17, 287

朝鮮土地調査事業……………… 26

勅令……………… 14

宗中（チョンジュン）……………… 214, 217

宗中財産型名義信託……………… 217, 220

伝貰（チョンセ）……………… 286, 287

　慣行上の——……………… 287

伝貰金……………… 286

　——の法的性質……………… 294

事項・人名索引

——の優先弁済……………… 295
伝貰金増減請求権………… 292
伝貰契約……………… 288, 289
伝貰（チョンセ）権… 178, 286, 288, 291
——の存続保護……………… 292
——の法的性質……………… 293
伝貰権者の競売請求権………… 294
伝貰権制度……………… 291
伝貰制度の社会的機能………… 297
全斗煥*（チョン・ドゥファン）…… 81
賃借権……………… 286
——の承継……………… 313
——の譲渡および転貸………… 300
——の存続保護……… 299, 312, 322
——の対抗力……… 298, 304, 317
賃借権登記命令制……… 312, 322
賃借人の賃料減額請求権………… 300
賃借人の優先弁済権………… 318
賃貸借……………… 195
賃貸借契約証書上の確定日付
……………… 307, 318
賃貸借制度……………… 298
賃貸人の破産……… 308, 320
寺内正毅*……… 17, 18
電算情報処理組織……… 206
統一新羅時代……… 4
東学農民軍……… 120
同化政策……… 25
統　監……… 14, 16
統監府……… 14
統監府裁判所……… 121
統監府時代……… 14
——の法……… 16
統監府令……… 14
登記の公信力……… 173
登記簿取得時効……… 174
同姓同本……… 253

同姓同本禁婚制度……… 249
同姓同本不婚制……… 259
——の修正……… 260
統治構造……… 84
特別財産審判所……… 124
特別失踪……… 162
土地調査局……… 26
土地賃貸借……… 298
特許法院……… 129

な行

内鮮一体……… 19, 23
内鮮共学……… 19
二者間名義信託……… 220
日帝強占期……… 17
日本人
——の権利意識との比較……… 65
——の遵法精神……… 59
——の訴訟及び調停意識との比較
……… 47
——の法意識……… 35, 45
——の法的解決方法に対する意識
……… 45
日本の訴訟件数との比較……… 49
日本の民事調停件数との比較…… 50
人間の尊厳と価値の尊重……… 83
盧武鉉*（ノ・ムヒョン）……… 36

は行

売　買……… 193
朴正熙*（パク・ジョンヒ）……… 36, 80
ハーグ密使事件……… 14
朴泳孝*（パク・ヨンヒョ）……… 10
抜萃改憲……… 78
母の「姓」と「本」……… 250
反社会秩序の法律行為……… 170
判例の検索……… 382

標準約款審査制度……………… 330
費用償還請求権………………… 301
夫婦間の名義信託……………… 219
夫婦別姓制……………………… 253
不完全履行(積極的債権侵害) …… 187
父系血統主義……………… 245, 254
父系姓本継承制………………… 254
不公正条項……………………… 334
　　──の無効事由……………… 335
不公正な法律行為……………… 170
不公正な約款条項……………… 339
付随的審査制…………………… 90
不正選挙処罰改憲……………… 79
付属物買受(造作買取)請求権 …… 301
武断政治………………………… 18
2つの対抗要件………………… 304
物権変動………………………… 172
　　──の時期…………………… 174
　　──の成立要件……………… 172
物権法定主義…………………… 174
不動産登記法…………………… 199
不動産売買型名義信託……… 217, 220
不動産法調査会(1906年)……16, 155
不当な意思表示の擬制………… 338
不当な損害賠償額の予定……… 336
不当利得………………………… 198
不法行為………………………… 198
父母両系血統主義……………… 246
文　記…………………………… 9
紛争解決方法…………………… 42, 45
墳墓基地権……………………… 174
文民政府………………………… 36
分与制度………………………… 245
米軍政…………………………… 123
米軍政期の司法制度…………… 122
米軍政庁………………………… 123
兵　典…………………………… 7

法院(裁判所)の独立性 ………… 87
包括的規制方法………………… 328
法　官
　　──の任期と停年…………… 149
　　──の任用資格……………… 148
法官1人当り負担件数………… 150
法　人…………………………… 168
法人でない団体………………… 169
法定相続分……………………… 244
法典調査局(1907年)………… 16
法務衙門権設裁判所…………… 120
訪問販売および電話勧誘販売…… 363
訪問販売法……………………… 361
　　──の構成…………………… 362
訪問販売法違反行為の是正措置状況
　　……………………………… 369
法律規定による不動産物権変動… 173
法律行為………………………… 170
　　──による物権変動………… 172
法令の検索……………………… 380
保証金…………………………… 286
　　──(伝貰金を含む)の返還確保
　　……………………… 307, 318
　　──の優先弁済……………… 307
保証金中一定額の範囲……… 309, 319
本　貫…………………………… 252

ま行

民事慣習回答彙集……………… 287
民事調停　→日本の民事調停件数
　との比較
民主化宣言……………………… 82
閔妃(ミンビ)事件 ……………… 12
民法案意見書………………… 161, 290
民法改正特別分科委員会……… 163
民法典 ………………………… 153, 166
　　──の構成…………………… 166

事項・人名索引　　　399

――の体系…………………… 166
――の体系および構成………… 166
無効・取消……………………… 171
無人登記簿謄本発給機………… 207
名義信託者……………………… 214
名義信託
　　――の意義………………… 215
　　――の類型………………… 217
名義信託約定…………………… 214
免責事由………………………… 376
免責条項の禁止………………… 335
免責特約の制限………………… 377
面接交渉権……………………… 240

や行

約款規制法……………………… 327
約　款
　　――の解釈………………… 334
　　――の審査………………… 340
優先弁済を受ける賃借人の範囲…309,

319
隆熙*（ユンヒ）………………… 14
用益物権………………………… 177
養　子…………………………… 242
養親の「姓」と「本」………… 250
4・19学生革命…………………… 79

ら行

履行遅滞………………………… 187
履行不能………………………… 187
離婚意思確認制度……………… 261
李承晩*（リ・スンマン）………36, 78, 79
立　案……………………………… 7, 153
立法関連資料の検索…………… 384
律令（ユルリョン）……………… 4
吏　典……………………………… 7
両班（ヤンバン）………………… 32
礼　典……………………………… 7
連帯責任………………………… 377

判 例 索 引

［大法院］

大判 1955·1·27，4287民上236，大判集第1巻10集民事39頁 ·············· 289

大判 1956·1·27，民上236，大判集1·10·39················ 297

大判 1959·1·15，4290民上667 ·············· 216

大判 1963·9·19，63 나(ナ)388，大判集11·2．民事114 ·············· 216

大判 1965·5·18，65 다(ダ)312················ 216

大判 1966·1·31，65 다(ダ)186················ 216

大判 1966·2·15，65 다(ダ)2531 ················ 216

大判 1967·4·25，67 다(ダ)328················ 296

大判 1968·7·24，68 다(ダ)895················ 294

大判 1971·7·29，71 다(ダ)1131 ·············· 176

大判 1972·11·28，72 다(ダ)1789 大判集20．3．民事151頁················ 216, 220

大判 1976·10·26，76 다(ダ)1184 ················ 296

大判 1977·7·26，77 다(ダ)492，大判集25巻2輯，民211頁 ·············· 279

大判 1978·11·10，87 다카(ダカ)1573 ················ 305

大判 1980·1·9，79 다(ダ)1863 ················ 172

大判 1980·12·9(全員合議体)，79 다(ダ)634················ 221, 226

大判 1983·7·12，宣告82 ㅁ(ム)59，大判集31巻4輯，特5頁 ·············· 278

大判 1984·9·11，83 다카(ダカ)2245 ·············· 176

大判 1985·10·22，83 다카(ダカ)2396，2397 ················ 218

大判 1987·2·24，86 다(ダ)1695 ················ 305

大判 1987·2·24，86 다카(ダカ)1936 ················ 307

大判 1987·11·10，87 다카(ダカ)1573 ················ 305

大判 1989·9·12，88 다카(ダカ)33176················ 226

大判 1990·1·23，88 다카(ダカ)7245，88 다카(ダカ)7252 ················ 301

大判 1990·5·22，89 다카(ダカ)18648················ 305

大判 1990·8·28，90 다카(ダカ)10343················ 296

大判 1990·11·23，90 다카(ダカ)17597················ 226

大判 1990·11·27(全員合議体)，89 다카(ダカ)12398················ 221

大判 1991·6·28，90 다(ダ)16214················ 176

大判 1991·9·10，91 다(ダ)19432················ 221

大判 1991·10·8，90 다(ダ)9780 ················ 181

大判 1991·12·24，90 다카(ダカ)23899·····························334
大判 1992· 1 ·21，91 다(ダ)35175·······························181
大判 1992·11·24，92 다(ダ)31163·······························300
大判 1993· 1 ·26，92 다(ダ)39112·······························213
大判 1993· 4 ·23，92 다(ダ)909·································224
大判 1994· 4 ·15，93 다(ダ)61307·······························222
大判 1995· 2 ·10，94 다(ダ)18508·······························293
大判 1995· 3 ·28，94 므(ム)1447，大判集43巻1輯，民153頁····274
大判 1995· 4 ·28，94 다카(ダカ)27427····························305
大判 1995· 5 ·25，92 므(ム)501·································276
大判 1995· 7 ·28，95 다(ダ)9075 ·······························176
大判 1995·11·21，94 다(ダ)20532·······························221
大判 1995·12·12，95 다(ダ)11344·······························332
大判 1996· 6 ·14，96 다(ダ)14036·······························174
大判 1996·11·12，96 다(ダ)34061·······························300
大判 1997· 1 ·24，96 다(ダ)39721·······························169
大判 1998· 2 ·13，97 다(ダ)37210·······························337
大判 1998· 6 ·23，98 다(ダ)14191·······························332
大判 1998· 6 ·29，98 마(マ)863·································339
大判 1999· 9 ·17，99 다(ダ)21738·······························223
大判 2000· 2 ·25，98 다(ダ)15934·······························373
大判 2000· 2 ·25，98 다(ダ)50869·······························295
大判 2001· 1 ·19，2000 다(ダ)33607····························189
大判 2001· 3 · 9，99 다(ダ)13157，大判集49巻1輯，民203頁 ······280
大判 2002· 3 ·15，2001 다(ダ)61654····························224
大判 2002·10·11，2001 다(ダ)62374····························366
大判 2002·12·26，2000 다(ダ)21123·······················222, 226
大判 2003· 2 ·28，2000 다(ダ)65802，65819 ··················299
大判 2003· 8 ·22，2003 다(ダ)27054····························333
大判 2005· 5 ·16，2003 다(ダ)10940····························305
大判 2005· 7 ·21(全員合議体)，2002 다(ダ)1178 ············214, 218
大判 2006· 1 ·13，2005 다(ダ)64002····························317
大判 2006·10·13，2006 다(ダ)56299····························318
大判 2008· 4 ·10，2007 다(ダ)76986，78993 ··················320
大判 2016· 5 ·19，2014 도(ダ)6992 ···························224
大決 1977· 4 ·13，77 마(マ)90 ·······························295
大決 1992· 3 ·10，91 마(マ)256·257····························295

判例索引　　403

大決 1994・5・13, 宣告 92 ス(ス)21, 大判集 42 巻 1 輯特 586 頁 ……………… 276

大決 1995・5・11, 93 ス(ス) 6, 大判集 41 巻 2 輯, 特 414 頁………………… 275

大決 1997・5・1, 97 마(マ)384……………………………………………………… 221

[朝鮮高等法院]

朝高判 1912(大正元)・3・8 朝高判録 1 巻 443 頁 ………………………… 288

朝高判 1912(大正元)・10・29 民録 2 巻 43 頁…………………………………… 216

朝高判 1916(大正 5)・9・29 民集 3 巻 722 頁 ………………………………… 175

朝高判 1917(大正 6)・3・27, 朝高判集 4 巻 207 頁 ………………………… 157

朝高聯合部判 1923(大正 13)・12・26, 民録 11 巻 264 頁………………… 219

朝高判 1927(昭和 2)・9・8 民集 14 巻 62 頁 …………………………………… 174

朝高聯合部判 1927(昭和 2)・9・23, 民録 14 巻 32 頁 ……………………… 219

朝高判 1943(昭和 18)・6・22 朝高判録 30 巻 33 頁 ……………… 287, 288, 289

[憲法裁判所]

憲裁 1989・3・17, 88 憲마(マ) 1 ……………………………………………… 102

憲裁 1989・4・17, 88 憲마(マ) 3, 憲裁集 1 巻 31 頁……………………… 116

憲裁 1990・9・3, 89 憲가(ガ)95, 憲裁集 2 巻 245 頁 ………………… 103

憲裁 1991・5・13, 89 憲가(ガ)97, 憲裁集 3 巻 202 頁 ………………… 105

憲裁 1991・6・3, 89 憲마(マ)46 ……………………………………………… 102

憲裁 1991・9・16, 89 憲마(マ)163…………………………………………… 102

憲裁 1992・1・28, 89 憲가(ガ) 8 ………………………………………………… 95

憲裁 1992・11・12, 91 憲가(ガ) 2 ……………………………………………… 94

憲裁 1993・3・11, 89 憲마(マ)79 ……………………………………………… 92

憲裁 1994・6・30, 92 憲가(ガ)18 …………………………………………… 102

憲裁 1995・12・27, 95 憲마(マ)224・239・285・373 並合, 憲裁集 7 巻 2 輯 760 頁

……………………………………………………………………………………… 114

憲裁 1996・11・28, 95 憲바(バ) 1 …………………………………………… 117

憲裁 1997・3・27, 95 憲가(ガ)14 …………………………………………… 279

憲裁 1997・7・16, 95 憲가(ガ) 6 ～ 13 並合, 憲裁集 9 巻 2 輯 1 項……… 106, 260

憲裁 1998・8・27, 96 憲가(ガ)22 ………………………………………… 95, 248

憲裁 2000・2・24, 99 憲라(ラ) 1, 憲裁集 12 巻輯 115 頁………………… 113

憲裁 2001・7・19, 99 憲바(バ) 9・26・84 ………………………………… 247

憲裁 2001・8・30, 90 憲바(バ)90 …………………………………………… 93

憲裁 2001・9・27, 2000 憲바(バ)20 ………………………………………… 95

憲裁 2004・5・14, 2004 憲나(ナ) 1, 憲裁集 16 巻 1 輯 609 頁………… 107

憲裁 2004・10・21, 2004 憲마(マ)554, 566 並合, 憲裁集 16 巻 2 輯 1 頁 …… 116

憲裁 2005・2・3，2001 憲가(ガ) 9 ～ 15，2004 憲가(ガ) 5 (併合)‥‥‥‥‥ 251

憲裁 2013・12・26，2011 憲바(バ) 234‥‥‥‥‥‥‥‥‥‥‥‥‥‥‥‥‥‥‥ 299

憲裁 2014・12・19，2013 憲다(ダ) 1‥‥‥‥‥‥‥‥‥‥‥‥‥‥‥‥‥‥‥‥‥‥ 99

[その他]

ソウル高等法院 89 나(ナ) 7216 ‥‥‥‥‥‥‥‥‥‥‥‥‥‥‥‥‥‥‥‥‥‥ 104

[日本]

大判 1940(昭和 15)・9 ・18 民集 19 巻 1611 頁 ‥‥‥‥‥‥‥‥‥‥‥‥‥‥ 175

山形地裁 1964(昭和 39)・2 ・26 下級民集 15 巻 2 号 384 頁 ‥‥‥‥‥‥ 175

最判 1980(昭和 55)・2 ・8 民集 34 巻 2 号 138 頁‥‥‥‥‥‥‥‥‥‥‥‥ 218

最判 1984(昭和 59)・4 ・27 民集 38 巻 6 号 678 頁 ‥‥‥‥‥‥‥‥‥‥‥ 248

法 令 索 引

あ行

遺失物法……………………………… 164
意匠法　→デザイン保護法
一般社団法人及び一般財団法人に関
　する法律…………………………… 169
依用民法……………………… 160, 166
縁組特例法8条1項………………… 256

か行

外国人土地法……………………… 164
改正法院組織法……………… 129, 132
　26条3項 ……………………… 129
　27条 ………………………… 129
改正前家族法
　768条…………………………… 235
　769条…………………………… 235
　771条…………………………… 235
　773条…………………………… 236
　774条…………………………… 236
　775条2項……………………… 237
　777条…………………………… 235
　804条…………………………… 240
改正前民法
　809条1項……………………… 259
　847条1項……………………… 279
　999条2項……………………… 247
　1019条 ………………………… 247
各級法院に配置する判事等の数に関
　する規則………………………… 150
各級法院の設置と管轄区域に関する
　法律……………………………… 132

家事訴訟と가(マ)類家事非訟事件
　中大法院規則…………………… 131
家事訴訟法2条1項마(ラ)類事件
　4号……………………………… 255
家族法……………………… 164, 167
割賦去来(取引)に関する法律
　……………………… 164, 326
割賦取引法
　2条……………………………… 355
　2条1項………………………… 355
　2条2項………………………… 355
　3条……………………………… 355
　3条7号………………………… 354
　4条……………………………… 356
　4条1項7号…………………… 357
　5条1項1号本文……………… 357
　5条4項………………………… 358
　6条1項………………………… 358
　6条2項………………………… 358
　6条3項………………………… 358
　7条2項………………………… 358
　8条1項………………………… 359
　8条2項………………………… 359
　8条3項………………………… 359
　9条1項………………………… 360
　9条2項………………………… 360
　10条 …………………………… 359
　10条1項 ……………………… 359
　10条2項 ……………………… 359
　12条 …………………………… 356
　12条1項 ……………………… 358
　12条2項 ……………………… 358

12条3項	359	1037条	230	
14条	360	1041条	230	
15条	360	1050条	230	
16条	360	旧不動産登記法		
割賦取引法施行令附則3条	356	8条	160	
割賦取引法施行令2条	355	15条	159	
仮登記担保等に関する法律	162, 164, 165	26条	160	
簡易訴請手続による帰属解除決定の 確認に関する法律	125	旧民法	160, 166	
		177条	159	
環境政策基本法	84, 164	617条	297	
韓国司法及ヒ監獄事務委託ニ関スル 日韓覚書	20, 27	行刑法57条1項	118	
		行政訴訟法	130	
韓国不動産登記法30条1項	169	供託法	164	
韓国民法典	166	軍政法令		
韓日併合ニ関スル条約	17	2号	124, 125	
旧意匠法（デザイン保護法）	164	21号	123, 160	
旧日本民法		33号	124, 125	
746条	231	122号	233	
756条	230	警察犯処罰令	21	
780条	230	刑　法	154	
781条	230	41条1号	118	
786条	230	66条	118	
813条	230	250条1項	118	
813条10号	230	刑法大典	259	
818条	230	憲裁法		
819条	230	2条	92	
827条	230	5条	91	
836条	230	7条2項	91	
858条	230	12条2項	90	
877条～899条	230	12条3項	90	
900条	230	12条4項	91	
943条	230	14条	91	
944条	230	16条1項	91	
949条	230	16条2項	91	
953条	230	19条	91	
1017条	230	22条1項	91	
		23条	92	

法 令 索 引

23条1項 …………………… 102	25条 ………………………… 83
23条2項 ……………… 101, 113	26条 ………………………… 83
34条1項 …………………… 113	27条 …………………… 83, 247
36条3項 …………………… 113	28条 ………………………… 83
40条1項 ……………………… 91	30条 ………………………… 83
40条2項 ……………………… 91	31条 ………………………… 83
41条1項 ………………… 89, 92	32条 ………………………… 83
42条1項 ……………………… 92	33条 ………………………… 83
47条2項 ………………… 90, 95	34条 ………………………… 83
49条2項 …………………… 107	35条1項 ……………………… 84
50条 ………………………… 99	36条1項 ……………… 251, 281
53条1項 …………………… 112	36条3項 ……………………… 83
60条 ………………………… 99	37条2項 ………… 104, 118, 247
61条1項 …………………… 100	38条 ……………………… 104
67条 ……………………… 101	40条 ………………………… 85
68条 ………………… 101, 117	47条1項 ……………………… 85
68条1項 …………………… 114	47条2項 ……………………… 85
原子力損害賠償法…………… 164	49条 ……………………… 114
憲　法	53条2項 ……………………… 87
前文……………………… 104	59条 ……………………… 104
1条……………………… 104	61条 ………………………… 85
8条4項……………………… 99	63条 ………………………… 86
10条 …………… 83, 104, 116	65条 ……………………… 110
10条1項 …………………… 247	65条1項 ………… 86, 99, 111
11条1項 ………… 83, 104, 281	65条2項 ……………………… 99
12条 ………………………… 83	65条3項 ……………………… 99
14条 ………………………… 83	66条 ………………………… 86
15条 ………………………… 83	67条2項 ……………………… 85
16条 ………………………… 83	67条3項 ……………………… 86
18条 ………………………… 83	70条 …………………… 84, 86
19条 ………………………… 83	72条 ……………………… 117
20条 ………………………… 83	73条 ………………………… 86
21条 ………………………… 83	74条 ………………………… 86
22条 ………………………… 83	76条 ………………………… 87
23条 ………………… 83, 104, 247	77条 ………………………… 86
23条1項 …………………… 104	78条 ………………………… 86
24条 ………………………… 83	79条 ………………………… 86

100条 ……………………… 160	国籍法	
104条 ………………… 87, 127	2条1号 …………………… 255	
104条3項 ……………… 149	2条1項1号 ……………… 246	
105条 …………………… 149	4条2項 …………………… 246	
106条1項 ……………… 128	6条2項 …………………… 246	
107条1項 ………………… 89	8条1項 …………………… 246	
107条2項 ………… 89, 103	12条 ……………………… 246	
111条 ……………………… 89	13条 ……………………… 246	
111条1項 ……………… 101	14条 ……………………… 246	
111条1項2号 …………… 98	国有財産法	
111条1項4号 ………… 101	5条2項 …………………… 105	
111条1項5号 ………… 101	6条 ……………………… 105	
111条2項 ………………… 90	7条2項 …………………… 105	
112条 …………………… 89, 91	戸籍法 …………………… 164	
113条 ……………………… 89	15条4号 ………………… 253	
113条1項 ……… 93, 99, 102	附則8条 ………………… 246	
113条3項 ………………… 90	国会法	
117条1項 ………………… 88	112条3項 ……………… 114	
118条 ……………………… 88	国家総動員法ヲ朝鮮，台湾及樺太ニ	
128条1項 ………………… 84	施行スルノ件………………… 19	
128条2項 ………………… 84	国家賠償法………………… 164	
129条 ……………………… 84	国民参与裁判法………… 134, 136	
130条1項 ………………… 84	婚姻申告特例法………… 164	
130条2項 ………………… 84		
130条3項 ………………… 84	**さ行**	

公益社団法人及び公益財団法人に関
する法律…………………… 169

裁判所構成法……………… 154

公益法人の設立・運営に関する法律
………………………… 164

債務者回生および破産法415条3項
……………………… 308

工場抵当法…………… 164, 165

失火責任に関する法律……… 164, 165

公選法

自動車損害賠償保障法……… 164, 165

9条………………………… 110

自動車抵当法………………… 164, 165

60条 ……………………… 110

集合建物の所有および管理に関する

国政監査および調査に関する法律

法律……………… 162, 164, 203

2条1項………………… 85

住宅賃貸借法

3条1項………………… 85

2条………………………… 302

国税基本法35条1項3号 ……… 104

3条1項………………… 303, 305

3条ノ2…………………… 307

法令索引

3条ノ3	312	54条	350
3条ノ4，1項	312	67条2項	350
4条	303	67条4項	350
4条1項	312	68条	350
5条	303	70条	350, 351
5条2項	322	70条3号	352
6条	322	72条	352
6条1項	322	73条	352
6条5項	322	73条2項	352
9条1項	313, 322	75条	352
10条	322	77条2項	349
10条1項	322	商標法	164
10条ノ3	322	商　法	154
14条	319	女子挺身勤労令	19
14条1項	319, 320	所得税法	

住宅賃貸借法施行令6条 319
住宅賃貸借保護法 162, 164, 165, 196, 286, 302, 314

住民登録法29条2項 306
巡廻審判所の設置と管轄区域に関する規則 132

商街建物賃貸借保護法 162, 164, 196, 308, 314

少額事件審判法 132
上告審節次(手続)に関する特例法
　4条 150
消費者基本法
　4条 347
　5条 347
　14条 348
　15条 348
　24条5項 349
　26条2項 349
　46条 349
　51条 349
　52条 349
　53条 349

168条 317
168条1項 315
新行政首都建設特別措置法 116
信託法 164
新民法（現行民法） 160
水質環境保全法 84, 164
スイス債務法20条 171
製造物責任法 164, 371
　1条 371
　2条1号 371
　2条2号 373
　2条3号 374
　3条 374
　3条1項 374
　3条2項 374, 375
　4条 374
　4条1項 376
　4条2項 376
　5条 377
　6条 377
　7条1項 377
　7条2項 377

8条……………………… 375

騒音・振動規制法……………… 84

訴訟法…………………………… 154

た行

大気環境保全法………………84, 164

第2次朝鮮教育令……………… 18, 25

第3次朝鮮教育令……………… 19

第5次改正憲法………………… 126

男女平等雇用法………………… 40

男女雇用平等と仕事・家庭両立支

　援に関する法律……………… 40

治安維持法………………… 23, 24

　1条………………………… 23

治安維持法ヲ朝鮮・台湾及ヒ樺太ニ

　施行スル件…………………… 23

地方自治法

　2条1項………………………88

　2条3項………………………88

　2条4項………………………88

　3条2項………………………88

　161条…………………………88

中間法人法……………………… 169

朝鮮刑事令……………………… 22

朝鮮思想犯保護観察令………… 24

朝鮮人ノ氏名変更ニ関スル件…19, 231

朝鮮姓名復旧令施行規則……… 233

朝鮮総督府第220号…………… 231

　1条………………………… 231

　1条2項…………………… 231

朝鮮不動産登記令………… 159, 199

朝鮮民事令………………17, 24, 158

　1条………………………… 158

　11条 ……………… 159, 229

　11条ノ2…………………… 230

朝鮮林野調査令………………27, 157

　5号………………………27, 157

勅令65号………………… 154

著作権法………………… 164

デザイン保護法（旧意匠法）…… 164

ドイツ民法

　139条 ………………… 171

　140条 ………………… 171

土地家屋証明規則………… 16, 154, 155

土地家屋所有権証明規則……16, 155

土地調査令………… 26, 157, 158

　2号………………… 26, 157

　15条 ………………… 157

特許法………………… 164

な行

日本割賦取引法2条1項………… 355

日本国憲法

　6条2項……………… 127, 149

　53条 ………………… 85

　62条 ………………… 85

　64条1項 ……………… 86, 99

　69条 ………………… 86

　79条1項 ……………… 149

日本国会法

　126条1項…………………86

日本裁判員法

　2条1項……………… 142

　2条2項……………… 142

　67条1項 ……………… 142

日本裁判所法

　33条1項1号 ………… 131

　39条1項 ……………… 127

　41条 ………………… 148

　42条 ………………… 148

　50条 ………………… 149

日本借地借家法

　28条 ………………… 312

　33条 ………………… 301

法令索引　　　411

36 条 ……………………… 313	579 条 ……………………… 193
日本借家法 7 条ノ 2 ……… 313	587 条 ……………………… 194
日本不動産登記法……………… 172	601 条 …………………… 195, 298
18 条 1 号 ………………… 208	604 条 ……………………… 299
日本弁護士法 5 条 ………… 148	605 条 ……………………… 297
日本民法 ……………………… 166	611 条 ……………………… 300
1 条 2 項 ………………… 168	612 条 ……………………… 300
1 条 3 項………………… 168	697 条 ……………………… 197
38 条〜 84 条 …………… 169	703 条 ……………………… 198
86 条 1 項 ……………… 156	708 条 ……………………… 198
86 条 3 項 ……………… 190	709 条 ……………………… 198
90 条 ……………………… 170	724 条 ……………………… 199
93 条 ……………………… 170	750 条 ……………………… 254
94 条 ……………………… 170	777 条 ……………………… 279
95 条 ……………………… 171	886 条 ……………………… 270
145 条 …………………… 171	889 条 ……………………… 271
175 条 …………………… 174	任命辞令
176 条 …………………… 172	12 号 ……………………… 126
192 条 …………………… 173	36 号 ……………………… 126

356 条 …………………… 178	
388 条 …………………… 175	**は 行**
398 条の 2 ……………… 178	廃棄物管理法…………………… 84
399 条 …………………… 186	破産法 84 条 ………………… 296
412 条〜 426 条 ………… 186	附加価値税法 5 条 …………… 315
413 条 …………………… 188	不在宣告等に関する特別措置法… 164
414 条 …………………… 188	不動産実権利者名義登記に関する
415 条 …………………… 187	法律……………………… 164, 213
423 条 …………………… 189	不動産実名制法
469 条 …………………… 190	3 条 ……………………… 214
482 条 …………………… 195	4 条 1 項 …… 214, 220, 222, 225
529 条 …………………… 193	4 条 2 項 …… 214, 220, 222, 225
534 条 1 項 ……………… 192	4 条 3 項 …………… 214, 220
536 条 1 項 ……………… 192	5 条 1 項 ………………… 214
540 条 1 項 ……………… 192	6 条 ……………………… 214
545 条 …………………… 192	7 条 ……………………… 214
545 条 3 項 ……………… 192	8 条 …………………… 214, 219
570 条 …………………… 193	10 条 1 項 ……………… 214

11条	215, 226	41条2項	205
12条	215	49条ノ2	204
12条3項	215	55条2号	220
13条	215	56条ノ2	201, 204
14条2項	215	57条2項	203
不動産所有権移転登記特別措置法		177条ノ2〜177条ノ8	206
2条	210	177条ノ8〜177条ノ10	208
3条	210	弁護士法4条	148
4条	210	法院組織法	126, 127
6条	211	3条1項	127
9条	211	3条2項	127, 131
10条	211	4条2項	127
13条	211	7条1項	128
不動産所有権移転登記特別措置法附則		16条	149
1条	211	28条	129
2条	211	28条ノ2	129
不動産所有権移転登記等に関する特		28条ノ3	129
別措置法	210	28条ノ4	130
不動産登記特別措置法	164, 211	32条1項	130
2条1項	211	40条1項	131
2条2項	212	40条ノ2	130
2条3項	212	40条2項	131
3条1項	212	40条ノ3	130
8条1号	212	40条ノ4	130
不動産登記の特別法	209	41条3項	149
不動産登記法	164, 165, 199	42条1項	148
2条	200	42条ノ2	148, 149
2条6号	203	42条ノ3	149
3条	200	45条4項	149
14条	155, 201	法人税法111条	315
15条	201	法人税法施行令2条	316
15条1項但書	204	法典編纂委員会職制	160
16条ノ2	204	訪問販売等に関する法律	164, 361
27条	201	訪問販売法	
28条	296	2条1号	363
30条	200	2条3号	363
40条2項	202	2条5号가（ガ）나（ナ）	365

2条6号	366	母子保健法	164	

ま行

2条7号	366			
2条8号	368	身元保証法	164	
5条	363	民事および家事訴訟の事物管轄に関		
5条～12条	363	する規則2条	130	
6条	365	民事執行法		
6条1項	364	81条	175, 207	
6条3項	364	91条3項	296	
7条1項	364	91条4項	296	
7条2項	364	145条2項	296	
8条1項	364	民事訴訟法52条	170	
8条2項	362, 364	民法第1章通則		
8条3項	364	1条	168	
9条1項	365	4条	168	
9条2項	365	9条	238	
9条3項	365	12条	238	
10条	365	27条	168	
13条	366	27条2項	162	
15条1項	366	32条	168	
15条4項	366	99条	175	
16条2項	367	99条1項	155	
17条	367	103条	170	
18条	367	104条	170	
19条	367	106条	321	
23条	366	107条	170	
24条	367	108条	170	
28条	368	109条	170	
29条	368	114条～136条	171	
34条	366, 368	119条	171	
35条	363, 368	137条	171	
37条	368	138条	171	
41条～43条	368	162条	171	
46条	369	184条	172	
49条	369	185条	174	
51条～58条	369	186条	165, 172, 200, 291	
57条	369	187条	173	
58条	369			

187条但書	176	361条	201
188条2項	173	366条	175
189条	173	373条～376条	186
190条	173	379条	186
193条	177	380条	186
194条	177	387条	186
195条	177	389条	187, 188
204条	177	390条	187
205条	177	391条	187
206条	177	392条	187
209条	177	393条	188, 375, 378
213条	177	394条	378
214条	177	395条	187, 188
217条1項	177	396条	188, 378
245条	171	397条～403条	188
245条2項	174	404条	189
249条	173	405条	189
254条	165	406条	189
271条	177, 200	406条1項	189
275条	170, 177, 200	406条2項	189
289条ノ2	162	407条	189
290条2項	162	408条	189
303条	200, 286, 291	409条～412条	189
303条1項	162, 178, 291, 294, 295	413条～427条	189
306条	292	428条～448条	189
312条1項	292	446条	189
312条2項	162, 292	446条2項	189
312条3項前段	292	446条3項	189
312条4項	162	449条～452条	190
312条ノ2	162, 292	453条～459条	190
315条2項	294	460条	190
316条	293	465条ノ2～5	190
317条	178	466条	191, 195
318条	292	487条	191
345条	203	488条2項	165
357条	200	492条	191
		500条	191

法令索引

506 条 …………………… 191	608 条 …………………… 195
507 条 …………………… 191	609 条〜617 条………… 193
508 条〜522 条………… 190	618 条 ………… 195, 286, 298
508 条 …………………… 190	618 条〜654 条………… 193
514 条 …………………… 190	621 条 …………………… 295
515 条 …………………… 190	621 条 1 項 ……………… 297
521 条〜548 条………… 191	621 条 2 項 …… 195, 286, 298
523 条〜526 条………… 190	622 条 1 項 …… 195, 298
527 条〜535 条………… 191	625 条 …………………… 192
527 条〜553 条………… 191	626 条 1 項 ……………… 301
533 条 …………………… 191	626 条 2 項 ……………… 301
535 条 …………………… 191	627 条 …………………… 300
536 条 …………………… 191	627 条 2 項 ……………… 192
536 条〜542 条………… 191	628 条 …………………… 300
537 条 …………………… 191	629 条 …………………… 300
538 条 …………………… 191	629 条 2 項 ……………… 192
539 条〜542 条………… 192	635 条 ………… 192, 297
543 条〜553 条………… 191	646 条 …………………… 301
543 条 1 項 ……………… 192	647 条 …………………… 301
544 条 …………………… 187	648 条 …………………… 178
544 条〜733 条………… 191	649 条 …………………… 178
548 条 …………………… 192	651 条 …………………… 299
550 条 …………………… 192	652 条 …………………… 300
551 条 …………………… 192	654 条 …………………… 298
554 条〜562 条………… 193	655 条〜663 条………… 193
563 条〜589 条………… 193	664 条〜674 条………… 193
580 条 ………… 188, 193	675 条〜679 条………… 193
581 条 ………… 188, 193	680 条〜692 条………… 193
581 条 1 項 ……………… 193	684 条 2 項 ……………… 225
590 条〜595 条………… 193, 203	693 条〜702 条………… 193
591 条 …………………… 194	703 条〜724 条………… 193
596 条〜597 条………… 193	725 条〜730 条………… 193
598 条 …………………… 194	731 条〜733 条………… 193
598 条〜608 条………… 193	734 条 …………………… 197
606 条 …………………… 194	740 条 …………………… 197
606 条〜608 条………… 194	741 条〜745 条………… 198
607 条 …………………… 195	746 条 ………… 198, 222

750条～753条	198	811条	250
754条	199	812条	165
755条	199	826条2項	240
756条	199	826条3項本文	251
757条	199	826条ノ2	168, 234
758条	199	830条	234, 276
759条	199	830条1項	276
760条	199, 377	830条2項	234
761条	199	833条	240
762条	168, 199	836条	234
764条	199	837条1項	240
765条	199	837条ノ2	241
766条	199	837条ノ2, 2項	241
766条2項	199	839条ノ2	241, 276
777条	250, 257	839条ノ2, 2項	242
778条	249, 251	839条ノ2, 3項	242
779条	250	840条5号	240
781条	217, 246	843条	242, 276
781条1項	246, 250, 251, 253, 255	844条	279
		844条1項	279
781条3項	253, 255	846条	250
781条6項	250, 256, 257	847条	250
782条～796条	249	847条1項	279
784条1項	238	863条	274
789条	234, 239	865条	274
789条2項	238	867条	242
792条	238	868条	242
796条2項	238	869条	242
797条	238	871条	242
798条	238	872条	242
799条	238	874条	242
800条～806条	240	875条	242
804条3号	240	876条	242
804条6号	240	877条2項	239, 242
808条1項	234	879条	242
809条	107, 250, 260	880条	242
809条1項	106, 107, 249, 260	898条2項	242

法令索引

908 条ノ 2 ～ 908 条ノ 8 …… 250
908 条ノ 2，1 項 1 号但書 … 258
908 条ノ 3，1 項 …………… 258
908 条ノ 3，2 項 …… 258, 271
909 条 ………………………… 234
909 条 1 項 ………………… 242
909 条 2 項 ………………… 242
909 条 3 項 ………………… 243
909 条 4 項 ………………… 243
909 条 5 項 ………………… 243
912 条 ……………………… 250
920 条ノ 2 ………………… 243
932 条 ～ 934 条…………… 238
980 条 4 号 …………… 238, 239
984 条 ……………………… 239
988 条 ……………………… 239
996 条 ………………… 238, 239
1000 条 …………………… 270
1000 条 1 項 ………… 243, 270
1000 条 2 項 ……………… 271
1000 条 3 項 ……………… 168
1001 条 ………… 168, 273, 282
1002 条 …………………… 243
1003 条 …………………… 270
1003 条 1 項 ………… 243, 244
1003 条 2 項 … 244, 273, 281, 282
1008 条 …………………… 234
1008 条ノ 2………… 245, 251, 272
1008 条ノ 3………………… 240
1009 条 …………………… 234
1009 条 1 項 …… 238, 244, 272
1009 条 2 項 ………… 244, 272
1009 条 3 項 ……………… 244
1026 条 1 号 ……………… 248
1026 条 2 号 ……………… 248
1053 条 ～ 1059 条………… 271
1057 条ノ 2………… 245, 271

1064 条 …………………… 168
1112 条 …………………… 168
1112 条 ～ 1118 条………… 234
民法改正案（2004 年）……… 163
　32 条 …………………… 169
民法上法人の設立・管理・解散に関
　する規定………………… 169
明治民法……………………… 230
　746 条 ………………… 231
　786 条 ………………… 230
　858 条 ………………… 230

や行

約款規制法………………… 307, 325
　3 条 ……………………… 332
　4 条 ……………………… 333
　5 条 ……………………… 334
　6 条……………………… 335
　7 条 ……………………… 335
　8 条 ……………………… 336
　9 条 ……………………… 336
　10 条 …………………… 337
　11 条 …………………… 337
　12 条 …………………… 338
　13 条 …………………… 338
　14 条 …………………… 338
　16 条 …………………… 339
　17 条 …………………… 339
　17 条ノ 2 ……………… 330
　30 条 …………………… 341
　30 条ノ 2………………… 341
　32 条 ～ 34 条 ………… 342
約款の規制に関する法律………162,
　　　　　　　　　　325, 327

ら行

立木に関する法律………… 164, 165

▨ 著者紹介

高　翔　龍（Koh Sang-Ryong　こう・さんりょん）

成均館大学名誉教授，大韓民国学術院（学士院）会員
1939年　韓国に生れる
1964年　成均館大学法学部卒業
1977年　東京大学大学院法学研究科（民法専攻）修士課程・博士課程修了（法学修士／法学博士）
2004年　成均館大学法学部助教授，副教授，教授を経て，停年退職
2004年〜2009年　早稲田大学法科大学院非常勤講師
2008年〜2009年　東京大学法学院非常勤講師
2004年〜2010年　大東文化大学法科大学院教授
現　在　成均館大学名誉教授，大韓民国学術院（学士院）会員

▨ 著　書

【韓国語】『民法総則』（法文社・1990年，〈第３版〉2004年），『民法学特講』（法文社・1995年），『物権法』（法文社・2002年），『註釈債権総則』（司法行政学会・1992年，共著），『註釈物権法（下）』（司法行政学会・1993年，共著），『註釈民法（債権各則(3)）』（司法行政額会・1999年，共著），『民法判例解説（Ⅰ）』（經世院・1990年，編著），『民法判例解説（Ⅱ）』（經世院・1992年，編著），「韓・中・日間統一賣買法試案」（大韓民國學術院論文集・人文社会科学編・45輯・2006年）〔論文〕，その他
【日本語】『現代韓国法入門』（信山社・1998年），『韓国社会と法』（信山社・2012年）「借家権の承継」法学協会雑誌96巻3号，同4号，同7号，101巻8号〔論文〕，その他

韓国法〔第３版〕　　　　　　　　　　　　　　　　　　　〈法律学の森〉

2007（平成19）年 8 月10日　第 1 版第 1 刷発行　　8014-2-01010
2010（平成22）年 2 月25日　第 2 版第 1 刷発行　　8017-3-02010
2016（平成28）年 8 月30日　第 3 版第 1 刷発行　　8021-0-03010

著　者　高　翔　龍
発行者　今　井　貴
発行所　信山社出版株式会社
〒113-0033 東京都文京区本郷 6-2-9-102
tel 03-3818-1019
fax 03-3818-0344
出版契約 2016-8021-03010
笠間支店／笠間第 2 支店　kurusu@shinzansha.co.jp

Printed in Japan

©Koh Sang-Ryong：高翔龍，2016.　印刷・製本／松澤印刷・牧製本

ISBN978-4-7972-8021-0 C3332

8021-0-03010-012-050-010　分類322.944.a002 p.440　韓国法・法社会学

JCOPY　〈(社)出版者著作権管理機構　委託出版物〉
本書の無断複写は著作権法上での例外を除き禁じられています。複写される場合は，そのつど事前に，(社)出版者著作権管理機構（電話 03-3513-6969, FAX 03-3513-6979, e-mail:info@jcopy.or.jp）の許諾を得てください。

◆ 学術世界の未来を拓く研究雑誌 ◆

2016年最新刊 **消費者法研究** 河上正二 責任編集

憲法研究 樋口陽一 責任編集 （近刊）

行政法研究 宇賀克也 責任編集

民法研究 広中俊雄 責任編集 第2集 大村敦志 責任編集
（近刊）

環境法研究 大塚 直 責任編集

社会保障法研究 岩村正彦・菊池馨実 責任編集

医事法研究 甲斐克則 責任編集 （近刊）

法と哲学 井上達夫 責任編集

法と社会研究 太田勝造・佐藤岩夫 責任編集

国際法研究 岩沢雄司・中谷和弘 責任編集

ジェンダー法研究 浅倉むつ子 責任編集

ＥＵ法研究 中西優美子 責任編集

信山社

大村敦志 解題
穂積重遠 法教育著作集 〔全3巻〕
われらの法

来栖三郎著作集 〔全3巻〕

我妻洋・唄孝一 編
我妻栄先生の人と足跡

軍縮辞典
日本軍縮学会 編

国際法原理論　ハンス・ケルゼン 著/長谷川正国 訳
民主主義は可能か？　ロナルド・ドゥオーキン 著/水谷英夫 訳
民主主義と政治的無知　イリヤ・ソミン 著/森村進 訳

◇ **日本民法典改正案Ⅰ 第一編 総則**　民法改正研究会 編/加藤雅信 代表
民法研究者有志による「国民の、国民による、国民のための民法改正」を目指す、民法改正作業における重要文献

信山社

韓国社会と法　高 翔龍 著

◇第1章 家族生活と法／◇第2章 住居生活と法／◇第3章 取引の生活と法

21世紀の日韓民事法学
―高翔龍先生日韓法学交流記念―

【編集】加藤雅信／瀬川信久／能見善久／内田貴／大村敦志／尹大成／玄炳哲／李起勇

序文　星野英一
1　事情変更と契約の拘束力／内田貴
2　韓国人の法意識／朴相哲
3　日本法における兄弟姉妹／大村敦志
4　韓国家族法上の戸主制度／李勝雨
5　韓国民法における総有規定の当否に関する小考／李德勝
6　原始的不能と契約締結上の過失責任／李銀栄
7　弁護士の専門家責任／下森定
8　韓国における弁護士責任論の展開／李起勇
9　安全配慮義務論・再考／瀬川信久
10　2003年の民事訴訟法の改正について／高橋宏志
11　韓国民事訴訟法改正試案―判決手続を中心に―／李時潤
12　民法176条・177条の意義／滝沢聿代
13　不動産物権変動と登記主義の課題―韓国民法186条を中心に―／洪性載
14　損害論／金相容
15　日本における有責配偶者の離婚請求に関する判例の展開／野村豊弘
16　有責配偶者の離婚請求に関する判例の動向と現況／申栄鎬
17　伝貰権の歴史と解釈／尹大成
18　フランス法における《他人の所為による責任の一般原理の形成》／北村一郎

高翔龍先生略歴・業績一覧

信山社